校企合作汽车专业精品教材

互联网+教育改革新理念教材

汽车涂装技术

主编 李珍芳 戴 巍

航空工业出版社

北京

内 容 提 要

本书是浙江省高等职业教育重点建设教材。以汽车车身维修涂装工作过程为主线，内容分为七个学习项目，分别是喷涂前的准备、底漆的涂装、原子灰的涂装、中涂涂料的施工、面漆的涂装、塑料件的涂装、汽车车身护理。每个学习项目包含具体的工作任务，按照"工作任务"、"相关知识"、"实践操作"、"考核评估"、"知识与能力拓展"等环节进行编写，通过对每个教学环节的精心组织，使学生能较扎实地掌握汽车修补涂装的各种知识和技能。

本书主要供高职院校汽车类专业教学使用，也可作为车身涂装人员的岗位培训教材或自学用书。

图书在版编目（CIP）数据

汽车涂装技术 / 李珍芳，戴巍主编. -- 北京：航空工业出版社，2014.7（2023.9重印）
 ISBN 978-7-5165-0522-9

Ⅰ. ①汽… Ⅱ. ①李… ②戴… Ⅲ. ①汽车－涂漆
Ⅳ. ①U472.44

中国版本图书馆 CIP 数据核字(2014)第 159586 号

汽车涂装技术
Qiche Tuzhuang Jishu

航空工业出版社出版发行
（北京市朝阳区京顺路5号曙光大厦C座四层　100028）
发行部电话：010-85672663　　010-85672683

捷鹰印刷（天津）有限公司印刷	全国各地新华书店经销
2014年7月第1版	2023年9月第11次印刷
开本：880×1230　　1/16	字数：514千字
印张：17	定价：59.80元

前言
PREFACE

随着汽车技术的迅速发展，汽车涂装设备与工艺等也有了较大的发展，对于汽车修理配套工业的要求也越来越高。汽车保有量的增加，带动了汽车涂装业的发展，与此同时，具有汽车涂装技术的职业技能型人才走俏市场。

高职教育和中职教育都是我国职业教育的重要组成部分，我国的职业学院（校）担负着为我国汽车制造业培养高技能人才的重任。近几年来，每年都有大批汽车专业学生从学校走向企业，并在相应的岗位上发挥着重要作用。如今，虽然我国企业汽车人才短缺的问题已有所缓解，但是不管从数量还是从质量上看，这个问题还无法从根本上得到解决。经过不断实践，笔者采用"工学结合"的教学模式和"项目化"的教学理念，来撰写本书。

本书具有以下特色。

1. **内容全面，体系完整**：本书共分七大项目，分别是喷涂前的准备、底漆的涂装、原子灰的涂装、中涂涂料的施工、面漆的涂装、塑料件的涂装、汽车车身护理。每个学习项目根据难易程度或对象的不同又由一至三个"任务"组成，每个"任务"包括下达生产任务、相关知识、实践操作（任务实施）、考核评价、知识与能力拓展、自主练习等环节，通过一个个完整的任务体系培养学生的实际操作能力。

2. **任务工单，现场操作**：本书每个任务都是通过任务工单的形式给出；在相关知识介绍之后，都会给出具体的操作步骤，且同时配有具体步骤的照片，让学生直观感受现场，了解具体的现场操作情况。

3. **考核评分标准**：本书每个任务最后都给出考核评分标准，依据此标准，老师可根据学校的实际情况来制定具体的考核项目，对学生的学习效果进行考核。

4. **随堂微课，寓教于乐**：书中配有随堂微课，学生扫描二维码，即可观看精彩视频，同步学习相关知识，寓教于乐。

为学习贯彻党的二十大精神，提升课程铸魂育人效果，本书专门在扉页"教·学资源"二维码中设计了相应栏目，以引导学生践行社会主义核心价值观，涵养学生奋斗精神、敬业精神、奉献精神、创新精神、工匠精神、法制精神、绿色环保意识等。

本书由李珍芳、戴巍担任主编，李康宁担任副主编，参加本书编写的人员还有刘正怀、周梅芳、杨杭旭、何海华，全书由李珍芳统稿和定稿。

在编写过程中，我们得到了浙江众泰汽车有限公司、浙江青年汽车集团、浙江今飞机械集团有限公司的大力支持，兄弟院校的同仁也在本书的撰写过程中提供了很多宝贵意见，在此表示感谢。

由于编者水平有限，书中难免存在一些不足之处，恳请广大读者批评指正。另外，本书配有丰富的教学资源包，读者可以登录文旌综合教育平台"文旌课堂"（www.wenjingketang.com）下载。

本书编委会

主　编：李珍芳　戴　巍
副主编：李康宁
参　编：刘正怀　周梅芳
　　　　杨杭旭　何海华

目 录
CONTENTS

学习项目一　喷涂前的准备 ·· 1
任务一　汽车涂层损伤的鉴定 ··· 2
　一、工作任务 ·· 2
　二、相关知识 ·· 3
　三、实践操作 ·· 9
　四、考核评估 ·· 10
　五、知识与能力拓展 ·· 11
任务二　底材的处理 ·· 18
　一、工作任务 ·· 18
　二、相关知识 ·· 19
　三、实践操作 ·· 28
　四、考核评估 ·· 28
　五、知识与能力拓展 ·· 29
思考与练习 ·· 34

学习项目二　底漆的涂装 ·· 37
任务一　底漆的选用与调制 ··· 38
　一、工作任务 ·· 38
　二、相关知识 ·· 39
　三、实践操作 ·· 49
　四、考核评估 ·· 50
　五、知识与能力拓展 ·· 51
任务二　底漆的施工与干燥 ··· 59
　一、工作任务 ·· 59
　二、相关知识 ·· 60
　三、实践操作 ·· 76
　四、考核评估 ·· 80
　五、知识与能力拓展 ·· 81
思考与练习 ·· 92

学习项目三 原子灰的涂装 ... 95

任务一 原子灰的刮涂 ... 96
- 一、工作任务 ... 96
- 二、相关知识 ... 97
- 三、实践操作 ... 104
- 四、考核评估 ... 107
- 五、知识与能力拓展 ... 107

任务二 原子灰的打磨与修整 ... 111
- 一、工作任务 ... 111
- 二、相关知识 ... 112
- 三、实践操作 ... 117
- 四、考核评估 ... 118
- 五、知识与能力拓展 ... 119

思考与练习 ... 124

学习项目四 中涂涂料的施工 ... 127

任务一 中涂涂料的喷涂 ... 128
- 一、工作任务 ... 128
- 二、相关知识 ... 129
- 三、实践操作 ... 133
- 四、考核评估 ... 137
- 五、知识与能力拓展 ... 138

思考与练习 ... 145

学习项目五 面漆的涂装 ... 147

任务一 面漆的调色 ... 148
- 一、工作任务 ... 148
- 二、相关知识 ... 149
- 三、实践操作 ... 156
- 四、考核评估 ... 157
- 五、知识与能力拓展 ... 158

任务二 面漆的施工 ... 168
- 一、工作任务 ... 168
- 二、相关知识 ... 169
- 三、实践操作 ... 178
- 四、考核评估 ... 180
- 五、知识与能力拓展 ... 181

思考与练习 ... 193

学习项目六 塑料件的涂装 ... 195

任务一 塑料件的涂装 ... 196
- 一、工作任务 ... 196
- 二、相关知识 ... 197
- 三、实践操作 ... 208

四、考核评估 ………………………………………………………………… 210
　　五、知识与能力拓展 ………………………………………………………… 211
　思考与练习 …………………………………………………………………………… 220

学习项目七　汽车车身护理 ……………………………………………………… 223
　任务一　汽车车身护理 …………………………………………………………… 224
　　一、工作任务 ………………………………………………………………… 224
　　二、相关知识 ………………………………………………………………… 225
　　三、实践操作 ………………………………………………………………… 233
　　四、考核评估 ………………………………………………………………… 239
　　五、知识与能力拓展 ………………………………………………………… 239
　思考与练习 …………………………………………………………………………… 251

附表 …………………………………………………………………………………… 252

参考文献 ……………………………………………………………………………… 261

学习项目一　喷涂前的准备

项目导读

汽车在使用过程中，常常会因为各种原因造成车身外部覆盖件损伤和涂层破坏，需要对车辆的涂层进行修复，使其恢复原有的状态，达到保护的目的和良好的装饰效果。表面预处理是汽车涂装中一种常见的任务，是体现涂装质量的一个重要方面。本项目通过汽车涂层损伤的鉴定、底材的处理这两个工作任务，使学生熟悉车辆清洗、损伤程度评估、待修区域底材处理等方面的知识。

最终目标

会进行修复涂装前的表面预处理

促成目标

1. 能说明汽车车身的涂装工艺过程
2. 能知道汽车漆面修补涂装流程
3. 能正确描述车身涂层类型，并能进行正确鉴别
4. 能按照安全操作规范进行喷涂前的准备工作
5. 正确完成一辆漆面受损汽车的喷涂前准备工作

任务一 汽车涂层损伤的鉴定

知识目标

1. 能够正确描述进行全车清洗的目的
2. 能够正确描述进行原车涂层鉴别的目的
3. 能够正确描述准确评估损坏的意义

技能目标

1. 能够利用高压水清洗机进行全车清洗
2. 能够用稀释剂法鉴别原车涂层种类
3. 能够用目测法和触摸法评估涂层损坏程度

一、工作任务

汽车涂层损伤鉴定的工作任务单见表 1-1-1。

表 1-1-1 任务单

任务单号：_____

工作任务		汽车涂层损伤的鉴定	日期	年 月 日
任务描述		一辆本田汽车后保险杠中部涂膜受损、表面涂膜破损，需要进行涂装修复。在涂装施工之前，进行汽车涂层损伤的鉴定，进而选择合理的修补涂装工艺	产品名称/型号	
产品照片				
操作要求	施工材料与施工设备	高压水清洗机、泡沫清洗机、车身洗涤剂、海绵块或泡沫塑料、大毛巾、一定数量的水桶、门窗玻璃清洁剂、抹布、压缩空气、气管、气枪、防护眼镜或面罩、橡皮手套及防水围裙、水鞋	是否满足	□是 □否
	场地要求	可停放大型车辆的混凝土地坪、高压水源、足够长度的水管，适度的照明	是否满足	□是 □否
	环境要求	环境温度 15~25℃	是否满足	□是 □否
	备注			
出单人签字： _____年__月__日			接单人签字： _____年__月__日	
车间负责人签字：			日期： 年 月 日	

二、相关知识

汽车是现代化交通工具之一，其外表面90%以上是涂漆面。涂层质量（外观、鲜映性、光泽、颜色等）的优劣是人们对汽车质量的直观评价，因此它直接影响汽车的市场竞争力。另外，涂装也是提高汽车产品的耐腐蚀性和延长汽车使用寿命的主要措施之一。因此无论是汽车制造还是汽车维修行业，都越来越重视产品的涂装。

1. 涂装的定义

将涂料均匀地涂布在清洁的（即经过表面处理的）基体表面并使之形成连续、致密涂膜的操作工艺称为涂装。基材不同，涂料不同，相应的涂装工艺就有所不同，但一般由漆前表面处理（包括净化表面和化学处理）、涂布和固化（包括烘干、干燥）这三大基本工序组成。有时也将涂料在被涂物表面扩散开的操作称为涂装，俗称"涂漆"或"油漆"。已固化的涂料膜称为涂膜或涂层。涂层一般也可指由两层以上的涂膜所组成的复合层。

汽车涂装是指轿车、大客车、载重汽车、吉普车等各种类型汽车车身及零部件的涂漆装饰，有时也包括部分农机产品（如拖拉机、联合收割机等）和摩托车的涂装。

随着汽车工业的飞速发展，汽车涂装体系也逐步实现了由低级到高级的过渡，由当初最原始的单层涂装体系（1C1B）与2C2B（即二涂二烘）发展到今天的最高达7C5B（即七涂五烘），而涂层的总厚度也由原来的30～40 μm增加到130～150 μm，初步满足了汽车工业对不同档次车辆涂装的要求。

2. 涂装的功能

涂装不仅可使汽车使汽车具有优良的外观，还可提高汽车车身的耐腐蚀性，从而提高汽车的商品价值和使用价值。汽车涂装的主要功能如下。

（1）保护作用

汽车用途非常广泛，活动范围宽广，运行环境复杂，经常会受到水分、微生物、紫外线和其他酸碱气体、液体等的侵蚀，有时会被磨、刮而造成损伤。如果在它的表面涂上涂料，就能保护汽车免受损坏，延长其使用寿命。

涂料可以从两方面保护汽车，一方面，车身表面经涂装后，使零件的基本材料与大气环境隔绝，起到一种屏蔽作用而防止锈蚀；另一方面，有些涂料对金属来讲还可能起到缓蚀作用，比如磷化底漆可以借助涂料内部的化学成分与金属反应，使金属表面钝化，这种钝化膜可加强涂膜的防腐蚀效果。

（2）装饰作用

现代汽车不但是实用交通运输工具，而且是一种工业美术品，具有艺术性。汽车涂装的装饰性主要取决于涂层的色彩、光泽、鲜映程度和外观等方面。

汽车的色彩一般根据汽车的类型、车身美术设计和流行色等来选择，其主要由色块、色带、图案构成，使车身颜色与车内颜色相匹配，与环境颜色相协调，与人们的爱好以及时代感相适应。

涂膜的光泽与丰满程度取决于涂料的品种和施工工艺。绚丽的色彩与优美的线形融为一体，构成了汽车的造型艺术；协调的色彩烘托了汽车的造型，使汽车具有更佳的艺术美感。

（3）特殊标识作用

涂装的标识作用由涂料的颜色来体现。用颜色做标识广泛应用于各个方面，目前已经逐渐标准化了。例如，在工厂用不同的颜色表明水管、空气管、煤气管、输油管等，使操作人员易于识别和操作；道路上用不同颜色的画线表明不同用途的道路；在交通上常用不同的颜色涂料来表示警告、危险、前进及停止等信号，以保证交通安全。

在汽车上涂装不同的颜色和图案可用于区别不同用途的汽车。例如，消防车涂成大红色；邮政车涂成橄榄绿色，字、车号为白色；救护车为白色并用红十字做标记；工程车涂成黄色与黑色相间的条纹，字及车号用黑色等。

(4) 某种特定的目的

应用涂料的特殊性能可使汽车具有特殊功用来完成特种作业或适应特定的使用条件。例如，化工物品运输车辆要在车体表面或货箱、罐仓内部涂布耐酸碱、耐油、耐热、绝缘等涂料，以防止化学品的腐蚀、渗漏等；军用汽车采用保护色以达到隐蔽的作用等。

3. 汽车涂装的特点

(1) 汽车涂装属于高级保护性涂装

汽车涂装所得涂层必须具备极优良的耐腐蚀性、耐候性和耐沥青、油污、酸、碱、鸟粪等物质的侵蚀作用。

汽车属户外产品，因而要求汽车涂层能适应寒冷地区、湿热带、工业地区和沿海等各种气候条件；在国际市场上具有竞争能力的汽车应能适应世界各地的气候条件。

例如，在湿热带的沿海地区使用的汽车腐蚀特别严重，涂装不完善的汽车车身或车厢，几个月就能锈蚀穿孔；北美、北欧等国家在严寒季节为防止路面结冻打滑，在高速公路上撒盐、撒砂等，都会造成汽车车身的严重腐蚀。许多国家颁布了汽车涂层的防蚀基准，如果达不到基准要求，用户有索取赔偿的权利。

又如，汽车车身表面在储存和使用过程中常落上鸟粪、路面的沥青、油污等，如果涂层不耐上述污物的侵蚀，易产生斑印，影响汽车的装饰性；汽车在高速行驶过程中，常受前车扬起的尘土和砂石的冲击，如果汽车涂层的耐崩裂性不好，则易产生麻坑，影响涂层的装饰性和耐腐蚀性。因轿车的行驶速度高，车身又离路面低，所以耐崩裂性是轿车涂层的主要指标之一。

(2) 汽车涂装属于中高级装饰涂装

汽车是城市和运输的主要交通工具，汽车的装饰性除车型设计外，主要是靠涂装，因此汽车涂层的装饰性直接影响汽车的商品价值，必须进行精心的涂装设计和具备良好的涂装环境及条件，才能使涂层具有优良的装饰性。

汽车涂层的装饰性主要取决于色彩、光泽、丰满度和外观。汽车的色彩一般根据汽车类型、汽车外形设计和时代流行的色彩来选择。除特殊用途的汽车（如军用汽车）外，一般都希望汽车涂层具有极好的光泽。光泽的优劣不仅取决于所选用的涂料，还与汽车车身外形设计、车身加工（钣金加工、装配）的外表精度有关，一般感觉圆弧或凸出面的光泽比平面好。另外，光泽还与涂层的配套工艺有关。

涂层的外观优劣直接影响涂层的装饰性，影响涂层外观的主要是漆膜呈现橘皮和颗粒状。一般要求汽车外表涂层平整光滑，镜物清晰，不应有颗粒。

(3) 汽车涂装是最典型的工业涂装

除修补涂装外，汽车涂装的生产节奏一般为几十秒至几分钟。为此，必须选用高效快速的漆前处理方法、涂漆方法、干燥方法、传送方式和工艺装备。

(4) 汽车涂装一般均为多层涂装

汽车涂装常为多层涂装，单层涂装一般达不到上述优良的保护性和装饰性。例如，轿车车身涂层就是由底漆层、中间涂层、面涂层组成的，涂层的厚度控制在 $100\sim200~\mu m$。

4. 汽车涂装的分类

由于涂装的对象不同，涂装的目的和要求千差万别，采用的涂料和涂装工艺也相差甚远。按涂装对象不同，汽车涂装可以分为新车制造涂装和旧车修补涂装。

(1) 新车制造涂装

汽车制造涂装根据汽车类型和结构可分为以下几种。

1）车身外表涂装

车身外表涂装是汽车制造涂装的重点，可达到高装饰性和抗腐蚀的目的，并且与汽车用途相适应，具有优良的耐久性。

2）车厢内部涂装

车厢内部涂装指客车车厢内部表面和载货车、特种车的驾驶室内表面的涂装。一般来说，车厢内部的包覆件自身带有颜色或加工成设计的颜色而不需要涂装。因此，车厢内部涂装作业量不大，主要应满足装饰性和居住性的要求，给人以舒适、赏心悦目的感觉。

3）车身骨架的涂装

车身骨架是指支撑汽车覆盖件且构成汽车形体的承力结构件总成。车身骨架的结构强度决定了汽车的使用寿命，因此对其涂装的要求主要是抗腐蚀，保护基本材料。对于车架以下的部分还应耐水、耐油和抗冲击。对于汽车车身还要做好隔音、隔热和密封处理。

4）底盘部件涂装

汽车底盘部件都在汽车的下部，要求涂膜具有良好的耐水、耐油、抗冲击和耐久性，尤其是底漆应有良好的附着力。

5）发动机部件涂装

发动机的温度较高，经常接触水、油等，因此要求漆膜应耐热、耐水和耐油。

6）电气设备的涂装

电气设备部分涂装主要要求防水、防腐蚀和绝缘，对于蓄电池附近的构件则要求耐酸。

对于汽车制造涂装和零部件的涂装，世界各国都制定了相应的技术条件和工艺文件，许多国家还颁布了汽车涂层的防腐蚀标准，我国也颁布了相应的技术标准。

（2）旧车修补涂装

汽车修补涂装总的目的就是要恢复汽车原有的涂层技术标准和达到无痕迹修补。根据需要修补部位和修补面积的大小，汽车修补涂装可以分为重新喷涂（简称重涂或全车喷漆）、局部修补（根据修补面积又可分点修补和板修补）和零部件修补涂装。

5. 汽车涂装的基本要素

为使涂层满足底材、被涂物的技术条件和使用环境所需的功能，保证涂装质量，获得最佳的涂层，取得最大限度的经济效益，必须精心进行涂装工艺设计，掌握涂装各要素。涂装工程的关键，即直接影响涂层质量的因素包括涂装材料、涂装设备、涂装工艺、涂装环境、涂装管理五个要素。

① 涂装材料的质量和作业配套性是获得优质涂膜的基本条件。

涂装材料指涂装生产过程中使用的化工材料及辅料，包括清洗剂、表面调整剂、磷化液、钝化液、各种涂料、溶剂、腻子、密封胶、防锈蜡等化工材料，以及纱布，砂纸，工艺过程中使用的橡胶、塑料件等。材料选择不好，不但涂装质量上不去，而且还会增加涂装成本。

② 涂装工具及设备是提高涂装施工效率及自动化强度，减少人为因素对涂层质量影响的主要手段，也是涂装生产的必备条件。

随着汽车工业的高速发展，汽车产品的涂装设备在汽车生产中的作用越来越重要，汽车制造厂家都不惜巨大的代价提高涂装线的自动化水平，目的就是确保涂层有稳定的高质量。

③ 涂装工艺的合理性、先进性，是获得优质涂层的必要条件，是降低涂装生产成本、提高经济效益的先决条件。

合理而先进的涂装工艺，不仅能最大限度地利用已有的生产条件，获得高质量的涂层，而且便于管理，节省材料及生产运行的开支。反之，涂装工艺不合理，即使有再好的材料及施工设备都发挥不出应有的作用，也收不到好的效果。

④ 涂装环境是保证涂层质量的基础。

要取得良好的涂装质量，不仅要有先进的涂装设备、完善的涂装工艺和优良的涂料等条件，还要有良好的涂装环境，它是一个重要因素，是保证涂层质量的基础。

涂装环境是指涂装设备内部以外的空间环境。从空间上讲，它应该包括涂装车间（厂房）内部和涂装车间（厂房）外部的空间，而不仅仅是地面的部分。从技术参数上讲，它应该包括涂装车间（厂房）内的温度、湿度、洁净度、照度（采光和照明）、通风、污染物质的控制等。对于涂装车间（厂房）外部，应通过厂区总平面布置远离污染源，加强绿化和防尘，改善环境质量。

⑤ 涂装管理是涂层质量的保证，是确保涂装工艺实施、涂装设备正常发挥作用的必要条件。

尤其在采用机械化、自动化程度高，先进技术较多的现代工业涂装中，严格、科学的管理显得更加重要。企业管理水平的高低已成为企业的象征和企业产品质量的代名词，乃至效益好坏的标志。涂装车间的管理制度主要包括涂装工艺的实施与监督制度、涂装设备的保养与维修制度、奖惩制度等。

涂装材料、涂装设备、涂装环境是看得见、摸得着的有形物质和空间，是硬件；而涂装工艺、涂装管理是无形的、内在的，是软件。因此，涂装技术五要素由"三硬二软"构成，而且，各个要素之间有机联系、相互影响，不是孤立存在的。涂装材料对于涂装设备有功能要求；涂装环境对于涂装材料、涂装设备有很大影响；涂装工艺涵盖了"三硬"；涂装管理是最高的层次，涵盖了其他四要素，影响范围最广。

6. 汽车车身修补涂装的一般步骤

接修一辆漆面受损的汽车，一般需要完成以下工作：

喷漆前的准备（清洗、鉴定损坏程度、底材处理）→喷涂底漆（施工准备、喷涂底漆、干燥）→原子灰施工（刮涂、干燥、打磨、清洁、再干燥）→喷涂中漆漆层（施工准备、喷涂中涂漆层、干燥、填补缺陷、打磨、再干燥）→喷涂面漆（遮护、清洁、油漆调配、喷涂色漆和清漆、干燥）→整理（撕去遮盖纸、修补各边角侧面）→抛光打蜡（遮蔽不需要打蜡的位置、抛光打蜡、清洁、内外部整理）→交车。

7. 车辆的清洗

在对漆面受损的车辆进行涂膜修复前，需对车辆进行清洗。虽然涂装操作可能只是针对车身的某一块板件或板件的某一部分，但仍需要对全车进行彻底清洗。如图 1-1-1 所示，全车清洗时应尤其注意门边框、行李箱、发动机罩缝隙和轮罩处的污垢，如果不清除干净，新涂装的漆膜上就可能会沾上很多污点，引起漆面缺陷。

图 1-1-1 全车清洗应注意的部位

洗车时，一般先使用干净水冲洗，再用中性肥皂水或车辆清洗剂清洗，然后用水彻底冲净，再用压缩空气吹干。清洗步骤如下：

① 取出地毯清洗、晾干，清理烟灰盒、沙发坐垫等物品。
② 关好车门窗。
③ 将汽车表面淋湿。

④ 配制清洗液或肥皂水。

⑤ 用软海绵蘸清洗液（肥皂水）擦车，如图 1-1-2 所示。擦车的顺序：车顶→挡风玻璃→发动机罩→保险杠→灯具→车身的一个侧面（包括玻璃）→车身后部（包括玻璃，尾灯）→车身的另一侧（包括玻璃）以及车轮。

图 1-1-2　用软海绵擦车

⑥ 按擦车的顺序冲洗，直到把清洗液冲洗干净，注意各种缝隙。

⑦ 按冲洗相同的顺序用压缩空气吹表面，用干净的鹿皮（绒布）擦干。

8. 鉴别原车涂层

在进行新涂层的修补之前，对车辆的涂层及底材进行鉴别是非常重要的，如果涂膜没有正确鉴别，在施涂面漆时会出现严重的问题。例如，准备修理的车身板件以前涂装的是硝基漆，那么在二道底漆后面的涂层中，所含有的稀释剂就会透入以前施涂的硝基漆，这会使涂装的表面产生皱纹（收缩），对修补质量有很大影响。因此，在涂装修补之前，须对原涂层和底材进行准确的判别，并以此为依据，选用合适的操作工艺和适当的材料。

（1）打磨法

① 裁一小块砂纸（粒度为 1 200#）。

② 在漆膜受损区域内选一小块漆面，用打磨块配合对漆膜进行轻打磨。

③ 观察砂纸打磨面上的漆粉状况。如果布上沾有车身颜色漆迹，则说明漆膜是单层式的；如果没有沾上漆色（粉末为白色透明状），则说明漆膜是双层（色漆＋清漆）式的。如果漆膜表层结构粗糙，经摩擦后产生一种类似抛光的效果，则说明涂敷的是一种抛光型漆（多为硝基树脂型）；若经摩擦出现丙烯酸聚氨酯型涂料特有的光泽，则可以判定涂敷的是丙烯酸聚氨酯型涂料；若用砂纸打磨漆面，漆层有弹性且砂纸黏滞，则说明是未完全硬固的烤漆。

（2）涂抹溶剂法

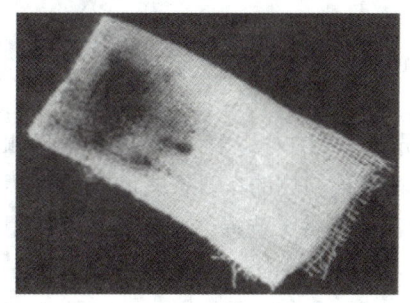

图 1-1-3　用溶剂法确定车身原有涂层类型

① 用棉纱浸硝基稀释剂。

② 戴好橡胶手套，用棉纱在涂膜表面上摩擦。

③ 观察棉纱表面状况。如果棉纱上黏有车身色漆，说明漆膜面漆为自然干燥型（硝基型），如图 1-1-3 所示；如果擦不掉色，说明面漆涂层是烘烤型或聚氨酯型；如果原漆膜膨胀或收缩，说明面漆为未完全硬固的烘烤漆。

虽然聚氨酯型和烘烤涂料通常不受溶剂影响，但是如果涂层固化不足或涂层变质，它们在受到摩擦时，也会有些掉色或褪色，但掉色程度会很轻。表 1-1-2 列出了几种类型涂料与硝基稀释剂反应的情况。

表 1-1-2　几种类型涂料与硝基稀释剂的反应情况

涂料类型	对硝基稀释剂的反应	涂料类型	对硝基稀释剂的反应
热固性氨基酸醇酸	不溶解	CAB 丙烯酸清漆	溶解
热固性丙烯酸	不溶解	NC 丙烯酸清漆	溶解
丙烯酸聚氨酯	不溶解		

(3) 加热法

① 用 800# 砂纸湿磨，消除原漆面光泽。
② 用红外线灯加热打磨过的部位。
③ 观察打磨并加热的部位。如果这时漆面上的光泽重现，表明涂层是树脂型漆。如果涂层加热后明显变软，表明涂层为热塑性漆。

9. 损坏程度评估

对损坏部位进行正确评估，以确定修补范围，从而确定各道处理工序的范围、过渡区域、需遮盖保护的部位以及需拆卸的零件等，为后续工序的正确实施及保证满意的修补质量奠定基础。评估损坏程度的方法有目测、触摸和用直尺评估。

扫一扫

损伤评估

(1) 目测评估

目测评估是根据光照射钣金件的反射情况，评估损坏的程度及受影响面积的大小。稍微改变人的眼睛相对于钣金件的位置，即可看到微小的变形。

(2) 触摸评估

戴上手套（最好为棉质），从各个方向触摸受损的区域，但不要用任何压力。做的时候要将注意力集中在手掌的感觉上。为了能准确地找到受影响区域的不平整部分，手的移动范围要大，要包括没有被损坏的区域，而不是只触摸损坏的部分。此外，有些损坏的区域，手在向某个方向移动时，可能比向另一个方向移动时更易感觉到，如图 1-1-4 所示。

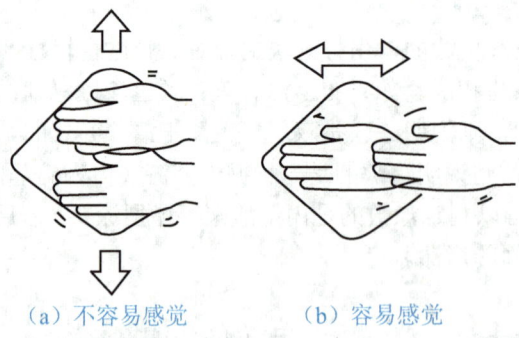

(a) 不容易感觉　　(b) 容易感觉

图 1-1-4　触摸法评估损坏程度

(3) 直尺评估

如图 1-1-5 所示，将一把直尺放在车身没有被损坏的区域上（损坏区域的对称部位），检查车身和直尺间的间隙；然后将直尺放在被损坏的车身钣金件上，评估被损坏的和未被损坏的车身板之间的间隙相差多少，并据此判断损伤的情况。如果在用直尺评估时，损坏件有凸出部分，将影响评估操作，此时可用冲子或鸭嘴锤将凸起的区域敲平或稍稍低于正常表面，如图 1-1-6 所示。

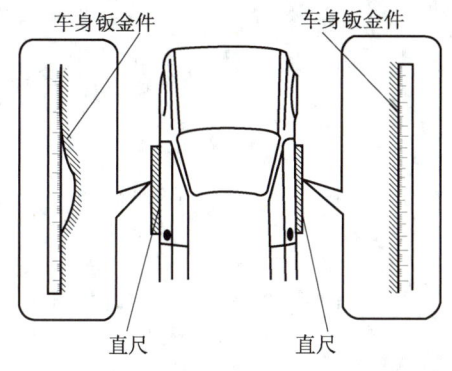
图 1-1-5 用直尺法评估损坏程度

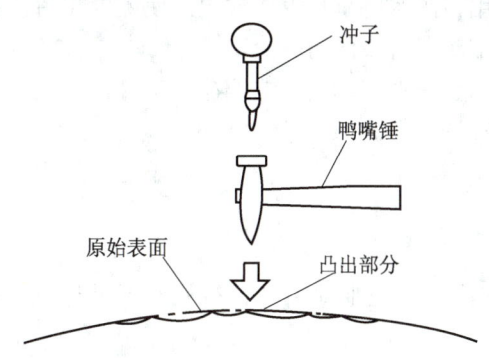
图 1-1-6 敲平损坏钣金件凸出部分

10. 车身修补涂装工艺的确定

（1）根据涂膜损伤的部位确定修理工艺

涂装质量标准和区域划分见附表 7。

（2）根据涂膜损伤的面积确定修理工艺

① 涂膜损伤范围在 10 cm² 以内或小凹坑的直径在 2.5 cm 范围内时，采用点修补工艺。若不止一处损坏，但互相邻近，且总体覆盖面积不大，也应采用点修补工艺。

② 若板面的中间和边缘有损坏，或板面的两侧有损坏，一般采用底色漆过渡喷涂，清漆整片喷涂的修补工艺；当钣金件损伤较大时，采用整板重涂工艺。

③ 若车身涂膜大面积损伤或多处损伤，在局部修补不能解决的情况下，一般都采取整车重涂工艺。

（3）根据车身凹陷的情况确定修理工艺

若车身板件没有凹陷，一般采用局部修补；若板件凹陷直径在 2.5 cm 范围内，需要刮涂原子灰，可以采用点修补工艺解决；若凹陷面积较大，底色漆局部修补完成后面积会较大，则整板喷涂是最好的解决方法。

（4）根据颜色匹配的要求确定修理工艺

当修补区域在板面中间部位时，浅颜色底色漆不适于在小范围采用点修补工艺，当损坏部位位于板面的边缘时，这些颜色可以采用点修补工艺；对于半暗、较深颜色的底色漆以及双工序珍珠漆，在大部分区域都可以在小范围内采用点修补工艺。

（5）根据车身底材的特性确定修理工艺

① 钢铁材料的涂装一般包括表面预处理（除锈、脱脂、除旧涂膜、刮原子灰等），底涂层涂装和面涂层涂装等工艺；

② 铝材表面附着力小，必须进行脱脂、蚀洗、酸洗和粗化处理，然后才能进行底涂层、中间涂层和面涂层涂装等工艺；

③ 镀锌板必须进行钝化和磷化处理后才能涂装；

④ 硬质塑料表面一般不用喷涂底漆，但对于聚丙烯（PP）、聚对苯二甲酸丁二醇酯（PBT）、聚甲醛（PYM）和聚碳酸酯（PC）等则需要使用专用塑料底漆，以增强面漆对被涂物表面的附着力。

三、实践操作

1. 全车清洗

① 关好车窗、车门和行李箱盖，防止水进入车内。

② 用自来水将车身表面淋湿，使灰尘和污物得到浸润。
③ 配制车身表面清洗液。
④ 用洗车海绵蘸上清洗液擦洗车身。
⑤ 冲洗车身。
⑥ 用干净毛巾擦干车身，并用压缩空气吹干。

2. 车身待修补区域的清洗

用干净毛巾蘸上除油剂在待修补区域擦拭，除去车身表面的油脂、污垢、石蜡和硅酮抛光剂，如图 1-1-7。

3. 涂膜损伤程度的评估

如图 1-1-8 所示，汽车塑料保险杠杠皮外漏且有轻微划伤，用直尺测量汽车后保险杠涂膜的损伤面积，发现涂膜的损伤面积为 14 cm×22 cm。

图 1-1-7　清洗修补区域

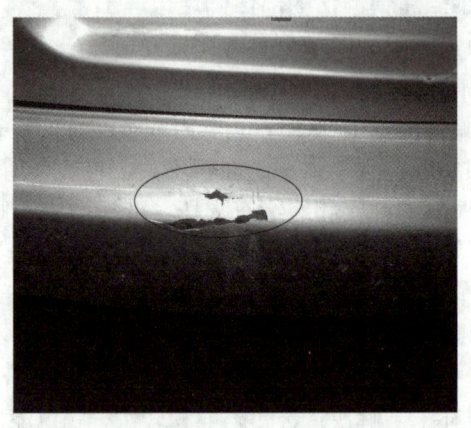
图 1-1-8　测量涂膜的损伤面积

4. 修补涂装工艺的确定

① 汽车后保险杠涂膜损伤部位在车身上的 C 区，可以采用局部修补工艺。
② 涂膜损伤面积为 14 cm×22 cm，涂膜破损伤及底材，不能采用点修补工艺。
③ 塑料保险杠的底材为聚丙烯材料，因此在涂装施工时要喷涂一层塑料底漆。
④ 保险杠面漆为浅色银粉漆，要防止补漆产生颜色差异。

采用从底到面的局部补漆及整个保险杠罩光的修补工艺。该车的操作流程是：清洁、除油→打磨、除旧漆→喷涂塑料底漆→刮涂塑料原子灰→施涂中涂底漆→局部补漆→整个保险杠罩光。

四、考核评估

① 学生自检，同学互评，小组讨论，填写《考核评价表》（见附表 1），并同《个人工作记录单》（见附表 2）和《小组工作记录单》（见附表 3）一起上交。
② 教师对学生整个任务的完成过程进行现场观察，并填写《考核评分表》对学生进行成绩评定，如表 1-1-3 所示。

表 1-1-3 汽车涂层损伤的鉴定单项技能评分标准

姓名： 班级： 学号： 实训地点： 日期： 年 月 日

技能考核项目	指标分值	考核标准	成绩分档及权重				得分	考核方式
			A 1	B 0.8	C 0.6	D 0.4		
训前准备	20	能认真阅读有关实训文件、教材与参考书，积极做好训前各种准备工作。教师可根据具体情况酌情打分						现场提问 课后批阅
态度与钻研精神	10	态度与钻研精神						观察
车辆清洗现场操作	20	清洗质量好（5） 能正确选用设备（5） 操作准确（5） 仪器维护保养方法得当（5）						现场考核
涂料的鉴别操作	20	能正确选用材料（5） 操作准确（5） 手法娴熟，无缺陷（5） 判断准确无误（5）						现场考核
损坏程度评估操作	20	操作准确（10） 手法娴熟，判断准确无误（10）						现场考核
现场管理	10	着装规范，符合要求（2） 安全防护到位（2） 工作场地保持干净（2） 与同学配合到位（2） 服从分配，遵守规章制度（2）						观察
得分								
实训教师签字								

五、知识与能力拓展

1. 汽车涂装技术的现状与发展动态

20 世纪 80 年代末期之前，汽车涂装曾经是汽车制造过程中产生三废排放最多的环节之一，从 20 世纪 90 年代开始，欧美等国家的汽车工业纷纷推广环保、节能的涂装新材料、新工艺、新设备，以适应苛刻的环保法规，不断提高质量，降低成本。今天，汽车涂装不仅在减少涂装公害方面实现了跨越，在降低涂装成本、提高涂装质量等方面发展也很快，某些新的技术概念已经开始了工业化应用，汽车涂装技术多元化的时代已经到来。最近几年，我国汽车产销量已经跃居世界前几位，国际几大汽车集团在我国的生产规模迅速扩大，本土汽车产业也呈现跳跃式的发展，在合资汽车生产的拉动下，主流厂家的汽车涂装水平已经跻身国际先进行列。

（1）新涂装材料的应用

新涂装材料的应用是涂装技术进步的先导，在不断满足涂层性能要求的前提下，始终以应用可减少公害、降低涂装成本的材料为主要发展目标。

由生物可降解性活性剂配制的脱脂剂、无镍磷化液、无亚硝酸盐磷化液、无铬钝化剂、低温脱脂剂（处理温度43℃）、性能与常规相同的低温（35℃）少渣（比常规低10%~30%）磷化液、无铅无锡阴极电泳涂料、低温固化（160℃、10 min）、低加热减量（4%以下）、低VOC挥发量（0.4%~0.8%）型阴极电泳涂料在欧美及日本已经推广应用多年。在北美和欧洲，可替代传统中涂的二次电泳涂料已经开始应用。

随着全球环境的不断恶化，我们必须大幅度提高汽车涂层的耐酸雨性能和抗擦伤性能。近几年来，减小车身内外表面电泳底漆膜厚差的高泳透力、低颜料分的电泳涂料，耐酸雨和抗擦伤面漆，多色中涂和采用黏度控制技术的涂料等得到普遍应用。我国几大汽车公司在漆前处理材料和电泳漆的应用方面与国际水平相差不大，但由于应用水性中涂和水性面漆必须使用专用设备，因此提高了涂装成本。尽管国外独资及合资企业具备在国内生产水性中涂和水性面漆的能力，但汽车涂装中涂和面漆仍采用传统的中低固体分溶剂型涂料，涂装VOC排放远落后于欧洲。

（2）涂装工艺及设备

近十多年来，涂装工艺及设备的进步主要体现在环保型涂装材料的应用，减少废水、废渣的排放，降低成本，优化汽车生产过程等几个方面。由于涂装材料的进步，车身涂层体系的设计也有了革命性的进展，几种典型的新涂装体系及新技术已经或即将用于工业生产。我国目前的涂装工艺及设备总体相当于欧美10年前的水平，但有些企业在新涂装线上已采用了一些当今国际先进水平的新设备。

（3）涂装管理

随着涂装自动化程度的提高和涂装材料公司、涂装设备公司服务范围的延伸，世界汽车涂装生产的管理已经朝着"专业化分包管理"的方向发展。所谓"专业化分包管理"就是指汽车厂涂装车间的生产是由汽车厂、涂料厂、涂装设备厂或专门的管理公司共同管理。

"专业化分包管理"很重要的前提条件是涂装车间自动化程度较高和高度的计划生产，我国在汽车涂装生产管理上也引入了这种先进模式。最近几年，各大汽车厂纷纷以各自的方式进行简化管理的尝试，收效显著，相信"专业化分包管理"会进一步得到推广。

汽车公司的涂装车间还可以由涂装材料公司或涂装设备公司投资建设，并负责生产管理，根据汽车公司的整车生产计划进行涂装生产，汽车公司只需制定技术标准和验收、监督涂装产品质量。这将成为涂装管理的一大发展趋势。例如，DC公司在法国SMART轿车厂的车身涂装车间就是由德国著名的EISENMANN公司投资建设和生产管理的，按整车生产计划完成车身涂装，交付合格涂装车身给总装。

（4）最新发展

目前汽车涂层的耐腐蚀性和耐候性通过汽车涂料和涂装技术的更新，已达到一定水平，今后一段时期内汽车涂装技术的主要发展趋势有以下几方面：

① 为适应市场竞争的需要和追赶新潮流，努力提高汽车涂层的外观装饰性（高光泽、高鲜映性、多色彩性、增加立体感等）、耐擦伤性、抗石击性和耐环境对涂膜的污染性。

② 为减少VOC的排放量，汽车涂料向水性化、高固体化和粉末涂料方向发展。为提高涂装效率，减少VOC的排放量，中涂、面漆喷涂将普遍采用高转速杯式自动静电涂装机涂装和机械手补喷涂工艺。

③ 尽可能提高涂装生产效率，减少材料及能源消耗，降低成本。

总之，将来汽车涂装领域发展方向是在不提高汽车成本的条件下提高产品质量，减少对环境的污染，使涂装对环境的污染降到零。

汽车涂装材料厂商和汽车涂装专家普遍认为21世纪汽车涂装的开发方向为保护地球环境、提高涂装的经济性和涂层的品质、增加产品的附加值等3个方面。

2. 涂料与涂装安全

（1）涂装施工中的不安全因素

① 涂料工业生产中的原料和产品绝大部分都易燃、易爆和有毒。

② 涂料所用的多种原料，各种油脂如桐油、蓖麻油等，多种树脂，各种有机溶剂如汽油、苯、二甲苯、醋酸乙酯、丁酯、丙酮等都是易燃物品。尤其是各种有机溶剂，当其蒸汽和空气中的氧混合到一定比例时，一遇火源（不一定是明火）就会发生爆炸，干燥的硝化棉更是具有强烈的爆炸性。

③ 有机溶剂尤其是苯和甲苯等芳香族烃类、重金属颜料如红丹和铬黄等，合成树脂单体如异氰酸酯，各种有机颜料，各种助剂如二乙醇胺等，都是毒性很大的物质，如大量吸入，将引起职业性中毒。

④ 由于涂料产品本身易燃、易爆和有毒性，因而生产布置、贮存不当也可能引起事故的发生。

(2) 涂装施工中的一般安全注意事项

① 涂装车间（或工段）均应配备适合于本车间（或工段）的消防设施，并放置在适当的位置，事故一旦发生时，立即可投入使用。

② 操作人员必须严守岗位，按操作规程认真操作，发生异常现象应即时处理，并报告有关部门。

③ 操作人员必须穿戴好劳动保护用品，使用酸、碱等腐蚀物品时，应将手套、胶鞋、围裙、眼镜配戴齐全。若受酸碱烧伤时应即用大量清水冲洗。但受热灼伤时，千万不可用冷水冲洗，可用猪油涂于患处。

④ 施工配料时称量要准确无误，料比不准或用错原料，容易引起着火或其他事故。如属带压操作岗位，发现异常现象，应立即采用降压措施。

⑤ 涂装生产中擦漆用的棉纱、抹布等，用后一定要投入装有冷水的铁桶中，并每班清洗一次，集中到指定地点统一处理。

⑥ 严禁在涂装生产岗位吸烟，吸烟应在指定的吸烟室，并设安全值日员。

⑦ 油脂、树脂液、溶剂或电器着火时，严禁用水直接扑救，而应采用二氧化碳灭火器、干粉灭火器或泡沫灭火器扑救，使用灭火器时应按规定操作，防止伤害。

⑧ 涂装生产车间或实验室应备有药棉、酒精、红药水、紫药水、碘酒、6%硼酸以及其他急救药物，并指定1～2名工作责任心强和具有一定医药知识的专人保管。

⑨ 凡在有毒作业的岗位均应有相应的防护措施，并要求排风良好。对从事有毒作业的操作人员应定期进行体检，如发现中毒，必须即时采取措施。

(3) 防毒知识

① 有机溶剂。大部分有机溶剂不仅对皮肤有侵蚀作用，而且对人体中枢神经系统、造血器官和呼吸系统等也有刺激和破坏作用，可引起头痛，恶心，胸闷等。长期接触而又不注意预防，则有可能引起各种疾病。例如，苯、甲苯等芳烃溶剂对造血器官有毒害作用，长期接触，在高浓度环境中可能急性中毒而发生休克，慢性中毒将出现血小板和白血球减少，并引起相应症状；甲醇和甲醛等对神经系统有毒害作用，长期接触，在高浓度环境中可能急性中毒而发生休克、视力衰退直至失明，慢性中毒将引起呼吸道黏膜炎、头痛、肝功能衰退、视力衰退等。

② 涂料用合成树脂残留单体。其毒害作用和部分有机溶剂相似，另外随单体品种的不同还有一些特殊的毒害作用。例如，异氰酸酯的蒸汽刺激眼黏膜，具有强烈的催泪作用，吸入后刺激呼吸系统，引起干咳、喉痛；长期吸入甲苯二异氰酸酯蒸汽将损伤肺部，引起头痛、支气管炎和哮喘症状，重者将引起呼吸困难。

③ 重金属颜料。例如，长期接触红丹、铬黄等含铅颜料，可能引起铅中毒症状。

在涂装施工中，各种有毒物质对人体的毒害作用主要是通过呼吸道吸入而引起的，因此，为了有效地防止中毒，首先必须严格限制挥发性有机化合物（主要是各种漆用有机溶剂及液态单体）蒸汽在空气中的浓度。为此，各国都颁布了挥发性物质蒸汽在空气中的最高允许浓度。涂装施工车间必须安装强有力的排风设备，通风良好，以保证有毒物质的蒸汽在其最高允许浓度以下。常用漆用溶剂在空气中的最高允许浓度见表 1-1-4。在高浓度环境中工作时，必须佩戴防毒口罩和防毒面具等，并且每班连续工作时间不能太长。

表 1-1-4 常用漆用溶剂在空气中的最高允许允许浓度

溶剂	在空气中的最高允许浓度（mg/m³）	溶剂	在空气中的最高允许浓度（mg/m³）
苯	50	醋酸甲酯	100
甲醇	50	醋酸乙酯	200
二氯乙烷	50	醋酸丙酯	200
三氯乙烯	50	醋酸丁酯	200
氯苯	50	丙醇	200
甲苯	100	丁醇	200
二甲苯	100	松节油	300
溶剂石蜡油	100	松香水	300
戊醇	100	丙酮	400
醋酸戊醇	100	乙醇	1 500

除呼吸道之外，有毒物质还可通过皮肤和胃进入人体引起中毒。长期接触溶剂、单体、涂料等，能溶去皮肤中的脂肪，引起皮肤干燥、开裂、发红，重者引起皮肤病。有的毒物可通过皮肤直接进入血液，或通过人手接触食物进入肠胃而被吸收，以致引起严重的中毒现象。在生产施工中一定要合理使用个人防护用品，如工作服、橡胶手套及防护眼镜等，切勿让有毒物质直接接触手和皮肤。由于苯酚等对皮肤有强烈的灼烧作用，在使用时一定要戴橡胶手套，尽量避免接触。若不小心，一旦接触后，应立即用大量清水冲洗。

（4）废弃物的处理注意事项

① 用过的脏抹布、棉纱、废纸或其他可燃物必须抛弃时，应投入隔开的有盖金属容器内，并于每日工作完后或换班时清理出喷漆车间，或送往厂房外面的安全区，以避免其自燃。

② 严禁向下水道倒易燃溶剂或涂料，应收集回收处理或当燃料处理。

③ 喷漆室的废漆渣绝不可与其他产品混合并储存，应深埋或当燃料处理。

④ 过氧化物的抛弃应绝对小心，以防自燃引起火灾。

⑤ 异氰酸硬化物的残渣需以砂、土或其他无化学变化的物质吸取后，置于密封容器中。含异氰酸基的涂料和固化剂要废弃时，应先中和，用 90%的水稀释，再用 8%的尿酸溶液及 2%的洗衣粉中和。中和后，应放置 24 h 以上，瓶盖应打开，如此产生物质变化，才不会污染环境。

⑥ 空的漆桶比装满油漆的桶更具爆炸的危险，绝不允许堆积在工厂内，必须每天处理。

⑦ 在搬运涂装过程中应尽量避免敲打、碰撞和摩擦等动作，开桶应使用非铁质的工具，不穿带钉子的工作鞋，以免发生火花或静电放电，而引起着火燃烧。

（5）安全操作规程

① 带电设备和配电箱周围 1 米以内，不准喷漆作业。在装配试车地点进行工作，要间隔一定距离。严禁在运转的设备上刷漆或喷漆。装配输送线上的产品或悬链上的工件喷漆时，应在喷漆室内进行。操作时，必须戴好口罩或面具。

② 打光除毛刺时，要戴口罩和防护眼镜，要经常检查锤柄是否牢固，对面不准站人。手提式砂轮必须有防护罩，操作者要戴胶皮手套。

③ 调配含有铅粉或溶剂挥发浓度较大的油漆时，应戴防毒面具。禁止用汽油和香蕉水洗手。

④ 增压箱内的油漆和喷漆枪所承受的空气压力，应保持稳定不变。

⑤ 调和漆、腻子、硝基漆、乙烯剂等化学配料和汽油易燃物品，应分开存放，密封保存。

⑥ 溶剂和油漆在车间的储备量不许超过两天的用量，并且要放在阴凉的地方。

⑦ 汽油和有机化学配料等易燃物品，只能领取当班的用量。用不完时，下班前退回库房，统一保管。

⑧ 空气压缩机要有人专管，开机时应遵守空压机安全操作规程，并经常检查、加油，不准超压使用。工作完毕，应将储气罐内的余气放出，断开电源。

⑨ 下班前清扫工作场地，存好工具，废棉纱应放到指定地方。

⑩ 工作场地和库房严禁烟火。操作者应熟悉灭火器材的位置和使用方法。

⑪ 要保持工作环境的卫生与通风。浸漆、喷漆量较大的连续作业线，必须安设抽风罩和废漆处理装置。操作时必须戴防毒口罩或通风面具。

⑫ 高处作业应扎好安全带，防止滑跌。工具、漆桶要稳妥放好。在容器内作业，必须采取有效通风措施或戴通风面具。

⑬ 在油漆作业场所 10 米以内，不准进行电焊、切割等明火作业。

⑭ 需油漆、喷漆的工件，应放置稳固，摆放整齐。

3. 汽车涂装作业的安全与防护

（1）保证通风良好

在汽车涂装作业过程中，需要使用稀释剂、清洁剂等，在打磨及喷涂作业时，总要排出有害气体、污染的液体或固体废渣。这些排出物如不经处理，将严重污染环境，同时也危害施工作业人员，对喷漆质量也有影响，因此通风系统是喷漆作业环境保护最重要的环节。良好的通风系统，可以将涂料、填料和稀释剂所挥发的有害气体排除出作业区，也可以将作业区内的汽车尾气及各种灰尘抽离出去。

涂料、填料和稀释剂的挥发气体对人体有害，施工操作者长期接触将受到伤害，除了通风条件要良好之外，在作业区内，施工操作者必须戴上呼吸保护器、安全手套，穿防护服及工作鞋。一旦人员触及此类物质，应及时用肥皂水冲洗干净。

通风系统应当在其进气道设置空气过滤装置，滤去空气中的杂物，保持进入作业区的空气达到一定的纯净度；同时在其排气道也应放置过滤装置，以便将作业区的污物阻挡在过滤器表面上，使排出的气体不会污染大气，实现对环境的保护。

过滤系统使用水作为过滤介质，喷漆区的污水排出也有相应的环保过滤措施，防止废渣、废液对环境的污染。

（2）工具设备的安全使用

电器、照明等各种设备及工具必须符合安全生产的要求，不应存在安全隐患。特别是动力系统，不应违反规程操作。汽车涂装作业中使用工具和设备的基本安全要求如下。

① 手动工具要保持清洁和完好。应经常清洁沾有油污和其他杂物的工具，检查其是否有破损，以免使用时发生机械事故，伤及人身。

② 使用锐利或尖角的工具时应当小心操作。不要将锐利工具或物品放在口袋中，以免伤及本人或划伤汽车表面。

③ 专用工具只能用于专门操作，不能移作他用。

④ 使用电动工具之前应检查是否接地，检查导线的绝缘是否良好。操作时应站在绝缘橡胶地板上（或穿有绝缘鞋）。无保护装置的电动设备不要使用。

⑤ 用气动或电动工具从事打磨、修正、喷砂或类似作业时，必须戴安全眼镜。在小零件上钻孔时，禁止用手握持，必须用台钳夹住。

⑥ 必须确认电动工具上的电路开关处于断开位置后，才允许接通电源。电动工具使用完毕，应切断电路，并从电源上拔下来。

⑦ 清理电动工具在工作时所产生的切屑或碎片时，必须让电动工具停止转动，切勿在转动过程中用手或刷子去清理。

⑧ 气动工具必须在规定的压力下工作。

⑨ 使用液压机具时，应保持液压压力处于安全值以下，操作时应戴安全眼镜，并站立在液压机具的侧面。

（3）个人安全防护

由于汽车喷涂的施工场所常有有毒物质存在，会对人身造成危害，所以要特别重视人身安全和保护。目前主要采取以下措施：

① 对呼吸系统的保护主要选戴呼吸保护器。呼吸保护器有各种规格，可根据需要选用。例如，供气式通风帽呼吸保护器是将清洁新鲜的空气通过装置直接供给操作者呼吸使用，从而保护了呼吸系统不受影响；滤筒式呼吸保护器是将施工处的空气经过过滤器装置把有害的物质过滤后供给操作者呼吸使用；防尘呼吸保护器可将空气中的灰尘除去，提供给操作者使用；有的还可以采用防毒面具进行保护。

② 对人体皮肤的保护。根据施工的具体情况选用必要的劳动保护用品，如安全帽、防护罩、保护镜、耳塞或耳机护套、工作服、劳动保护鞋、工作手套等。总之，用必要的保护用品将操作者全身各部位都保护起来，既有利于施工操作，又可保护操作者不受伤害。在进行汽车修补涂装施工作业时，不同的作业项目及作业环境需要穿戴合适的个人防护用品，见表1-1-5。

表 1-1-5　汽车修补涂装个人防护用品推荐表

防护用品＼施工作业	棉质工作服	防静电工作服	安全鞋	护目镜	供气式安全罩	活性炭面罩	防护面具	防尘口罩	劳保手套	乳胶手套	耐溶剂手套	耳塞耳罩	工作帽
化学除漆	√		√	√		√	√				√		√
除油、使用除油剂	√	√	√	√		√					√		√
机械除漆，使用干磨机	√		√	√				√				√	√
除锈；用除锈水对金属进行酸处理	√		√	√			√				√		√
原子灰混合、刮涂	√	√	√	√						√			√
干磨原子灰	√	√	√	√				√				√	√
调漆	√	√	√			√					√		√
混合油漆	√	√	√			√					√		√
工作准备	√	√	√						√				√
喷涂油漆	√	√	√		2k涂料	√					√		√
油漆闪干或置干	√	√	√		2k涂料	√							√
清洗喷枪	√	√	√	√							√		√
强制干燥	√	√	√	√									√
抛光	√	√	√					√					√
清洁	√	√	√	√				√	√	√	√	√	√

③ 喷涂停止后，不要马上停止工作地的通风装置，应继续运转一段时间，将残余的漆雾和溶剂挥发气体排出室外，使操作者尽量呼吸到新鲜的空气。

④ 应为操作者提供经常清洗淋浴的条件，用适合的护肤品护理身体。当操作者感到气管干燥时，是因吸入了漆雾中的溶剂蒸气所致，应多喝温开水。

⑤ 在比较恶劣的环境中长期工作时，应执行规定的工作时间，不得随意延长工作时间，影响操作者的身体健康。

⑥ 应定期给操作者进行身体检查，发现有职业病时，应及时给予医治和疗养，以保护操作者身体健康。

（4）涂装材料的安全存放与保管

涂料、溶剂、美容护理用品中有的是易燃、易爆、有毒物品，因此必须严格按产品使用要求正确使用和保存。

① 涂料产品贮存处要加强明火管理，标明"禁止吸烟"、"严禁火种"等危险字样，平时加强保管，严格出入制度。

② 一级易燃危险品，必须贮存在经当地公安部门审核指定的场所，不得随意存放。

③ 涂料产品贮存处必须备有相适应的灭火器材，如干粉、泡沫、二氧化碳等灭火器。

④ 涂料产品应贮存在干燥、阴凉、通风、隔热、无阳光直射，邻近无直接火源的仓库内，库房温度最好保持在6～32℃之间。

⑤ 涂料产品贮存过程中，应严防烈日曝晒，风吹雨淋，过度寒冷。温度过高，溶剂挥发会引起包装桶变形、爆裂或漆液变稠。温度过低，水性涂料、乳胶漆会结冰而影响水溶性能。涂料遭受雨淋渗入水分，轻者涂膜起泡、发白，重者霉烂变质报废。

⑥ 涂料产品原则上应和其他物资分库贮存，但根据情况，如欲和不燃性普通货物同库，至少应隔3米以上距离。绝不允许和可燃物、氧化剂、爆炸品、自燃品及容易飞扬的金属粉末等物资同库贮存。

⑦ 仓库内不准调漆，调漆场所和仓库应有一定距离，以免易燃有毒的挥发性蒸汽移散到库房内。仓库内不允许存放开听未用完的敞口油漆听桶。

⑧ 库内应保持清洁，通道应宽敞，特别是擦过漆或溶剂的纱头、碎布、纸屑等易燃物品不得随意乱抛，以防引起火灾。

⑨ 库内严禁热源火种，焊补渗漏包装桶时不能直接用火烧烙铁，最好用电烙铁并需搬到库外安全地点操作。

⑩ 涂料产品在搬运堆垛时，应轻装轻卸以保持容器密封和包装完整。切忌在地上滚移。

⑪ 涂料产品入库时，应验收其包装、型号、品名等是否与入库凭证相符，并验收其口是否严密，是否渗漏残损，以便及时采取相应措施予以解决。

⑫ 入库堆垛应按不同型号、品名、厂牌、批号分别堆放。实行先进先出的原则，以防止贮存过久影响产品质量。凡接近贮存期限或超过贮存期的产品，要及时通知有关部门进行检查，迅速处理。已经超过贮存期的品种，经过调匀外观无异样，一般仍可继续使用。对于那些贮存期在半年以内的产品，如醇酸酚醛清漆、虫胶清漆、过氯乙烯可剥漆、铝粉氯化橡胶漆、聚乙烯醇缩醛胶液等，更要特别注意。

⑬ 盛夏酷暑季节由于溶剂挥发膨胀，会产生胖听（容器膨胀）现象，要即时开盖放气（易吸潮变质的聚氨酯涂料除外），有条件的可采取降温措施。

⑭ 应定期翻转堆放，以免贮存日久，颜料沉淀结成硬块。对易于沉淀结块的红丹漆、船底防污漆等产品尤其要注意。

⑮ 在收存双组分涂料产品（分装）时，要特别注意各组分的配套，不能弄乱。

⑯ 在贮存过程中应注意观察涂料产品的变化，如发现结皮、沉底、结块、增稠等现象，应及时采取措施后使用掉，以避免损失。

⑰ 在贮运过程中应防止冲击和静电引起的燃烧和爆炸，万一发生火灾，应即时切断电源，立即以黄沙及泡沫灭火机施救，严禁以水浇救，以免火势变化。

任务二　底材的处理

知识目标

1. 了解旧漆膜清除的目的
2. 了解不同损坏程度漆膜的处理要求
3. 熟悉手工除旧漆使用的工具
4. 能够正确描述各类除油和除锈方法的原理
5. 能够正确描述对金属表面进行磷化、氧化与钝化处理的目的与原理

技能目标

1. 掌握手工除漆的操作方法
2. 掌握利用打磨机除旧漆的操作方法
3. 了解其他除旧漆的操作方法
4. 培养劳动保护及安全卫生习惯
5. 能够用常用方法进行除油和除锈操作
6. 能够进行塑料、木材等非金属材料表面的处理

一、工作任务

底材处理的工作任务单见表 1-2-1。

表 1-2-1　任务单

任务单号：_____

工作任务	底材的处理	日期	年　月　日
任务描述	一辆丰田汽车右车门中部涂膜受损，表面涂膜破损，需要进行涂装修复。在涂装施工之前，针对表面涂膜受损的车门，进行表面的预处理操作	产品名称/型号	
产品照片			

表 1-2-1（续）

工作任务		底材的处理	日期	年　月　日
操作要求	施工材料与施工设备	铲刀、砂纸与磨块、电动打磨机、干磨机、风枪、脱脂剂、擦布、喷液壶、铲刀、尖角锤、锯条及钢丝刷、磨光机、砂纸（布）、亚麻布、绒线或尼龙线	是否满足	□是　□否
	场地要求	可停放大型车辆的混凝土地坪，适度的照明	是否满足	□是　□否
	环境要求	环境温度 15～25℃	是否满足	□是　□否
	备注			
出单人签字：_____年___月___日			接单人签字：_____年___月___日	
车间负责人签字：			日期：　年　月　日	

二、相关知识

1. 手工清除工具

常用手工清除工具主要有铲刀、尖角锤、毛刺刮刀、粗锉刀、钢丝刷和刮铲等，如图 1-2-1 所示。手工除锈的效率低，劳动强度大，但设备简单，不受施工条件和工件形状的限制，一般用于批量小、形状不规则的金属件表面铁锈或旧漆层的清除。

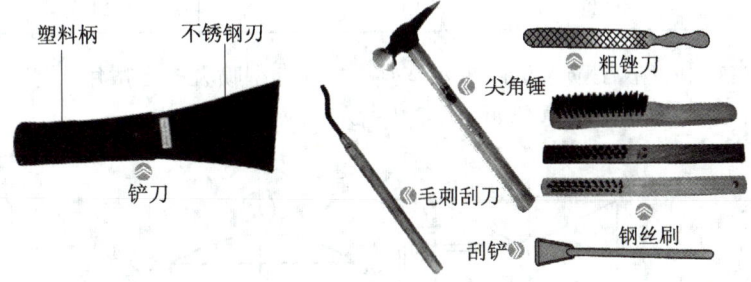

图 1-2-1　常用手工清除工具

2. 机械清除工具

机械清除工具包括打磨机和喷丸机等。打磨机工作时以压缩空气或电力作为动力源，驱动打磨头旋转或移动，与砂轮、圆形钢丝刷、砂布、砂纸等磨具配合使用，实现对表面旧漆层或铁锈的清除。此类旋转或移动式打磨清除工具适用于表面平整部位的处理，相对于手工清除工效高，但仍存在劳动强度大的缺点。按驱动方式不同，打磨机可分为气动打磨机和电动打磨机。其中气动打磨机应用广泛。气动打磨机有单作用打磨机、双作用打磨机和轨道式打磨机。

气动磨光机主要用于磨光毛刺、清除旧漆层、修整焊缝等手工难以磨光的部位，其磨头是不同形状的砂轮，如图 1-2-2 所示。在清除旧漆层时使用最多的是便携式水平打磨机（角磨机），如图 1-2-2 所示的（a），（b），（c）机型。如果清除铁锈可在图 1-2-2 所示的（d），（e）机型上换装钢丝盘，也可使用腻子打磨机械清除铁锈。

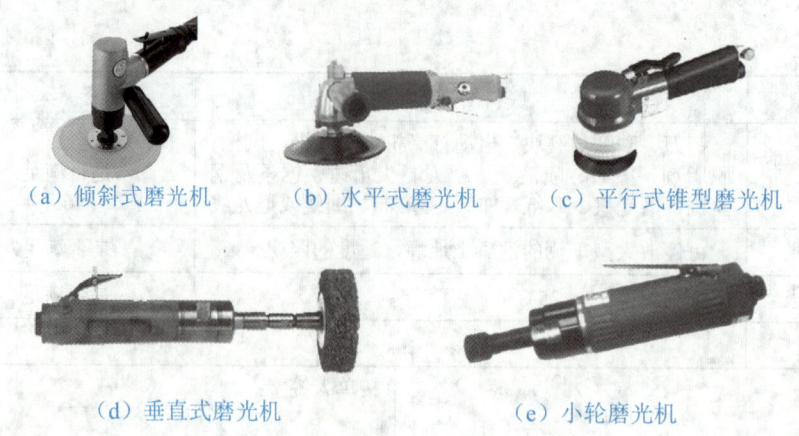

图 1-2-2　常用的各种气动磨光机

各种气动打磨机的用途见表1-2-2。

表 1-2-2　各种气动打磨机的用途

打磨机类型	适用范围	一般用途				
		清除旧漆	打磨薄边	粗磨钎焊表面	粗磨聚乙烯油灰层	打磨金属油灰层
圆盘打磨机	适用狭窄部位	优先选用	尽量不用	可以选用	尽量不用	尽量不用
复合打磨机		可以选用	优先选用	尽量不用	优先选用	优先选用
轨道打磨机		可以选用	可以选用	尽量不用	优先选用	优先选用
直线打磨机	适用宽敞部位	可以选用	尽量不用	尽量不用	可以选用	优先选用
板式打磨机		可以选用	尽量不用	尽量不用	可以选用	优先选用

喷丸机有标准喷丸机和回收型喷丸机两种基本类型。标准型喷丸机一般用于室外作业，可回收型喷丸机一般用于室内作业。喷砂设备的示意图如图1-2-3所示。

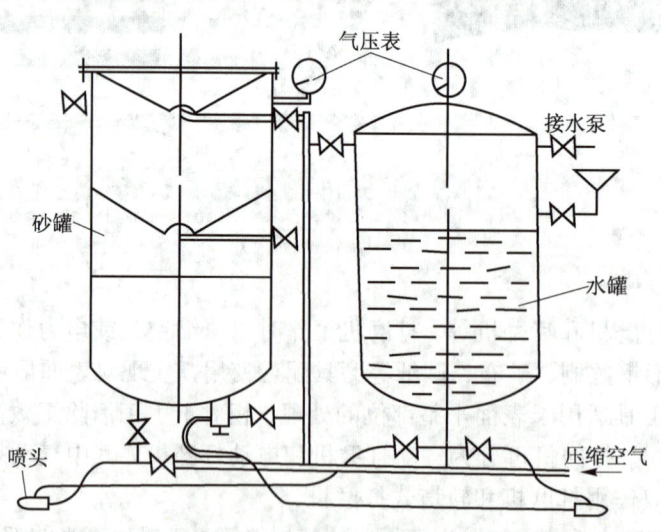

图 1-2-3　喷砂设备的示意图

3. 手工清除车身表面旧漆

手工除漆法也称手工打磨法，就是用铲刀、砂纸等把旧漆膜除掉，并用砂纸、钢丝刷将铲后留在表面的漆层、粗糙口子打磨干净。铲刀用于旧漆膜有剥离或裂纹处，以刀尖部插入剥离层间或缝隙处，可以一块一块地铲掉旧漆膜。对于黏结较实的旧漆或凹槽、拐角等特殊部位，可配合使用其他手工工具清除。这种方法简单，但劳动强度大，工作效率低，是涂装施工中常用的方法，也是部分清除旧漆膜的唯一方法。

（1）裁剪砂纸

根据打磨的需要，将砂纸裁成适合打磨的大小。国内外一些汽车修理厂普遍采用以下几种方式，如图 1-2-4 所示。

① 对于小面积打磨，将砂纸裁成原来的 1/3，将这 3 条砂纸叠成 3 叠，这样每一叠就有 3 片砂纸厚，打磨起来比较顺手。当打磨的砂纸面被磨平时，就更换新的一面继续打磨。

② 对于大面积打磨，将砂纸裁成原来的 1/4，这是漆工普遍欢迎的尺寸，因为这种形状操作方便。

③ 标准打磨，一般情况下用 7×23 cm 的砂纸固定在打磨块上进行打磨。

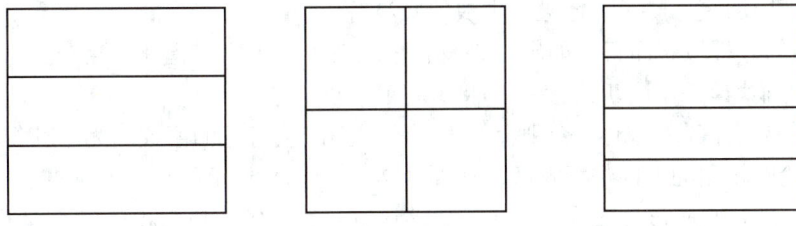

图 1-2-4　砂纸的裁剪

（2）砂纸与磨块的配合

① 将砂纸裁成适合磨块的尺寸，长度与磨块长度相当，宽度为磨块宽度加上 2 倍磨块厚度。

② 将砂纸平贴于磨块下面，两边多出的部分向上折，贴靠到磨块边缘以便用手握住，如图 1-2-5 所示。

③ 将磨块平放于打磨表面，向前后及左右移动。

④ 打磨时，磨块须保持平移，用力要适当。

（3）手工打磨时的姿势

手工打磨的姿势应该以舒服、顺手为原则。对于较大表面，最好是采用拇指和小指夹住磨块，中间三指配合手掌用力地握紧。

图 1-2-5　打磨块的握法

（4）打磨时的力度

① 尽量轻地握住砂纸。

② 避免用力压砂纸。

③ 打磨时施加于表面的压力仅仅限于手掌的重量。

④ 有时还必须经常改变打磨姿势，以适应不同部位的表面结构。

（5）打磨手法

① 手指打磨法。

在对汽车某个特殊的部位进行打磨时，有时需要将手掌稍微抬起来一点，将重量加到手指上，进行所谓手指打磨，有时甚至还要将手掌再抬一点，将重量加到指尖上，用指尖进行打磨。

② 画圈打磨。

用手指按住砂纸，在一个小范围内快速作圆周运动进行打磨。这种画圈打磨方式不得用于直径大于 25 cm 的缺陷。

③ 交叉打磨法。

在打磨较大面积的表面时，最好采用走直线的方法。在过渡区对相邻表面打磨时，应采用交叉打磨法，如图 1-2-6 所示，就是打磨时经常地改变打

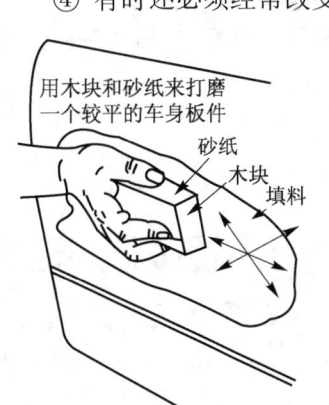

图 1-2-6　交叉打磨法

磨方向，因为这样操作获得的基材表面较平整。改变打磨方向可以起到和切削差不多的作用，砂平表面的速度最快。如果以 90°角改变方向，就无法采用交叉打磨法，这主要是受汽车表面绝大部分结构所限。只有在角度为 30°或 45°时才有可能改变方向。

（6）手工干打磨的操作工艺

① 选择合适的磨料，采用氧化铝磨料的疏式砂纸比较适合干打磨，粒度为 60#。

② 准备好气枪，将气枪连接到压缩空气管道上。

③ 戴好面罩。

④ 裁好砂纸。

⑤ 无论是打磨大的还是小的面积，用粗砂纸打磨 50%～75%，然后用细砂纸进行精加工。粗砂纸打磨的目的是尽快砂掉旧漆膜、腻子、锈斑、大块的底漆等。

⑥ 打磨时来回的行程应长而直，如果掌心没有平压在表面上，手指就会接触到打磨表面，这将导致手指与表面之间受力不均匀，所以应避免手指接触打磨表面。

⑦ 打磨时也不要进行圆周运动，否则会在表面涂层上产生可见的磨痕。为了获得最好的打磨效果，应该始终在与车身轮廓相同的方向进行打磨，如图 1-2-7 所示，也可采用 45°角方向交叉打磨。此时如果进行的是大面积的打磨，则应该分成块，一块一块地进行打磨。每一块面积最好不大于 0.1 m²。不得将身体的重量支撑在砂纸上，而只能轻轻地压着砂纸进行打磨。

图 1-2-7 沿车身轮廓相同的方向进行打磨

⑧ 用手摸、眼看检查打磨是否符合要求。注意：如果打磨的表面经过钣金处理，表面凸凹不平，则旧的涂层需完全清除掉，以便打腻子；如果打磨表面没有经过钣金处理，表面平整，只是旧漆膜损坏，则应打磨到原封闭底漆层；若由于失误将封闭底漆打磨过度，则应重新喷涂封闭底漆。

⑨ 用 180# 或 220# 砂纸对涂有底漆的表面进行精打磨。若砂纸上黏了底漆，应及时用气枪吹干净或用刷子刷掉。

⑩ 采用黏性抹布或气枪对整车进行清理。

> **注 意**
>
> 由于清除旧漆膜时，通常要清除到露金属为止，如果此时金属表面沾上水，会引起生锈，给后续工作带来很大麻烦，甚至使接下来的涂装产生缺陷，因此，清除旧漆膜时建议用干磨法。

⑪ 砂光。砂光是对损伤部位周围区域（过渡区）的表面进行处理，使表面无光、粗糙。这样新喷的漆膜才能牢固地黏附在表面上。

● 选择合适的砂纸，一般为 360# 或 400#。

- 将砂纸按需要裁开。
- 按干打磨的工艺,以走直线的方式进行打磨。
- 经常检查砂纸的表面状态,如果砂纸上黏的漆灰较多,应用手刷、钢丝刷或压缩空气将它清理干净。

⑫ 砂薄漆膜边缘。所谓砂薄漆膜边缘是指在已破坏的漆膜周围,将完整漆膜的边缘打磨成逐渐变薄的平滑过渡状态,如图1-2-8所示,当待修补漆膜的破坏程度还没有深入到金属基材时,则这里的薄边要求更为精细、平滑,为无痕迹修补创造前提条件。

图1-2-8 边缘的砂薄过渡

- 选择合适的砂纸,一般为320#。如原损坏处有腻子,则可先用粗砂纸快速处理,后用细砂纸砂光。
- 采用由内向外砂或由外向内砂均可。对于小面积用画圆圈砂的方法,对于大面积用走直线砂的方法。
- 换成细砂纸(400#~600#)继续打磨,以除去粗砂纸打磨时留下的痕迹。

如果除旧漆部位原涂层较厚(经过修补),并且准备施涂腻子,则可用80#砂纸进行砂薄边缘操作。

4. 机械法除旧漆、除锈

(1)打磨机清除车身表面旧漆

所谓打磨机除漆,就是采用专用电动(气动)打磨机来进行清除旧漆的方法,一般用于小面积的旧漆膜剥离。由于采用电动(气动)工具,使工人的劳动强度降低,除漆效率高。

> **注 意**
>
> 电动打磨机在剥离涂膜作业时,如果使用的是硬的打磨头,要保持与涂膜表面相平行,否则会在金属表面留下划痕;如果是软性打磨头,与涂膜表面的接触方式应采用如图1-2-9所示的方式。

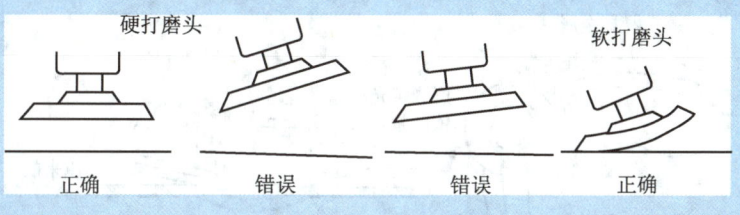

图1-2-9 硬性磨头与软性磨头的正确使用

① 穿戴好安全劳保用品。
② 戴好手套,然后轻轻地摸一遍待打磨表面,这有助于操作工人决定如何进行打磨。
③ 握紧打磨机,打开开关并将其以大约5~10°角移向待加工表面。
④ 使打磨机向右移动,叶轮左上方的1/4对准加工表面,如图1-2-10所示。

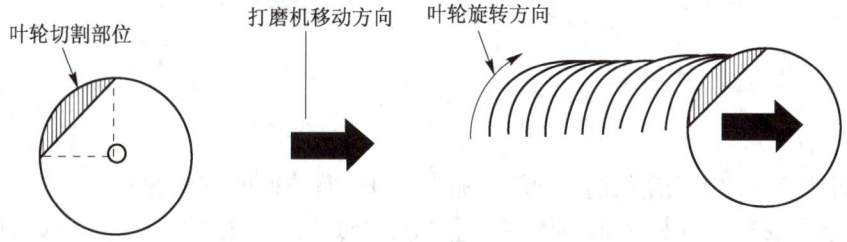

图1-2-10 打磨机向右移动操作

⑤ 当打磨机从右向左移动时，叶轮上方的 1/4 对准加工表面，如图 1-2-11 所示。

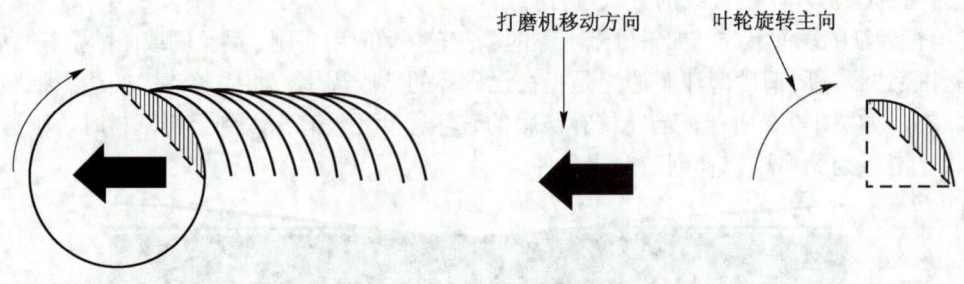

图 1-2-11　打磨机向左移动操作

⑥ 打磨较为平整的表面时的移动方式如图 1-2-12 所示。

⑦ 对于较小的凹穴处，应采用如图 1-2-13 所示的方法。

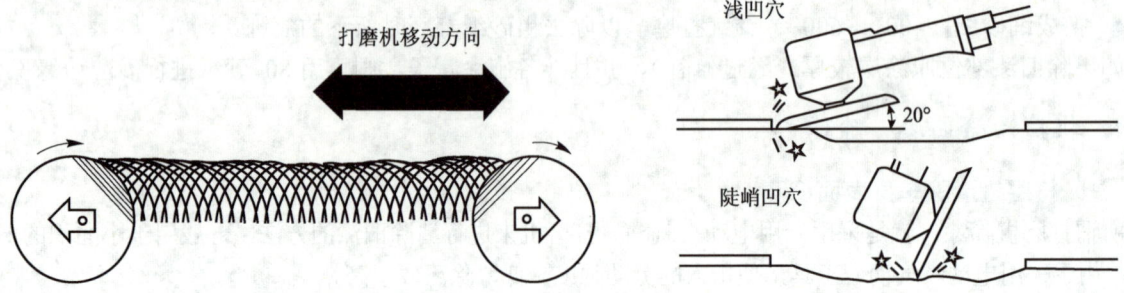

图 1-2-12　打磨较为平整的表面时的移动操作　　图 1-2-13　打磨小凹穴的操作

（2）羽状边打磨操作

清除了涂膜的边缘是很厚的，为了产生一个宽的、平滑的边缘，使施涂的各涂层平和过渡，可以将涂膜的边缘打磨，也称为磨缘。正确的磨缘操作如图 1-2-14 所示。

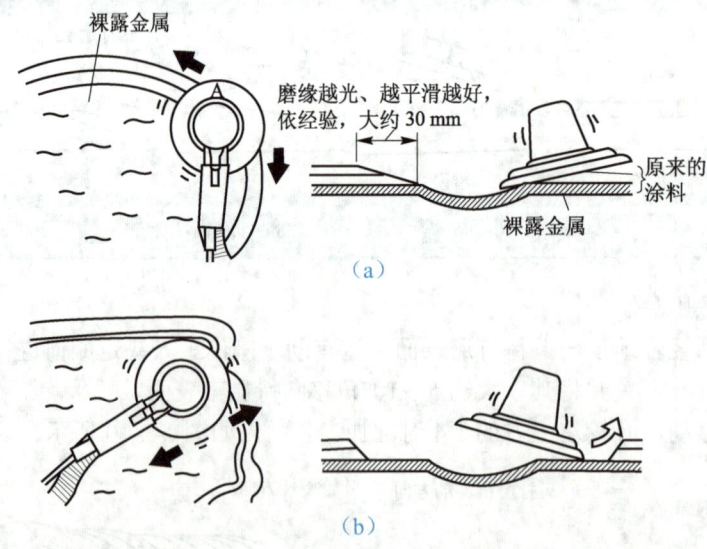

图 1-2-14　磨缘的方法

（3）砂光

砂光是对经过粗打磨的表面所做的一项精细加工，目的是获得更加平整的表面。

① 将旋转着的砂轮前方对着表面，而后方稍稍离开表面。保持这个方位，上下移动打磨机进行打磨。每一道磨痕之间覆盖面积大约为 50%~60%，如图 1-2-15 所示，这将有利于砂平作用。

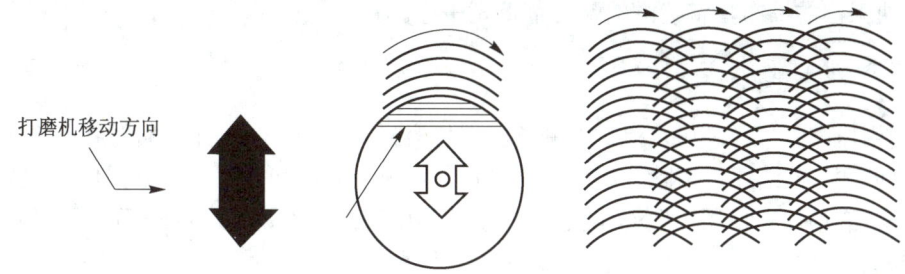

图 1-2-15　砂光操作时砂轮叶片的移动

② 用戴着手套的手在打磨过的表面上来回摸一下，检查打磨效果。重复上述打磨过程，直到完成打磨工作的 3/4 左右为止。

③ 更换细砂纸。

④ 重复打磨操作，先打磨，后砂光，直到表面达到所要求的平整度为止。

⑤ 清洗车身。

> **注　意**
>
> 由于打磨机转速较快，一定要时时视察打磨进度，千万不要打磨过度。尤其玻璃钢及塑料件，因其与涂层颜色差较小，更容易打磨过度甚至将板件打漏。

（4）清洁、除油

油污清除的难易程度与油污组成的物理化学性质有关。动植物油可以皂化，可用皂化、乳化和溶解作用除去；矿物油不能皂化，主要靠润湿、乳化、溶解、分散等作用除去。

1）擦拭法

① 双手带好胶皮手套。

② 双手各持一块干净的除油擦布，其中一块蘸有脱脂剂。

③ 先用带脱脂剂的擦布擦拭待除油表面，一次不要多于一个来回。

④ 然后用干爽的擦布擦拭沾有脱脂剂的表面。

⑤ 重复这样的动作，直到待清理表面全部清理完毕，如图 1-2-16 所示。注意及时蘸脱脂剂和更换擦布，并且注意不要摸碰已经除过油的表面。

2）喷擦结合法

① 将除油剂装入喷液壶内。

② 反复按压喷液壶操纵手柄，直到感觉有足够的反弹力。

③ 手持喷液壶，对准需除油表面，保持 20 cm 左右的距离，按压喷液开关，将除油剂均匀地喷到工件表面，如图 1-2-17 所示。

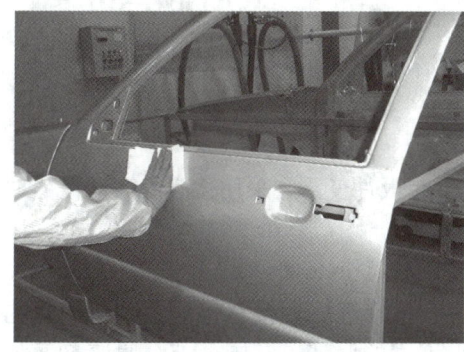

图 1-2-16　擦拭法除油

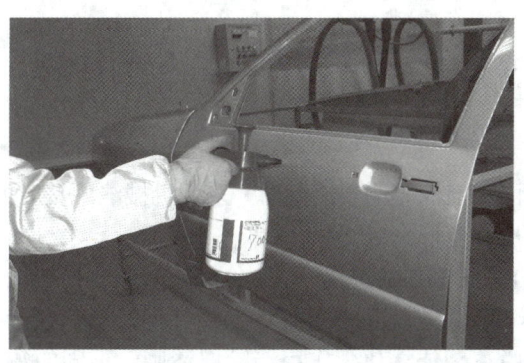

图 1-2-17　喷淋除油

④ 手持一块干净的擦布，将喷淋的除油剂擦拭干净。

5. 喷砂（喷丸）除漆法

该方法是利用压缩空气、高压水流、机械离心力将磨料、砂子、金属弹丸喷射到旧漆面上，借冲击和摩擦作用来清除旧漆。该法还可清除金属表面的锈蚀，但由于砂粒和金属弹丸会损伤铝、塑料等基材，所以不能在上述基材的构件上使用。近来，随着塑料砂球的出现，几乎所有类型的表面都可用喷砂工艺脱漆。

(1) 砂子的选择

一定粒度的二氧化硅（也叫石英砂）或河砂最适合汽车表面除旧漆及除锈操作。有些呈圆球体形状的砂子只适合砂光操作。磨料的物理性能、材质、形态、硬度、粒度、喷射速度及角度等，对表面处理后的粗糙度有很大影响，见表1-2-3。

表1-2-3 磨料粒度与处理后表面粗糙度的关系

粒径（mm）	粗糙度（μm）	粒径（mm）	粗糙度（μm）
0.5	20～30	1.5	80～90
0.8	30～40	1.8	90～100
1	50～60	2.0	100～120
1.2	60～70	0.8～1.2	40～75

(2) 喷砂操作前注意事项

① 对汽车敏感部位的保护，如玻璃、塑料零件、镀铬件、汽车表面完好的涂层、特别是与处理表面相邻的区域。
② 操作工人的劳动保护。要求操作工人工作前必须穿戴好工作服、眼镜、手套及帽子等。
③ 空气管道的直径为0.8 cm。决不能采用0.25 cm的管道。
④ 在任何情况下都不允许把喷枪对着现场的其他操作人员。

(3) 喷砂的操作工艺

① 采用压缩空气清洗砂子储罐及空气软管。
② 把清洁、干燥、筛过的砂子装入砂子储罐。
③ 调节压缩空气压力。一般为0.35～0.5 MPa。如果基材的厚度有限，为了防止将基材打穿，也可将压力降低。
④ 在开始喷砂操作之前仔细观察待喷砂打磨区。
⑤ 手持喷枪在一个直径大约为1～3 cm的范围内试喷一下，找到喷砂时的感觉。
⑥ 根据当前配置的喷砂系统决定工作速度。
⑦ 在喷砂打磨区来回多喷几次，喷砂距离为0.5 m左右，喷枪对基材的角度大致为45～80°，一直喷到表面显露出金属原有的光泽。
⑧ 根据需要对车身内外喷砂打磨区域进行清洗。
⑨ 清理设备，将砂子放入密封的塑料口袋里，以保持清洁、干燥。

6. 化学除漆法

大面积旧涂膜需要清除时，采用机械法既费时间，又会引起板件变形；采用化学除漆法既省时间又不会引起板件变形。

(1) 脱漆剂的选用

化学除漆法就是使用脱漆剂清除旧涂膜。在国外，一般汽车修理厂直接在市面上购买出售的脱漆剂使用。脱漆剂依靠化学作用清除旧漆膜，不同的漆膜要采用不同的脱漆剂。国外部分脱漆剂及使用范围见表1-2-4。

表1-2-4 国外部分脱漆剂牌号及应用

生产厂	产品牌号	适用油漆品牌
DuPont	3907—S	热塑性丙烯酸
	5662—S	热塑性丙烯酸
BASF F-M	830	热塑性丙烯酸
	817	热塑性丙烯酸
	815	丙烯酸、聚氨酯、醇酸磁漆
Sherwin-Williams	RTK210	热塑性丙烯酸
	V3K—168	丙烯酸、聚氨酯、醇酸磁漆
	V3K—773	丙烯酸、聚氨酯、醇酸磁漆
Martin-Senour	6801	丙烯酸、聚氨酯、醇酸磁漆
	6803	丙烯酸、聚氨酯、醇酸磁漆
	6805	热塑性丙烯酸
PPG	DX—525	丙烯酸、聚氨酯、醇酸磁漆

国内各油漆厂也有各种型号的脱漆剂供应。例如，T—1，主要适用于油性漆、酯胶、酚醛等低档涂料；T—2主要适用于油性漆、醇酸树脂涂料、硝基涂料；T—3与T—2适用范围相同，效果优于T—2。

（2）使用脱漆剂时要注意的问题

① 进行脱漆操作的工作间必须通风良好。

② 务必避免长时间呼吸脱漆剂的蒸气，尽量避免脱漆剂与皮肤、眼睛直接接触。

③ 如皮肤偶然接触到脱漆剂，则尽快用清水反复清洗。如果脱漆剂偶然溅到眼睛内，则尽快用清水冲洗，并根据具体情况送医院处理。

④ 避免脱漆剂与热源接触，因为脱漆剂遇热就可能气化产生有毒蒸气。

⑤ 储存时注意密封。

（3）常用脱漆操作方法

① 按照要求把地板遮盖起来，旧报纸是最合适的遮盖材料。最好用两层，第一层用来保护地板，第二层用来接脱下来的旧漆。脏了就把它清理扔掉，再铺上新的旧报纸。

② 准备好所有的工具和设备。

③ 按照要求用不干胶带把车身上必须遮盖的部位都粘贴起来，如发动机罩以及车门的缝隙、标牌板、车身两边的塑料件等。

④ 在大小合适的小桶内装入脱漆剂，用100 mm宽的刷子蘸脱漆剂刷到待处理表面上，尽快用刷子把脱漆剂刷展开。注意：一定不要再刷第二遍。

⑤ 按照说明的要求，放置7～10 min。

⑥ 7～10 min以后，漆膜已经溶胀变软，毫无强度，可以用扫帚扫掉。具体方法是：对水平面如车顶、发动机罩、行李箱盖等的除漆，既可用扫帚清扫，也可用报纸擦；对垂直面如车身两侧的除漆，利用漆膜本身的自重，让溶胀了的涂料自行落下或扫除。

⑦ 如果车辆已经过数次修补，表面涂层较厚，则可分多次使用脱漆剂除漆。

⑧ 色漆脱掉以后，用稀释剂反复清洗表面。当稀释剂尚未完全挥发时，用干净的抹布将表面擦拭干净，每次擦拭的区域不要太大，大约5 cm×5 cm左右就可以。所擦拭的每个区域之间要有一定的重叠覆盖，以免漏掉某处表面。

⑨ 清理地面上所铺的报纸，撕掉车身上的保护胶带。对于涂层为本色漆的车辆，最好用 60$^\#$或 80$^\#$

砂纸打磨曾经粘贴有不干胶带的表面。对于涂层为清漆的车辆，最好用泡沫塑料或海绵蘸清漆稀释剂仔细擦洗干净。

⑩ 用清洗溶剂再次将整车擦洗一遍，以清除蜡的痕迹。

7. 加热法除旧漆

加热法除旧漆就是利用火焰的高温使旧漆膜软化或炭化（烧焦）从而配合铲刀等工具清除旧漆的一种方法。火焰可由喷灯、气焊枪产生，由于一般的维修厂均有气焊设备，所以气焊枪加热法最为常见。

加热法除旧漆的缺点是如果加热温度过高，板件会产生热变形，从而产生不良后果。使用中一定要注意控制加热温度，必要时可采用多层多次清除。

三、实践操作

1. 遮护

底材处理前需要视情况对车辆进行必要的遮护作业，包括车身内装防护以及车身外部遮护，以防在施工作业中对车辆造成污染。另根据需要可将修补区域的附件拆下，拆下的零件必须妥善保存。

2. 打磨

用打磨机对车身受损表面进行打磨，如图 1-2-18 所示。

3. 检查

经常检查磨料是否清洁，这是保证打磨效果最简单也最有效的办法。如果磨料被塑料密封胶粘贴，则应该及时用毛刷、钢丝刷或气枪进行清理。如果出现类似情况，则表明密封胶固化不完全。打磨操作应该在密封胶充分固化后才能进行。

4. 清洁、除油

用表面清洁剂对打磨部位进行清洁，如图 1-2-19 所示。然后可以进入下一步工作。

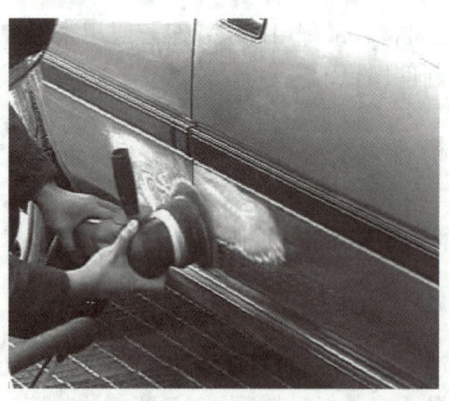
图 1-2-18　打磨受损表面

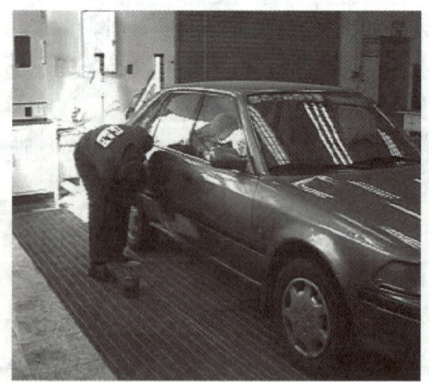
图 1-2-19　对打磨部位进行清洁

四、考核评估

① 学生自检，同学互评，小组讨论，填写《考核评价表》（见附表1），并同《个人工作记录单》（见附表2）和《小组工作记录单》（见附表3）一起上交。

② 教师对学生整个任务的完成过程进行分析，并填写《考核评分表》对学生进行成绩评定，评分表见表1-2-5。

表1-2-5 底材处理单项技能评分标准

姓名：　　　班级：　　　学号：　　　实训地点：　　　日期：　　年　月　日

技能考核项目	指标分值	考核标准	成绩分档及权重				得分	考核方式
			A	B	C	D		
			1	0.8	0.6	0.4		
训前准备	20	能认真阅读有关实训文件、教材与参考书，积极做好训前各种准备工作。教师可根据具体情况酌情打分						现场提问 课后批阅
态度与钻研精神	10	态度与钻研精神						观察
手工打磨现场操作	20	打磨质量好（5） 能正确选用设备（5） 操作准确（5） 仪器维护保养方法得当（5）						现场考核
机械打磨现场操作	20	打磨质量好（5） 能正确选用设备（5） 操作准确（5） 仪器维护保养方法得当（5）						现场考核
清洁、除油现场操作	20	能正确选用材料（5） 操作准确（5） 判断准确无误（5） 仪器维护保养方法得当（5）						现场考核
现场管理	10	着装规范，符合要求（2） 安全防护到位（2） 工作场地保持干净（2） 与同学配合到位（2） 服从分配，遵守规章制度（2）						观察
得分								
实训教师签字								

五、知识与能力拓展

汽车涂装施工前的表面处理（即基层处理）十分重要，不可忽视。根据不同材质、形状大小、厚薄等表面状态，来选择不同的表面处理方法，将基层表面上的油污、锈蚀、毛刺、焊药残渣、污物、蜡质等杂质处理干净，能使涂漆后的漆膜对基层有较好的附着力，提高涂层的结合力，获得预期的涂装质量。

1. 汽车制造厂对车身板件的脱脂处理

（1）常用脱脂方法

① 碱液脱脂法。化学碱液是由一定比例的碱和碱性盐类以及一些表面活性物质溶解在水中组成的。

使用碱性清洗剂脱脂时，应根据金属材质的不同，相应地控制碱性清洗剂的 pH 值。用不同 pH 值的清洗剂清洗不同的金属材料，防止碱液造成腐蚀。

② 乳化脱脂法。溶剂乳化清洗是利用有机溶剂对油污的溶解作用和乳化剂的分散作用除去油污。溶剂乳化清洗能除去金属制品上的各种不同的油污，包括润滑油、切削油、抛光研磨残渣、探伤残留磁粉及其他无机尘污。

（2）清洗除油方式及材料选择

在选择工件清洗除油方式及清洗剂时，应遵循下面几个原则。

① 根据工件形状、油污轻重选择清洗方式。在工业涂装中，有喷、浸和喷浸结合等 3 种清洗方式，其中喷式清洗法应用广泛。

在采用喷式清洗的场合，清洗液冲刷的机械作用强，因而清洗效果较好，清洗液的浓度也可以适当降低，适用于油污较轻、形状简单的零件，不适用于形状复杂的零件及较小的零件。采用喷式清洗的情况下清洗液容易发泡，因此必须采用低发泡性的清洗剂。

② 根据零件材质选择清洗剂。一般的金属零件以钢铁材料为主，在碱性介质尤其是强碱性介质中，钢铁性质比较稳定，甚至有钝化作用。因此对钢铁零件，选择强碱型或弱碱型清洗剂对零件本身没有损伤。但某些金属如锌、铝、镀锌钢板等，在强碱性介质中会发生强烈的腐蚀，因此对这些金属的构件，在选用碱性清洗剂时应选择碱性相适应的清洗剂。

③ 工件上污垢物质的类型。矿物油类的油脂由于不能皂化，其清除作用主要靠乳化作用和机械作用，因此要采用乳化效果较好的清洗剂，如碱性物质较多的硅酸钠、磷酸盐和表面活性剂组成的清洗剂，采用喷或喷浸结合的清洗方式。

动植物油脂和酸性油脂、油污能够皂化，故可采用强碱性的物质如氢氧化钠组成的清洗剂进行清洗。市面销售的清洗效果较好的清洗剂都是含有表面活性剂的碱性清洗剂，对矿物、动植物油污的去除能力都是较好的。

④ 脱脂后的处理。若仅是为了去除油脂，采用任何一种适用的清洗剂都可以。但现今脱脂一般都与磷化相结合组成涂装前预处理工序，因此还要考虑清洗剂对磷化是否有影响。磷化作用首先是进行腐蚀，继而生成磷化膜。强碱型清洗剂对黑色金属表面具有钝化作用，使磷化过程的腐蚀反应难以进行。因此采用强碱性清洗剂除油以后，必须配合使用具有表面活化的表面调整剂进行处理。而采用弱碱型的清洗剂则可以不用表面调整剂。为了使磷化质量更好，也可以采用带有表面调整作用的弱碱性清洗剂。因表面调整剂的 pH 值范围在 8.0～9.5，故采用弱碱性清洗剂和表面调整剂可以在同一槽中对零件进行处理。

2. 汽车制造厂对金属表面的预处理

对于裸露的金属表面，为了提高其抗生锈、耐腐蚀性能，汽车制造厂需对其进行特殊的表面处理，使其表面生成一层良好的保护膜。常用的方法有磷化、氧化和钝化处理。

（1）磷化处理

钢铁在含有锌、铁、锰的磷酸盐溶液中，由于金属和溶液的界面上发生化学反应，生成难溶于水的磷酸盐，使钢铁表面形成一层附着良好的保护膜，这种方法称为钢铁磷化。

磷化膜具有微孔结构，通常在大气条件下比较稳定，具有一定的防锈能力，用做漆膜的底层，可以显著地提高涂层的附着力和耐蚀性能。磷化膜还具有良好的润滑性能，对熔融金属无附着力，并有较高的电绝缘性能。磷化处理对钢制品的抗拉强度、伸长率、弹性、磁性等均无影响，仅疲劳强度略有下降。磷化膜形成过程中相应地伴随铁的溶解，因而磷化后钢制品的尺寸有微小变化。由于磷化具有这些良好的特性，在工业生产中被广泛采用。如图 1-2-20 所示为局部磷化操作示例。涂装前磷化工艺示例见表 1-2-6。

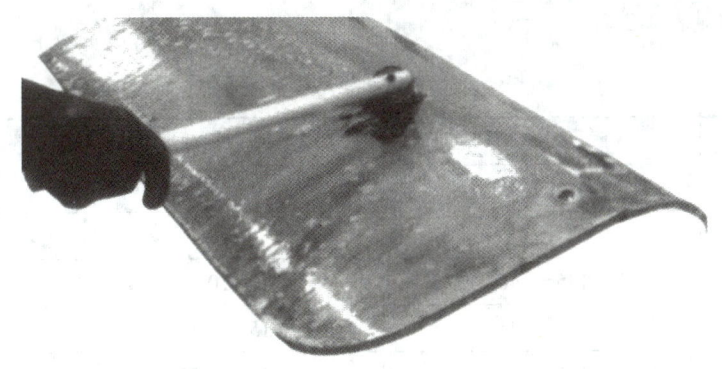

图 1-2-20　局部磷化

表 1-2-6　涂装前磷化工艺示例

工序名称	应用材料	操作条件 温度（℃）	操作条件 时间（min）	备注
除油	金属清洗剂	常温	3～5	若采用碱液除油，需加热到70～100℃
水洗	水	常温	1～3	若采用碱液除油，需用60～80℃的热水
除锈	酸液除锈	60～70	5～10	
水洗	水	常温	1～2	
中和	碱液	40～50	1～2	
水洗	水	常温	1～2	
表调	表面调整剂	常温	1～3	或采用5%的草酸进行表面调整
磷化	磷酸锌系	60～80	3～5 浸渍法	若采用喷淋法，磷化时间可适当缩短
水洗	水	60～80	1～2	
水洗	水	常温	1～2	
水洗	去离子水	常温	1～2	
烘干		80～120	5～10	

（2）氧化处理

金属的氧化处理是使金属表面与氧或氧化剂作用而形成保护性的氧化膜，防止金属腐蚀。

氧化方法有热氧化法、碱性氧化法、酸性氧化法（黑色金属）以及化学法、阳极氧化法（有色金属）等。

① 热氧化法。将金属制品加热到600～650℃，然后用热蒸汽和还原剂处理；还有一种方法是将金属制品浸渍在约300℃的熔融的碱金属盐中进行处理。

② 酸性氧化法。与碱性氧化法比较，酸性氧化法较为经济，处理后金属表面所生成保护膜的耐腐蚀性和机械强度均超过碱性氧化法处理后所生成薄膜，故应用广泛。酸性氧化处理溶液是由80～100 g/L硝酸钙、10～15 g/L过氧化锰、8～10 g/L正磷酸（碳素钢为3～5 g/L，合金钢及铸件为5～10 g/L）组成。溶液中正磷酸的含量不得低于2 g/L，也不能高于10 g/L，否则前者将产生微晶体薄膜，后者会使处理的零件受到侵蚀。处理温度为100℃，处理时间为40～45 min（停止排气为止）。

经过酸性氧化处理的零件表面，所得到的黑色保护膜的成分为磷酸钙和铁的氧化物。值得注意的是采用酸性氧化处理的金属零件必须认真脱脂。

③ 碱性氧化法。此方法使用的溶液是由600～700 g氢氧化钠、100～200 g亚硝酸钠、50～100 g硝酸钠、1 000 g水组成。处理时把零件浸渍在调配好的溶液中加热到135～155℃，处理时间的长短取决于零件

中碳含量的高低，具体见表1-2-7。

表1-2-7 钢制零件碱性氧化处理条件

零件含碳量（%）	工作温度（℃）		处理时间（min）
	开始	终止	
0.7	135～137	143	10～30
<0.7	135～140	150	30～50
<0.4	142～145	153～155	40～60
合金钢	142～145	153～155	60～70

金属零件经氧化处理后，再用60～80℃的含量为15～20 g/L 肥皂水漂洗一下，时间为2～5 min，然后分别用冷水和热水冲洗干净并吹干或烘干5～10 min（温度为80～90℃）。

④ 化学氧化法。这种氧化方法主要适用于有色金属（如铝、铜、镁及其合金）的氧化处理。

● 铝及铝合金。铝及其合金的化学氧化处理溶液是由50 g 碳酸钠、15 g 铬酸钠、2～2.5 g 氢氧化钠、1 000 g 水组成。处理温度为80～100℃，处理时间为15～25 min。这种金属的化学氧化处理是在含有碱及碱金属的铬酸盐溶液中进行的，氧化处理经过水洗后，再进行浸渍处理（放在含量为 20 g/L 的铬酐溶液中），然后用冷、热水冲洗，再烘干或吹干。

● 铜及铜合金。这种金属的化学氧化处理是在碱性过硫酸盐溶液中进行的，其处理溶液是由10～15 g 过硫酸钾、40～50 g 氢氧化钠、1 000 g 水组成。处理温度为60～65℃，处理时间为15～25 min。

如果在氨溶液中进行氧化处理，其溶液是由200～300 g 碱性碳酸铜、1 000 g 氨水（25%）组成。处理温度为18～35℃，处理时间为5～10 min。

无论采用哪一种溶液进行处理，事后必须在冷、热（60～80℃）水中进行冲洗1～2 min，然后烘干或吹干。

⑤ 阳极氧化法。这是有色金属氧化的另一种方法。它是将金属零件做阳极，利用电解法使其表面形成氧化膜的过程。这种氧化膜既可起金属与涂膜之间钝化膜的作用，又可以增加涂层与金属间的结合力，减少水分的渗透，延长涂层的使用寿命，从而被广泛地应用于涂膜的底层。

铝及铝合金的阳极氧化处理工作条件见表1-2-8所示，工艺过程见表1-2-9所示。

表1-2-8 铝及铝合金阳极氧化处理溶液及工作条件

电解质品种	数量（g/L）	处理温度（℃）	处理时间（min）	电流密度（A/m²）	电压（V）
硫酸	100～200	15～25	20～30	1～2	12～15
铬酐	50～55	37～41	55	0.3～2.7	0～40
铬酸	3%	40	10	0.3	逐渐提到50
草酸	20～100	30	40	直流1.5	40～60
磷酸	50	30	50～60	交流3.0	40～60

表1-2-9 阳极氧化处理工艺过程

序号	工艺顺序	材料		工作条件				备注
		名称	含量（g/L）	温度（℃）	电流密度（A/m²）	电压（V）	时间（min）	
1	有机溶剂脱脂	汽油及其他溶剂						零件上油污在碱液中不易除掉时
2	热水洗	热水		90～98				

表 1-2-9（续）

序号	工艺顺序	材料		工作条件				备注
		名称	含量（g/L）	温度（℃）	电流密度（A/m²）	电压（V）	时间（min）	
3	冷水洗	流动清水						
4	碱洗	氢氧化钠	50～100	60～80			0.5～1.0	
5	热水冲洗			70～80				
6	冷水冲洗	流动清水						
7	漂洗	硝酸	500					
8	冷水冲洗	流动清水						
9	阳极氧化	重铬酸钾		18～25	1～2	12～15	30～40	交流电压 10～18 V 直流电阴极用铝板
10	冷水冲洗	流动清水						
11	热水冲洗			70～90				
12	封闭处理		100	90～95				
13	冷水冲洗	流动清水						
14	热水冲洗			70～90				
15	干燥							
16	质量检验							
17	涂漆							
18	质量检验							

注：铬硅合金碱洗后出现的黑膜，可用 65%硝酸、25%氟化氢、10%水（质量百分比）混合液漂洗，也可以用表面活性剂或有机溶剂除油。

（3）钝化处理

金属钝化处理的目的与前面谈到的氧化处理和磷化处理一样，都是保护金属、防止腐蚀。钝化处理液的主要成分是铬酸盐及少量的磷酸、硫酸或硝酸等。金属与铬酸盐作用生成三价或六价的铬化层，具有一定的防腐蚀性能，因此可以做涂膜的底层。为了控制膜的生成厚度及适用于不同金属，通常在处理液中加入苯甲酸盐、氯化铁或硝酸银等化合物，在接近沸腾的溶液中进行钝化。这种方法多用于铝、镁、锌、锡等有色金属，尤其是保护锌及镀锌层是一种很好的方法，对钢铁制品也可以生成钝化层。

3. 汽车制造厂非金属基材表面处理法

非金属基材的种类很多，在汽车涂装过程中出现的主要为玻璃钢件、塑料件及木（竹）制品件三种基材。玻璃钢件多用于中高档豪华客车的前后围面和保险杠等工件，表面上易残留脱膜剂、蜡质、机油等杂质，必须先将其彻底处理干净，方可进行涂漆。塑料件多用于仪表盘和客车的前面罩等。木制件多用于厢式汽车或货运汽车的拖车厢板等。

（1）玻璃钢件表面处理法

对玻璃钢件的表面处理，除将外表面上的脱模剂、蜡质、油污等杂质处理干净外，还应将因糊玻璃钢时而使玻璃纤维布浸胶量过多的光滑部位进行粗糙处理，否则涂漆后会因基材过于光滑导致涂层的附着力差，甚至脱壳。处理方法可采用手工和机械工具两种方式。

① 手工处理法。使用砂布或细钢丝刷手工处理。其操作方法是：手拿 60#砂布，用力反复打磨至基层表面呈现非常均匀的砂布痕迹为止。每处通常用力打磨 6～8 或 8～10 个来回，才能将表面打磨粗糙，对

边、棱、角等部位，更要细心地打磨到位并打磨均匀，以免遗漏。使用细钢丝刷处理时，可用左手掌紧压在钢丝刷的上面，用右手握住刷柄，用力反复刷至丝纹均匀到位，对钢丝刷不宜刷到的部位，可用砂布配合处理。对处理后的浮粉等杂质，可先用压缩空气吹干净，再用清洁剂反复擦净。

② 机械工具处理法。就是用电动钢丝刷、电动钢丝轮或气动磨光机等机械，依次将基层表面上的脱模剂、蜡质、油污等杂质彻底清除干净。对使用机械工具处理不到的部位，如边、角、棱等，可用砂布配合钢丝刷手工处理到位，确保处理质量达优。

(2) 塑料件表面处理法

塑料制品虽不会生锈，易于着色，且其本身就具有抗腐蚀及装饰性能，但是为了延长它们的使用寿命，提高其各项性能，尤其是装饰性，要在其表面上涂上一层合适的涂层。

对塑料件的处理，应根据塑料的种类采用不同的方法进行处理。几种常用的塑料及其表面处理方法，见表1-2-10。

表1-2-10 塑料件表面处理法

类别	处理要点	处理方法	备注
热固性塑料	灰尘、脱膜润滑剂、油污等	① 用汽油、丙酮、二甲苯等溶剂擦洗或塑料清洗剂处理； ② 如表面过于光滑时可用砂布进行粗处理，然后用汽油或工业乙醇或丙酮擦洗净杂质	包括聚苯乙烯塑料件及聚丙烯塑料件
聚氯乙烯塑料	脱膜后的残余杂质	① 大批量制件可用机械喷砂法除去表面上的残余杂质； ② 小件制品可先用三氯乙烯溶液浸泡数秒钟，取出后轻擦干净，待干燥； ③ 用重铬酸钾的浓硫酸溶液处理10 min，取出洗净。干燥溶液可用硫酸150份、水12份、重铬酸钾75份混合配制； ④ 涂漆前先喷涂一层脱脂溶剂，如丙酮、醋酸丁酯等，使其表面软化，在溶剂未完全挥发时立即涂漆	包括软质和硬质聚氯乙烯塑料
ABS塑料	主要是脱脂及表面的光滑度	先用有机溶剂将油脂清洗干净，而后采用较稀的铬酸处理液浸蚀处理，处理温度60～70℃，处理时间5～10 min。处理液配方：铬酸420 g/L，硫酸（密度1.83）200 mL。处理特点是不管制品的形状有多复杂，都能获得均匀的处理，但是有一定危险，有污染，需要有保护和安全措施	经铬酸处理液处理后的工件应立即用清水冲洗干净，干燥后涂漆
酚醛塑料	表面的光滑度	通常采用粗糙化处理液。其配方如下：对甲苯磺酸0.3%、硅藻土0.5%、二氧杂环己烷3.0%、四氯乙烯96.2%。处理工艺：先在38～100℃下处理10～30 min，而后用40～120℃活化1 min，用80℃水洗净，干燥	
聚烯烃塑料	表面各种杂质	① 对形状简单的制品用氧化处理法，即使用天然气或液化气燃烧的火焰，使制品表面氧化而不损伤，处理时，只让氧化火焰接触制品表面并一扫而过； ② 对形状复杂的制品可采用溶剂蒸汽侵蚀处理法，一般使用二氯乙烯溶剂蒸汽侵蚀，处理温度70～75℃；处理时间30～60 s之内。处理后立即进行浸涂涂漆	处理特点是：简单快速，但仅用于形状简单的制件，不适用于形状复杂的制品

思考与练习

一、选择题

1. 下列（　　）是进行全车清洗时所需要的。
   A. 橡胶手套、水桶、防护眼镜、抹布　　　　　B. 水桶、抹布、热水、砂纸、汽油

C．防护眼镜、橡胶手套、洗涤剂、砂纸　　D．鹿皮、抹布、清洗剂、洗涤剂、汽油
2．下列（　　）是进行全车清洗时先要进行的。
　　A．用高压水冲洗　　　　　　　　　　B．用压缩空气吹净
　　C．将车身表面淋湿　　　　　　　　　D．用海绵蘸洗涤液擦洗
3．下列（　　）不需要了解车身原面漆的种类。
　　A．整板修补　　　　　　　　　　　　B．原厂漆面修补
　　C．修补过的漆面再修补　　　　　　　D．全涂装
4．一辆能给人以精神感染、享受美好生活感觉的汽车，需要（　　）的精心装饰。
　　A．喷涂作业人员　　B．机修作业人员　　C．钣金作业人员　　D．组装人员
5．下列（　　）不被用于评估车身漆面损伤。
　　A．目测　　　　　　B．触摸　　　　　　C．测色仪检测　　　D．直尺检测
6．用手工砂纸法除旧漆时，选用砂纸的粒度一般为（　　）。
　　A．40#　　　　　　B．60#　　　　　　C．80#　　　　　　D．100#
7．同一个打磨任务，选择砂纸粒度时，对干砂纸和水砂纸（　　）。
　　A．是相同的　　　　　　　　　　　　B．水砂纸粒度大
　　C．干砂纸粒度大　　　　　　　　　　D．没有确切规定
8．砂光操作时，应选择（　　）的砂纸。
　　A．60#　　　　　　B．120#　　　　　C．360#　　　　　D．800#
9．对于要求留有轻微薄膜以做临时性防锈的工件表面除油时，最好选用（　　）。
　　A．碱性清洗法　　　　　　　　　　　B．乳化脱脂法
　　C．有机溶剂脱脂法　　　　　　　　　D．超声波脱脂法
10．在维修厂对金属板件表面的锈蚀，通常进行（　　）。
　　A．抛光处理　　　　B．打磨处理　　　　C．喷砂机处理　　　D．化学法处理

二、判断题

1．有色金属板材是指除钢、铁材料以外的其他金属或合金。　　　　　　　　　（　　）
2．纯铝薄板的耐腐蚀性比酸洗薄钢板好。　　　　　　　　　　　　　　　　　（　　）
3．如果已知车身已经喷涂过，就必须判断所使用的涂料类型。　　　　　　　　（　　）
4．汽修厂对生产环境污染最严重的是 VOC 排放。　　　　　　　　　　　　　（　　）
5．对于漆膜损伤处，一定要将旧漆膜清除到露出底材为止。　　　　　　　　　（　　）
6．在使用有软硬面的磨块与砂纸配合除旧漆膜时，应使用磨块的硬面。　　　　（　　）
7．用砂纸打磨法清除旧漆膜时，可以使用较大的压力进行打磨。　　　　　　　（　　）

三、简答题

1．喷涂前的准备工作有哪些？
2．汽车涂装的功能是什么？
3．汽车涂装前为什么要进行表面处理？表面处理包括哪些内容？
4．清除汽车旧漆层的方法有几种？怎样进行金属基层表面处理？
5．汽车车身涂层的鉴别方法是什么？汽车车身底材有哪些？如何鉴别？

学习项目二　底漆的涂装

项目导读

　　底漆是直接涂覆在经过表面处理的施工物体表面的第一层涂料（即头道底漆）。它对金属基材有较好的附着力和防锈、防腐性能，同时对中涂漆和面漆也有很好的结合力。底漆施工可以是刷涂，也可以是喷涂。底漆的种类很多，针对不同的底材要选用适当的底漆，或刷或喷。本项目通过底漆的配制、施工与干燥两个工作任务，使学生熟悉底漆的选配与调制、车身的遮盖、喷枪选用与使用等方面的知识。

最终目标

会进行底漆的涂装施工

促成目标

1. 能正确说明底漆的作用和汽车底漆的类型
2. 能正确描述涂料的选配与调制要求
3. 能掌握底漆施工中的工具设备，并能正确描述工作原理
4. 能知道汽车底漆喷涂的安全规程与操作事项
5. 正确完成一个典型车身零部件的底漆施工过程

任务一　底漆的选用与调制

知识目标

1. 能够正确描述涂料的分类、基本组成及成膜机理
2. 能够正确描述车用各种底漆的特性及选用原则
3. 能进行车用底漆的选用与调制

技能目标

1. 能够进行涂料的开罐、装搅拌头，安装于混漆机架上，并能够正确操作搅拌机
2. 能够用比例尺调制涂料
3. 能够使用黏度计测试涂料的黏度

一、工作任务

底漆的选用与调制工作任务单见表 2-1-1。

表 2-1-1　任务单

任务单号：_____

工作任务		涂料准备	日期	年　月　日
任务描述		一丰田汽车的发动机罩多处锈蚀，经过脱漆及去锈处理后，需要进行底漆的喷涂，试选用涂装用的底漆，并将其调制成可喷涂的涂料	产品名称/型号	
产品照片				
操作要求	施工材料与施工设备	开罐工具、搅拌头、调漆桶（杯）、调漆比例尺、过滤器、黏度计、电子秤、底漆及配套材料、劳动保护（抹布、防护眼镜或面罩、橡皮手套）	是否满足	□是　□否
	场地要求	调漆室	是否满足	□是　□否
	环境要求	环境温度 15～25℃	是否满足	□是　□否
	备注			
出单人签字： ____年__月__日			接单人签字： ____年__月__日	
车间负责人签字：			日期：　　年　月　日	

二、相关知识

1. 涂料的定义

涂料是覆盖于物体表面且能结成坚韧保护膜的物料的总称。它可用特定的施工方法涂布在物体表面上，经过固化能形成连续性涂膜，并能通过涂膜对被涂物体起到保护装饰等作用，以前常被称为"油漆"。

2. 涂料的组成

涂装所用涂料品种繁多，各种涂料的构成成分不尽相同，但同类涂料的基本组成具有相同性，一般由颜料（包括体质颜料）、成膜物质（树脂）、溶剂和辅助材料（添加剂）4种基本成分组成。

涂料组成

（1）颜料

颜料通常是粉状，包括有机化合物和无机化合物，其物理性质和化学性质不会因分散介质而改变，颜料本身有颜色，能改变其他物体的原始本色，与染料不同，染料能溶于水，而颜料不溶于水。颜料是涂料中不挥发物质之一，它赋予面漆色彩和耐久性，起美观装饰作用，同时使涂料具有遮盖力，并提高强度和附着力，改变光泽，改善流动性和涂装性能。

① 白色颜料：钛白、氧化锌、锌钡白。
② 黑色颜料：炭黑、氧化铁黑。
③ 无机彩色颜料：铬系、铁系等。
④ 有机彩色颜料：酞菁蓝、酞菁绿等。
⑤ 金属颜料：铝粉、锌粉、铜粉。
⑥ 体质颜料：$CaCO_3$、$BaSO_4$、SiO_2、硅酸盐。
⑦ 防锈颜料：红丹、锌铬黄、磷酸锌、铬酸盐。
⑧ 特种颜料：珠光颜料（珠光漆）、荧光颜料、示温颜料。

（2）成膜物质（树脂）

树脂是涂料的基本成膜物质，是涂料的基础，因此叫做基料或漆基。涂料的基本物理、机械性能大都是由树脂自身的特性所决定的。它的作用是使涂料具有一定的硬度、耐久性、弹性、附着力等，并具有一定的保护与装饰作用，如耐水、耐酸碱、耐各种介质、抗石击、抗划伤、光泽等。

按来源不同，树脂可分为3大类：一类是自然界的天然树脂（如松香、虫胶、生漆等），另一类是用天然高分子化合物加工制得的人造树脂（如改性松香、纤维素衍生物、橡胶衍生物等），还有一类是化工原料合成的合成树脂（如丙烯酸树脂、醇酸树脂、聚氨酯树脂、环氧树脂等）。

（3）溶剂

溶剂是涂料的重要组成部分，起着辅助成膜的作用。它能溶解或稀释油料或树脂，降低其黏稠度以便于施工，并改善涂料的流平性，避免涂膜过厚、过薄、起皱等弊病；还能对涂料的成品在储存过程中起稳定作用，不使树脂析出或分离以及变稠、结皮等。涂料施工后，溶剂能增加涂料对物体表面的润湿性和附着力，并随着涂料的干燥而均匀地挥发减少，使被涂物面得到一个薄厚均匀、平整光滑、附着牢固的涂膜。

（4）辅助材料

辅助材料又称为助剂，它虽然不是主要或次要的成膜物质，用量一般又很少，但它对改善涂料的性能、延长储存时间、扩大涂料的应用范围、改进和调节涂料施工的性能、保证涂装品质等方面都起很大的作用。涂料的辅助材料品种很多，根据它们的功能来划分，主要品种有催干剂、防潮剂、固化剂、紫外线吸收剂、悬浮剂、流平剂和减光剂等。这些辅助材料有些是在涂料制造时就添加到涂料当中的，如悬浮剂、紫外线吸收剂等；有些需要根据施工情况进行添加，如防潮剂、流平剂、减光剂等。

3. 涂料的分类

（1）根据成膜物质的类别分类

根据成膜物质的类别，涂料产品可分为17大类，见表2-1-2。这是涂料的主要分类方法。

表2-1-2 涂料分类

序号	代号	类别	主要成膜物质
1	Y	油脂漆类	天然植物油、清油（熟油）、合成油
2	T	天然树脂漆类	松香及衍生物、虫胶、乳酪素、动物胶、大漆及衍生物
3	F	酚醛树脂漆	改性酚醛树脂、纯酚醛树脂
4	L	沥青漆类	天然沥青、石蜡沥青、煤焦沥青
5	C	醇酸树脂漆	甘油醇酸树脂、季戊四醇酸树脂、其他改性醇酸树脂
6	A	氨树脂漆	脲醛树脂、三聚氰胺甲醛树脂、聚酰亚胺树脂
7	Q	硝基漆类	硝基纤维素、改性硝基纤维素
8	M	纤维素漆类	乙基纤维、苄基纤维、羟甲基纤维、酯酸纤维、酯酸丁酸纤维、其他纤维及醚类
9	G	过氧乙烯漆类	过氯乙烯树脂、改性过氯乙烯树脂
10	X	乙烯漆类	氯乙烯共聚树脂、聚酯酸乙烯及其共聚物、聚乙烯醇、（缩醛树脂）、聚二乙烯乙炔树脂、含氟树脂
11	B	丙烯酸漆类	丙烯酸树脂、丙烯酸共聚物及其改性树脂
12	Z	聚酯漆类	饱和聚酯树脂、不饱和聚酯树脂
13	H	环氧树脂漆类	环氧树脂、改性环氧树脂
14	S	聚氨酯漆类	聚氨基甲酸酯
15	W	元素有机漆类	有机硅、有机钛、有机铝等元素有机聚合物
16	J	橡胶漆类	天然橡胶及其衍生物、合成橡胶及其衍生物
17	E	其他漆类	未包括在以上所列的其他成膜物质

在这17类中，前面4类使用植物油和天然树脂作为主要原料，产品性能和质量不高，通常称为油性涂料；后面13类采用合成材料做原料的比重较大，有的甚至完全以合成树脂作为主要成膜物质，通常称为合成树脂涂料。

除了涂料外，在涂装施工中不可缺少的是辅助材料类，如稀释剂、催干剂、防潮剂、脱漆剂、固化剂等。辅助材料的分类见表2-1-3。

表2-1-3 辅助材料分类

序号	代号	名称	序号	代号	名称
1	X	稀释剂	4	T	脱漆剂
2	F	防潮剂	5	H	固化剂
3	G	催干剂			

（2）按涂料的组成中是否含有颜料分类

① 清漆：没有颜料或体质颜料的透明体。

② 色漆：加有颜料和体质颜料的有色漆。

③ 腻子：加有大量体质颜料的稠厚浆状体，学名为原子灰。

(3) 按溶剂构成情况分类

① 无溶剂涂料：涂料中没有挥发性稀释剂。其中呈粉末状的称为粉末涂料。

② 溶剂涂料：涂料中以一般有机溶剂为稀释剂。

③ 水性涂料：涂料中以水作为稀释剂，称为水性涂料。

(4) 按在汽车上的使用部位不同分类

① 汽车车身用涂料。这是汽车用涂料的主要代表，所以从狭义上讲，所谓的汽车用涂料主要指车身用涂料。车身涂层一般是由底层涂层、中间涂层和表面涂层 3 层或由底层涂层和表面涂层两层构成，它们基本上要兼备汽车用漆的要求。

② 货箱用涂料。其质量要求较前者低，一般为底、面两层涂层。

③ 车轮、车架等部件用的耐腐蚀涂料。它的主要技术指标是要求耐腐蚀性能（耐盐雾性、耐水性）要好；要求涂膜坚韧耐磨，具有耐机油性。

④ 发动机部件用涂料。因发动机体不能高温烘烤，故要求涂料具备低温快干性能，要求涂膜的耐汽油、耐机油和耐热性较好。

⑤ 底盘用涂料。因车桥、传动轴等底盘件不能高温烘烤，故要求具备低温快干性能。因车下使用环境恶劣苛刻，经常与泥水接触，故要求其耐腐蚀性优良，具备较好的耐机油性。

⑥ 铸锻件、毛坯和冲压件半成品用涂料。这类涂料主要用来防锈，一般属于防锈底漆类，要求具备较好的防锈性能、机械强度和附着力（或涂层间的结合力）。

⑦ 车内装饰件用涂料。它主要是指轿车和大客车车内装饰件用涂料，其主要性能要求是要有极高的装饰性。

⑧ 特殊要求用涂料。这类涂料包括蓄电池固定架用耐酸涂料，汽油箱内表面用耐汽油涂料，汽车消声器、排气管和汽缸垫片用耐热涂料，车身底板下用耐磨防震涂料，车身焊缝用密封涂料等。

(5) 按在涂装工艺及涂层中所起的作用分类

按在涂装工艺及涂层中所起的作用不同，涂料可分为涂前表面处理用材料（主要包括清洗剂和磷化处理剂）、汽车用底漆、汽车用中间涂料、汽车用面漆、辅助材料（如溶剂、黏尘涂料、抛光材料、防噪声浆等）。

除了上述的分类法外涂料，还有其他的分类方法。例如，按施工方法分，有刷漆、喷漆、烘漆、电泳漆、粉末涂装漆等；按涂料作用分，有底漆、面漆、罩光漆、腻子等；按涂料作用效果分，有绝缘漆、防腐漆、防锈漆等。

4. 涂料的命名及型号

(1) 涂料命名原则

涂料全名＝颜色或颜料名称＋成膜物质名称＋基本名称。涂料的颜色位于名称的最前面，若颜料对漆膜性能起显著作用，则可用颜料的名称代替颜色的名称，如铁红醇酸底漆、锌黄酚醛防锈漆、白色丙烯酸磁漆等。

涂料名称中的成膜物质名称应适当简化，如聚氨基甲酸酯简化成聚氨酯等。

如果基料中含有多种成膜物质，则选取起主要作用的一种成膜物质命名，必要时也可选取两种成膜物质命名，主要成膜物质名称在前，次要成膜物质在后，如环氧硝基磁漆、硝基醇酸磁漆等。

基本名称仍采用我国广泛使用的名称，如清漆、磁漆、调和漆等。涂料基本名称及代号见表 2-1-4。

表 2-1-4　涂料基本名称及代号

代号	基本名称	代号	基本名称	代号	基本名称
00	清油	22	木器漆	53	防锈漆
01	清漆	23	罐头漆	54	耐油漆
02	厚漆	30	（浸渍）绝缘漆	55	耐水漆
03	调和漆	31	（覆盖）绝缘漆	60	耐火漆
04	磁漆	32	（绝缘）磁漆	61	耐热漆
05	粉末涂料	33	（黏合）绝缘漆	62	示温漆
06	底漆	34	漆包线漆	63	涂布漆
07	腻子	35	硅钢片漆	64	可剥漆
09	大漆	36	电容器漆	66	感光涂料
11	电泳漆	37	电阻漆、电位器漆	67	隔热漆
12	乳胶漆	38	半导体漆	80	地板漆
13	其他水溶性漆	40	防污漆、防蛀漆	81	渔网漆
14	透明漆	41	水线漆	82	锅炉漆
15	斑纹漆	42	甲板漆、甲板防滑漆	83	烟囱漆
16	锤纹漆	43	船壳漆	84	黑板漆
17	皱纹漆	44	船底漆	85	调色漆
18	裂纹漆	50	耐酸漆	86	标志漆、马路划线漆
19	晶纹漆	51	耐碱漆	98	胶液
20	铅笔漆	52	防腐漆	99	其他

基本名称编号原则：采用 00—99 两位数字表示，其中基本名称代号划分如下：

00—13　代表涂料基本品种；

14—19　代表美术漆；

20—29　代表轻工用漆；

30—39　代表绝缘漆；

40—49　代表船舶漆；

50—59　代表防腐漆；

60—79　代表特种漆；

80—89　代表其他用途漆。

必要时可在成膜物质后面标明专业用途及特性，如过氯乙烯防腐漆、醇酸导电磁漆、白硝基外用磁漆等。

凡须烘烤干燥的漆，名称中应加"烘干"或"烘"字样，如果没有，则表明该漆是常温干燥或烘烤干燥均可，如环氧树脂烘漆等。

（2）涂料编号原则

涂料型号由 3 部分组成：第一部分是成膜物质，用汉语拼音字母表示（见表 2-1-2）；第二部分是基本名称，用两位数字表示（见表 2-1-4）；第三部分是序号（见表 2-1-5），即涂料类别代号＋涂料基本名称代号＋涂料产品序号代号，用以表示同类品种的组成、或用途的不同，这样组成的型号就只表示一个涂料品种，而不会重复。

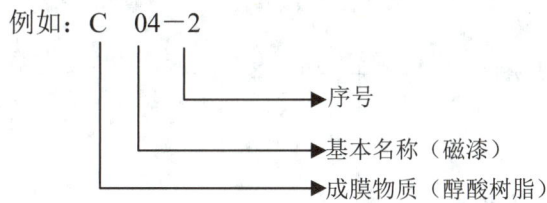

表 2-1-5 涂料产品序号代号

涂料品种		代号	
		自干温度（℃）	烘干温度（℃）
清漆、底漆、腻子		1～29	30 以上
磁漆	有光	1～49	50～59
	半光	60～69	70～79
	无光	80～89	90～99
专业用漆	清漆	1～9	10～29
	有光磁漆	30～49	50～59
	半光磁漆	60～64	65～69
	无光磁漆	70～74	75～79
	底漆	80～89	90～99

辅助材料型号由两部分组成：第一部分为辅助材料种类（见表 2-1-3）；第二部分是序号，用以区别同一类型的不同品种。但是，由于各国对涂料制定的标准不一样，名称及型号的含义也有所不同，使用时一定要仔细阅读涂料说明书。

5. 涂料的原理

涂料涂布于物体表面上后，由液体或不连续的粉末状态转变为致密的固体连续薄膜的过程，称为涂膜的干燥或固化。涂膜干燥是涂料施工的主要内容之一。由于这一过程不仅占用很多时间，而且有时能耗很高，因而对涂料施工的效率和经济性产生重大的影响。

涂膜的固化机理有 3 种类型，一种是物理机理，其余两种是化学机理。

（1）物理机理固化

只靠涂料中液体（溶剂或分散相）蒸发而得到干硬涂膜的干燥过程称为物理机理固化。高聚物在制成涂料时已经具有较大的相对分子质量，失去溶剂后就变硬而不黏，在干燥过程中，高聚物不发生化学反应。

（2）涂料与空气发生反应的交联固化

氧气能与干性植物油和其他不饱和化合物反应而产生游离基并引起聚合反应，水分也能和异氰酸酯发生反应，这两种反应都能得到交联的涂膜，所以在储存期间，涂料罐必须密封良好，与空气隔绝，通常用低相对分子质量的聚合物（相对分子质量 1 000～5 000）或相对分子质量较大的简单分子，这样，涂料的固体份可以高一些。

涂膜干燥

(3) 涂料之间发生反应的交联固化

涂料在储存间必须保持稳定,可以用双罐装涂料法或是选用在常温下互不发生反应,只是在高温下或是受到辐射时才发生反应的组分。

三种机理之间的比较见表 2-1-6。

表 2-1-6 涂膜固化机理

干燥机理	涂料中液体的挥发	涂料和空气之间的交联反应	涂料组分之间的交联反应
涂料中成膜物质的相对分子质量	高	低	低或高
涂料的固体份	a.(溶液型涂料)低,10～35% b.(乳液型涂料)中到高,40～70%	中到高 25～100%	中到高 30～100%
涂膜中聚合类型	线型	交联型	交联型
抛光性、修补性、再流平性	好	可或差	可或差
不加热时的干燥速度	快	慢到适中	较快
最低干燥温度	无实际限制(对溶液型而言)	在冷天很慢	不一定,一般为 10～15℃
储运情况	好	涂料罐必须密封良好	除烘干和辐射固化型之外,必须双罐装
举例	硝酸纤维素和其他挥发性漆 某些乳胶漆 某些有机溶胶漆	装饰性(建筑)漆 某些烘漆 单罐装聚氨酯	工业烘漆 酸催化漆 聚氨基甲酸酯涂料

6. 底漆的特性

底漆即底涂层用漆,它一般直接涂覆于施工物体表面或涂于腻子表面。它是整个涂层的基础,具有以下特性。

① 对经过表面处理的工件表面应有很好的附着力,所形成的底漆漆膜应具有极好的机械强度。
② 底漆涂层必须具有极好的耐腐蚀性、耐水性(耐潮湿性)和抗化学试剂性。
③ 具有钝化金属表面的性能及对外界有优良的封闭性,防止渗水、渗氧、渗离子。
④ 对原子灰、中间涂层和面漆涂层的配套性应良好。
⑤ 具有良好的施工性能。

为具备上述特性,制造汽车底漆用的主要漆基是各种环氧树脂、酚醛树脂、醇酸树脂和一些优质水溶性树脂。醇酸树脂因耐潮湿性差,易起泡,已有被淘汰之势。此外,汽车用底漆中都加有优质的防锈颜料。

底漆涂膜的强度和结合能力的大小决定于涂膜的厚度、均匀度及其是否完全干燥。底漆涂膜一般不宜过厚,以 15～25 μm 为宜(在汽车表面装饰性要求不高,底漆上直接喷涂面漆的情况下膜厚可以在 30 μm 左右)。过厚,则涂膜干燥缓慢,还容易造成涂膜强度不够和附着力不良。

7. 底漆的种类

(1) 根据使用目的分类

根据其使用目的的不同,底漆可分为头道底漆、头二道合用底漆、二道底漆、表面封闭底漆等。应用于金属件表面的头道底漆主要是防锈漆。封闭底漆在木材表面,一般作为头道底漆;而在金属件表面,大都用于二道浆层上面。

① 头道底漆。颜料含量最低,填充性能较弱,具有较强的附着力,较难被

底漆分类

砂纸打磨。由于含黏结剂较多，上层涂料容易与之牢固地结合。头道底漆施工后，只要轻轻磨去一些浮粉即可，不必仔细打磨。

② 头二道合用底漆。颜料含量比头道底漆多，相对地说，黏结剂含量较少，附着力不如头道底漆强，而具有较强的填充性能，往往被用做单独的底漆，也可充做头道底漆。它可应用于具有很好平整度，而不必用腻子填嵌的工作表面上。

③ 二道底漆。具有最高的颜料含量，它的功能是填塞针孔、细眼等，具有良好的打磨性。在涂装过程中，腻子经打磨后，往往在表面有很多针孔、磨痕，在其表面施工二道底漆，可使这些缺陷得到补救，这与封闭底漆有着相似的功能。但二道底漆的附着力较差，所以在涂二道底漆后，必须把表面的二道底漆大部分磨去，否则会影响面层涂料的附着力，造成面层涂料的浮脆、气泡等现象。

④ 封闭底漆。含颜料成分较低，主要用于填平打磨的痕迹，给面层涂膜提供最大的光滑度，使面层涂膜丰满，并可防止产生失光、斑点等现象。

（2）按构成的主要树脂分类

用于制造底漆的树脂种类比较多，现在汽车涂装中以环氧树脂底漆和侵蚀底漆最为多见。

① 环氧树脂底漆。环氧树脂底漆简称环氧底漆，是物理隔绝防腐底漆的代表。环氧树脂是线型的高聚物，由环氧丙烷和二酚基丙烷缩聚而成。它具有极强的黏结力和附着力，良好的韧性和优良的耐化学性，因此环氧底漆具有如下优点：附着力极强，对金属、木材、玻璃、塑料、陶瓷、纺织物等都有很好的附着力和黏结力；涂膜韧性好，耐挠曲，且硬度比较高；耐化学品性优良，尤其是耐碱性更为突出；因为环氧树脂的分子结构内含有醚键，而醚键在化学上是最稳定的，所以对水、溶剂、酸、碱和其他化学品都有良好的抵抗力；良好的电绝缘性，耐久性、耐热性良好。

环氧树脂类涂料也存在一定的缺点，如表面粉化较快，这也是它主要用于底层涂料的原因之一。环氧底漆使用胺类作为固化剂，对人体和皮肤有一定的刺激性，因此在使用时要加以注意。

② 侵蚀底漆。侵蚀底漆是以化学防腐手段来达到防腐目的的，主要代表为磷化底漆。磷化底漆是以聚乙烯醇缩丁醛树脂溶于有机溶剂中，并加入防锈颜料（四盐锌铬黄）等制成，使用时与分开包装的磷化液按一定比例调配后喷涂。品牌漆中的磷化底漆一般都已经制成成品，按一定的比例加入固化剂使用即可。

金属表面涂装磷化底漆后，磷化液（弱磷酸）与防锈颜料（四盐锌铬黄）反应生成同一般磷化处理相似的不溶性磷酸盐覆盖膜，同时生成的铬酸使金属表面钝化。由于聚乙烯醇缩丁醛树脂具有很多极性基团，它也参与了锌铬颜料与磷酸的反应，转变成不溶性络合物膜层，与上述的磷酸盐覆盖膜都起防腐蚀和增强涂层附着力的作用。

磷化底漆作为有色及黑色金属的防锈涂料，能够代替金属的磷化处理，在提高抗腐蚀性和绝缘性，增强涂层与金属表面的附着力等方面比磷化处理层更好，而且工艺和设备要求比较简单。但磷化底漆涂膜很薄（8～15 μm），因此一般不单独作为底漆使用，所以，在涂装磷化底漆后通常仍用一般底漆打底。

磷化底漆在使用时要注意，因其具有一定的侵蚀作用，所以不能用金属容器调配，使用的喷枪罐也应使用塑料罐，在喷涂完毕后应马上清洗喷枪。磷化底漆施涂完毕后不要马上喷涂其他底漆，而是应等待一段时间（20℃，2 h）再进行下一步操作。

环氧底漆与磷化底漆对底材都具有良好的防腐性，对其上的涂层也都具有良好的黏结能力，一般在汽车修补中常使用环氧底漆做打底用，而在汽车制造或大面积钣金操作后对裸金属进行磷化防腐处理时常采用磷化底漆。

另外，按汽车油漆涂层的分组和等级不同，底漆可分为优质防腐蚀性涂层、高级装饰填充底漆、中级装饰性保护性底漆、一般防锈保护性涂层底漆。按使用漆料和颜料的不同，底漆可分为醇酸底漆、酚醛底漆、锌黄醇酸底漆等。

8. 汽车修补用底漆类型

汽车修补用底漆品种很多，可根据不同的质量要求、表面材质及配套的面漆进行选择。国产常用汽车底漆品种、性能及用途见表2-1-7。

表2-1-7 国产常用汽车底漆的性能及用途

涂料名称	用途	配套面漆及稀释剂	特性
C06－1 铁红醇酸底漆	汽车修补涂装常用底漆	多用于涂装要求高的汽车上，能够与硝基、过氯乙烯、醇酸等面漆及氨基烘烤漆配套。使用稀释剂为200号溶剂汽油、二甲苯或松节油	附着力强，返修、力学性能好，能自干也能烘干。耐硝基、过氯乙烯漆咬。缺点是耐潮性差
C06－17 锌黄醇酸烘干底漆	铝镁合金等有色金属表面打底		
C06－17 铁红醇酸底漆	汽车修补涂装常用底漆		
Q06－4 各色硝基底漆	用做硝基面漆打底，使用于汽车上耐油部件表面	与硝基磁漆配套使用。使用X－1或X－2硝基漆稀释剂	涂层干燥快，易打磨
B06－1 锶黄、锌黄丙烯酸树脂底漆	对高温使用的金属设备及轻金属，如铝、镁合金等有良好的附着力和高温防腐性能	与硝基、过氯乙烯、热塑性丙烯酸树脂等磁漆配套。稀释剂为X－5丙烯酸稀释剂	附着力强，耐候、耐热、防潮、防锈、防腐和防霉性好
B06－2 锶黄丙烯酸树脂底漆			
H06－2 铁红、铁黑、锌黄环氧树脂漆	适用于沿海或潮湿地区的金属件表面打底。其中铁红、铁黑适用于钢铁件表面打底	与面漆的结合力差，常在两者之间加喷一层硝基或氨基底漆作为结合层。稀释剂为二甲苯，丁醇混合液	涂层坚硬、耐磨，机械强度高，若烘烤干燥，可提高涂层的防潮、防锈、防腐及耐化学品性能。常与X06－1磷化底漆配合使用
H06－4 环氧高锌底漆	具有阴极保护作用，能深入焊缝处，常用防腐构件的电弧打底		
H06－10 环氧高底漆	具有阳极保护作用，用于汽车底盘部分金属表面打底		

9. 调料工具与仪器

调料即调配涂料（油漆），是涂装施工前的重要工作准备之一，它影响到施工操作方式、涂层质量和涂层外观的装饰性能。调料是喷漆施工过程中的一门关键技术。对涂料的调配，应根据施工要求、色彩要求、涂料种类与用途的不同等因素做综合考虑。合理的涂料调配，不仅有利于提高生产效率和质量，同时对涂料用量和涂装成本也有很重要的实际意义。

（1）调料工具

常用的调料工具主要有钢錾子、钢铳子、木榔头、搅漆棒、过滤筛网（滤纸、纸制滤网、漏勺型滤网）等。调料工具如图2-1-1所示。

① 钢錾子：主要用于铁皮包装漆桶的开盖。因各种防锈漆、二道浆及中涂漆等，都含有较多的体质颜料，在涂料贮存过程中颜料易产生沉淀，而影响施工质量，故在使用前必须先将漆桶的顶部盖铁皮全揭开或大半揭开，以便于用搅漆棒将漆彻底搅拌均匀。开桶时，用钢錾子配合木榔头，顺桶盖的边沿，依次将顶盖打开或大半打开。

② 钢铳子：主要用于稀料、各种色漆、清漆等的铁皮包装桶的上顶部开孔。使用时先将包装桶的密封小盖打开，然后用木榔头配合钢铳子（或粗铁钉）在密封小盖的对称边沿部位打一小孔，作为倒料时的回气孔，否则在倒料时射流不稳会出现一股一股的，易造成浪费（即在倒料时射流不稳而溢到地面上）。

③ 过滤筛网：主要用于过滤涂料，无论哪种涂料都必须过滤后才能使用。液态涂料的过滤，常用铜丝网或不锈钢丝网制的120～180目的网筛过滤；装饰性要求高的涂料品种，应用180目以上的筛网过滤；但也可以采用先粗后细的两次过滤法，来提高过滤速度。

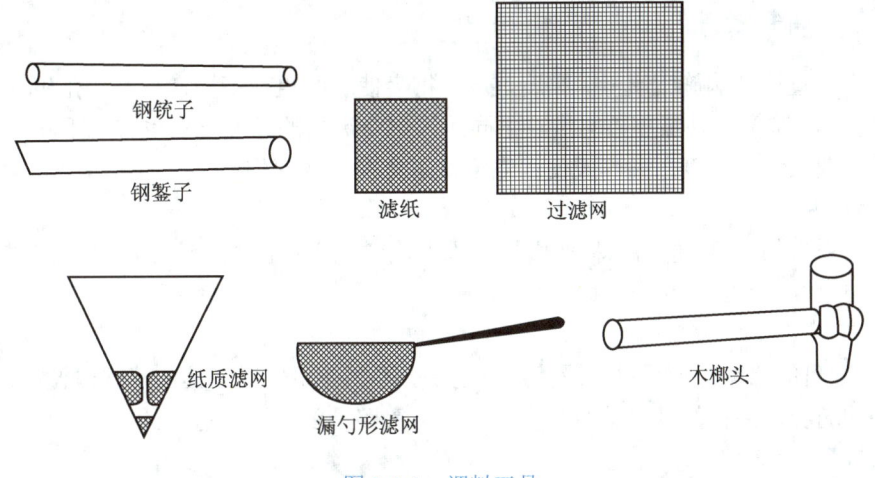

图 2-1-1 调料工具

(2) 调料仪器

调料仪器是指在涂装施工之前,将油漆(涂料)稀释到合适的黏度时所使用的仪器。

在国际上通用的有两种涂料黏度计,即福特杯和扎恩杯。福特杯适用于大批量涂料黏度的测试。扎恩杯适用于修补或小批量涂料黏度的测试。

① 福特杯。福特杯是一个底部成圆锥形的圆柱形容器。圆锥的顶部开有测量孔。视孔径的不同,福特杯又分两种规格:福特 3 号杯和 4 号杯。在实际生产中常用的是福特 4 号杯,简称涂—4 黏度计,也称"4 号"黏度杯,如图 2-1-2 所示。它分为台式和手提式两种。

台式涂—4 黏度计为固定型,主要使用于涂料检测室或化验室测试涂料黏度用。手提式涂—4 黏度计具有体形小、重量轻、携带方便等特点,适用于涂装施工前现场测试涂料黏度用。

涂—4 黏度计的容量杯为 100 ml,有铜制、不锈钢制、铝合金制、塑料制等多种。使用台式黏度计时,需要配合一个容量为 250 ml(其他容器也可)的玻璃烧杯和一根玻璃棒或刮漆小刀。使用手提式黏度计时,可直接将黏度杯放入漆液中进行测试。测试时,还必须备秒表(体育秒表)等。常用进口黏度计为美国福特 4 号杯(Ford cup4),计量单位为秒,用字母"s"表示。其形状如图 2-1-3 所示。

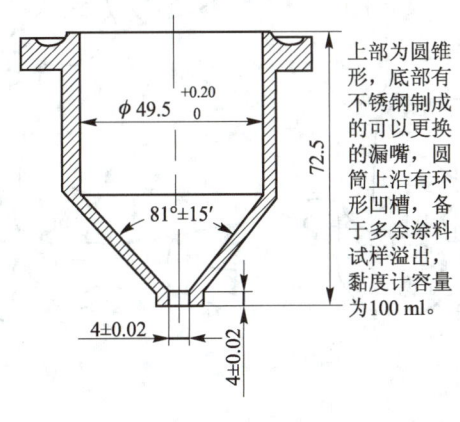

图 2-1-2 涂—4 黏度计

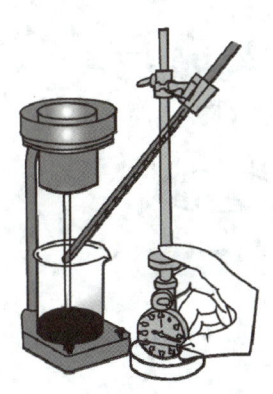

图 2-1-3 美国福特 4 号杯

② 涂料调配比例尺。为了方便油漆、稀释剂等的称重调配,世界各油漆生产厂商供给一批油漆调配比例尺。例如,ICI 公司提供的调配比例尺选用铝质底材,每边用不同颜色蚀上不同比例的刻度,其中黑/绿一面是为调配比例为 2∶1、稀释剂用量的质量分数为 5%~40% 的产品而设计的,另一面黑/红一面则是为 4∶1、稀释剂用量的质量分数为 5%~40% 的产品设计的。

10. 用黏度计调制涂料

涂料黏度的大小直接影响施工质量，黏度过高，将会使表面粗糙不均、产生针孔和气孔等缺陷；黏度过低，则会造成挂流、失光，使漆膜不丰满。不同的涂层对涂料的黏度要求也有所不同，所以，车身涂装作业中应根据技术要求调整黏度，并养成使用黏度计进行测量的习惯。

（1）添加涂料并搅拌

按涂料生产商要求的比例，根据涂料使用量先添加涂料，然后是固化剂，最后分几次加入适量稀释剂，用比例尺搅拌均匀。

（2）过滤

使用120～180目的筛网或使用过滤漏斗进行过滤，不要使用硬质工具在筛网内搅拌，以免损坏筛网。在采用集中输漆的场合，涂料的过滤是通过安装在供漆管路上的过滤器进行的。

（3）测试黏度

① 使用台式黏度计测试黏度时，可先将黏度计台面下的4个螺栓在工作台上调放平稳，如图2-1-4所示，并用左手的中指堵住黏度测量杯底的小孔，将过滤后的涂料倒入杯内至规定刻度线，用玻璃棒或刮漆小刀将液面刮平之后，松开堵孔的中指，并同时开动秒表，待杯中的漆料流完（断流）时，立即关闭秒表，其秒表上的数据即为该漆的黏度"S"。一般需要测试3次，取其平均值，做好记录。通常要求在室温25℃±1℃条件下进行。

注意

同一种涂料用不同的黏度计测，所得的黏度值可能不同。油漆供应商提供黏度标准值的同时，也会提供黏度计，否则应提示规定的黏度是用哪种类型的黏度计测得的，所以，在调制时必须注意。

② 使用手提式黏度计测试时，可在施工现场，将黏度计直接浸入调好的漆料中灌满漆液，提起黏度计，待仪器脱离液面的同时立即开动秒表，观察黏度计底部的流孔，待漆料快流完成出现断流时，快速关闭秒表，其表上的数据即为测试的黏度"S"。测试方法如图2-1-5所示。

图2-1-4 涂—4黏度计测黏度

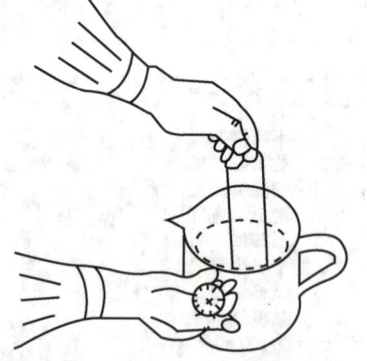
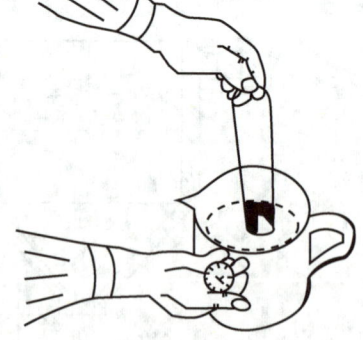

图2-1-5 手提式黏度计测黏度

11. 用比例尺调制 ICI AUTOCOLOR P420 纯色漆涂料

① 将比例尺放置于调漆杯内，用手扶正。

② 因色漆与固化剂的比例为2∶1，应采用黑/绿色的一面，假设色漆的用量为4，把色漆倒进容器至刻度4，再将固化剂倒入直到固化剂刻度2，其比例即为2∶1。

③ 从尺的最上端可看到P420的稀释剂分量为5%～15%，一般建议用量为10%。将稀释剂倒进至稀释剂的刻度10为止。

④ 各成分加好后，一定要充分搅拌均匀。

三、实践操作

发动机罩材料为钢板，选用磷化底漆和快干无铬环氧底漆，在磷化底漆表面再喷涂一层快干无铬环氧底漆。

在底漆的调配施工过程中，必须穿戴工作服、工作帽、安全鞋、护目镜、活性炭面罩、防护手套等。

1. 涂料罐开盖与搅拌

油漆制造商供应的涂料一般装于铁制的罐内（也有部分涂料装于塑料瓶内），其规格有 2 L、1 L、0.5 L 等。开盖前对涂料的类型、名称、型号及品种进行检查，应与所选的涂料完全符合；开盖后检查涂料是否变质，若变质，应进行更换处理。涂料选配完成后，应将选好的涂料准备好，以方便进行下一道工序。

涂料搅拌机是专门为搅拌涂料而设计的机器，如图 2-1-6 所示。使用涂料搅拌机进行涂料的搅拌时，应按下述程序准备涂料。

① 用专用工具或一字螺丝刀，沿涂料罐盖周边撬起顶盖并拆下，如图 2-1-7 所示。

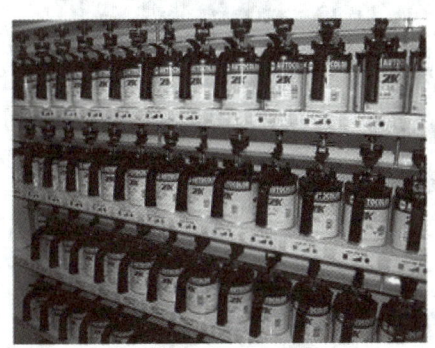

图 2-1-6　涂料搅拌机

② 将规格合适的专用搅拌头（如图 2-1-8 所示）压装于涂料罐顶部。

③ 注意涂料倒出口的方向应面向涂料说明标签的侧面（如图 2-1-9 所示），以防止涂料流滴在说明标签上，影响阅读说明书。

　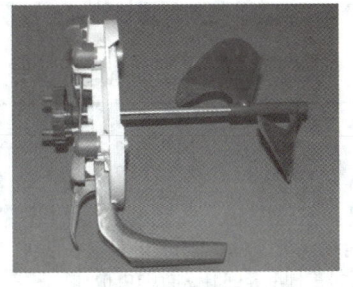　

图 2-1-7　涂料罐盖　　　　图 2-1-8　搅拌头　　　　图 2-1-9　装搅拌头的涂料罐

④ 将带有搅拌头的涂料罐安装于涂料搅拌机架上。搅拌机架一般设计成 4~6 个格档，各格档的高度是按照涂料罐的高度尺寸设计的。安装涂料罐时，应根据所安装的涂料罐规格，选择合适的格档安装，并确认机架上的搅拌蝶形头与涂料罐搅拌头上的卡口销之间位置正确，使蝶形头能够顺利带动搅拌头旋转。

2. 涂料的调制

对于双组分涂料应先加入固化剂，然后根据涂料使用说明书的要求及环境温度的不同加入稀释剂进行稀释，以达到要求的施工黏度。

（1）磷化底漆的调制

① 磷化底漆一般采用双组分包装，使用时按规定的比例 4∶1 调配，即 4 份底漆加 1 份磷化液。注意：磷化液不是稀释剂，其用量不得随意增减。

② 调配前应将底漆充分搅拌均匀，放入非金属容器内，边搅拌边加入磷化

涂料的调制

液，调配好并放置 30 min 后再使用。注意：调配好的磷化底漆必须在 12 h 内用完。

③ 调配好的磷化底漆的黏度应为 16～18 Pa·s。若黏度过高，不得加入磷化液，应加入 3 份无水乙醇和 1 份丁醇的混合物进行稀释。

(2) 快干无铬环氧底漆的调制

图 2-1-10　底漆的过滤

① 快干无铬环氧底漆是双组分底漆。根据说明书，其调制比例为 4∶1，稀释率为 5%～20%。

② 涂料的加入顺序是底漆→固化剂→稀释剂，加入过程中要不断搅拌，使各组分混合均匀。

③ 调节涂料的黏度。逐次加入稀释剂，不断检查涂料的黏度，按照说明书的要求，将涂料的黏度调整到 17～20 Pa·s。注意：调制好的环氧底漆必须在 4 h 内用完。

3. 底漆的过滤

将底漆滤网放在支架上，空气喷枪置于滤网下方，然后把底漆倒入滤网，直到所有底漆流入空气喷枪中，如图 2-1-10 所示。

四、考核评估

① 学生自检，同学互评，小组讨论，填写《考核评价表》（见附表1），并同《个人工作记录单》（见附表2）和《小组工作记录单》（见附表3）一起上交。

② 教师对学生整个任务的完成过程进行现场观察，并填写《考核评分表》对学生进行成绩评定，见表 2-1-8。

表 2-1-8　底漆的调制单项技能评分标准

姓名：　　　班级：　　　学号：　　　实训地点：　　　日期：　年　月　日

技能考核项目	指标分值	考核标准	成绩分档及权重				得分	考核方式
			A	B	C	D		
			1	0.8	0.6	0.4		
训前准备	20	能认真阅读有关实训文件、教材与参考书，积极做好训前各种准备工作。教师可根据具体情况酌情打分						现场提问课后批阅
态度与钻研精神	10	态度与钻研精神						观察
涂料准备现场操作	20	涂料选用正确（5） 能正确选用开罐和搅拌工具（5） 能用搅拌机进行涂料的搅拌，操作准确无误（5） 仪器维护保养方法得当（5）						现场考核
涂料的调制操作	25	计数准确无误（5） 操作准确（10） 手法娴熟，无缺陷（5） 判断准确无误（5）						现场考核

表 2-1-8（续）

技能考核项目	指标分值	考核标准	成绩分档及权重				得分	考核方式
			A	B	C	D		
			1	0.8	0.6	0.4		
过滤操作	15	操作准确（5） 手法娴熟，无缺陷（5） 仪器维护保养方法得当（5）						现场考核
现场管理	10	着装规范，符合要求（2） 安全防护到位（2） 工作场地保持干净（2） 与同学配合到位（2） 服从分配，遵守规章制度（2）						观察
得分								
实训教师签字								

五、知识与能力拓展

1. 常用汽车底漆的选配

（1）金属基材常用的底层涂料

① 汽车涂装常用的防锈漆品种见表 2-1-9。

表 2-1-9 汽车涂装常用的防锈漆品种

序号	型号标准号	名称	组成、特性和用途	备注
1	F53—32 HG2—82 HG2—74	灰酚醛防锈漆（灰防锈漆）	由氧化锌与长油度酚醛漆料等颜料、体质颜料研磨并加催干剂和 200 号油漆溶剂油等调配而成。防锈性能较好，主要用于普通中档客车的钢制骨架等防锈打底	浸涂、刷涂均可，但不适于喷涂，否则易产生流漆
2	F53—33 HG2—83 HG2—74	铁红酚醛防锈漆	由长油度或中油度酚醛漆料与铁红和适量的防锈颜料、体质颜料研磨，加催干剂、200 号油漆溶剂油调制配成。附着力好，但漆膜较软，主要涂覆室内外防锈要求不高的钢铁结构表面	采用刷涂、喷涂均可，但不适于喷涂
3	F53—34 HG2—24 HG2—74	锌黄酚醛防锈漆	由长油度酚醛漆料与锌黄、氧化锌等颜料、体质颜料研磨，加催干剂、200 号油漆溶剂油调配而成，因锌黄能使金属表面钝化，故有良好的保护性，适于铝及其他轻金属物体的表面涂装，作防锈打底用，不适于钢铁表面防锈	采用刷涂或浸涂均可
4	F53—36 企标	铁黑酚醛防锈漆	由长油度酚醛漆料与铁黑等颜料、体质颜料研磨，加催干剂、200 号油漆溶剂油调制而成。涂刷性好，用于室内外要求不高的建筑表面作打底或盖面用，也可用作钢铁的防锈漆	适用于客车的发动机盖罩、脚踏板及挡泥板等部件的表面防锈涂装，也可作一般黑面漆用
5	F53—39	硼钡酚醛防锈漆	由长油度酚醛树脂漆料、偏硼酸钡、体质颜料研磨，加催干剂、200 号油漆溶剂油调制而成。防锈性及附着力良好。适用于各种钢铁制件表面的涂装	以刷涂为主

表 2-1-9（续）

序号	型号标准号	名称	组成、特性和用途	备注
6	F53—40	云铁酚醛防锈漆	由酚醛漆料与云母氧化铁粉、铝粉浆、滑石粉研磨，加催干剂及 200 号油漆溶剂油调配而成。防锈性能好且涂刷方便。用于涂刷钢铁物件，起防锈打底作用	适于刷涂
7	C53—32	锌灰醇酸防锈漆（企标）	由长油度醇酸树脂与氧化锌等防锈颜料及少量体质颜料混合研磨后，再加入催干剂与有机溶剂等调制成。干燥和防锈性及耐久性比酚醛防锈漆好。适用于涂灰色的汽车钣金件、底架等打底防锈	刷涂、喷涂均可。刷涂用松节油调稀，喷涂用二甲苯调稀
8	C53—34	云母铁红醇酸防锈漆（企标）	由长油度、云母氧化铁颜料、催干剂、有机溶剂等制成，漆膜坚韧，附着力好并具有较好的耐候性、防潮性及抗污气的侵蚀等性能，适用于各种汽车车架等起防锈打底作用	喷涂、刷涂均可。刷涂时用松节油调稀，喷涂时用二甲苯调稀
9	KC	磁化铁醇酸快干防锈漆（新型防锈漆）	是由亚麻油、磁化铁颜料（黑色或棕色）与适量的填料、催干剂、有机溶剂等调制而成。干燥快，防锈性优。适用于一般汽车零部件表面防锈与打底	刷涂、浸涂均可
10	C53—33 企标	锌黄醇酸防锈漆	由酚醛改性醇酸树脂与锌铬黄等防锈颜料经研磨后，加入催干剂，并用200 号油漆溶剂油、二甲苯调制而成。漆膜防锈性能好、干燥较快。适用于铝金属及其他轻金属器材、物件等，作表面防锈及打底	刷涂、喷涂均可

② 汽车涂装常用的底漆品种见表 2-1-10，主要介绍喷涂型头道底漆。

表 2-1-10 汽车涂装常用的底漆品种

序号	型号标准号	名称	组成、特性和用途	备注
1	L06—33	沥青烘干底漆	由石油沥青、松香改性树脂、干性油、黑颜料、体质颜料、200 号溶剂、苯类溶剂等组成，附着力强、防潮、耐水、耐热、耐润滑油，性能良好。用于发动机等金属表面打底	浸涂、喷涂均可。烘干温度计 180℃/30 min
2	L06—34	沥青烘干漆	由沥青漆料、炭黑、200 号汽油等溶剂组成，附着力好、遮盖力强、漆膜坚硬。适用于汽车发动机等底漆涂装	喷涂、浸涂均可
3	L06—39	沥青烘干漆	由石油沥青、松香改性酚醛树脂、黑颜料、体质颜料、200 号溶剂、苯类溶剂等组成，性能优，耐 200℃高温，主要用于耐烘烤的汽车零部件打底	喷涂、浸涂均可
4	C06—1 HG2—113 HG2—74	铁红醇酸底漆	由改性的中长油度醇酸树脂、氧化铁红、铬黄等颜料、体质颜料、催干剂、有机溶剂等混合调制而成。防锈性能和附着力均良好，同硝基、醇酸等多种面漆涂层的结合力良好。用于各种车辆、机器等金属表面打底	喷涂调稀用二甲苯或 X—6 稀料
5	C06—17 企标	铁红醇酸底漆	由铁红颜料、酚醛改性醇酸树脂、体质颜料、催干剂、有机溶剂等组成，干燥快、附着力及耐硝基性良好，适用于普通汽车车身及零部件等打底漆	喷涂施工，自干、烘干均可
6	Q06—4 HG2—614 HG2—74	各色硝基底漆	由硝化棉、醇酸树脂、松香甘油酯、防锈颜料、体质颜料、稀料等组成。干燥快，易打磨，但性能不如其他底漆，主要用于汽车局部补修底漆，加快修补施工进度	喷涂施工时用 X—1、X—2 硝基稀料调稀
7	G06-6 HG—623 HG2—74	锌黄过氯乙烯底漆	由过氯乙烯树脂、醇酸树脂、颜料、体质颜料及酯、酮类、二甲苯、有机溶剂等混合而成，比硝基底漆快。防锈及耐化学性比底漆好，附着力不太好。但低温烘烤可提高附着力。用于普通车辆打底防锈	喷涂施工

表 2-1-10（续）

序号	型号标准号	名称	组成、特性和用途	备注
8	X06—1 HG2—27 HG2—74	（分装）乙烯磷化底漆	漆料和磷化液分装，使用时按比例混合，用于钢铁基材表面，能代替磷化处理，防锈蚀和增强有机涂层结合力	喷涂施工
9	H06—1 企标	云母环氧底漆（分装）	组分一：由 601 环氧树脂、煤焦沥青、云铁、铝粉浆和二甲苯、丁醇等组成。 组分二：己二胺乙醇，按比例使用。自干性好，附着力强，漆膜耐盐雾，耐温热，耐水等性能优，用于沿海地区及亚热带地区汽车骨架底漆涂装	喷涂施工
10	H06—2 HG2—605 HG2—76	铁红、锌黄环氧酯底漆	由环氧酯与铁红或锌黄等防锈颜料和体质颜料混合研磨后，加入少量氨基树脂、催干剂、有机溶剂制成漆膜，耐久坚韧、附着力强。同乙稀磷化底漆配套用可提高漆膜的三耐性能（耐湿热、耐盐雾、耐水） 用于沿海及湿热带气候地区的汽车金属基材底漆。其中：铁红色用于钢铁表面，锌黄用于铝材表面，自干、烘干均可	喷涂为主，用环氧稀料调稀
11	H06—3	铁红、锌黄环氧底漆	组成简单且具有良好的耐化学性能和耐水性，附着力优，适用于能烘烤的汽车金属件打底及驾驶室覆盖件	同上
12	H06—19	铁红、锌黄环氧酯底漆	组成同 H06—2 基本相同，漆膜坚硬，耐久性及附着力好，可与磷化底漆配套用于驾驶室、覆盖件	同上
13		防护绿底漆	双组分环氧树脂底漆，适用于车身或汽车底盘打底，表面平滑易打磨，对金属附着力好，可作为原子灰的底层	汽车用涂料

③ 汽车涂装常用的电泳漆品种见表 2-1-11。电泳涂装是现代轿车车身表面涂漆的新工艺，它是利用水溶性涂料液（阳离子型电泳漆）在电场下产生的电泳、电解、电沉积和电渗作用，使浸在漆液中的工件被涂上漆，生产效率高、质量好、漆膜附着力强且平整光滑；同时不论箱体断面结构及边、角、棱、焊缝等复杂部位都能匀均涂上漆，漆的利用率高达 90%～95%（喷涂仅达 60%），对环境污染小，但只能当底漆用。

表 2-1-11 汽车涂装常用的电泳漆品种

序号	型号	名称	特点与用途
1	F08—9	棕黄酚醛电泳漆	高电压、高泳透力、漆液稳定性好，采用电泳方法施工，主要用于汽车驾驶室
2	F11—90	铁红纯酚醛烘干电泳漆	采用电泳方法施工，烘干漆膜，性能同 F08—9，附着力好，用于汽车覆盖件，包括水箱罩，发动机罩，前保险杠，翼子板，百叶窗
3	F08—17	铁红纯酚醛电泳底漆	主要用于铸件
4	F08—10	同上	采用电泳方法施工，漆膜附着力好，防锈性好，漆膜平整且同面漆结合力好，用于覆盖件
5	H06—5	铁红环氧电泳底漆	采用电泳施工，蒸馏水作溶剂，附着力好，耐水、耐湿及防锈性能优，用于能烘烤的汽车金属件打底用及驾驶室覆盖件等
6	F11—55	保护色纯酚醛烘干电泳漆	特性同 H06—5，适用于汽车防锈
7	F11—57	各色纯酚醛烘干电泳漆	采于电泳施工，烘干。漆膜丰满，附着力、耐水性、耐腐蚀性及机械性能均良好，漆液稳定性也较好，用于涂装金属结构和零部件

表 2-1-11（续）

序号	型号	名称	特点与用途
8	F11—54	各色酚醛油性烘干电泳漆	电泳施工，烘干、具有良好附着力、耐水性、耐腐蚀性和机械性能，漆液稳定性也好，用于涂装钢铁金属表面
9	TH—200	阴极电泳漆（灰色、黑色）	是天津灯塔涂料股份有限公司在消化吸收国外技术的基础上自行开发的第四代阴极电泳涂料，双组分型，具有泳透力高、高防腐蚀性能（耐盐雾≥1 000 h），用于汽车车身、车辆及零部件涂装
10	TH11—92	阴极电泳漆（浅灰、黑色）	是天津灯塔涂料公司自行开发的阴极电泳涂料，双组分型特点与用途同上

（2）非金属基材常用的底层涂料

① 塑料基材常用的底漆品种。

D815、D816 是两种专用塑料底漆，都是附着力促进剂。D815 是 PP/EPDM（聚丙烯、乙烯共聚物）塑料底材的专用底漆。D816 是所有聚氨酯（PUR）和反应注塑聚氨酯（PUR/RIM）塑料底材的专用底漆。D834/835 环氧底漆适用于其他所有的塑料底材。立邦 PP 透明塑料底漆是聚丙烯保险杠专用底漆。

② 多功能底漆品种。

鹦鹉牌汽车修补用底涂料中的 285-100 填充底漆，特别适用于塑料配件，也适用于全车喷涂或小修补；其填平性和耐候性优良，而且容易施喷，可湿碰湿喷涂。801—1552 环氧树脂底漆的防锈性极佳，不仅适用于钢板、铝板，还适用于塑料件，可用来增强附着力。

2. 国内外汽车涂装常用底漆

（1）常用国产汽车底漆

常用国产汽车底漆的型号、名称、性能、用途及使用方法见表 2-1-12。

表 2-1-12　常用国产汽车底漆

型号及名称	性能	用途	使用方法
T06—5 红、灰酯胶底漆	附着力强，干后无光，易打磨，货源广泛，价格便宜	多用于钢铁、木制品表面打底	使用前充分搅拌均匀，用 200 号溶剂油稀释。喷刷均可，自行干燥或 120℃以下烘干
T06—6 各色酯胶二道底漆	含填充料较多，易打磨，干后无光	用于底漆或腻子，填补针孔和细小的缺陷	使用时充分搅拌均匀，用 200 号溶剂油稀释，可喷涂、刷涂，与油性漆配套使用
F06—1 各色酚醛底漆	有一定的防锈能力，附着力良好。易于打磨，能与硝基漆配套	用于钢铁表面防锈打底，也可用于木制品表面打底	用 200 号溶剂油或松节油稀释，喷刷均可，一般喷涂两道，24 h 干燥
F06—8 锌黄、铁红、灰酚醛底漆	有良好的附着力和一定的防锈能力	锌黄色适于铝合金表面打底，铁红灰色适于钢铁表面打底	用二甲苯或松节油稀释，喷刷均可，一般涂两道，与醇酸酚醛氨基 L04—1 沥青磁漆配套
F06—9 铁红酚醛底漆	附着力强，防锈性好	同 F06—8	不能与铁红醇酸底漆 C06—1 混合
F08—10 铁红纯酚醛电泳底漆	附着力好，防锈性强，涂膜平整，与面漆有良好的结合力	铁红纯酚醛电泳底漆	水做溶剂，水质要好，用电泳涂装法施工
F06—13 各色酚醛二道底漆	体质颜料多，干燥快，易打磨	填平腻子表面砂眼、道痕及细小缺陷	用 200 号溶剂油稀释后使用，能喷涂、刷涂

表 2-1-12（续）

型号及名称	性能	用途	使用方法
F53—9 偏硼酸钡酚醛防锈漆	干燥快、防锈性和附着力良好，有一定的防霉性，耐溶剂耐碱性差	用于钢铁和防腐设备的打底防锈，可代替红丹酚醛防锈漆使用	用 200 号溶剂油或松节油调稀均匀。喷刷均可。与脂胶调合漆、酚醛磁漆、醇酸磁漆等面漆配套
L06—33 沥青烘干底漆	附着力好，防潮，耐水耐热性好，耐润滑油性能良好	用于汽车车架，车轮挡泥板等	用 200 号溶剂油稀释后，喷刷均可。涂在经磷化处理的金属表面最佳，烘烤干燥
L06—37 沥青烘干底漆	经高温烘干后，防潮耐水性良好，涂膜坚韧性、附着力和耐润滑油性比 C06—3 好	用于金属表面打底	用200号溶剂油或二甲苯稀释后喷涂
L44—1 铝粉沥青底漆	有优良的耐水性和防锈能力，涂膜坚韧，附着力强，可常温干燥	用于汽车底盘，水箱和其他金属表面，可做铝质物面防锈用	用重质苯、煤焦油溶剂或 X—8 沥青漆稀释剂稀释，以刷涂为主，与沥青防锈漆，氧化橡胶配套
L44—2 沥青船底漆	同 L44—1	汽车底盘、水箱打底用	同 L44—1
C06—1 铁红醇酸底漆	干燥快，有良好的附着力和防锈性，与硝，氨基等多种漆结合力好	用于各种车辆和机械设备的底漆	用 X—6 稀释剂或松节油，二甲苯稀释，喷刷均可，可常温干燥或烘 105℃±2℃干燥
C06—10 醇酸二道底漆	涂膜细腻，干后易打磨，对腻子或底漆有良好的结合力	主要用于腻子表面填补针孔、砂眼和细小缺陷	用 X—6 稀释剂或松节油、二甲苯稀释后，以喷涂为主，常温干燥或烘烤干燥
C0—11 铁红醇酸底漆	附着力好，防锈能力较好。与 C04 醇酸磁漆配套使用结合力优良。一般气候条件下耐久好，在湿热带较差	拖拉机用底漆	用二甲苯或松节油稀释，喷刷均可，常温干燥或烘干
C06—17 铁红醇酸底漆	干燥快，附着力好，耐硝基漆性能良好。干后不易互溶或咬起	用于汽车或小五金等表面打底，也可在钢铁表面防锈打底用	用二甲苯或二甲苯与松节油混合剂稀释，可喷涂，也可刷涂
Q0—4 各色硝基底漆	涂膜干燥快，易磨平	适用于汽车耐汽油和耐润滑油部件、铸件等金属表面打底	用 X—2 或 X—1 稀释剂调整稠度，适合喷涂，与硝基和醇酸面漆等配套
Q06—5 灰硝基二道底漆	喷涂在硝基底漆或腻子表面，干燥迅速，易打磨	主要用于腻子表面，填平砂眼，封闭底层	用 X—1 稀释剂调整稠度，以喷涂为主。与硝基磁等配套
C06—4 铁红、锌黄过氯乙烯底漆	干燥较快，耐油、耐候性、耐化学性、防锈性比铁红醇酸底漆强，但附着力差	用于汽车和机床设备及各种金属或木器表面打底	用 X—3 过氯乙烯稀释剂调至 14～20 s，配合磷化处理或涂 X06—1 磷化底漆性能更好，在湿度超过 70%时，加入 F—2 防潮剂以防发白，常温干燥 2 h，经 60～70℃烘干效果更好
C06—5 过氯乙烯二道底漆	干燥快，填孔性好，易打磨	用于腻子表面，填补细小针孔，道痕，封闭腻子层	用 X—3 过氯乙烯稀释剂，根据浓度配合 F—2 防潮剂使用，可与过氯乙烯磁漆配套使用
H06—2 铁红、锌黄环氧底漆	涂膜坚硬耐久，附着力好	铁红环氧底漆适用于黑色金属，锌黄环氧底漆适用于有色金属打底，如与磷化底漆配套使用，可提高涂膜防潮、防盐雾及防锈性能	用二甲苯稀释后，喷刷浸均可。可与环氧、氨基磁漆配套使用，自干烘干均可

表 2-1-12（续）

型号及名称	性能	用途	使用方法
H06—33 铁红、锌黄环氧底漆	具有优良的附着力和耐水性、耐化学药品性	是轿车使用的环氧醇酸底漆。铁红环氧底漆，用于黑色金属表面，锌黄环氧底漆用于有色金属表面	二甲苯：丁醇=4：1 混合溶剂稀释，施工前充分搅拌均匀，可常用干燥或烘干。与 A05—9 氨基烘漆、Q04—2 硝基外用磁漆、G04—9 过氯乙烯外用磁漆等配套使用
H06—43 铁红、锌黄脂烘干环氧底漆	涂膜烘干后坚韧，耐久，附着力好；若与 X06—1 磷化底漆配套使用，漆膜的防潮、防盐雾、防锈性更好	用于汽车、机床等表面打底，铁红色多用于黑色金属表面，锌红色多用于轻金属表面	同 H06—2 铁红、锌黄环氧底漆
H06—11 铁红、锌黄环氧醇酸底漆	涂膜坚韧，耐温性良好，附着力和防锈能力比酚醛底漆好，仅次于 H06—2 铁红、锌黄环氧底漆	汽车、机械设备等打底用	基本上与 H06—2 铁红、环氧底漆相同
H06—5 铁红环氧脂电泳底漆	水溶性漆，无毒，不燃烧，其附着力、耐水防潮性与环氧底漆相同	主要用于汽车工业	自动流水线生产，与环氧、氨基等磁漆配套使用
H06—10 环氧脂富锌底漆	涂膜坚韧，附着力强，耐磨、耐潮、耐腐蚀性优良，有阴极保护作用	主要用于汽车底盘和零部件打底	用二甲苯溶剂稀释，可涂刷物件表面 2 道，每道间隔 24～48 h。与环氧沥青面漆配套
H06—12 环氧脂醇酸二道底漆	涂膜附着力强，易打磨，常温干燥	做腻子封闭底漆和填孔用	用二甲苯稀释后以喷涂为主，与环氧氨基磁漆等配套

（2）常用进口汽车底漆

① 美国杜邦底漆见表 2-1-13。

表 2-1-13 美国杜邦底漆

名称	特点	施工方法
150 S 多效用表面平整底漆	该底漆附着力和防腐蚀性能强，喷涂后涂膜平滑，可用于各种材料的基体上，并可与各种面漆相配套。既可做一般底漆，又可做二道中涂底漆，能消除腻子砂孔和砂纸打磨痕迹，干燥迅速，干燥后打磨性能好	施工中以 1 份底漆加 1.5 份 X—1 硝基稀释剂，以喷涂施工为主，一般喷涂两层即可达到质量要求，每层间隔时间 10～20 min，30 min 后便可打磨
1020 万能底漆	1020 万能底漆对铁、铝等裸金属具有优良的附着力，以及良好的防腐、防锈性能，而且该底漆还可以在原有旧漆上施工，也不会引起收缩、下陷等缺陷，具有优良的密封性和隔离性	是双组分底漆，配比为 1020 底漆：125 S 硬化剂：1025 稀释剂=4：1：2（体积比）。当底漆与硬化剂混合后，必须在 1.5 h 内施工完，喷涂工具必须在喷涂后马上清洗干净，施工时喷枪压力为 0.4～0.5 MPa；喷涂一层厚度约达 40～60 μm，相当于普通底漆的 2～3 层；喷漆若在 20℃ 时，2 h 后即可打磨

② 英国 ICI 牌底漆见表 2-1-14。

表 2-1-14 英国 ICI 牌底漆

名称	特点	施工方式
P565—597 防腐蚀底漆（磷化底漆）	P565—597：P275—61（磷化底漆：固化剂）=1：1（体积比）。该底漆能为裸金属提供极好的附着力和防锈能力，能为多种金属，如钢铁、铝、白铁皮、镀锌铁板等做防锈底漆	施工中只需喷涂一层便有足够的厚度，不需打磨，接着可喷涂其他底漆 3 层。但磷化底漆不能喷涂在腻子上，否则影响附着力

表 2-1-14（续）

名称	特点	施工方式
P565—761 填充多用途底漆	该底漆具有很好的附着力，并有一定的填充性能。适用于钢铁、铝合金等金属表面，以及玻璃纤维及打磨后的旧喷涂时间漆面做底漆；还可用于中涂层二道底漆；但 761 底漆不适用于丙烯酸漆及硝基漆作局部补修	施工喷涂压力为 0.25～0.4 MPa；施工喷涂厚度：喷涂 3 层，头道底漆为 200～300 μm，二、三道底漆为 100～125 μm；干燥时间：头道底漆，20℃自干 3～4 h，60℃烘烤约 30～40 min，红外线干燥约 20 min，二、三道底漆 20℃自干需 1.5～2 h，60℃烘烤约 20～30 min，红外线干燥为 10～15 min；每层间隔喷涂时间约 5 min
P572—167 通用塑料底漆	该底漆能在一般汽车塑料件制品与面漆之间增加附着力	施工中 P572—167 塑料底漆不需稀释，直接喷涂二层，约 10 min 干燥，然后做面漆喷涂
P572—173 非特殊塑料黏附底漆	该底漆特为 PVR，PC，ABS，PPO 及 PVC 等塑料使用	施工中，将其与 P850—1275/1276 稀释剂稀释，稀释比为 P572—173：P850—1275/1276=3：1（体积比），使用黏度为 16～18 s（涂-4 黏度计），喷涂压力为 0.3～0.4 MPa；喷涂二层，20℃温度下约 1 h 干燥，干燥后可做面漆处理
P084—700 白色单组分底漆	本系列产品适用于钢铁件、铝材及玻璃纤维表面做底漆，并适合于在打磨后的旧漆层打底，能够与硝基漆、双组分烘烤漆等面漆理想搭配，因此，该系列底漆既可做一般底漆，也可做二道底漆及末道封闭用漆。该类底漆附着力强，涂膜坚固，耐用，平滑，快干，打磨容易	P084—700：P851—391（底漆：香蕉水）=1：19（体积比）；喷涂 3 次，涂层厚度为 50～60 μm
P084—800 黄色中涂底漆		P084—800：P851—391（底漆：香蕉水）=1：1（体积比）的比例稀释；喷涂 3 次，涂层厚度为 50～60 μm
P086—1 多用途二道底漆		P086—1：P851—396=2：1（体积比）（填充底漆）；比例为 3：2 为厚膜二道底漆，比例为 1：1 时做二道底漆；喷涂 3 次；用做填充底漆时厚度为 90 μm；用做厚膜二道底漆时厚度为 75 μm；用做二道底漆时厚度为 60 μm

③ 德国鹦鹉牌底漆见表 2-1-15。

表 2-1-15　德国鹦鹉牌底漆

名称	特点	施工方法
285—16 热敏性隔绝底漆	本品有极佳的防锈性能，可增强底漆与中涂层漆间的附着力，令面漆喷涂后发挥更佳效果。该产品特别适用于气候突变环境，也可用做中涂层漆使用	按 285—16：929 系列：352—91=底漆：固化剂：稀释剂=4：1：1（体积比）的配比配制。宜喷涂施工。喷涂压力为 0.4～0.35 MPa，施工后 20 min（在 20℃时）即可打磨
285—60 高浓度全天候中涂层底漆	本品特为汽车喷涂水磨施工研制，具有极佳的遮盖力和填充性，可做厚膜喷涂。打磨容易，烘烤时间特短，配合快干固化剂无须烘烤也能达到满意效果，适合流水作业及快速修补工作时使用	按 285—60：929—28/71/73：352-50/91/216（底漆：固化剂：稀释剂）=4：1：1（体积比）配制。宜喷涂。喷涂压力为 0.4～0.5 MPa，施工后 20 min（20℃时）即可打磨
285—95 填充及可调色喷灰底漆	本品独具填充及调配任何颜色等功能，特有双组分高固体量配方，可按比例加入 21 系列色系调配，能加强施喷金属漆及珍珠漆的遮盖力，并可做中涂层漆使用	按 285—95：21/22 系列=2：1（体积比）和 929—28：22/71/73：352—50/91/26=4：1：1（体积比）的比例配制两种底漆。喷涂施工，喷涂压力同上。20℃喷涂 20 min 干燥后即可打磨
54 贵金属银底漆系列	本品具有极佳的遮盖力，比一般银粉漆持久耐用，可调配出任何车的原厂色	按 54 系列：325—91 中速稀释剂=3：1（体积比）配制。以二次喷涂方式使用，其余同上
934—0 塑料专用单组透明底漆	本品对塑料基体有很强的黏着性能，确保面漆耐久附着，能克服一般漆从塑料基体上脱落的问题	不需添加任何稀释剂或助剂，施工时采用喷涂法；喷涂压力、干燥时间同上

④ 意大利爱犬牌底漆见表2-1-16。

表2-1-16 意大利爱犬牌底漆

名称及代号	固化剂	特点及用途
90全能封闭底漆（1840、3040）	1956、3267	本品为双组分聚酯填料，具有快干、填充力高和封底力强等特点，可加入质量分数为20% TC素色漆增加底色，适用于大小面积的修补
聚氨酯封闭底漆（1841、0201）	1956、0201	本品为双组分聚酯透明封闭底漆，具有干燥快、侵蚀封底能力强、透明而无须遮盖等优点
2:1/3:1亚加力封闭底漆（1841、203/0210）	1954、4000（25℃以上慢干） 1954、6000（25℃以下快干） 1954、8000（任何温度快干）	适合任何用途的双组分透明封闭漆，用于有不同吸收表面涂层的车身做封底；清除性质不明的旧漆或处理还没有完全干燥的新漆时，可用本品
全能防锈填充底漆（4853、32000）	4853、3200（快干）、4853、3201标准	是双组分环氧基中涂底漆，也可做媒介性底漆使用，可直接喷涂在砂磨过的裸金属板面上，具有高的抗腐蚀性、优良的填充力及光泽持久等，对多种底材及裸金属板有良好的附着力，且快干易打磨
1K亚加力底漆（1851、9 290/91）		是单组分丙烯酸中涂底漆，对面漆有极好的附着力，快干易打磨，适用于快速局部面积修补
4:1/5:1填充底漆（1856、4020/3010）	1954、4000（25℃以上慢干） 1954、6000（25℃以下快干） 1954、8000（任何温度快干）	为高固型双组分中涂底漆，具有填充力强，快干易打磨等优点；对面漆有极好的附着力，常用于局部或全部车身修补；5:1填充底漆还可用做非打磨的底漆或可调色的封底漆
调色底漆（1841、0205）		为双组分调色中涂底漆，可与TC素色面漆混合使用，令低遮盖力面漆易于覆盖，也可用于珍珠面漆的打底色程序；可用于对干燥或湿对湿的操作方法施工
喷枪填料（喷压）（1858、3300）	1952、4202	本品是一种造型极好的聚酯喷雾填料，快干易打磨，适用于填充凹痕或厚漆膜的修补

⑤ 美国PPG牌底漆。

美国PPG牌为双组分底漆，主要有D8394+1多用途高固体分底漆和高霸5+1多用途底漆两类，见表2-1-17和表2-1-18。

表2-1-17 美国PPG D839 4+1多用途高固体分底漆

用途	调和比例	喷涂次数	特点
喷灰	D839 4份，标准硬化剂1份	4	附着力强，能防止锈蚀，增强面漆性能
填充底漆	D839 4份，标准硬化剂1份，香蕉水1份	2~3	
免磨底漆	D839 4份，标准硬化剂1份，香蕉水2份	2	
高光泽底漆或着色底漆	D839 4份，清漆/DG色漆1份，标准硬化剂1份，香蕉水1份	1~2	

注：如使用超级硬化剂与底漆混合，比例则为5:1（体积比）。

表2-1-18 美国PPG高霸5+1（D836和D838）多用途高固体分底漆

用途	调和比例	喷涂次数	特点
喷灰	D836/D838 5份，硬化剂1份	4	具有较强的附着力，能全面遮盖旧漆，增强面漆性能
填充底漆	D836/D838 5份，硬化剂1份，香蕉水0.5份	2~3	
免磨底漆	D836/D838 5份，硬化剂1份，香蕉水1份	2	

学习项目二　底漆的涂装

任务二　底漆的施工与干燥

知识目标

1. 能够正确描述涂装施工安全规程
2. 能够正确描述空气喷枪的结构、原理和类型
3. 能够正确理解底漆喷涂基本操作要领、常用手法及喷涂顺序
4. 能够理解喷涂施工的安全、卫生及劳动保护
5. 能够了解涂层干燥的方法与原理

技能目标

1. 能够正确进行遮盖
2. 能够规范地进行除尘与除油操作
3. 能够对喷枪进行正确的调整
4. 能够按照正确的操作要领及手法对不同板件进行喷涂操作
5. 能够进行喷枪的日常维护
6. 能够对喷枪的常见故障进行诊断与排除

一、工作任务

底漆的施工与干燥工作任务单见表 2-2-1。

表 2-2-1　任务单

任务单号：＿＿＿＿＿＿＿

工作任务		底漆的施工与干燥	日期	年　月　日
任务描述		一辆汽车的左后车门表面涂膜破损，经过脱漆及去锈处理后，需要进行底漆的喷涂	产品名称/型号	
产品照片				
操作要求	施工材料与施工设备	劳动保护（抹布、防护眼镜或面罩、橡皮手套）、遮盖材料、喷涂设备、底漆、涂料调制工具	是否满足	□是　□否
	场地要求	涂装车间	是否满足	□是　□否
	环境要求	环境温度 15～25℃	是否满足	□是　□否
	备注			

出单人签字：	接单人签字：
_____年__月__日	_____年__月__日
车间负责人签字：	
	日期：　年　月　日

表 2-2-1（续）

二、相关知识

1. 遮盖材料

遮护作业用于打磨、喷涂或抛光时防止车身污染，以及保护相邻的表面。全涂装和局部修补涂装时，对于不需要涂装的表面一定要遮盖好，否则会引起不必要的麻烦。遮护作业前，将一些妨碍遮护而又不需喷涂的部件拆下，如刮水器、收音机天线等。

遮盖作业所用的纸和粘贴带，都有定型产品，如图 2-2-1 所示，可以根据不同的场合灵活选用。

扫一扫
遮盖材料

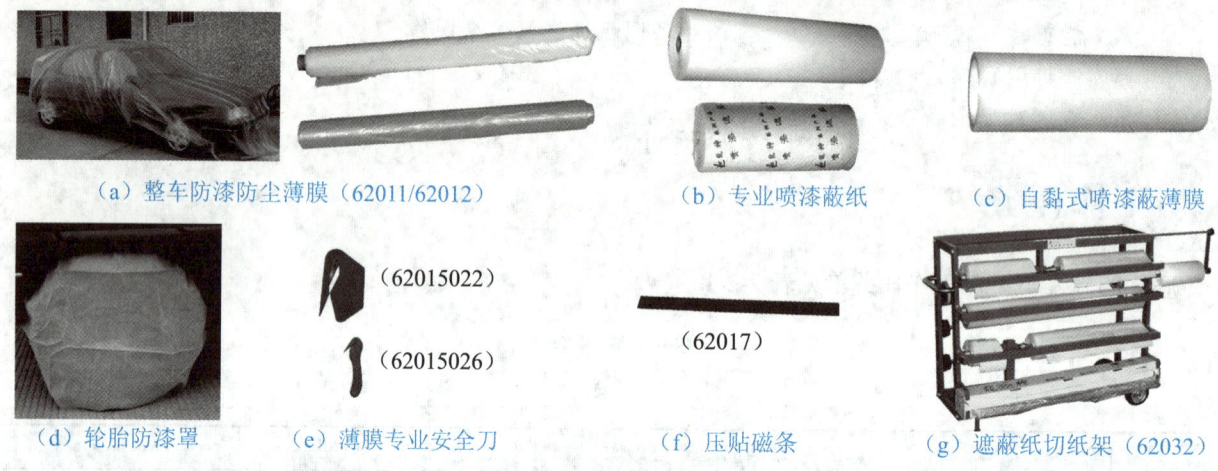

（a）整车防漆防尘薄膜（62011/62012）　　（b）专业喷漆蔽纸　　（c）自黏式喷漆蔽薄膜

（d）轮胎防漆罩　　（e）薄膜专业安全刀（62015022／62015026）　　（f）压贴磁条（62017）　　（g）遮蔽纸切纸架（62032）

图 2-2-1　遮盖材料与设备

（1）缝隙胶条

缝隙胶条用于发动机罩以及车门边缝隙的遮护，能防止涂料通过缝隙污染车体内部。使用缝隙胶带简化了有缝隙区域的遮护，可节省大量车内内部贴纸时间。

（2）遮盖胶带

好的胶带应具有较高的质量，有合适的黏度，既不能太强使拆除困难，又不能太弱使粘贴不牢固。胶带应能很容易地粘贴，并且具有较好的伸展性，不影响所贴板件的强度和柔韧性。另外，胶带还应具有良好的强度，在使用中不易断裂，以及足够的伸缩性。胶带还应具有良好的黏附性，在涂层出现收缩、温度变冷或变热时，不脱落；并且在拆除胶带后，不应有胶带上的黏结剂留在板件表面上。胶带应具有防水功能，并且在湿打磨时不脱落。

遮盖胶带大体有下列几种：

① 纸胶带：用于遮蔽纸与车身的连接固定。

② 布胶带：用于零件及配线的固定。

③ 双面胶带：用于狭小部分的遮护。

④ 大型塑料胶带：用于车身内部及车门内部遮护。

遮盖汽车时，正确的遮盖方法和细心程度是高质量工作的基础。表 2-2-2 给出了遮盖汽车时常见的问题，所列出的原因和排除方法都是从实践中得出的。

表 2-2-2　遮盖胶带使用中的常见问题

问题和原因	解决方法
黏附性差、边缘打卷、脱落，通常是由于粘贴时，胶带的边缘没有压紧，或粘贴的板面上潮湿、有蜡、脏、硅油或润滑脂等	粘贴前，清洁粘贴板面，正确压紧胶带的边缘。如没有正确操作，当底涂料（腻子）干燥后，胶带的边将打卷
揭除胶带后，留下胶带痕迹。这是由于高温时黏结剂变软，导致强度降低；温度较低时，拆除胶带，则胶带上的黏结剂就容易黏到板件表面上。当胶带长时间暴露在阳光下、烘烤时温度过高，或喷漆前清洗汽车时使用了过多的溶剂，都会造成这种现象	应在温度高于 16℃时拆除胶带。避免日光曝晒、高温长时间的烘烤、过量使用溶剂。当需要进行烘箱烘烤时，应采用高温型胶带
低温拆除胶带时，胶带易出现撕裂或断裂	唯一的解决方法就是不要使用胶带时间过长，而且应在温度高于 16℃时拆除。拆除时速度不要太快，使胶带与板面成 90°，这样可减小胶带造成撕裂的可能
拆除胶带时，腻子把胶带上的胶黏掉	这是由于胶带面被蜡或油脂污染、腻子和底层涂料被喷涂在采用很少溶剂的底涂层上或底涂层中含有的溶剂过量。为防止问题的产生，拆除胶带时应使胶带与板面成 90°。另外，应使用高质量的胶带
胶带粘贴过的地方，漆面出现污点或变黄	目前，汽车市场上所使用的胶带和涂料都具有防污能力，应正确选择涂料和胶带，以防止此类现象的产生。胶带与新漆面黏结的时间越长，此现象出现的可能性越大。因此，一旦喷涂完毕后，应立即把遮盖胶带揭去。在动力吹干或烘干涂膜前，应拆除所有的遮盖胶带。在新涂膜上粘贴胶带之前，一定要使涂膜干透
胶带卷变形	胶带卷应存储在温度为 75℃（24℃）或略低的环境下。胶带储存时间过长后，胶带卷会变形。胶带卷的松度过低也会增加胶带卷变形的可能性

（3）**遮盖纸**

遮盖纸表面光滑，不易沾染涂料雾化粒子、灰尘及毛絮，防渗透，成本低，被广泛使用。一般制成 100 cm、80 cm、50 cm 等不同宽度系列的纸卷。通过中间通孔可将其装于专用的遮盖纸机上。

其他遮盖材料常用来遮盖面积较大的区域，例如墙纸、牛皮纸、报纸、聚乙烯膜以及其他专门大面积遮盖汽车的遮盖物，由于报纸较易被撕扯，因此使用报纸做遮盖物时应小心。但是决不能用报纸来遮盖清漆面，因为报纸中含有油墨，油墨会溶入涂料的溶剂中，然后进入漆层，使涂料颜色改变。

轮胎通常采用专门的轮胎罩遮盖，轮胎罩通常由厚的布或尼龙材料制成，周边边缘中有弹性圈，可以固定在轮胎上。但是有些维修厂没有这种设备，在进行遮盖时，就需要有一个干净的大平面，如桌子等，把所需长度的遮盖纸平铺在平面上。接下来把胶带贴到遮盖纸的边缘上，胶带的一半贴到遮盖纸上，另一半待用。然后把贴有胶带的遮盖纸放到所需遮盖的表面上，用胶带把遮盖纸固定。

有时可以自己制作一些简便的工具，进行胶带的粘贴和拆除工作。例如，在硬的表面粘贴胶带时，采用短毛的窄油漆刷可以很方便地把胶带展平和黏牢。如果清洗汽车后，某些难以擦到的表面上还留有脏点，这时可以采用扁嘴的工具把脏点刮去。还可以将一把小的平头螺丝刀弯曲后，装上一个钩子，在拆除某些较难触到的表面上的胶带时，就可以用螺丝刀上的钩子刮起胶带的边缘，拆除胶带。

遮盖纸和胶带的使用是为了防止某些区域被喷漆，因此不得将遮盖纸和胶带粘贴到需要喷漆的表面。

喷涂清漆时，应采用双层遮盖纸进行遮盖，这样可以防止涂料中的稀料渗入而损坏原漆面。当涂料足够干燥后，应立即拆除遮盖纸和胶带。由于胶带拆除时会黏掉新喷的漆膜，所以通常不允许胶带接触或粘贴到新油漆面。

2. 遮护的方法

遮护的方法

(1) 胶带的基本粘贴方法

胶带应选用质量好的，若质量差，使用后会出现粘贴剂残留或其他问题，造成不必要的麻烦。聚氨酯涂料需加热干燥，应使用耐热胶带纸。胶带的基本贴法如图 2-2-2 所示。

(2) 装饰条和嵌条的遮盖

当用胶带粘贴装饰条、嵌条等表面时，把一只手的手指塞入胶带卷中间的孔中，把大拇指放在胶带的外面，控制胶带的方向，然后把胶带的起始端黏到嵌条或车轮罩的边缘上，如图 2-2-3 所示。拉伸胶带时，胶带的粘贴面背向操作者，不要把胶带拉得过紧。

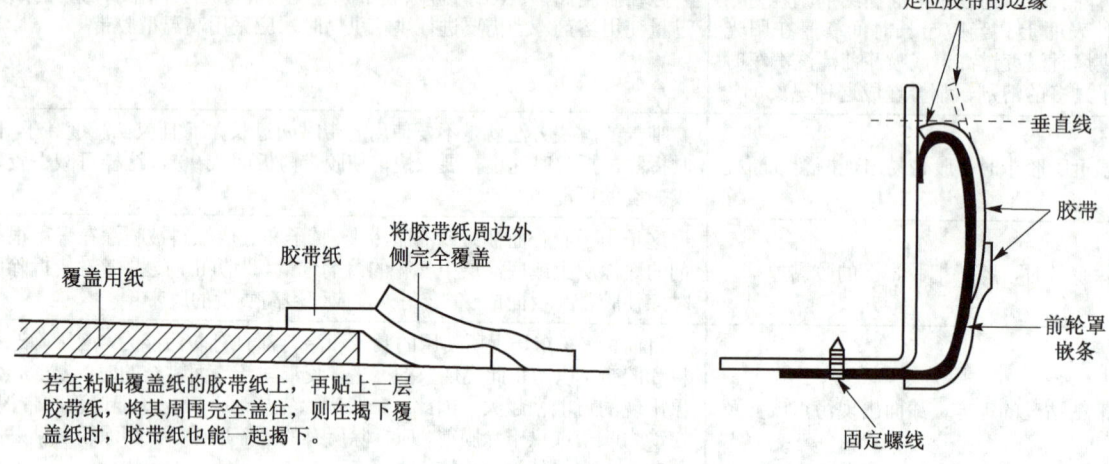

图 2-2-2　胶带的基本粘贴方法　　　　图 2-2-3　轮廓嵌条的遮盖

粘贴时，拉伸的胶带面与漆面的间距至少应有 0.7 mm，这样可以方便粘贴并可以很好地控制胶带的方向。嵌条或需粘贴面的宽度决定所需胶带的条数。但是，一定要记住在所需喷漆的表面与嵌条间应留有一个小间隙，涂料特别是清漆会填补这个间隙。用足够的压力把胶带压牢。但是在曲面上粘贴胶带时，还必须拉伸胶带，以适应曲面的要求。如果胶带太宽，应用剪刀把胶带多余的宽度剪去。

对装饰条的遮盖可使用一条宽度为 19 mm 胶带。把胶带粘贴在嵌条的顶部并在胶条与板面之间留有一定的间隙。

(3) 铭牌和标牌的遮盖

首先把胶带粘贴到标牌的顶部，并与板面留有一定的间隙。然后把两边黏到标牌上，如图 2-2-4 所示，应用力把胶带黏牢。

(4) 侧窗玻璃的遮盖

当遮盖侧车窗时，需要先用胶带遮盖该区域的周边，然后选用合适尺寸的遮盖纸，遮盖纸的底边粘贴到底部的胶带上，把遮盖纸周边折叠，折叠边用短的胶带纸黏好，然后全部黏到周边预先黏好的胶带纸上。

(5) 前后风窗的遮盖

如图 2-2-5 所示，覆盖窗玻璃时，主要使用 50 cm 宽的纸，不够的部分再用 10~20 cm 宽的纸粘贴上。四周用 12~15 mm 宽的胶带黏住。

(6) 车门的遮盖

如图 2-2-6 所示，如果要将车门入口全部覆盖，先要按入口宽度准备好覆盖纸。一般是取 50 cm 宽的纸 2 张，搭接成 1 m 宽，对准入口，先贴住上部，在贴下边之前，要先将纸放松弛。如果宽度还不够，再加一张 30 cm 宽的纸。如果边切得不整齐，可用胶带补齐。纸与纸相重合的部分，要用胶带黏住，不能留缝隙。

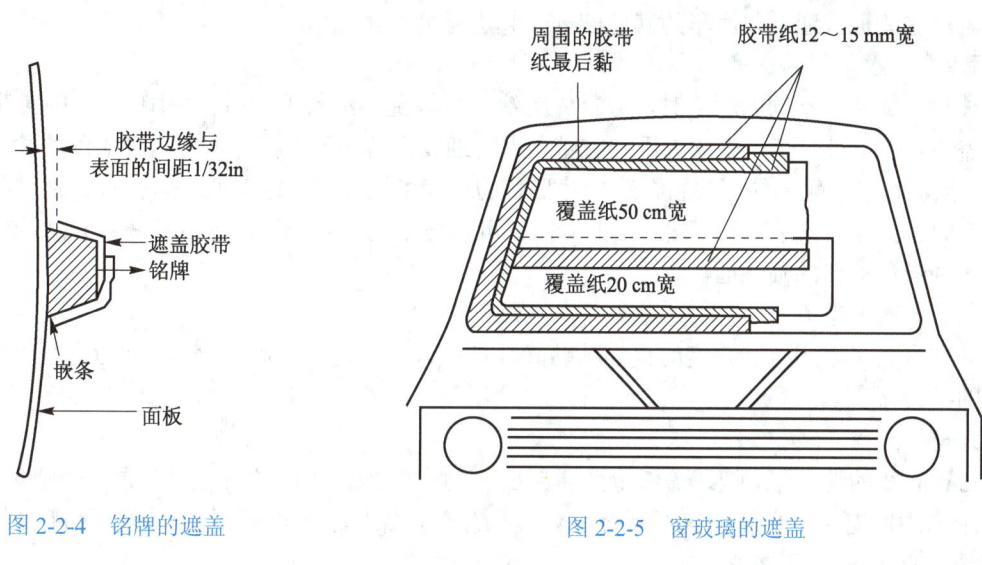

图 2-2-4　铭牌的遮盖　　　　　图 2-2-5　窗玻璃的遮盖

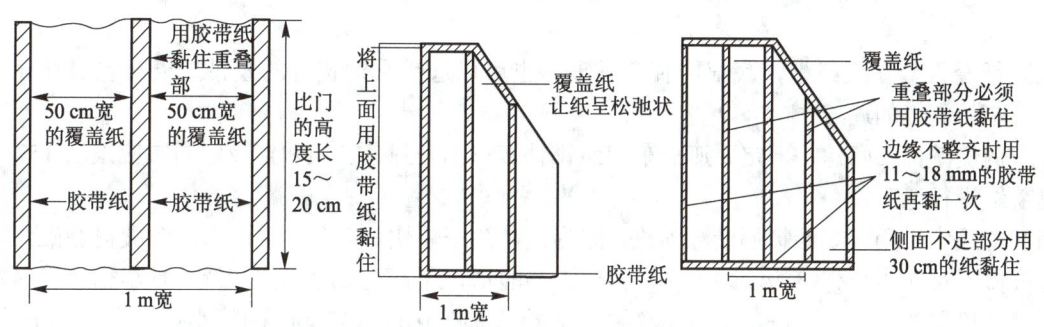

图 2-2-6　车门内侧的遮盖

如果用报纸覆盖，可以像图 2-2-7 那样，用 3 张报纸接成 110 cm 宽的正方形，对准车门，先从便于粘贴的部位开始粘贴，边黏边将报纸多余部分按车门入口的外形曲线，或向内折或裁掉。

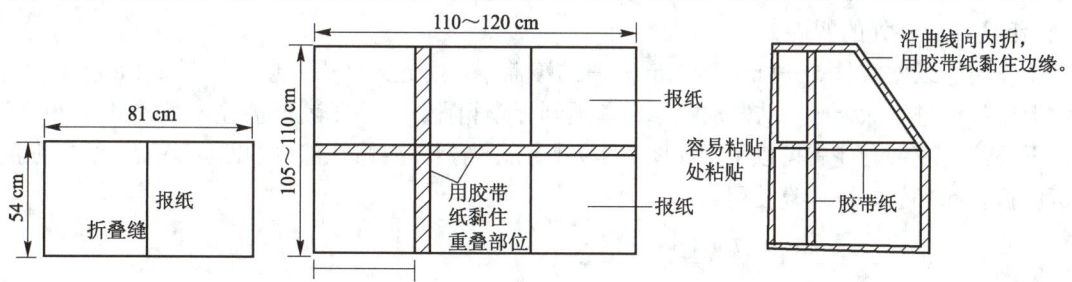

图 2-2-7　用报纸覆盖车门

（7）尼龙车顶的遮盖

首先应沿车顶的周边粘贴一周胶带，然后采用合适尺寸的遮盖纸彻底地把车顶遮盖住。遮盖纸应光滑，多余的边应折叠起来。所有的边缘均应用胶带黏住，以免涂料和灰尘进入。

（8）散热器面罩和保险杠的遮盖

对于大多数新型号的汽车，将散热器面罩与保险杠分别进行遮盖。首先用胶带沿散热器面罩的周边进行遮盖，然后选用合适的遮盖纸进行遮盖。如果保险杠采用金属材料制造，应选用合适尺寸和形状的遮盖纸进行遮盖，下部边缘进行折叠，与保险杠的下部粘贴牢固。

对于某些汽车，可以把散热器面罩和保险杠一起进行遮盖。但保险杠与翼子板前端间的塑料遮盖件应进行单独遮盖。这些板件通常与汽车的其他部分一起进行喷涂。

（9）喷涂两种颜色时的遮盖

当汽车被喷涂成两种不同的颜色时，应首先喷涂一种颜色。涂料干燥后。用 19 mm 的胶带把这种颜色的周边遮盖。有些车身喷漆工喜欢选用细胶带，因为细胶带薄，可以精确地把两种颜色的漆面分开，留下的条纹少。然后，把该颜色的漆层用合适尺寸形状的遮盖纸遮盖好。遮盖纸上的胶带黏到已黏好的周边胶带上，多余的边折叠，粘贴牢固。然后，根据需要可以再用遮盖胶带沿遮盖纸的底部和边缘粘贴，清晰地标出另外一种颜色涂料的喷漆面。

（10）门槛嵌条的遮盖

门槛上的宽嵌条可以用合适宽度的预先粘贴好胶带的遮盖纸进行遮盖，但一定要留有足够的间隙，使涂料有很好的搭接区。

（11）大灯的遮盖

采用 152 mm 宽的遮盖纸，把遮盖纸上胶带黏到密封大灯或灯框的边缘上，形成一个圆形或四方形，然后把遮盖纸向中间对折，再将遮盖纸折叠的对边也黏住，保持遮盖纸的平整。对于尾灯和驻车灯应采用同样的方法，只不过选用 76 mm 宽或更窄的遮盖纸就足够了。

（12）天线的遮盖

用遮盖纸套管套在天线上，底部用胶带黏牢，也可以选用合适宽度的胶带把天线包裹住。

（13）车门侧壁的遮盖

如果车门侧壁需要喷涂，一定要遮盖车门装饰件、车门密封条、锁和撞板。通常应采用 152 mm 宽或更宽的遮盖纸进行遮盖。

车门侧壁通常采用丙烯酸树脂清漆喷涂，因为这种漆干燥快。但有时也选用丙烯酸树脂磁漆，尽管这种漆干燥较慢。对于一个完整的涂装工作，如果需要的话，应首先喷涂车门侧壁、行李箱、流水槽、翼子板内沿、发动机罩边缘。把一张 152 mm 宽的遮盖纸，每隔 101～152 mm 的间距折一个 13 mm 的褶，可以很方便地遮盖车轮。遮盖纸的胶带由轮胎粘贴到轮缘上。用胶条把遮盖纸固定在轮胎上。

（14）局部涂装的遮盖

涂装硝基涂料时，遮盖面积小一点没有多大关系，但聚氨酯涂料一定要遮盖宽一些。为提高局部涂装速度，可采用各种方法，如可以采用市面上出售的车身覆盖板，或用大的包装纸将大面积盖住，再用 20～30 cm 宽的纸覆盖修补处的四周。

如果事先用厚纸做成长 5～7 m，宽 2 m 左右的覆盖罩，用起来就很方便，如图 2-2-8 所示。当要对侧门和挡泥板等部位进行涂装时，从发动机罩、车顶到行李箱盖，一下子就能盖住，然后用磁铁压住几个主要部位，再局部用胶带黏住就可以了，如图 2-2-9 所示。当然，要修补部位的四周必须用纸仔细盖住，这种罩子可以折叠起来放好，反复使用。

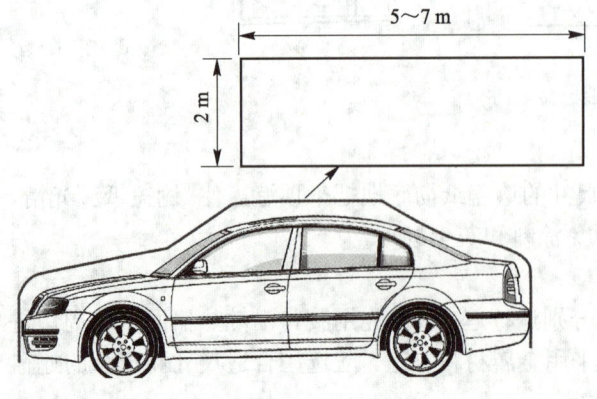

图 2-2-8　制做覆盖罩

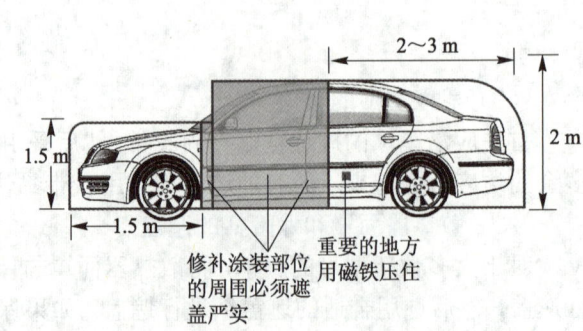

图 2-2-9　利用车身罩或包装纸遮盖

（15）反向遮盖

反向遮盖和流线边缘遮盖法常用在局部板件需要喷漆的情况下。首先在曲面弯曲前的平面上轻轻地粘贴一条胶带，然后再用另外一条胶带粘贴弯曲的表面，如图 2-2-10 所示。这样可以对喷漆产生足够的扰动，从而当胶条揭除后，不会留下明显的痕迹。

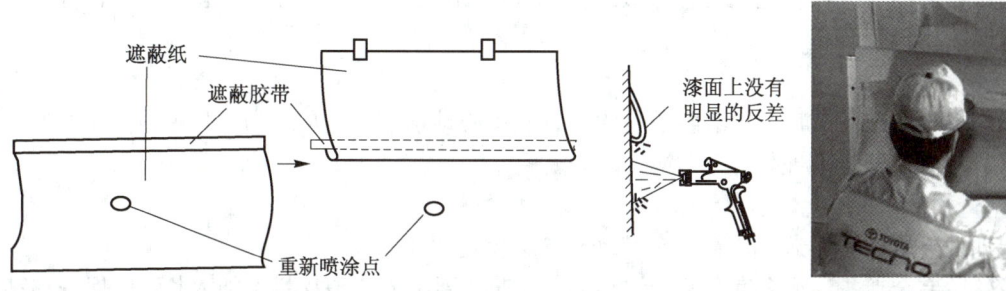

图 2-2-10　反向遮盖

沿流线边缘进行反向粘贴时可以采用预先粘贴好胶带的遮盖纸。首先把遮盖纸沿流线形板件边缘的最高端放置好，用胶带固定，使遮盖纸自然下垂，然后反向折叠，使反向折叠的弧线超过流线形边缘 12～20 mm。最后，把遮盖纸的另一边固定到板件合适的位置上。

当沿一个曲面流线形边缘进行遮盖时，必须使用遮盖胶带。首先把 19 mm 宽的胶带以正确的角度分别粘贴到流线形边缘上。每条胶带应有 10～13 mm 长，胶带与胶带之间应有足够的重叠量，整个胶带的粘贴边缘应形成一个与流线形边缘相平行的曲线，然后把胶带条反折，应从最后一条胶带开始，并保证有一个正确的弧度，如图 2-2-11 所示。最后用一条胶带把所有反折过来的胶带端粘贴固定。

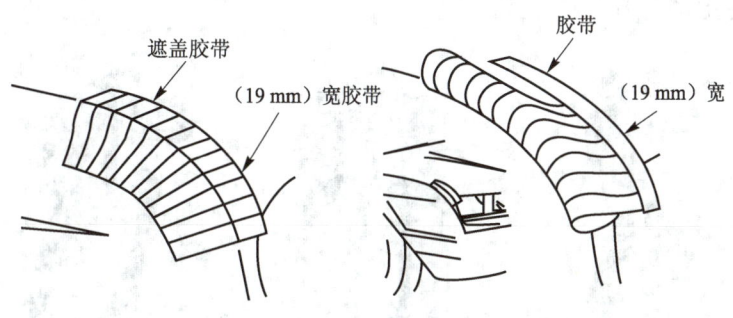

图 2-2-11　流线形反向遮盖

3. 遮护时的注意事项

（1）清洁和除油

在将车辆开上工作车位以前，先要清洗车辆，特别脏的部位要彻底清洗。用除油剂清洁要贴遮盖胶带的区域，以防止在吹风或涂装时遮盖胶带剥落。遮盖胶带需和遮盖纸及车身紧密结合。

（2）遮护的范围

所用的喷涂方法和喷枪的操作方法不同，遮护的范围就有所不同，必须恰当地遮盖在每一种情况下的最小面积。

（3）不可拆卸部件的遮护

将遮盖胶带贴在不可拆卸的部件上，并留一个小小的间隙（等于涂层的厚度）。如果不留间隙，涂料形成的涂层将会连接新涂层表面和遮盖胶带，从而使遮盖胶带难以剥落。如果间隙太宽，遮盖胶带便不能很好地遮盖部件。

（4）圆弧形区域的遮盖

在接近圆弧转角的地方将胶带贴得稍稍松一点，防止胶带过紧引起圆弧转角处的胶带收缩而引起遮护区域变化。

（5）双重遮护

在涂料易于聚积的地方（如板边、沿特征线或要涂厚涂料的区域），采用双层遮盖胶带和遮盖纸，可以防止涂料透入遮盖材料。

（6）清除遮护材料

沿边界的遮盖胶带应在涂装后，趁涂层还是软的时候小心地取下。这是因为一旦涂料变干变脆，它便不会均匀的分离，从而使结果不理想。

（7）暂不用遮护的情况

阻止汽车运动的区域先不要遮护，待汽车移动到涂装室内再进行。

如果车门及轮胎完全遮护，那么汽车便无法移动。运动件周围的遮护材料不能太长，以保证移动汽车时，不会被运动件（如轮胎）压到。

（8）局部区域的遮护采用反向遮护

反向遮护的区域难于充分清洁和除油。因此，只有在有关面积清洁和除油以后才能进行反向遮护。

4. 喷涂工具

空气喷涂法是以压缩空气的气流为动力，以喷枪为用具，使涂料从喷枪的喷嘴中喷出漆雾而涂布到工件表面的施工方法，它是一种最为常用的喷涂方法。

喷枪的种类和型号较多，如图 2-2-12 所示。各家涂装设备制造公司的命名方法和分类虽然有所不同，但是最常用的分类方法是按涂料供给方式区分。

 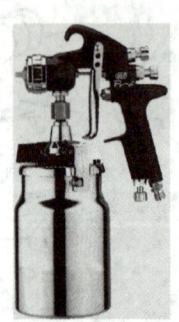 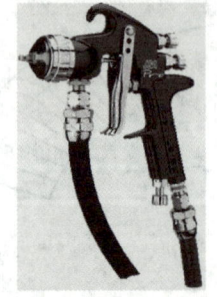

（a）重力式喷枪　　（b）虹吸式喷枪　　（c）压力式喷枪

图 2-2-12　喷枪的分类

（1）重力式（也称上壶式）喷枪

重力式喷枪的涂料杯位于喷枪喷嘴的后上方，喷涂时利用涂料自重及涂料喷嘴尖端产生的空气压力差使涂料形成漆雾。杯内涂料黏度的变化对喷出量影响小，而且杯的位置可由漆工任意调节，但是它的容量较小（约 0.5 L），仅适用于小物件涂装，且随着杯内涂料的减少，喷涂稳定性降低，同时不宜仰面喷涂，如图 2-2-12（a）所示。

（2）虹吸式（也称下壶式、吸上式、吸力式）喷枪

虹吸式喷枪的涂料杯位于喷枪嘴的后下方，喷涂时利用气流作用，将涂料吸引上，并在喷嘴处由压力差引起漆雾。喷涂时出漆量均匀稳定。大面积喷涂时可换掉料杯，由抽料皮管直接从容器中抽吸涂料连续工作，但当黏度变化时易引起喷出量的变化，如图 2-2-12（b）所示。

（3）压力式喷枪

压力式喷枪的涂料喷嘴与气帽正面平齐，不形成真空。漆料被压力压向喷枪，压力由一个独立的压力

瓶（罐）提供。它适合连续喷涂，喷涂方位调整容易，涂料喷出量调整范围广；缺点是需要增添设备、清洗麻烦、稀释剂损耗大，不适合汽车修理厂修补漆方面应用，如图2-2-12（c）所示。

5. 喷枪的雾化原理

空气喷枪是指利用空气压力将液体转化为液滴的喷涂工具，该过程称为雾化。雾化过程就是喷枪工作过程，雾化使涂料成为可喷涂的细小且均匀的液滴。当这些小液滴被以正确的方式喷上汽车表面后，就会结合形成一层厚度极薄的像镜子一样平整的膜。

如图2-2-13所示，喷枪的雾化分为3个阶段。

① 第一阶段。涂料从喷嘴喷出后，被从环形口喷出的气流包围，气流产生的气旋使涂料分散。

② 第二阶段。涂料的液流与从辅助孔喷出的气流相遇后，气流控制液流的运动，并进一步使其分散。

③ 第三阶段。涂料受到从空气帽喇叭口喷出的气流作用，气流从相反的方向冲击涂料，使其成为扇形液雾。

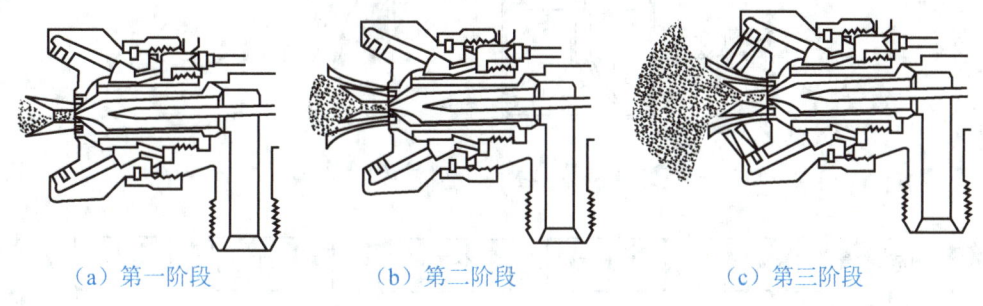

(a) 第一阶段　　　　　　　(b) 第二阶段　　　　　　　(c) 第三阶段

图 2-2-13　喷枪雾化的三个阶段

6. 喷枪的组成及各部分的作用

（1）喷枪的组成

虽然不同的喷枪有许多通用的零部件，但每种类型或型号的喷枪只适用于一定范围的作业。选择合适的工具是以最短时间高质量完成作业的保证。

典型的喷枪由枪体和喷枪嘴组成，如图2-2-14所示。枪体又分为空气阀、漆流控制阀、雾形控制（即漆雾扇形角度调节）阀、控漆阀、压缩空气进气阀、扳机、手柄。喷枪嘴由气帽、涂料喷嘴、顶针组成。

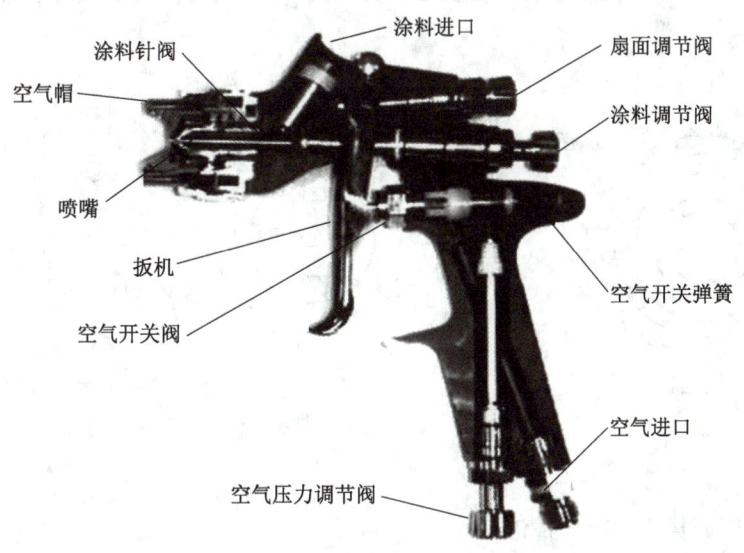

图 2-2-14　典型的喷枪构造

如图 2-2-15 所示为吸上式空气喷枪的结构纵剖图。扳机为两段式转换，扣下喷枪扳机时，空气阀先开放，从空气孔以高速喷出的压缩空气在涂料喷嘴前面形成低压区，再用力扣下时，涂料喷嘴开口，吸引涂料。喷枪中压缩空气及涂料的流动路线如图 2-2-16 所示。

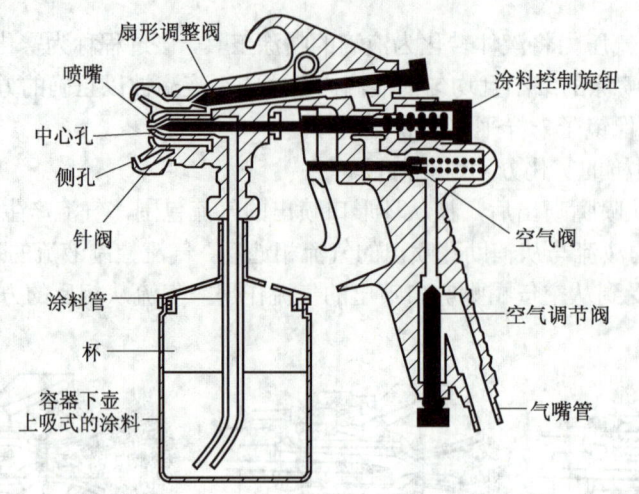

图 2-2-15　吸上式空气喷枪结构纵剖图

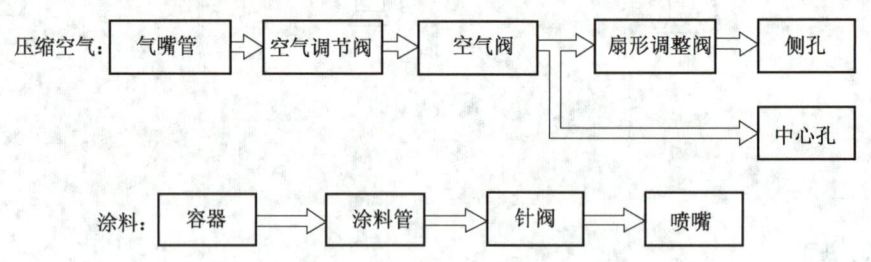

图 2-2-16　喷枪中压缩空气及涂料的流动路线

（2）各部件的作用

① 气帽。气帽把压缩空气导入漆流，使漆流雾化，形成雾形。

② 空气孔。涂料喷嘴上有很多小孔，如图 2-2-17 所示。各孔的排列方式有多种，如图 2-2-18 所示。每个小孔的作用都不同。

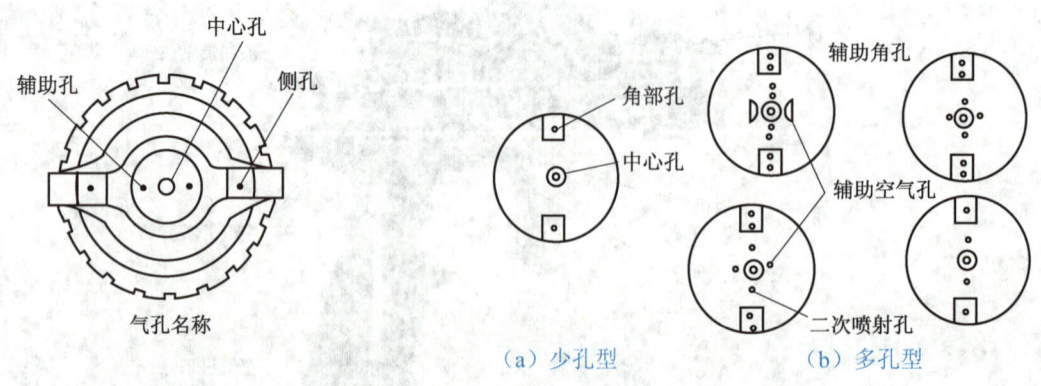

图 2-2-17　气孔的名称　　　　图 2-2-18　空气帽气孔排列

- 主空气孔：形成真空，吸出漆液；
- 侧面空气孔：有 2~4 个，它借助空气压力控制雾束形状；

- **辅助空气孔**：有4～10个，它对喷枪性能有明显影响。孔大或多，则雾化能力强，能以较快的速度喷涂大型工件；孔小或少，则需要的空气少，雾形小，涂料雾化程度差，喷涂量小，但便于小工件的喷涂或低速喷涂。

③ 雾形控制阀。控制阀关上，雾束呈圆形；控制阀打开，雾束呈扁椭圆形。

④ 顶针和涂料喷嘴。顶针和涂料喷嘴的作用都是控制喷漆量，并把喷流从喷枪中导向气流。涂料喷嘴内有顶针内座，顶针顶到内座时可切断漆流。从喷枪喷出的实际漆量由顶针顶到内座时涂料喷嘴开口的大小决定。控制阀可以改变扳动扳机时顶针离其内座的距离。

涂料喷嘴有各种型号，可以适应不同黏度的油漆。涂料喷嘴的口径越大，涂料喷出量越大，因此防锈底漆等下层涂装用大口径的涂料喷嘴。喷枪喷嘴口径的选用见表2-2-3。

表 2-2-3 喷枪口径的选用

喷枪类型	主要特点	喷涂类型	喷枪口径（mm）
吸力式喷枪	要求高的气压和气流才能将涂料吸出	喷底漆	2.5
		喷面漆	1.8
		喷清漆	2.0
重力式喷枪	出漆量不受黏度限制，故压力、流量小一些	喷底漆	1.9
		喷面漆	1.3
		喷清漆	1.4
压力式喷枪	出漆压力高	喷各种漆	0.5左右

喷枪的性能取决于涂料喷出量与空气消耗量的关系，其关系见表2-2-4。

表 2-2-4 涂料喷嘴口径、涂料喷出量和空气使用量关系

喷枪类型	涂料喷嘴口径（mm）	空气使用量/（L·min^{-1}）	涂料喷出量/（mL·min^{-1}）	涂料喷幅宽度（mm）
重力式	0.5	<40	>10	>15
	0.6	<40	>15	>15
	0.7	<50	>20	>20
	0.8	<60	>60	>25
	1.0	<70	>50	>60
虹吸式	1.2	<170	>80	>100
	1.3	<180	>90	>110
	1.5	<190	>100	>130
	1.6	<200	>120	>140
压力式	1.0	<350	>250	>200
	1.2	<450	>350	>240
	1.3	<480	>400	>260
	1.5	<500	>520	>300
	1.6	<520	>600	>320

7. 喷枪的调整

喷枪的检查与调整，在喷涂底漆和面漆之前都要进行。

(1) 检查
① 操作之前以及清洗或维修工作之后，必须确保所有部件都已紧固。
② 在安装空气软管之前，须确保喷枪手柄下部的空气接口洁净。
③ 喷杯上的气孔，无污垢堵塞。
④ 喷杯上密封圈无渗漏等。

(2) 调整

1) 压力调整

喷枪的调整

严格按照油漆产品说明书所提供的施工参数调整喷枪的压力。对任何涂料系统而言，最适当的空气压力只有一个，就是能使涂料获得最好雾化的最低空气压力。由于有摩擦，空气从干燥器调压阀流到喷枪时压力有所损失，损失量取决于输气管的长度和直径。最好在软管接头和喷枪之间接一个调压阀（阀上带有气压表），用来检查和调整喷枪压力，最佳的压力是指获得适当雾化、挥发率和喷雾扇形宽度所需的最低压力。

压力太高，会因飞漆而浪费大量涂料，抵达构件表面前溶剂挥发快导致流动性差，容易产生橘皮等缺陷；压力太低，会因溶剂保留的多而造成干燥性能差，漆膜容易起泡和流挂。不同涂料喷涂时所需的空气压力都有最佳值，见表2-2-5。

表2-2-5 推荐的气压范围

外涂层	喷枪气压（MPa）	内涂层	喷枪气压（MPa）
聚氨酯型涂料	0.35～0.39（纯色漆） 0.42～0.46（金属漆）	硝基填实底漆	0.18～0.31（点部） 2.5～3.2（板部）
丙烯酸清漆	0.14～0.32	普通填实底漆	0.21～0.28
丙烯酸磁漆	0.35～0.42	普通填实底漆	0.25～0.28
可塑面漆	0.25～0.28	磁漆填实底漆 环氧树脂底漆 铬化锌底漆	0.32 0.32 0.32

密封层	喷枪气压（MPa）	其他	喷枪气压（MPa）
丙烯酸清漆	0.18～0.21	统一面漆	0.25～0.28
通用密封漆	0.25～0.32		
混合密封漆	0.25～0.28		

2) 喷幅调整

喷枪的喷幅调整如图2-2-19和图2-2-20所示。

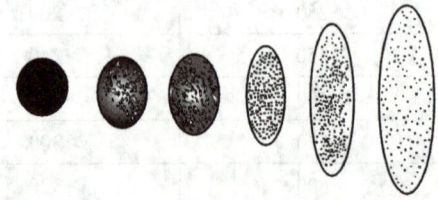

图2-2-19 喷雾形状

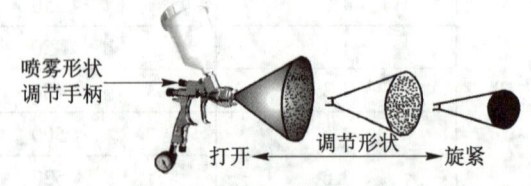

图2-2-20 喷雾扇形调节形状

① 在墙上粘贴一张大纸，使喷枪与纸张保持适当距离（150～250 mm）且稳定，并与纸张垂直。
② 试喷时，应采用点射喷涂法，使涂料在纸张上形成长而窄的形状。
③ 改变喷枪上喷涂模式旋钮，再试喷，直至达到合适的喷幅（喷幅高度），即拧进旋钮，得到的雾形

小而圆；拧出旋钮，即可得到大而扁的雾形。

④ 漆流量调整。如图 2-2-21 所示，用同样的方法将纸张粘贴在墙上，在试喷的同时，改变涂料流量调整旋钮，观察涂料的雾化程度，即拧进旋钮出漆量少，拧出旋钮出漆量大，直至达到最佳的雾化质量。

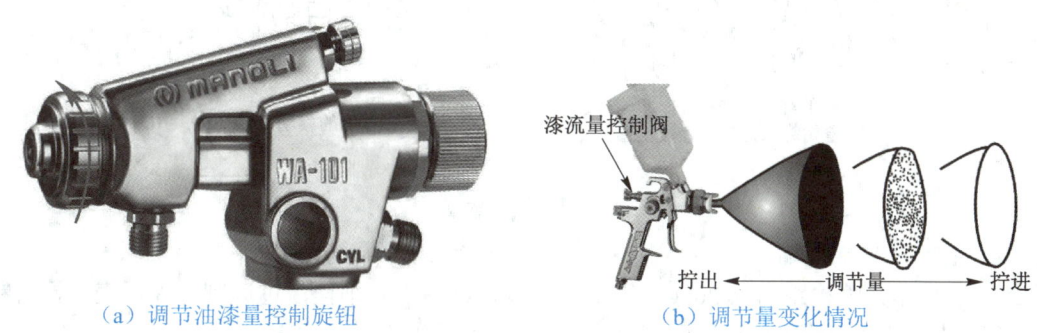

(a) 调节油漆量控制旋钮　　　　(b) 调节量变化情况

图 2-2-21　喷枪出漆量的调整

⑤ 涂料分布测试。通过雾形测试，看流挂情况，检查调整是否正确。如图 2-2-22 所示，松开空气帽定位环并旋转空气帽，使喇叭口处于竖直位置，此时喷出的图案将是水平的。垂直对准试喷板保持大约 20 cm 的喷射距离，再喷一次，按住扳机直到涂料开始往下流，结果如图 2-2-23 所示。

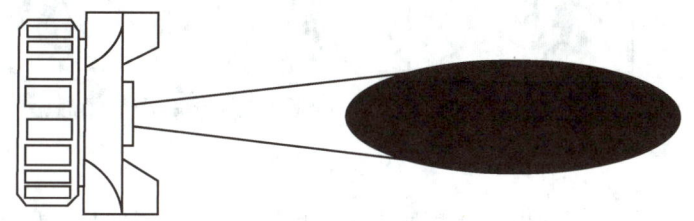

图 2-2-22　转动空气帽调整试喷图形

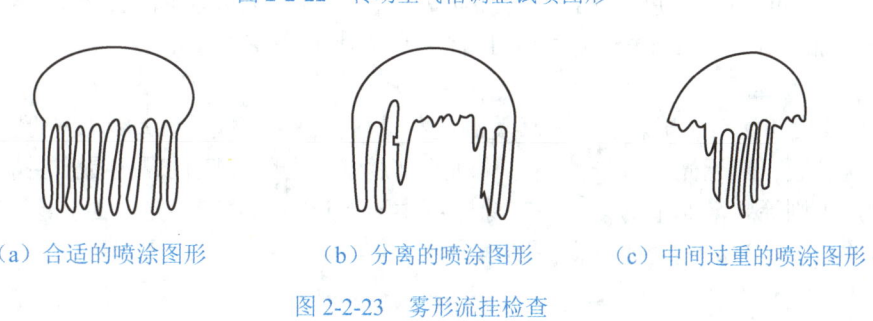

(a) 合适的喷涂图形　　　(b) 分离的喷涂图形　　　(c) 中间过重的喷涂图形

图 2-2-23　雾形流挂检查

如果各项调整正确，各段流挂的长度应近似相等。如果流挂呈分开的形状，是由于喷束太宽或气压太低。把雾形控制阀拧紧半圈，或把气压提高一些，交替进行这两项调整直到流挂长度均匀。如果流挂中间长两边短，则是因喷出的漆太多，应把漆流量控制阀拧紧，直到流挂长度均匀。

8. 喷涂操作要领

(1) 喷枪与工作表面的角度

喷涂施工时，喷枪与喷涂表面应始终保持垂直。喷枪移动时，应保持水平移动，绝对不可用手腕或手肘作弧形摆动，如图 2-2-24 所示。喷枪移动方式不正确，会使涂膜厚度不均匀。

喷枪操作要领

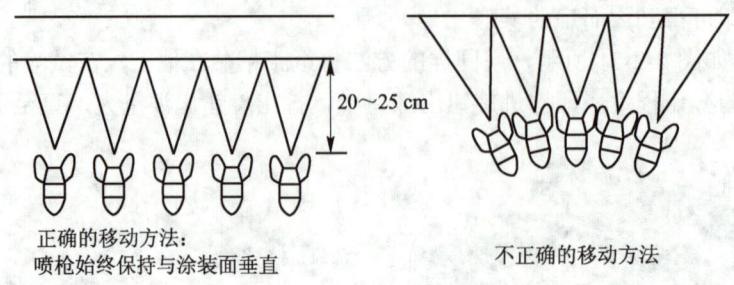

图 2-2-24 喷枪移动方法

（2）喷枪嘴与工件表面的距离

如图 2-2-25 所示，喷枪距离以 20 cm 为最佳，过近则易引起垂挂，过远则喷涂后表面显得粗糙。喷束直径和喷射流量应根据喷涂面积大小来调整。

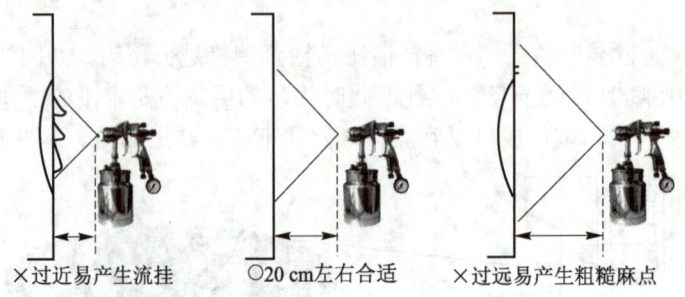

图 2-2-25 喷枪与工件之间的距离

简易测定喷涂距离的方法：喷嘴与被涂表面之间的距离等于张开手掌后，拇指尖与小拇指尖之间的距离，约为 150～225 mm。空气湿度高时，应当缩短距离。若距离太大，可能会产生"橘皮"或干膜现象，也会影响涂膜调配的颜色，涂料损失也大；若距离太小，则涂膜增厚，涂料起堆。

（3）喷枪的移动速度

喷枪的移动速度与涂料的干燥速度、环境温度和涂料的黏度有关。移动速度一般为 30 cm/s。移动速度过快，会使涂膜粗糙无光，流平性差；移动速度过慢，会使涂膜过厚，易产生流挂。移动速度应尽量均匀一致，否则涂膜薄厚不均匀。在喷涂过程中不能让喷枪停着不走，否则会产生流挂。使用干燥较慢的涂料的，可适当将移动速度提高到 40～80 cm/s。

（4）喷涂压力

喷涂时的气压选择与涂料的种类、稀释剂的种类、稀释后涂料的黏度等多种因素有关。在雾化良好的情况下，要求漆液中所含的溶剂量尽可能少蒸发，一般气压调节为 0.35～0.5 MPa，或按试喷结果确定。合适的喷涂气压，能获得良好的喷雾、散发率和喷幅的最低需要。气压低，易产生"流痕"、"针孔"、"起泡"等现象；而气压过高，溶剂可能过蒸发，严重时会形成干喷现象。

（5）喷枪扳机的控制

扳机扣得越深，液体流速越大。传统走枪，扳机总是扣死，而不是半扣。为了避免每次走枪行将结束时所喷出的涂料堆积，有经验的漆工都要略略放松一点扳机，以减少供漆量，如图 2-2-26 所示。

扣扳机的正确操作一般分 4 步：先从遮盖纸上开始走，扣下扳机一半，仅放出空气；当走到喷涂表面的边缘时，完全扣下扳机，喷出涂料；当走到另一头时，松下开扳机一半，涂料停止流出；反向喷涂前再往前移动几厘米，然后重复上述操作步骤。

在斑点修补或者新喷涂层与旧涂层的边缘润色加工时都要进行收边操作，即在走枪开始时不扣死扳机，使开始时的供漆量很小，随着喷枪的移动，逐渐加大供漆量，直到走枪行将结束时再将扳机放开，使供漆量大大减少，从而获得一种特殊的过渡效果。

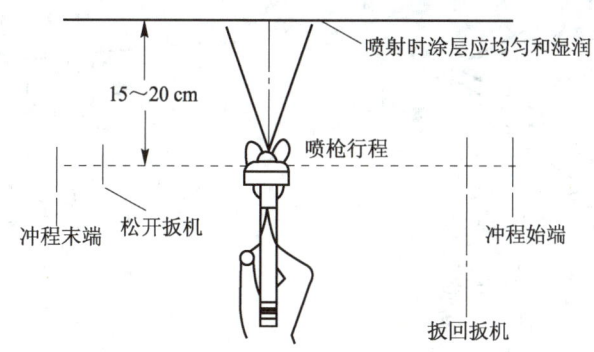

图 2-2-26　喷枪扳机的控制

（6）喷涂方法和路线

喷涂方法有纵行重叠法、横行重叠法和纵横交替喷涂法。喷涂的路线有从高到低、从左到右、从上至下、先里后外等顺序进行。应按计划好的行程稳定而均匀地移动喷枪，在抵达单方向行程终点时放开扳机，然后再开扳机开始相反方向按原线路适当重叠喷涂。在行程终点关闭喷枪，可避免出现流挂，并把飞漆减少到最低程度。

对于一些难以喷涂的部位，如拐角或边缘等处，要先喷涂，操作时正对着要喷涂的部位，这样可使拐角或边缘的两边各得到一半的漆液，喷枪与工件之间的距离要比正常时的距离近 2.5～5.0 cm，将所有边缘拐角处都喷好后，再喷涂水平表面。

对竖直表面喷涂，通常是从表面的最上端开始，喷嘴与上边缘齐平。喷枪第二次单方向移动的行程与第一次相反，喷嘴与第一次行程的下边缘平齐，雾形的上半部与第一次的下半部重叠，重叠幅度应为第二层与上一层重叠 1/3 或 1/2；下半部喷涂在未喷涂过的区域，应与前次喷涂部分的"湿边"混涂，开始喷涂的搭接处应选择合适，以避免出现双涂层和流挂。各涂层之间要留出几分钟的闪干时间。喷程的重叠方式如图 2-2-27 所示。

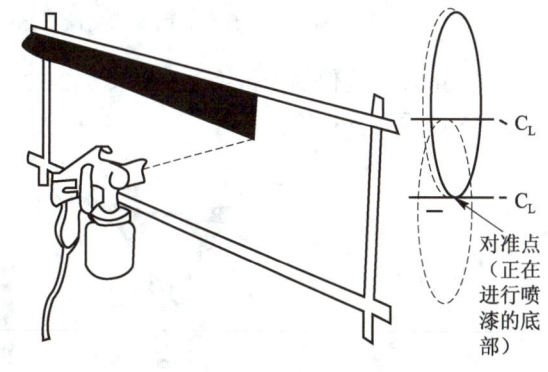

图 2-2-27　喷程的重叠方式

合理的喷涂顺序可得到以下几点好处：

① 防止漆雾回落到已喷涂过的漆画，影响涂装质量。

② 消除干喷重叠点，使涂层的整体性好。

③ 对一些如边缘、缝隙等处先施喷涂，可起到安定灰尘的作用，从而防止对漆面的污染。

④ 合理的喷涂顺序，可使涂装作业连贯，减少不必要的移动。

（7）走枪的基本动作

汽车修补涂装中，被涂物的情况不同，喷漆走枪的手法也不同，以下叙述几种常用的走枪手法。

① 构件边缘的走枪手法。在构件边缘喷涂时，一般采用由右至左喷涂，并采用纵喷（喷出涂料呈垂直方向），如图 2-2-28 所示。

② 构件内角的走枪手法。在构件内角喷涂时，一般先由下而上，再由上而下喷涂，并采用横喷（喷出涂料成水平方向），如图 2-2-29 所示。

③ 小而直立的构件平面的走枪手法。喷涂小而直立的构件平面时如图 2-2-30 所示，是按由上而下的行程进行（1-2），然后由左至右（2-3），再由下而上进行（3-4），依次完成（4-5-6-7-8-9）。

④ 长而直立的构件平面的走枪手法。如图 2-2-31 所示，喷涂长而直立的构件平面时，也由上而下行程进行，再由左至右，依次沿横向行程，每行程 45～90 cm，即按板长方向分段进行，每段之间交接处有 10 cm 左右的行程重叠。

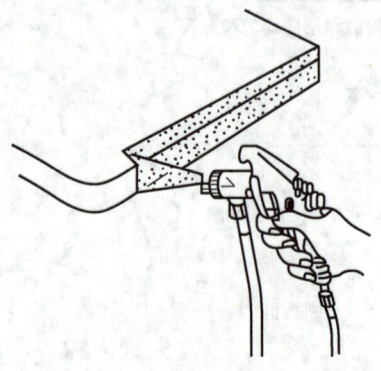
图 2-2-28 构件边缘的喷涂

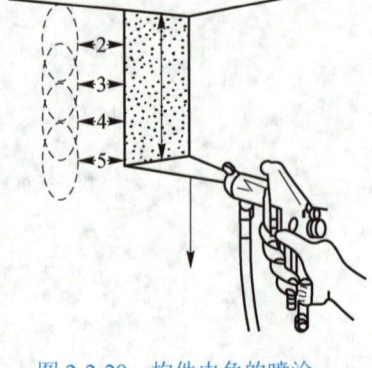
图 2-2-29 构件内角的喷涂

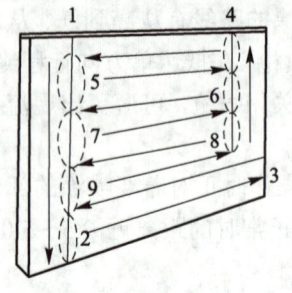
图 2-2-30 小而直立构件的喷涂

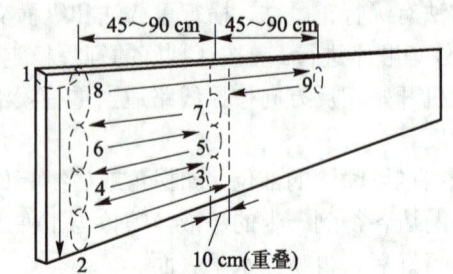
图 2-2-31 长而直立构件的喷涂

⑤ 小圆柱构件的走枪手法。如图 2-2-32 所示，喷涂小圆柱构件时，由圆柱顶自上往下再自下往上，分 3~6 道垂直行程喷完。

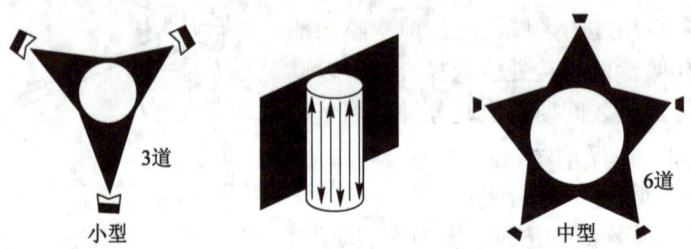
图 2-2-32 小、中圆柱的喷涂

⑥ 大圆柱构件的走枪手法。喷涂大圆柱体时，先由左至右再由右至左的水平行程依次喷完，如图 2-2-33 所示。

⑦ 棒状构件的走枪手法。喷涂较长的、直径不大的棒状构件时，最好将雾束调窄一些与之相配。然而很多漆工为了省事，不愿经常调整喷枪，而是将喷枪雾束的方位与棒状构件相适应。这样既可达到完全覆盖又不过喷的目的，如图 2-2-34 所示。

图 2-2-33 大圆柱的喷涂

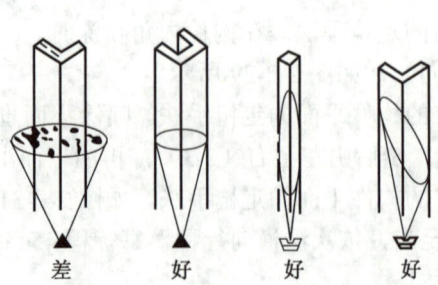
图 2-2-34 棒状构件狭长面的喷涂

⑧ 大型水平表面的走枪手法。喷涂大型水平表面如发动机罩、车顶、行李箱盖等，可以采用长而直立构件平面的走枪手法，即由左至右移动喷枪至临近基材表面时扣扳机，继续移动喷枪至离开基材表面时放开喷枪。在喷枪使用上，最好使用压送式喷枪，如果采用的是虹吸式喷枪，当需要倾斜喷枪时千万要小心，不要让涂料滴落到构件表面上。为了防止涂料泄漏、滴落，在喷杯中涂料不要装得太满，整个操作过程要平稳、协调，随时用抹布或纸巾擦净泄漏出来的涂料。

（8）不同板件的走枪顺序

① 车门。如图 2-2-35 所示，首先喷涂车门框的顶部，然后下移直到车门的底部。如果只喷涂一个车门，首先应喷涂车门边缘。喷涂门把手时应该特别小心，因为某点的涂料太多将会导致流挂。

② 前翼子板。如图 2-2-36 所示，发动机罩的边缘和前翼子板的翻边应该首先喷涂，然后是前大灯周围部分、面板的弯起部分，最后是面板的底部。

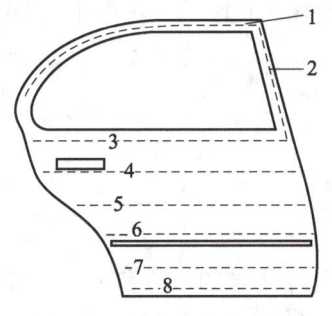
图 2-2-35　车门的喷涂顺序

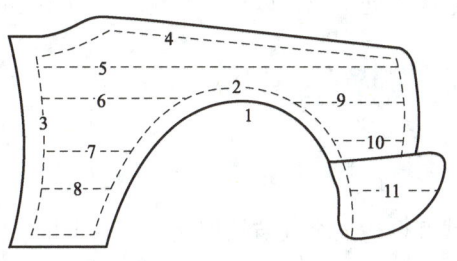
图 2-2-36　前翼子板的喷涂顺序

③ 后翼子板。如图 2-2-37 所示，首先喷涂边缘，然后喷漆工站在面板的中间，以一个长的连续行程喷涂面板。如果无法一次完成，就把这个区域分成两个部分。使用这种方法时，一定要特别注意它中间的重叠。如果重叠的涂料太多，将会发生流挂。

④ 发动机罩。如图 2-2-38 所示，首先喷涂发动机罩的边缘，然后是发动机罩的前部，下一步是在前翼子板的侧面，从中心开始向边缘进行喷涂，另一侧也使用相同的方法喷涂。

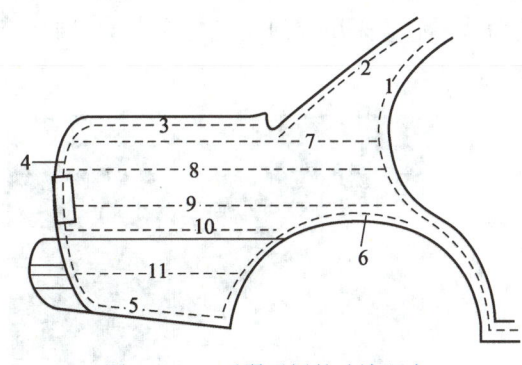
图 2-2-37　后翼子板的喷涂顺序

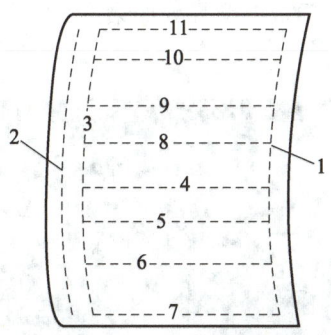
图 2-2-38　发动机罩的喷涂顺序

⑤ 车顶盖。为了方便对车顶盖进行喷涂，喷漆工应站在长凳上，以便能够喷到车顶的中心。如图 2-2-39 所示，首先喷涂一侧的挡风玻璃边缘，然后从中心到外边。一侧完成后，再用相同的方法完成后部和侧部。

⑥ 整车喷涂。当修整整个汽车时，对汽车不同部位喷漆顺序可能不同。通常，在横向排风的房间里，离排风扇最远的地方首先喷涂，从而能保证落在喷漆表面的灰尘最小，使漆面更光滑。具体操作为：首先对车顶盖喷涂，然后是左侧或右侧车门，下一步是同侧的后翼子板，接着是行李箱盖和后围板。对汽车另一侧的喷涂是从后翼子板开始，然后是车门和前翼

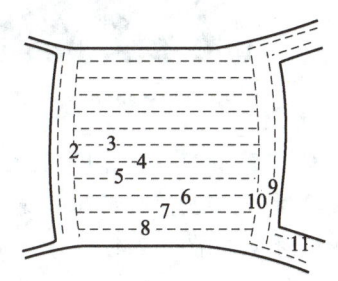
图 2-2-39　车顶盖的喷涂顺序

板、发动机罩、前裙板、门窗框,最后对另一侧的前翼子板喷涂。

在向下排风的喷涂房里,因为空气是从天花板顶向汽车底部的检修坑流动,所以喷漆工必须改变喷漆方法。为了能够保持涂料边缘的湿润,车顶盖应该首先喷漆,接着是发动机机罩和行李箱盖,然后对车身右侧喷涂,跟着是后围板,最后是车身左侧,并逐渐向前移动直到全部完成。

9. 底漆喷涂操作

喷涂底漆层可以使漆膜获得良好的附着力,填平细微的缺陷,对于裸金属还可以起到防腐的作用,是整个涂层的基础。

① 大面积裸金属的底漆喷涂时,一般首先进行磷化处理后再喷涂隔绝底漆。

② 旧涂层经过打磨后如果没有裸露出金属底材,可以不喷涂底漆,直接喷涂中涂漆或施涂原子灰。如果旧涂层打磨后有部分区域露出了金属底材,只要对裸露的金属部位喷涂底漆而不必全面喷涂,对小部分裸露金属的处理也可以适当简化,可以不必喷涂侵蚀性底漆。

三、实践操作

1. 清洁和除油

穿戴好合适的个人防护用品,用除尘枪吹除板件缝隙和装饰条内部的水分和污垢,然后用抹布擦拭,除去车身表面的灰尘。用干净的毛巾蘸上除油剂,在遮盖胶带的粘贴处除油,以保证其粘贴效果,如图 2-2-40 所示。

2. 遮护

遮护左后车门时,拆下后门手柄及装饰条,然后按以下步骤操作。

（1）遮盖后车门门框

打开后车门,在后车门门板与门框的交界处贴上遮盖胶带,作为后车门门框的遮盖边界,如图 2-2-41 所示。门框与门板的交界处如果没有明显的分界线,遮盖边界必须采用反向遮盖的方法,以防止产生喷涂台阶。

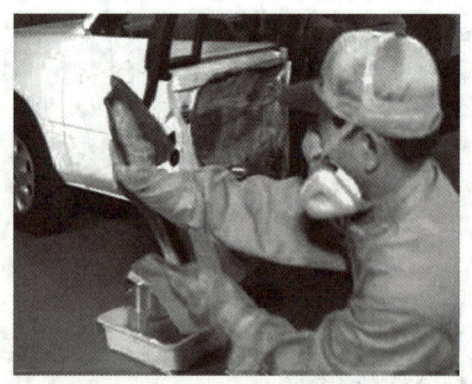
图 2-2-40　遮盖区域的除油操作

图 2-2-41　设定后车门门框的遮盖边界

（2）遮盖后车门外把手安装孔

首先将遮盖胶带伸进安装孔内,从内边缘开始粘贴,使安装孔镂空的部分缩小,然后用遮盖胶带盖住中央孔,如图 2-2-42 所示。覆盖中央孔时不能太用力推压边缘胶带,否则会使边缘胶带脱落。

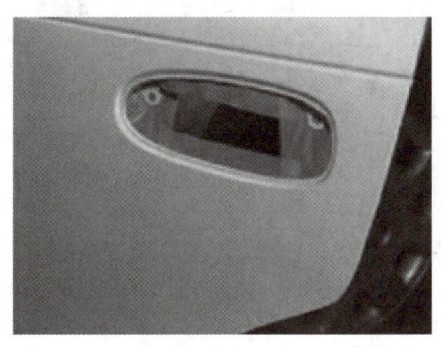 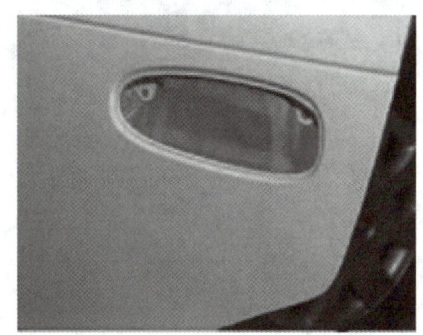

图 2-2-42　遮盖把手安装孔

(3) 遮盖后车门内侧卷边

贴上遮盖胶带，使胶带升出车门的卷边部分，如图 2-2-43 所示，在后车门前底部多贴上一段胶带，长约 150 mm，对于后门上部，要给门框全部贴上胶带，如图 2-2-44 所示，尽量避免产生皱纹。

图 2-2-43　遮盖车门内外卷边　　　　　　　　图 2-2-44　遮盖车门门框

(4) 遮盖车门装饰条

在车门上侧的装饰条上贴上遮盖胶带，遮盖胶带应延伸到装饰条的外部，并用另一段胶带粘贴到前面胶带的延伸部分上。然后，再用胶带压住门框上翘起的胶带，如图 2-2-45 所示。

 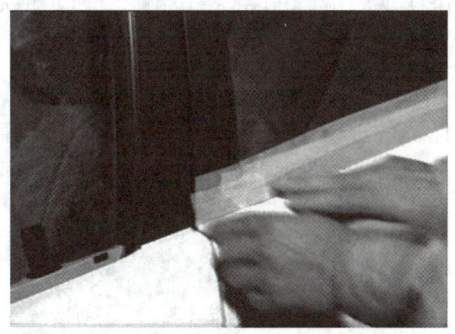

图 2-2-45　遮盖车门装饰条与门框之间的间隙

(5) 遮盖后车门外面

如图 2-2-46 所示，关上后车门，使车门卷边部分的遮盖胶带露出车外，将另一段遮盖胶带粘贴在露出车外的延伸胶带上。车门边缘一定不能黏有胶带。

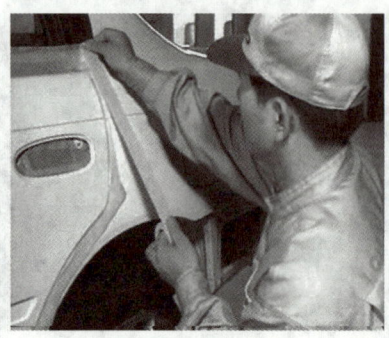 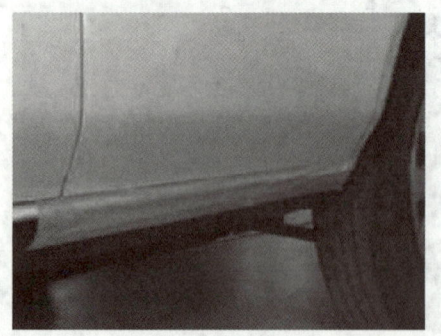

图 2-2-46　遮盖后车门与后翼子板、后车门槛板之间的缝隙

（6）遮盖后车门前侧凸缘区

打开前车门，抽出遮盖纸，使它稍稍长出后车门门板的高度，将遮盖纸上的胶带沿后车门前凸缘沟槽贴上。对于没有凸缘的车门顶部，则沿密封剂规定边界。车门顶部的侧面部分需要包上遮盖纸，盖住门框。在后车门前侧的底部，用遮盖胶带贴在门内粘贴的遮盖胶带上，如图 2-2-47 所示。

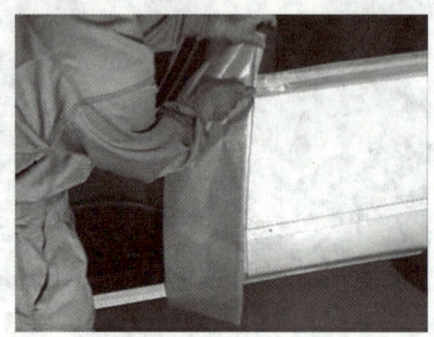 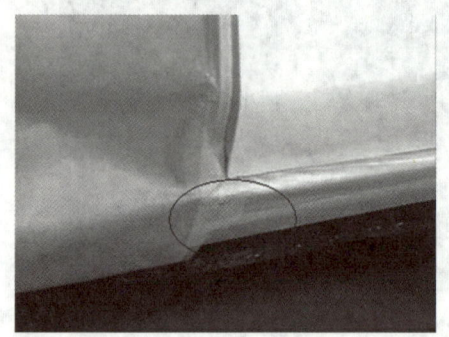

图 2-2-47　遮盖后车门前侧的凸缘区

（7）遮盖前车门内部

用遮盖胶带贴上遮盖纸，使遮盖纸延伸至前门的后缘；延伸遮盖纸的顶端，使前车门底部的遮盖纸距离前车门的后端大约 300 mm。如图 2-2-48 所示，遮盖纸要能足以遮盖前挡风条。关上前门时，动作要缓慢，以防止遮盖纸剥落。

（8）遮盖车身

用塑料遮盖膜遮盖整车。用塑料遮盖膜遮盖汽车的前半部、车顶和行李箱盖，如图 2-2-49 所示。塑料遮盖膜必须与后车门保持 200 mm 的距离。用塑料遮盖膜遮盖时不能有皱纹，塑料遮盖膜的底部不能拖放在地上。

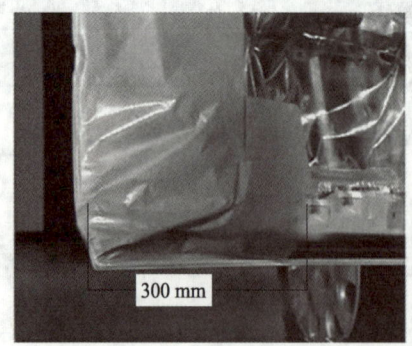 

图 2-2-48　遮盖前车门内部　　　　　　　图 2-2-49　用塑料遮盖膜遮盖整车

（9）遮盖前车门后缘

将遮盖纸贴至前车门后缘，遮盖纸的长度应能从前车门槛板伸展至车顶，如图 2-2-50 所示。

（10）遮盖后车门车窗玻璃

遮盖时使用的遮盖纸宽度应能从车窗的遮盖边界伸展至车顶，使用的遮盖纸长度要超出车窗边界直至汽车后风窗玻璃，如图 2-2-51 所示。

图 2-2-50　遮盖前车门后缘

图 2-2-51　遮盖后车门车窗玻璃

（11）遮盖后侧钣金件

将遮盖纸贴至后侧板，使遮盖纸的顶端盖过后风窗玻璃，底端刚好触地。将遮盖纸贴在车门后下部延伸出来的胶带上，遮盖后侧车轮罩的前面，如图 2-2-52 所示。

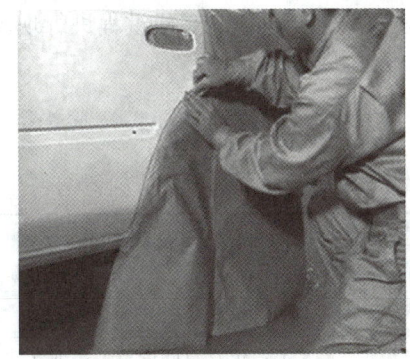

图 2-2-52　遮盖后车门后侧的钣金件

（12）遮盖后车门槛板

将遮盖纸贴在后车门槛板上，至此完成后车门重涂前的遮盖工作，如图 2-2-53 所示。遮盖完成后，检查遮盖是否符合喷涂的具体要求。遮盖过程中经常出现遮盖胶带粘贴不牢或翘起、遮盖纸破损、遮盖遗漏和过度遮盖等情况，一旦发现这些情况要及时补救，甚至重新遮盖。

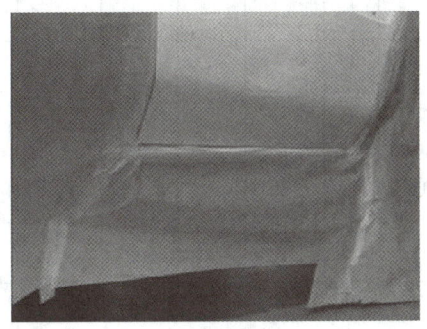

图 2-2-53　遮盖后车门槛板

3. 底漆喷涂操作

① 检查待涂金属表面质量，应无锈、无尘、无水、无油及其他污物，并具有一定的粗糙度。
② 稀释底漆，可按照底漆产品说明书的要求进行调整。
③ 在金属表面上喷涂一层薄薄的头道底漆。
④ 头道底漆干燥后再进行二道底漆喷涂。
⑤ 因头道底漆很薄，一般不能打磨，如果底漆上确有疵点需要处理，只能用 400# 或更细的砂纸轻轻地砂光即可。另外，底漆喷涂后，不要用手、抹布之类物品接触新喷的底漆表面。

4. 干燥与打磨

裸钢铁底材施涂无铬环氧底漆后，一般需要自然干燥（20℃左右）约半小时，或使用短红外烤灯，保持 0.7～0.8 m 的距离，烘烤约 10 分钟（具体的干燥时间请参照生产厂商的要求），可进行下一步工序。经过喷涂底漆的部位必须经过打磨后才能喷涂中涂或面漆，打磨时必须将所喷涂的底漆打磨平整、光滑，并打磨出羽状边。

四、考核评估

① 学生自检，同学互评，小组讨论，填写《考核评价表》（见附表1），并同《个人工作记录单》（见附表2）和《小组工作记录单》（见附表3）一起上交。
② 教师对学生整个任务的完成过程进行现场观察，并填写《考核评分表》对学生进行成绩评定，见表2-2-6。

表 2-2-6 底漆的施工与干燥单项技能评分标准

姓名：	班级：	学号：	实训地点：			日期： 年 月 日		
技能考核项目	指标分值	考核标准	成绩分档及权重				得分	考核方式
			A 1	B 0.8	C 0.6	D 0.4		
训前准备	20	能认真阅读有关实训文件、教材与参考书，积极做好训前各种准备工作。教师可根据具体情况酌情打分						现场提问 课后批阅
态度与钻研精神	10	态度与钻研精神						观察
施工准备遮盖操作	20	遮盖材料选用正确（5） 遮盖操作准确无误（5） 遮盖质量好（10）						现场考核
喷枪的调整与施工操作	40	能正确连接和安装喷涂工具（5） 能合理选用喷枪的型号（5） 喷涂距离、角度、速度选择正确（10） 操作娴熟熟练，无流挂、橘皮、气泡等喷涂缺陷（15） 喷枪维护保养方法得当（5）						现场考核

表 2-2-6（续）

技能考核项目	指标分值	考核标准	成绩分档及权重				得分	考核方式
			A	B	C	D		
			1	0.8	0.6	0.4		
现场管理	10	着装规范，符合要求（2） 安全防护到位（2） 工作场地保持干净（2） 与同学配合到位（2） 服从分配，遵守规章制度（2）						观察
得分								
实训教师签字								

五、知识与能力拓展

1. 新型专用喷枪

（1）带搅拌的虹吸式喷枪

金属闪光漆、珍珠漆在施工黏度下极易沉降，要想保持喷涂面上各个部位的色相一致就变得非常困难。为了解决这一难题，国外开发了一种以带搅拌为特征的新型喷枪，如图 2-2-54 所示。

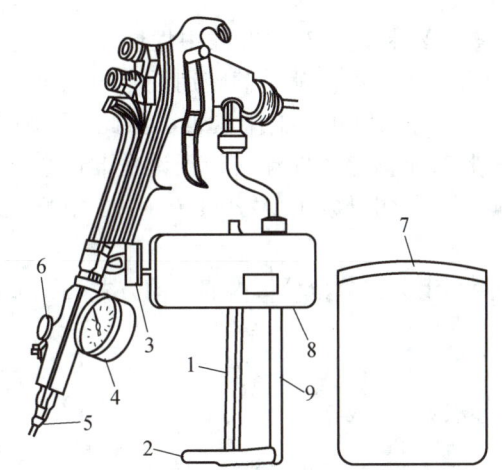

1—搅拌轴；2—搅拌叶片；3—搅拌速度控制阀；4—压力表；5—空气软管接头；
6—压缩空气控制阀；7—喷杯；8—喷杯盖；9—送漆管

图 2-2-54 带搅拌的虹吸式喷枪

这种喷枪的主要特征如下：

① 进入喷枪的压缩空气的一部分在喷枪的手柄部位分成两股：一股像传统喷枪一样，进入空气帽供雾化涂料用；另一股则进入喷杯，驱动喷杯内的搅拌器进行搅拌。这样一来，在配方中采用了云母、铝粉以及石墨等比重较大的颜料的涂料，在施工黏度下易于沉降的弊病在这类喷枪中得到了克服。

② 喷杯中搅拌器的速度可以很方便地由操作工手工调整，刻度显示，操作方便。

③ 喷枪上的压力表直接与枪体内的空气回路相通，很容易控制喷涂时压缩空气的压力。

（2）含珠光颜料的专用喷枪

该种喷枪的主要特征如下：

① 高微粒化、薄膜型扇面，特别适合含珠光颜料涂料的施工。

② 由空气帽喷出的空气压力、由喷嘴喷出的涂料的量以及漆雾的扇面大小均可预先设定。
③ 在操作时还可以方便地通过喷枪上的调节阀进行调整,各调节阀上均设有刻度盘。
④ 喷嘴和控制阀均采用不锈钢制造,所以适用于几乎所有品种的涂料。
⑤ 尽管喷枪设计为大供气量,但是由于枪体较轻,操作非常方便。

这种类型喷枪的最大缺点是由于其供漆量较小,不适合大面积的涂装施工。像大型公交车、集装箱车等的修补就不宜选用这种喷枪。

（3）HVLP空气喷枪

HVLP（High Volume Low Pressure）空气喷枪是一种大流量低压力的新型喷枪,这种喷枪的主要特征如下:

① 上漆率高,节省涂料,污染少。HVLP喷涂的上漆率是普通空气喷涂上漆率的2~3倍。普通空气喷枪喷涂上漆率为30%,每升漆因飞漆而浪费0.7 L的漆,而HVLP的上漆率为60%,每升漆只有不到0.4 L浪费掉,从而降低了涂料费用,减少了污染,改善工作场所的环境,提高了产品质量。
② 扇面均匀,在诸如高级轿车之类对装饰性要求较高的表面施工时,非常容易获得接近镜面的效果。
③ 特别适合喷涂金属闪光漆,闪光效果明显、均匀,侧视效果良好。
④ 压缩空气压力低,一般在喷嘴处测得的气压不应超过0.07 MPa。
⑤ 采用旋转式空气帽,每一把枪都可以配置不同的空气帽、喷嘴、顶针,以适应不同场合的要求。由于HVLP系统的上漆率很高,通常可选用较小孔径的涂料喷嘴。

HVLP喷枪可配用各种气源,可以是中心式的多支喷枪供气,也可为单支喷枪独立供气。向喷枪送涂料的方式也可各不相同,包括虹吸式涂料杯、重力式涂料杯、压力涂料罐、泵和其他通用供料系统。

（4）双组分涂料专用喷枪

丙烯酸聚氨酯涂料、聚酯-聚氨酯涂料是汽车修补漆中性能比较突出,所占市场份额又最大的品种。然而这一类双组分涂料为用户带来的最大不便就是其使用期有限,至多也不过6~8 h。必须当天配漆当天用完,即使出现停电、机械故障等不可抗拒的因素也都如此,否则所配漆料就会凝胶,甚至固化。清洗残留在系统或枪体内已经凝胶甚至固化了的涂料,无论是谁都会感到棘手。为此国外发明了专用于双组分涂料的喷枪,如日本旭化成公司开发的AGW110、200型喷枪就特别适合使用期较短的那些双组分的产品。

这种类型的喷枪采用了甲乙两个组分在喷枪枪体内混合的方式,无须在喷漆前将涂料预混合均匀。

2. 喷枪常见故障的诊断与排除

喷枪常见故障的原因及处理办法见表2-2-7。

表2-2-7 喷枪常见故障诊断

故障	可能原因	建议采取的措施
喷涂过厚或底部过厚	1. 角孔部分堵塞（外部混合物） 2. 涂料喷嘴堵塞,损坏,或安装不正确 3. 空气帽座或涂料喷嘴座有脏东西	1. 拆下空气帽清洗干净 2. 清洗、更换,或重新安装喷气嘴 3. 拆下来清洗干净
喷涂图案向左偏或向右偏	1. 空气帽脏或量孔部分堵塞 2. 空气帽损坏 3. 喷嘴堵塞或损坏 4. 喷雾形状控制旋钮调节得太低	1. 要判断故障原因,可将空气帽旋转180°进行喷涂测试。如果喷涂图案仍向原来的方向偏,则问题出在涂料喷嘴上;如果喷涂图案和原来正相反,则问题在空气帽上。相应地清洗空气帽、量孔,以及涂料喷嘴 2. 更换空气帽 3. 清洗或更换喷嘴 4. 调节设置

表 2-2-7（续）

故障	可能原因	建议采取的措施
喷涂图案的中心过厚	1．雾化压力过低 2．涂料的黏稠度过大 3．涂料压力相对空气帽通过能力过大 4．喷嘴的口径由于磨损而增大 5．中心量孔过大	1．增加压力 2．使用适当的稀释剂稀释 3．降低涂料压力 4．更换喷嘴 5．更换空气帽和喷嘴
喷涂图案分散	1．涂料不够 2．空气帽或涂料喷嘴发脏 3．空气压力过高 4．涂料黏稠度过小	1．降低空气压力或增加涂料流动速度 2．拆下来清洗干净 3．降低空气压力 4．加大涂料的黏稠度
针眼	1．喷枪距离工作表面太近 2．涂料压力过大 3．涂料过重	1．喷枪应距离工作表面 15～20 cm 2．降低压力 3．使用稀释剂稀释涂料
清漆涂层发红或发白	1．涂层吸潮 2．清漆干燥过快	1．避免在潮湿和寒冷的气候进行喷涂 2．在清漆中适当地加入阻干剂
橘皮（涂层表面看起来就像橘子的外皮）	1．雾化压力过高或过低 2．喷枪距离工作表面过近或过远 3．涂料没有稀释 4．表面预处理不正确 5．喷枪移动过快 6．使用的空气帽不合适 7．多余的雾漆喷到已喷涂的表面 8．涂料没有完全溶解 9．涂层表面气流过强（合成涂料和清漆） 10．湿度过低（合成涂料）	1．根据需要调节合适 2．喷枪应距离工作表面 15～20 cm 3．进行正确的稀释操作 4．表面必须进行预处理 5．小心缓慢地移动喷枪 6．根据涂料和供料形式的不同选择合适的空气帽 7．正确安排喷涂操作的顺序 8．彻底混合涂料 9．消除涂层表面的气流 10．增加室内的湿度
过量的多余喷雾	1．雾化气压过高或涂料压力过低 2．喷射经过喷涂部件的表面空气帽或涂料喷嘴不合适，喷枪距离工作表面太远 3．涂料稀释得太过分	1．根据需要正确调整 2．喷枪经过目标时松开扳机 3．确定并使用正确的组合 4．喷枪应距离工作表面 15～20 cm 5．应适量使用稀释剂
无法控制锥形的大小	1．空气帽座已损坏 2．空气帽座内进入过大的异物颗粒	1．检查损坏的情况，必要时更换 2．确保空气帽座的表面干净
流挂或流失	1．空气帽和涂料喷嘴发脏 2．喷枪距离工作表面太近 3．行程的末端没有松开扳机 4．喷枪与工作表面的角度不对 5．涂料堆积过厚 6．涂料稀释得太过分 7．涂料的压力过大 8．喷枪移动太慢 9．雾化不正确	1．清洗空气帽和涂料喷嘴 2．喷枪应距离工作表面 15～20 cm 3．每一行程的末端都应该松开扳机 4．喷枪与工作表面应成直角 5．学会计算涂层湿润时的厚度 6．加入稀释剂时应仔细量好用量 7．调节涂料流量控制旋钮降低涂料的压力 8．提高喷枪通过工作表面的速度 9．检查空气和涂料的流量，清洗空气帽和涂料喷嘴

表 2-2-7（续）

故障	可能原因	建议采取的措施
条纹	1．空气帽、涂料喷嘴发脏或损坏 2．行程重叠不正确或不充分 3．喷枪通过工作表面太快 4．喷枪与工作表面的角度不正确 5．喷枪距离工作表面太远 6．空气压力过高 7．喷雾分散 8．喷雾形状与涂料流量控制旋转钮的调节不正确	1．和处理流挂现象一样 2．准确地控制行程重叠 3．小心缓慢地移动喷枪 4．和处理流挂现象一样 5．喷枪距离工作表面应为 15～20 cm 6．必须降低空气压力 7．松开空气调节阀或更换空气帽和/或涂料喷嘴 8．重新调节
喷枪的喷射持续呈脉冲状	1．连接和密封不严或不当 2．供料管或涂料控制针阀套的连接处泄漏（虹吸供料式喷枪） 3．储料杯内的涂料不足 4．储料杯倾斜成锐角 5．涂料通路堵塞 6．涂料过重（虹吸供料式） 7．储料罐顶部的进气口堵塞（虹吸供料式） 8．储料罐顶部的接头螺母发脏或损坏（虹吸供料式） 9．供料管与压力储料罐或杯盖的连接不紧 10．筛网堵塞 11．密封螺母没拧紧 12．输料管没拧紧 13．喷嘴上 O 形圈磨损或发脏 14．从储料罐接出的输料管没拧紧 15．锁紧螺母垫圈安装不正确或螺母没拧紧	1．按使用说明拧紧或更换 2．拧紧连接处，润滑针阀套 3．加满储料杯 4．如果必须倾斜储料杯，改变杯内输料管的位置，并保持储料杯的装满涂料 5．卸下涂料喷嘴，针阀和供料管清洗干净 6．稀释涂料 7．清理干净 8．清理或更换 9．将其拧紧；更换损坏的密封圈 10．清洗筛网 11．确保将密封螺母拧紧 12．按使用说明指示的转矩将输料管拧紧 13．必要时，更换 O 形圈 14．拧紧 15．检查并正确安装，或拧紧螺母
涂料从储料罐出不来	1．储料罐内气压不足 2．储料罐上的进气口被干燥的涂料堵塞住 3．储料罐盖的垫圈泄漏 4．喷枪在不同的储料罐之间不能通用 5．供料管堵塞 6．气压调节器的连接不正确	1．检查有无漏气，调节气压以得到充分的气流 2．这是常见的问题，定期清理进气口 3．更换新垫圈 4．按使用说明调整正确 5．清理干净 6．按使用说明调整正确
涂层缺乏液态材料	1．空气压力过高 2．涂料稀释不正确（仅对虹吸供料式） 3．喷枪距离工作表面太远或调节不当	1．降低气压 2．将涂料稀释到符合要求的程度，使用合适的稀释剂 3．调节喷涂距离，清洗喷枪的涂料与喷雾形状控制阀
起斑点，涂层不均匀，成膜慢	1．涂料流量不足 2．雾化气压过低（仅对虹吸供料式） 3．喷枪移动过快	1．将涂料控制旋钮调至最紧 2．增加空气压力，重新将喷枪调平衡 3．按适当的速度移动喷枪
得不到圆润的喷涂效果	喷雾形状控制旋钮回位不正确	清洗或更换

表 2-2-7（续）

故障	可能原因	建议采取的措施
涂料喷嘴滴漏	1. 针阀套发干 2. 针阀卡滞 3. 锁紧螺母太紧 4. MBC 型喷枪的喷头调节不当会导致针阀堵塞	1. 润滑针阀套 2. 润滑 3. 调节 4. 用小木棍或生皮鞭轻敲喷头的周围，拧紧锁紧螺母
喷雾过量	1. 雾化气压过大 2. 喷枪距离工作表面太远 3. 喷枪移动不正确，如弧线运动，或速度太快	1. 降低气压 2. 调节距离 3. 以合适的速度移动，并且注意与喷涂表面平行
涂层过度模糊	1. 稀释剂过量或干燥太快 2. 雾化气压过大	1. 重新混合 2. 降低气压
压力供料式喷枪不能工作	1. 开展手柄或储料罐盖没有打开 2. 储料罐没有密封 3. 涂料没有过滤 4. 干燥的涂料黏附在储料罐顶部的螺纹上 5. 储料罐垫圈错位 6. 没有空气供应 7. 涂料过浓 8. 筛网堵塞	1. 调节手柄以得到喷涂所需的压力 2. 确保储料罐密封良好 3. 工作前必须过滤干净 4. 清洗螺纹与抹上油脂 5. 检查清楚，必要时更换 6. 检查气压调节器 7. 使用合适的稀释剂进行稀释 8. 清理或更换筛网
虹吸供料式喷枪不能工作	1. 涂料过浓 2. 使用的喷嘴内部混合 3. 涂料没有过滤 4. 储料罐盖上的进气口堵塞 5. 储料罐垫圈磨损或错位 6. 筛网堵塞 7. 涂料流量控制旋钮调节不当 8. 没有空气供应	1. 使用稀释剂进行稀释 2. 安装外部混合的喷嘴 3. 工作前必须过滤干净 4. 确保该口通畅 5. 检查清楚，必要时更换 6. 清洗或更换筛网 7. 正确调节 8. 检查调节器
松开扳机后，喷枪仍然喷射空气（对无泄放口的喷枪）	1. 空气阀泄漏 2. 针阀卡滞 3. 柱塞卡滞 4. 锁紧螺母拧得太紧 5. 控制阀弹簧错位	1. 将阀拆下，检查有无损坏并清洗干净，必要时更换 2. 清洗或疏通针阀 3. 清洗柱塞，并检查 O 形环有无损坏，必要时更换 4. 调节锁紧螺母 5. 确认弹簧复位
储料罐的垫圈处有空气泄漏	储料罐的盖子没有密封	检查储料罐的垫圈，清理螺纹，并盖紧储料罐
储料罐顶部的定位螺钉处有空气泄漏	1. 螺钉没拧紧 2. 定位螺钉的螺纹损坏	1. 清洗螺纹，并拧紧螺钉 2. 检查，必要时更换

表 2-2-7（续）

故障	可能原因	建议采取的措施
储料罐盖顶有空气泄漏	1. 垫圈位置不对或有损坏 2. 翼形螺母没有拧紧 3. 管接头泄漏 4. 空气压力过高	1. 放掉储料罐内的所有空气，使垫圈复位。重新拧紧翼形螺母，然后重新放进空气，罐盖应该拧紧 2. 确保拧紧所有的翼形螺母 3. 检查所有管接头，必要时使用密封胶布 4. 最大气压不应超过 60 Pa，正常气压的范围应为 25～30 Pa
喷枪不出涂料	1. 储料罐压力不足 2. 涂料用完了 3. 涂料通道堵塞	1. 调节气压直到有涂料喷出但气压不应超过 60 Pa 2. 检查涂料供应 3. 检查输料管、管接头和喷枪。清洗干净上述部件，确定没有残留涂料

3. 喷枪日常维护指南

① 操作之前以及清洗或维修工作之后，必须确保所有部件都已紧固。
② 在安装空气软管之前，须确保喷枪手柄下部的空气接口洁净。
③ 气源必须使用干燥无尘的普通压缩空气，严禁使用氧气和任何易燃气体，以免造成意外伤害。
④ 要使用说明书规定的气压，绝对不可超过规定的气压，以免引起爆炸。
⑤ 每次工作完毕，一定要将空气管与工具分开。
⑥ 当多支喷枪共用一个压缩机时，压缩机的容量一定要与之匹配，否则将造成气压不足，影响喷涂效果。
⑦ 每次使用完后应立即用常用稀释剂仔细清洗喷枪及其附件。
⑧ 不要把整支喷枪长时间浸泡在清洗液中，这样会使密封圈硬化，并破坏润滑效果。
⑨ 在使用喷枪时，不要佩戴戒指、项链或手链等装饰物品。
⑩ 任何时候都不可以将枪口面对任何人（包括自己），装油漆时请勿扣扳机。
⑪ 在任何情形之下，都不可拉扯空气软管来移动被连接的工具或设备。
⑫ 不可任意改变工具原有的设计、结构及功能组合。
⑬ 当发现工具漏气的时候，决不要使用它。
⑭ 要时常清理工作区域，避免由于场地环境不干净引起的人身伤害。

4. 喷枪日常保养指南

① 为防止液体喷嘴或枪针损坏，务必在安装或卸下液体喷嘴时扣紧扳机，或卸下涂料调节阀以解除弹簧对枪针的压力。
② 重力式枪壶采用特殊抗静电材料做成，但仍要避免产生静电。
③ 枪壶不能使用干布或纸清洁和擦拭。擦拭壶身可能产生静电，如果向某一接地的物体放电，可能产生易燃的火花，导致溶剂蒸气燃烧。如果需要在危险区域进行手工清洁，只能使用湿布或抗静电抹布。
④ 清洁涂料通道时，应将枪壶中的多余涂料倒出，然后用喷枪清洗溶液进行清洗。
⑤ 用湿布擦拭喷枪外表，切勿将喷枪完全浸入任何溶剂或清洗液中，因为这会损坏喷枪的润滑剂，从而缩短其使用寿命。

5. 清洁喷枪空气阀

清洁喷枪空气阀的步骤如图 2-2-55 所示。

第1步：用专用星型扳手拧开扳机固定螺丝

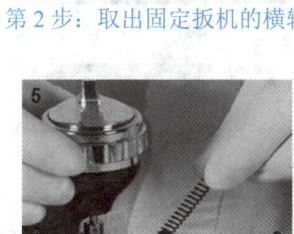
第2步：取出固定扳机的横轴

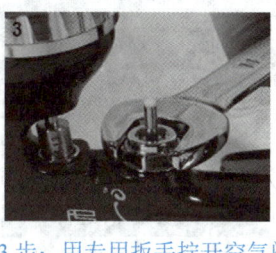
第3步：用专用扳手拧开空气阀

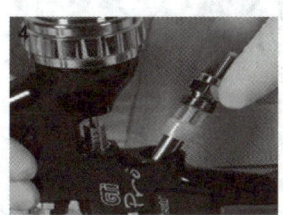
第4步：抓紧轴心取下空气阀

第5步：取下带弹簧垫的弹簧

第6步：不要从枪身上取出后部密封件

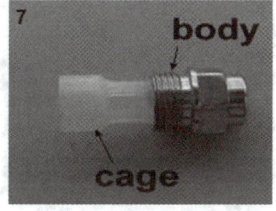
第7步：不要拆下空气阀上的塑料笼套，以免损坏笼袖

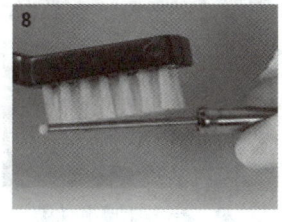
第8步：清洁掉全部的涂料

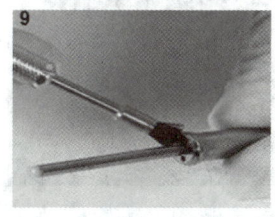
第9步：4个提升阀必须彻底清洁

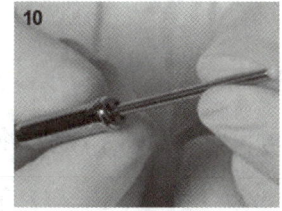
第10步：阀轴必须能松动地放置在提升孔内

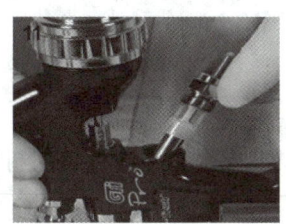
第11步：将空气阀组件装入枪身，小心穿过弹簧及后面的密封圈

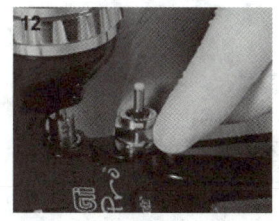
第12步：拧紧空气阀后装回扳机即可

图 2-2-55　清洁喷枪空气阀

6. 更换喷枪空气阀

更换喷枪空气阀的步骤如图 2-2-56 所示。

第1步：用专用星型扳手拧开扳机固定螺丝

第2步：取出固定扳机的横轴

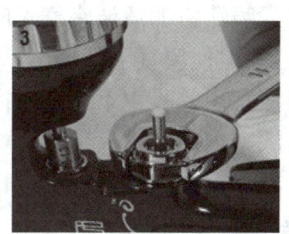
第3步：用专用扳手拧开空气阀

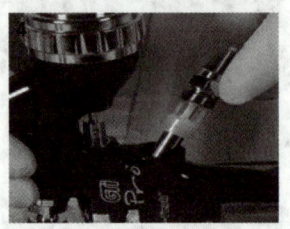
第4步：抓紧轴心取下空气阀

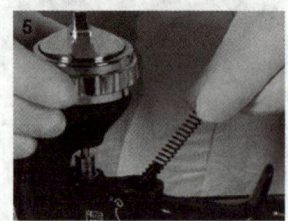
第5步：取下带弹簧垫的弹簧

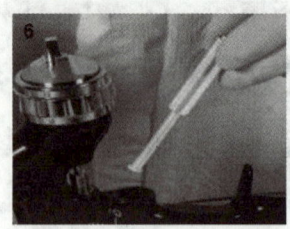
第6步：插入取密封圈的专用工具

第7步：将后部的密封圈钩出来

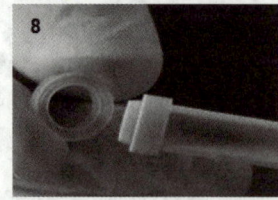
第8步：换上新的密封圈

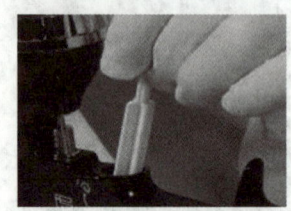
第9步：将新密封圈压入底部

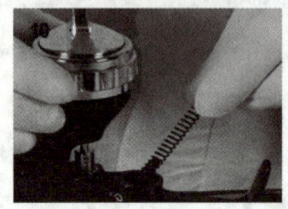
第10步：插入新弹簧，确保有密封垫的一端先进入

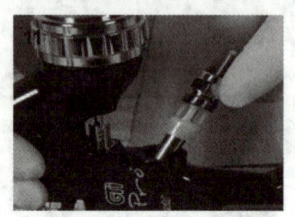
第11步：将空气阀组件装入枪身，小心穿过弹簧及后面的密封圈

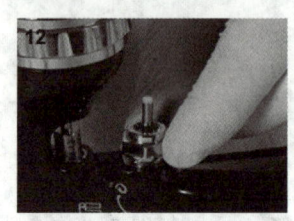
第12步：拧紧空气阀后装回扳机即可

图2-2-56　更换喷枪空气阀

7. 喷涂室

喷涂室就是为喷涂施工提供一个清洁、安全、照明良好的封闭环境，既可隔开其他工序对施喷过程的影响，也可使喷涂过程所产生的污染物得以控制和治理。

（1）对喷漆房的技术要求

① 进入喷漆室的空气，必须经过过滤，要保证空气中无尘。在严冬时，过滤后的空气还需适当加温，达到喷漆室施工工艺的要求。

② 空气在室内的流动方向，必须顺重力的方向，由天花板流向地面。

③ 空气的流速要达到 16~40 mm/s，即空气量至少要达到每分钟更换两次。

④ 喷漆室与外面应达到有效的密封，防止在排气时外界的灰尘乘虚而入。

⑤ 喷漆室内的空气，应经地下管路过滤后排到外面大气中，以防止对大气的污染。

⑥ 送入喷漆室的清洁空气，应大于室内空气的排出量，应维持室内处于微正压状态，防止外界尘土进入室内，并迫使废气下行排出。

⑦ 喷漆室内的噪声不允许超标，一般规定喷漆室内的噪声应小于 85 dB。

⑧ 喷漆室内应有灭火装置，要符合油漆厂安全防火的要求。

（2）喷涂室的结构

喷漆室结构如图2-2-57所示，其结构的基本特征如下：

① 合理的气流分布。

② 底面设有中心抽气系统，排除漆雾效果好。

③ 喷漆室两侧是玻璃墙，墙上设有小门，所以室内清洁明亮，视野清晰，进出方便。

④ 彻底消除了一般喷漆室存在的水管喷嘴堵塞现象。

⑤ 喷漆室内安装有自动喷漆机，喷涂车身的顶部和两侧。

⑥ 喷漆室要求从顶部向室内输送新鲜空气，且应保持一定的风量、温度、湿度和清洁度。为此，外来空气需经过空气置换器方能进入喷漆室，如图2-2-58所示。

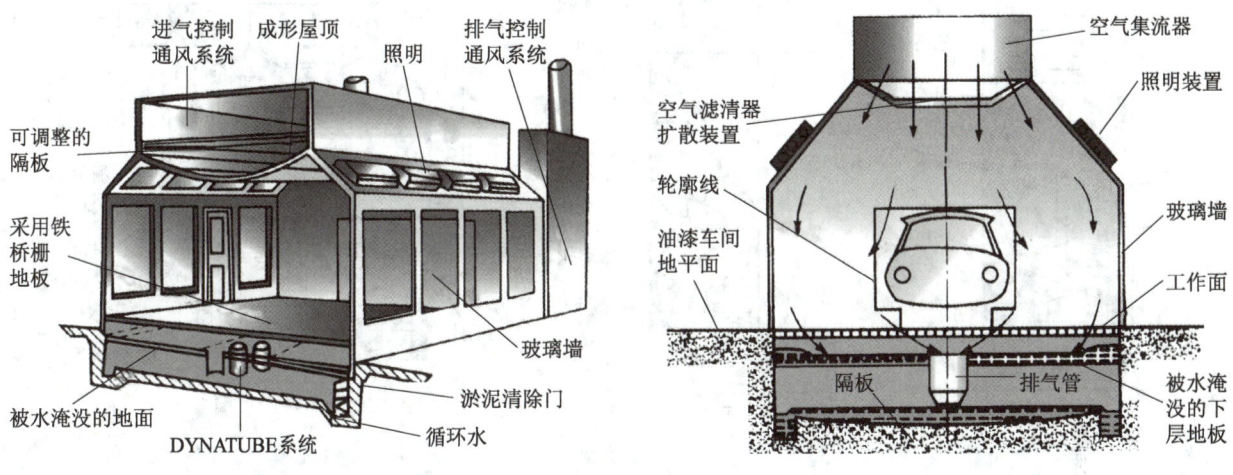

图2-2-57　喷漆室结构图　　　　　　　图2-2-58　喷漆房剖面图

（3）喷漆房的类型

① 按抽风形式不同，喷漆房可分为侧抽风式和底（下）抽风式。侧抽风式现在已趋于淘汰，底抽风式目前应用广泛，如图2-2-59所示。

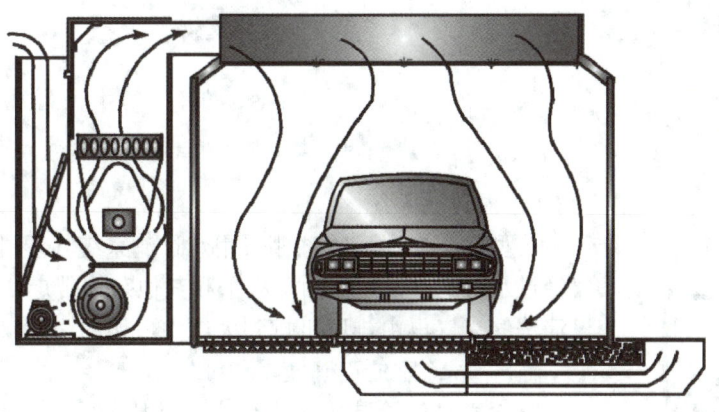

图2-2-59　底通风式喷涂房

② 按结构形式不同，喷漆房可分为室式喷漆房、半敞开式喷漆房和敞开式喷漆房。

③ 按过滤装置的结构不同，喷漆房可分为干式喷漆房和湿式喷漆房。干式喷漆房又分为折流式和滤网式；湿式喷漆房又分为喷淋式喷漆房（如图2-2-60所示）、多级水帘式喷漆房（如图2-2-61所示）和水旋式喷漆室（如图2-2-62所示）。

（4）空气过滤系统

① 干过滤系统。

干过滤系统就像一个筛子，在气流通过时，将油漆粒子和污物截住，只允许干净的气体通过。目前下向通风式喷漆房在进风口处安装有进风口棉（如图2-2-63（a）所示），过滤空气中较大的尘埃粒子（15μm以上），从而使进入喷漆房的空气中的尘埃不至于过早地充满和堵塞顶棉，保证喷漆房有足够的风压；顶棉（如图2-2-63（b）所示）安装于喷漆房的顶部，为喷漆房做最后的过滤系统以保证喷漆作业顺利进行，收集 10 μm 以上的细小尘埃微粒；在底处安装有底棉（如图 2-2-63（c）所示）或 V 型过滤纸（如图 2-2-63（d）所示），收集喷漆房在作业时产生的过量喷漆游离粒子，使排放气体达到环境保护的要求。

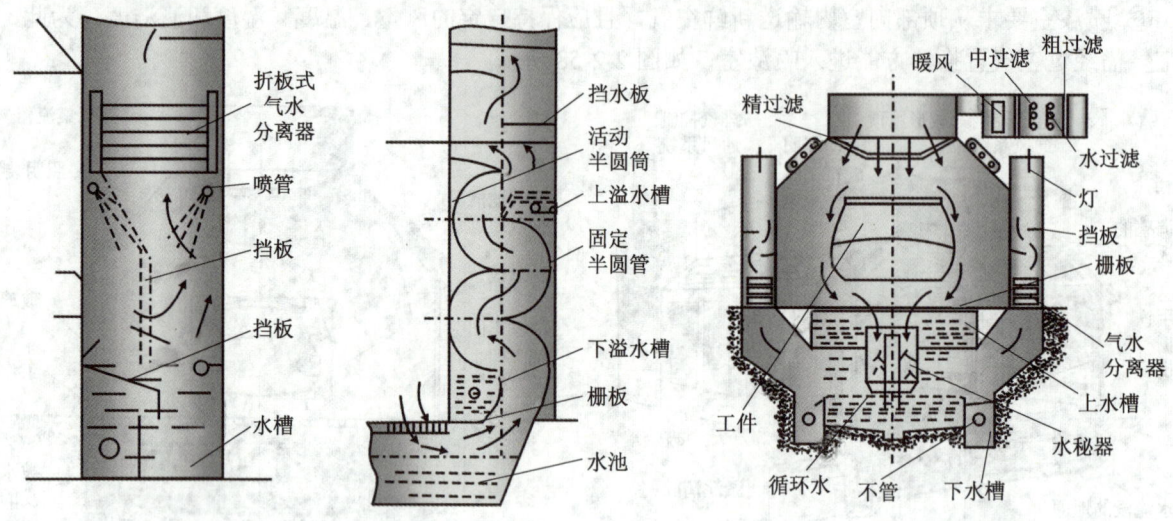

图 2-2-60 喷淋式过滤装置　　图 2-2-61 多级水帘式过滤装置　　图 2-2-62 水旋式排风过滤装置

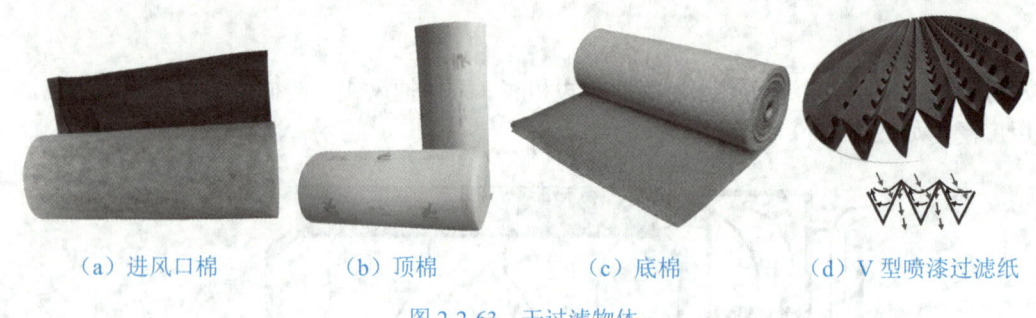

（a）进风口棉　　（b）顶棉　　（c）底棉　　（d）V 型喷漆过滤纸

图 2-2-63 干过滤物体

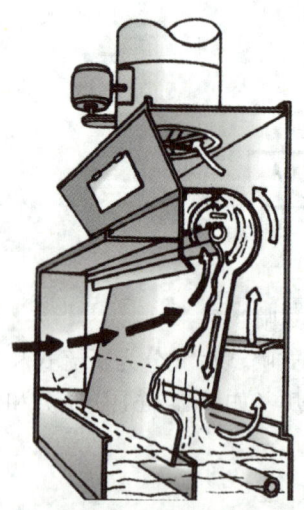

图 2-2-64 湿过滤系统

② 湿过滤系统。

典型的下向通风喷漆棚采用水过滤系统（湿过滤系统）。棚内污浊空气经过水幕的冲洗，将油漆粒子和其他杂物带走，由排污水系统收集。经过清洗的空气再由排风机排到大气中，如图 2-2-64 所示。

（5）喷涂室的正确使用和维护

喷涂室是为涂装施工提供良好环境的场所。只有严格遵守其使用程序，减少污染传播，才能使喷涂室处于良好状态。喷涂室的正确使用和维护注意事项如下：

① 定期清洗内部墙体、地板及其他固定件表面上的灰尘、油污等，并做好例行保洁工作。

② 喷涂室内不准存放如零件、涂料、包装纸（盒）、衣物等，以防沉积污物，影响涂装质量。

③ 不能在喷涂室内进行涂装前的表面打磨、清洁及涂料调制等工序，以免打磨粉尘弥漫而影响空气质量，尽可能避免污染源的出现。

④ 用水清洗地板时，防止飞溅到车身上，同时要对污水进行处理。

⑤ 定期检查、更换干式过滤系统中的滤网。应经常使用压力表检测挡漆板的堵塞情况。

⑥ 湿式过滤系统中的水位应保持正常，并在水中加入添加剂。

⑦ 定期检查喷涂室周围的密封情况，以防灰尘进入。

⑧ 汽车进入喷涂室前应清洗干净，并对车身上的缝隙、沟槽等不易发觉的地方进行彻底清洁。

⑨ 喷涂室内必须的物件，如喷枪、软管、胶带、车轮套、工作服、防毒面罩、手套等，应存放在密闭的储藏室内。

⑩ 定期对排风扇、电动机进行维护保养。

8. 烤漆房

（1）烤漆房的作用

因在维修涂装中的汽车整车经不起高温烘烤，所以汽车修补涂装中一般使用的是自干型或双组分型涂料。为了提高涂装效率和涂层质量，可选用低温烘烤型涂料和低温烘烤设备。在修补涂装产量大的场合，一般都独立设置一套低温烘烤房。在局部修补时，还可使用移动式烘烤设备。

（2）烤漆房的类型

烤漆房分为热空气对流干燥（如图 2-2-65 所示，通常对溶剂型涂料进行干燥）、红外线辐射干燥（如图 2-2-66 所示，通常对水溶性涂料进行干燥）、紫外线辐射干燥（通常对 UV 漆进行干燥）烤漆房。

图 2-2-65 热空气对流烤漆房

图 2-2-66 红外线辐射烤漆房

（3）烤漆房烧漆操作要领

烤漆时，将风门调至烤漆位置，热风循环，烤房内温度迅速升高到预定干燥温度（≤80℃）。风机将外部新鲜空气进行初过滤，与热能转换器发生热交换后送至烤漆房顶部的气室，再经过第二次过滤净化，热风经过风门的内循环作用，除吸进少量新鲜空气外，绝大部分热空气又被继续加热利用，使得烤漆房内温度逐步升高。当温度达到设定的温度时，燃烧器自动停止；当温度下降至设置温度时，风机和燃烧器又自动开启，使烤漆房内温度保持相对恒定。最后当烤漆时间达到设定的时间时，烤漆房自动关机，烤漆结束。

（4）烤漆房维护保养

① 每天清洁房内墙壁、玻璃及地台底座，以免灰尘和漆尘积聚。

② 每星期清洁进风隔尘网，检查排气隔尘网是否有积塞，如房内气压无故增加时，必须更换排气隔尘网。

③ 每工作 150 h 应更换地台隔尘纤维棉。

④ 每工作 300 h 应更换进风隔尘网。

⑤ 每月清洁地台水盘，并清洗燃烧器上的柴油过滤装置。

⑥ 每个季度应检查进风和排风电动机的传动皮带是否松弛。

⑦ 每半年应清洁整个烤漆房及地台网，检查循环风活门、进风及排风机轴承，检查燃烧器的排烟通道，清洁油箱内的沉积物，清洗烤漆房水性保护膜并重新喷涂。

⑧ 每年应清洁整个热能转换器，包括燃烧室及排烟通道，每年或每工作 1 200 h 应更换烤漆房顶棉。

9. 喷烤两用房

烤漆房可以单独设置，也可以与喷漆房连成一体。如果喷漆房带有无尘的干燥室，可以加速漆膜的干燥。在普通维修企业通常使用喷—烤两用房（俗称烤漆房），即可以在其中进行喷涂施工，等涂膜经过充分晾干后，再实施烘烤工序，可满足修补涂装中的喷涂施工和低温烘烤两方面的要求，但工效低且漆雾粒子的除净率低。

当做喷漆房时，室内温度可控制在20~22℃左右，同时从天花板送下暖空气，空气流速为16~40 m/min，顺重力方向至底部并被抽出，经排风系统分离出漆雾和空气后排出室外。

喷漆完毕后静置10 min左右，随即进行加温。送进经热能转换器加温的热空气，使房内温度达到指定的烘烤温度。空气流速为3 m/min左右（流速太高，会引起漆膜出现小凸泡），此时气流为封闭式循环系统，空气为加速干燥作重复循环，以节省加温能源及烘干效率，如图2-2-67所示。

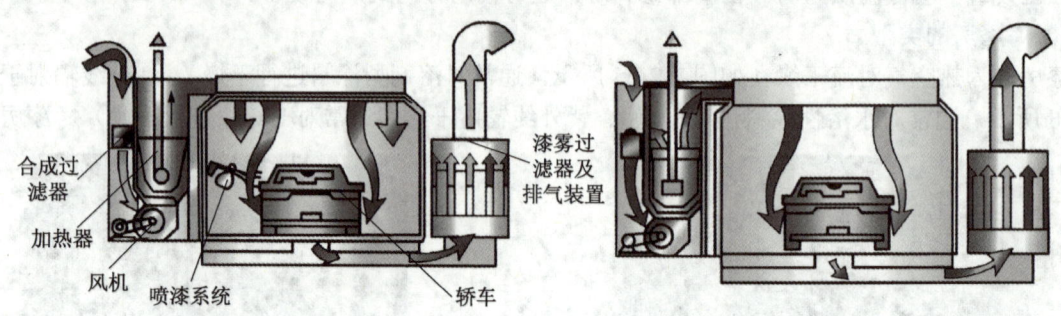

图2-2-67 喷—烤两用房

使用喷—烤两用房进行强制干燥操作方法如下（以喷烤漆房为例）。

① 打开电锁开关，电源指示灯亮（即红色）。
② 打开照明开关，使烤房内得到照明。
③ 电压表指示380 V处即表示正常送电，可以进行喷烤工作。
④ 使用控制箱上的时间设定旋钮设定延时时间（如果需要）。
⑤ 使用温度调节旋钮，设定烘烤温度。
⑥ 当喷烤升温时首先进行引风，喷烤开关置于喷烤位置，即喷烤开关往右扭转。然后左扭，使其进入喷烤状态。
⑦ 当需要烤漆升温时，将升温开关往左扭，如果温度已达到设定的温度，开关将自行关闭，即可以烤漆。如果喷漆过程中，温度下降，可按一下绿色按键，即接通升温控制。
⑧ 如果喷烤房出现故障和其他问题，或升温烤漆过程中出现不良现象，必须按红色圆键，使控制箱完全断电，防止不良状态继续。经检查处理后方可使用。

思考与练习

一、选择题

1. 决定涂料基本物理机械性能的组成物质是（　　）。
   A. 树脂　　　　　B. 颜料　　　　　C. 溶剂　　　　　D. 添加剂
2. 下列含体质颜料最多的是（　　）。
   A. 清漆　　　　　B. 色漆　　　　　C. 二道浆　　　　D. 腻子

3. 用除油剂脱脂除油处理时，建议每次清除（　　）m² 的面积且一块一块进行。
   A．0.2～0.3　　　　B．0.5～0.6　　　　C．0.8～0.9　　　　D．1～1.2
4. 磷化底漆的膜厚为（　　）μm。
   A．5～10　　　　　B．10～15　　　　　C．15～20　　　　　D．20～25
5. 磷化底漆调配好需放置（　　）min 后，再使用。
   A．2　　　　　　　B．5　　　　　　　　C．10　　　　　　　D．20
6. 喷枪上，（　　）用来控制雾形。
   A．主空气孔　　　　B．侧空气孔　　　　C．辅助空气孔　　　D．出漆孔
7. 喷涂清漆时，最好不用（　　）进行遮盖。
   A．牛皮纸　　　　　B．塑料膜　　　　　C．报纸　　　　　　D．专用遮盖纸
8. 标准的喷枪移动速度是（　　）。
   A．10 cm/s　　　　B．20 cm/s　　　　 C．30 cm/s　　　　 D．40 cm/s
9. 底色漆的喷涂标准为（　　）。
   A．2～3 层　　　　 B．3～4 层　　　　 C．4～5 层　　　　 D．均匀覆盖
10. 下列（　　）不是空气喷涂的优点。
    A．设备简单　　　 B．操作容易　　　　C．适应性强　　　　D．上漆率高
11. 空气喷枪按涂料的供给方式分为（　　）。
    A．吸上式、自进式、压力式　　　　　　B．上壶枪、下壶枪、无壶枪
    C．常压枪、高压枪、低压枪　　　　　　D．吸上式、重力式、压力式
12. 喷枪的气帽上有多种气孔，其中与枪幅大小有关的是（　　）。
    A．主雾化孔　　　 B．辅助雾化孔　　　C．扇幅控制孔　　　D．出漆孔
13. 常规空气喷枪一般气压调节范围是（　　）MPa。
    A．0.25～0.35　　 B．0.35～0.5　　　 C．0.5～0.7　　　　D．0.7～0.8
14. 常规空气喷枪一般喷涂距离应保持在（　　）cm。
    A．10～15　　　　 B．15～20　　　　　C．20～25　　　　　D．25～30
15. 使用常规喷枪喷涂时，枪幅重叠（　　）。
    A．1/3～1/4　　　 B．1/2～3/4　　　　C．1/5～1/6　　　　D．1/4～1/5
16. 空气喷涂一般适合的黏度为（　　）s。
    A．10～15　　　　 B．16～24　　　　　C．20～30　　　　　D．25～35
17. 使用手工打磨时，应沿（　　）方向打磨。
    A．垂直方向　　　 B．圆周　　　　　　C．水平方向　　　　D．车身轮廓线
18. 现代喷烤漆房的供气系统一般采用（　　）。
    A．上送下排　　　 B．下送上排　　　　C．涡旋　　　　　　D．紊流

二、判断题

1. 底漆的作用主要是提供附着力和防腐蚀，但不具备填补缺陷功能。（　）
2. 磷化底漆只能替代磷化处理，不能替代防腐底漆。（　）
3. 喷烤合一的烤漆房，喷涂时与烘烤时的空气流速是一样的。（　）
4. 空气喷涂的涂料黏度一般用涂—4 杯测量。（　）
5. 喷涂时，烤房内的气压应大于房外的气压。（　）
6. 烤漆房烘干时，温度最高不超过 80℃，若温度超过 90℃可能引起爆炸等。（　）
7. 每一类树脂在各种不同溶剂中的溶解力是不同的。（　）

三、简答题

1. 如何进行底漆的调配？常用的调料工具与仪器有哪几种？
2. 喷涂过程中如何调整喷枪？喷枪的类型有哪些？各有什么特征？
3. 不同汽车构件的喷涂基本动作如何？喷涂顺序怎样？
4. 如何进行正确的遮护？
5. 喷枪如何保养？

学习项目三　原子灰的涂装

项目导读

　　对于非常平整的板件，喷完底漆后，即可进行面漆的涂装。但是，对于不够平整的表面，特别是经过钣金处理后的表面，由于凸凹较大，底漆很难将其填平，就应用涂原子灰的方法来处理。原子灰的种类很多，一般使用刮具刮涂于底材的表面，用来填平底材上的凹坑、缝隙、孔眼、焊疤、刮痕以及加工过程中所造成的物面缺陷等，使底材表面达到平整、匀顺，使面漆的丰满度、光泽度等能够充分地显现。本项目通过调制与施涂原子灰、原子灰的干燥与打磨两个工作任务，使学生熟悉原子灰的调制、刮涂、打磨操作等方面的知识。

最终目标

会进行原子灰的涂装施工

促成目标

1. 能够正确叙述原子灰的作用、类型
2. 知道原子灰选用的一般原则
3. 知道原子灰施工中常用的工具设备，并能正确使用
4. 正确完成一个典型车身部件的原子灰施工过程

任务一　原子灰的刮涂

知识目标

1. 能够熟悉车身常用原子灰的性能和用途
2. 能知道车身原子灰的操作工艺
3. 会进行原子灰的选择

技能目标

1. 能调配原子灰
2. 能够正确刮涂原子灰
3. 能够用正确的方法对原子灰进行加热干燥与打磨

一、工作任务

原子灰的刮涂工作任务单见表 3-1-1。

表 3-1-1　任务单

任务单号：＿＿＿＿＿＿＿

工作任务		原子灰的刮涂	日期	年　月　日
任务描述		一现代车的右侧车门板因被路边飞石击伤受损，在经过正确的底材处理和底漆施工之后，进行刮涂原子灰修补	产品名称/型号	
产品照片				
操作要求	施工材料与施工设备	遮护材料、原子灰及其配套材料、红外线烤灯、打磨机、风枪、砂纸与磨块、调刀、刮板、铲刀、刮刀、调和板、劳动保护（抹布、防护眼镜或面罩、橡皮手套）	是否满足	□是　□否
	场地要求	涂装车间	是否满足	□是　□否
	环境要求	环境温度 15～25℃	是否满足	□是　□否
	备注			
出单人签字： 　　　　年　月　日			接单人签字： 　　　　年　月　日	
车间负责人签字：				日期：　年　月　日

二、相关知识

1. 原子灰的类型与特性

原子灰俗称"腻子",是以树脂、颜料、溶剂和填充材料等组成的一种膏状或厚浆状的涂料。

（1）原子灰的特性

① 与底漆、面漆配套良好，涂层间的结合力强，硬度配套适中，不被面漆的溶剂所咬起。

② 应具有足够的填平性，能消除被涂底漆表面的划痕、打磨痕迹和微小孔洞、小眼等缺陷。

③ 打磨性能良好，不黏砂纸，在打磨后能得到平整光滑的表面（现在有许多品牌漆中都有免磨中涂，靠其本身的展平性得到平整光滑的表面）。

④ 具有良好的韧性和弹性，抗石击性良好。

⑤ 有良好刮涂性能，垂直面厚涂规程性良好，无流淌现象，有一定的韧性，附着力好，刮涂时不反转，薄涂时均匀光滑。

⑥ 干燥性能好，能在规定时间内干燥、打磨。

⑦ 具有较好的耐溶剂性和耐潮湿性。

（2）原子灰的类型

原子灰具有灰质细腻、易刮涂、易填平、易打磨、干燥速度快、附着力强、硬度高、不易划伤、柔韧性好、耐热、不易开裂起泡、施工周期短等优点，在各行业，原子灰现在几乎都取代了其他腻子。

原子灰多为双组分产品，需要加入固化剂后方能干燥固化，以提高硬度和缩短干燥时间。聚酯树脂型原子灰多用过氧化物作为固化剂，环氧树脂型原子灰多用胺类作为固化剂。原子灰的种类很多，经常使用的有如下几种。

① 普通原子灰。普通原子灰多为聚酯树脂型，膏体细腻，操作方便，填充能力强，适用于大多数底材，如良好的旧漆层、裸钢板表面等。因其具有良好的附着力和弹性，也可用于车用塑料保险杠和玻璃钢件，但刮涂不宜过厚。普通原子灰不适用于镀锌板、不锈钢板和铝板等及经磷化处理的裸金属表面，否则易因附着能力不够而开裂。但在这些金属表面先喷涂一层隔绝底漆（通常为环氧基）后可正常使用。

② 合金原子灰。合金原子灰也称金属原子灰，比普通原子灰性能更加良好，除可用于普通原子灰所用的一切场合外，还可以直接用于镀锌板、不锈钢板和铝板等裸金属而不必首先施涂隔绝底漆，但不适用于经磷化处理的裸金属表面。合金原子灰因其性能卓越，使用方便，所以应用也很广泛，但价格要高于普通原子灰。

③ 纤维原子灰。纤维原子灰的填充材料中含有纤维物质，干燥后质轻但附着能力和硬度很高，因此能够一次刮涂得很厚，可以直接填充直径小于 50 mm 的孔洞或锈蚀而无须钣金修复，对孔洞的隔绝防腐能力也很强。纤维原子灰用于有比较深的金属凹陷部位填补效果非常良好，但其表面呈现多孔状，需要用普通原子灰做填平工作。

④ 塑料原子灰。塑料原子灰专用于柔软塑料制品的填补工作，调和后呈膏状，可以刮涂也可以揩涂，干燥后像软塑料一样，与底材附着良好。塑料原子灰虽然干后质地柔软，但打磨性很好，可以机器干磨也可以用水磨，常用于塑料件的修复。

⑤ 幼滑原子灰。幼滑原子灰也称填眼灰，有双组分的也有单组分的，以单组分产品较为常见。填眼灰膏体极其细腻，一般在打磨完中涂层后，喷涂面漆之前使用，主要用途是填补极其微小的小坑、小眼等，提高面漆的装饰性。因其填补能力比较差，且不耐溶剂，易被面漆中的溶剂咬起，所以不能大面积刮涂使用。但它干燥时间很短（几分钟），干后较软易于打磨，用于填补小坑非常适合，可以提高生产效率并能保证质量，所以也是涂装必备的用品。

2. 刮涂工具

刮原子灰（腻子）是一项手工作业方式。常用工具有调拌盒（木制或金属制作）、托板、铲刀、刮刀（又分为牛角刮刀、橡皮刮刀、钢片刮刀）等，如图 3-1-1 所示。刮原子灰时，以左手握板，右手拿刮刀。

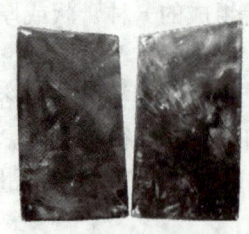 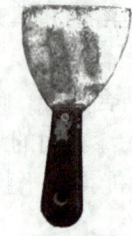 

（a）钢制刮刀　　　　（b）铲刀　　　　（c）橡胶刮刀

图 3-1-1　刮涂常用工具

3. 刮具的选择和维护

（1）刮具的选择

选择刮具时主要根据刮涂表面的大小、形状。一般刮涂大面积原子灰时，应选用大刮具，否则刮涂表面的平整度差；刮涂小面积时使用小刮具。在平直表面上刮涂时选用钢制刮具；而在曲面上刮涂时则选用橡胶刮具。

（2）刮具的维护

刮具的维护要注意以下几点。

① 清除刮具、铲刀及原子灰调和板上的异物，并检查刮具和铲刀刃口，视需要进行修磨。

② 在刮具使用过程中应时刻注意刮具刃口的平直度，一旦发现刃口有异物或损坏，应及时予以清除或将砂布放在玻璃板表面来研磨刮具刃口，以保证刮涂表面的平整度。

③ 刮涂施工结束后，应及时清理刮具、铲刀及调和板（盒）表面的残余原子灰，妥善保管。刮具的保管措施以不产生变形为准，为下一次使用做好准备。

4. 刮刀的握法和基本操作

（1）刮刀的握法

正确使用刮刀既能保证质量，又省力，减轻劳动强度。刮刀有以下 3 种握法。

① 直握法。如图 3-1-2 所示，直握时，食指压紧刀板，拇指和另外 4 指握住刀柄，适用于小型钢刮刀。

② 横握法。如图 3-1-3 所示，横握时，拇指和食指夹持住刮刀靠近刀柄的部分或中部，另外 3 指压在刀板上。

③ 其他握法。如图 3-1-4 所示是两种其他的握法。对于右手握刀的人，如图 3-1-5 所示是较常用的握法。

 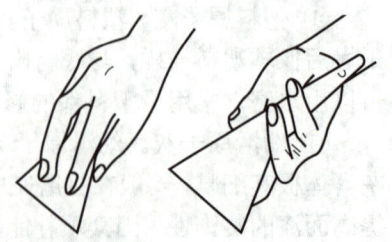

图 3-1-2　直握法　　图 3-1-3　横握法　　图 3-1-4　其他握法　　图 3-1-5　右手握刀人常用的握法

（2）刮涂的基本操作

刮涂原子灰时应将刮具轻度往下按压，并沿长轴方向运刮，如图 3-1-6（a）所示。每次涂刮原子灰量要适度，避免造成蜂窝和针孔。对于区域性填补应按如图3-1-6（b）所示的方向刮。

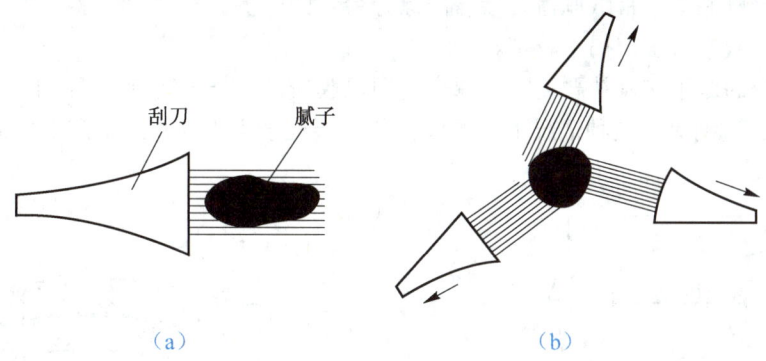

图 3-1-6　刮具的运动方向

5. 原子灰的施涂方法

（1）平面局部填补凹坑区域的施工

平面局部填补凹坑一般采用填刮的刮涂方法，如图3-1-7所示。

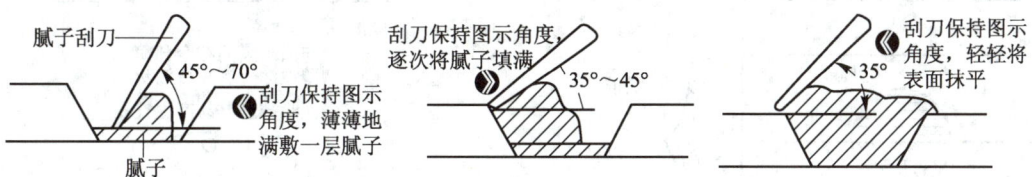

图 3-1-7　填坑刮涂的操作技法

第一步：先将原子灰（腻子）往金属表面上薄薄地抹一层，刮刀上要加一定的力，以提高原子灰（腻子）与金属表面的附着力。

第二步：逐渐用原子灰（腻子）填满修补的凹坑，刮涂时刮刀的倾斜角度，随作业者的习惯而存差异，通常以35°～45°左右为好。要注意原子灰（腻子）中不要混入空气，否则会产生气孔和开裂。

第三步：用刮刀轻轻刮平修补表面。

（2）曲面局部填补凹坑区域的施工

曲面局部填补凹坑第一步和第二步可采用填刮，第三步应换用橡皮刮刀进行刮涂，以刮出正确的曲面形状，如图3-1-8和图3-1-9所示。

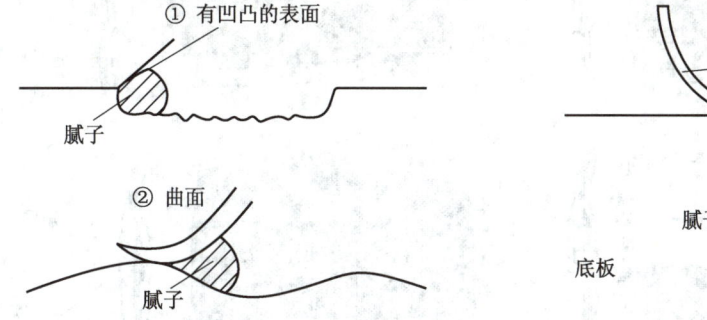

图 3-1-8　根据刮涂面的形状使用弹性不同的刮刀　　图 3-1-9　带曲面的刮涂方法

（3）冲压形成棱角线区域的施工

冲压形成棱角线区域的施工如图3-1-10所示。

① 沿交接线贴上胶带纸遮盖住一侧，刮好另一侧的原子灰（腻子）。

② 待原子灰半干了，揭下胶带。

③ 在已刮好的一侧贴上胶带纸遮盖。接着刮涂好余下的一侧。

④ 待施涂的原子灰半干了，揭下胶带。

⑤ 如冲压线部位的原子灰修补严重，或原来的旧涂膜较厚，一次刮涂填不满时，可以像如图 3-1-11 所示那样，分成 2~3 次刮涂。这种情况下，可以在前一层处于半干的状态下刮上新的一层。一次刮涂过厚会形成气孔等问题。

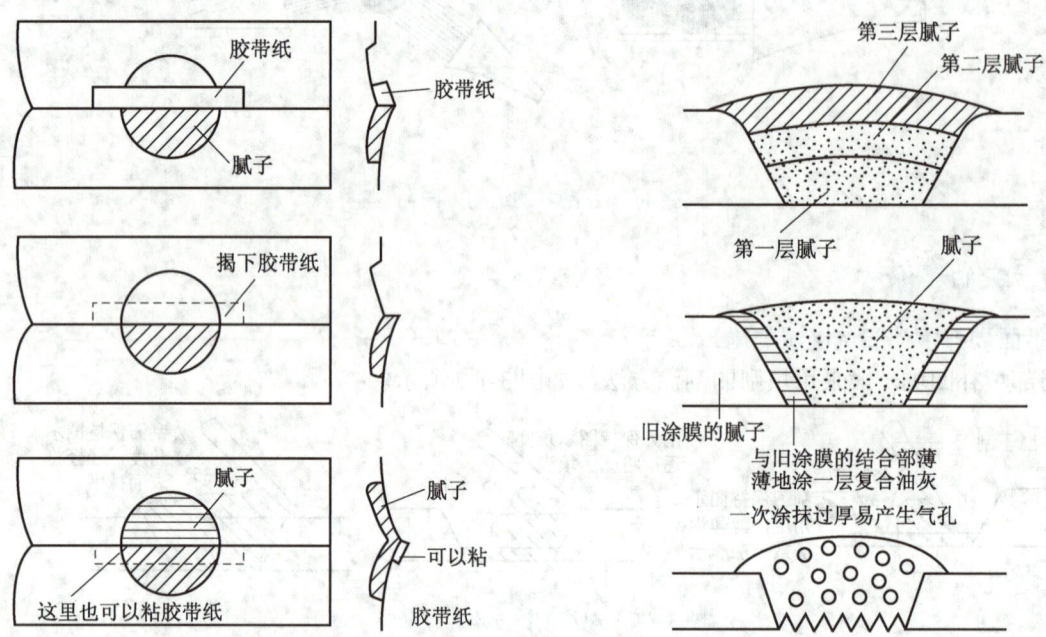

图 3-1-10　冲压线部位的原子灰修补脂抹粉　　图 3-1-11　原子灰修补严重或旧涂膜较厚时的原子灰刮涂法

（4）较大平面的施工

较大平面的施工用直刮法或横刮法，如图 3-1-12 所示。

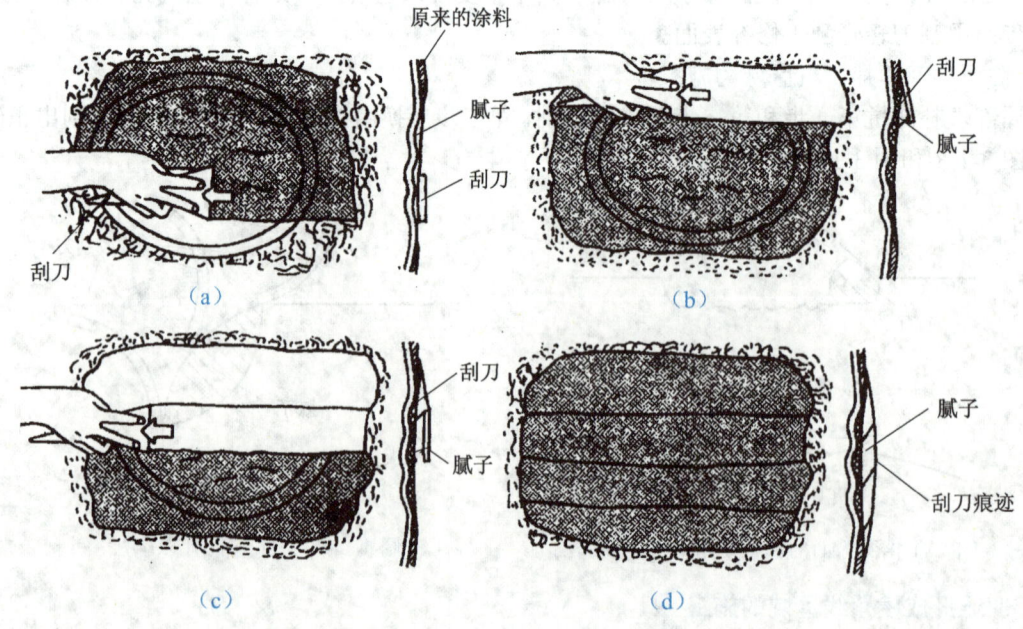

图 3-1-12　大平面施涂原子灰步骤

① 将原子灰薄薄地施涂在整个表面上，如图 3-1-12（a）所示。

② 为了最大限度地减少在后续打磨工序中所需要的力量，施涂第二层原子灰时，边缘不要厚。如果刮刀处于如图 3-1-12（b）所示的位置时，用食指向刮刀的顶部施力，以便在顶部涂一薄层。

③ 在下一道施涂原子灰时，如图 3-1-12（c）所示，要与在第二层中覆盖的部分稍有重叠，为了在这一道开始时涂一薄层，要用一点力，将刮刀抵压在工件表面上，然后释放压力，同时滑动刮刀。此外，在施涂结束时，要向刮刀施一点力，以便涂一薄层。

④ 重复第③步，如图 3-1-12（d）所示，直到在整个表面上施涂的原子灰达到要求。

在向平面施涂原子灰时，要注意以下事项。

① 如果刮刀在各道施涂中，仅向一个方向移动，原子灰高点的中心就有所移动。这种情况很难打磨，所以刮刀在最后一道中必须反向移动，以便将原子灰高点移回中央。

② 原子灰必须比原来的表面高。但是最好只能略微高一点，因为如果太高了，在打磨过程中，就要花许多时间和力气来清除多余原子灰。

③ 原子灰施涂在工件表面上的范围，必须以在磨缘过程中所留下的打磨划痕为限。如果没有打磨划痕，原子灰就黏不牢，日后可能剥落。

④ 施涂原子灰要快，必须在混合以后大约 3 min 以内施涂完。如果花费时间太长，原子灰就可能在该道施涂完成前固化，影响施涂。

⑤ 原子灰在固化中会产生热。如果遗留在混合板上的原子灰在原子灰施涂工作以后立即放在垃圾筒里，原子灰产生的热可能引燃易燃物品。因此，一定要确认原子灰已经凉透了，才能将之弃置。

6. 施涂原子灰注意事项

① 刮涂前被涂装表面必须干透，以防产生气泡或龟裂，若被涂装表面过于光滑，可先用砂纸打磨，以使原子灰与底面结合良好。

② 应在一两个来回中刮平，手法要快要稳，且不可来回拖拉。拖拉刮涂次数太多，原子灰易于拖毛，表面不平不亮，还会将原子灰里的涂料挤到表面，造成表干内不干，影响性能。

③ 洞眼缝隙处要用刮刀尖将原子灰挤压填满，但一次不宜刮涂太多太厚，防止干不透。

④ 刮涂时，四周的残余原子灰要及时收刮干净，否则表面留下残余原子灰块粒，干燥后会增加打磨的工作量。

⑤ 如果需刮涂的原子灰较厚，要多层刮涂时，每刮一道都要充分干燥，每道原子灰不宜过厚，一般要控制在 0.5 mm 以下，否则容易收缩开裂或干不透。

⑥ 自配的桐油厚漆石膏原子灰不宜加水过多，加入的熟桐油不能过少，以防止原子灰变粉，刮涂后易起泡和开裂脱落。

⑦ 原子灰刮涂工具用完后，要清洗干净再保存。刮刀口及平面应平整无缺口，以保障刮涂腻子的质量。

⑧ 夏季天气炎热，温度较高，原子灰容易干燥，成品原子灰可用稀料盖在上面，自配的石膏原子灰可用湿布或湿纸盖住。冬季原子灰放在暖处，以防结冻，用时可加些清漆和溶剂，但不宜久放。

⑨ 原子灰不能长期存放于敞口的容器中，以免胶黏剂变质，溶剂挥发，造成黏挂不住，出现脱落或不易涂刮等问题。

7. 辐射式固化与红外线烤灯

新施涂的原子灰会由于其自身的反应热而变热，从而加速固化反应，一般在施涂以后 20～30 min 即可打磨。如果气温低或湿度高，原子灰的内部反应速度降低，从而要较长的时间来使原子灰固化。为了加快固化，可以用红外线烤灯加热干燥。

（1）辐射式干燥原理

辐射是热传导的一种方式，是将热量转变为不同波长的电磁波（或称热射线）直接投射到物体上后，被物体吸收，再变成热量。热射线的传播过程称为热辐射。利用热辐射干燥物体的方法，称为辐射式干燥。以红外线为热射线的干燥设备称为红外线干燥设备。

(2) 红外线

红外线是一种不可见射线，当红外线辐射到达物体时，一部分被物体表面反射，一部分被物体所吸收，其余部分透过物体。被吸收的红外线辐射能量就转变成热能，使物体温度升高，被吸收的能量愈大，物体的温度就升得愈高。红外线波长不同，其穿越漆膜的能力也不同，波长愈短，穿透能力愈强。

不同的物质对红外线的反射、吸收和透射是不同的，即使是同种物质，也可因其结构和表面状况的不同而不同。同一物体对不同波长的红外线的反射、吸收和透射也是不相同的。

到达被加热物体上的红外线辐射能量与红外线传播的距离有着密切的关系。红外辐射源至被加热物体之间的距离每增加一倍，到达物体的红外辐射能量便减少到原来的四分之一。应用红外线加热时，辐射源与被加热物体之间的距离应小一些，一般为150～350 cm（具体参照生产厂商建议）。

(3) 红外线干燥的特点

红外线干燥的优点如下。

① 红外线能穿过涂层到达基体表面，干燥由内层向外，涂层下面受热首先开始固化，而表面的涂层仍处于液体状态，下层的溶剂蒸汽可以自由地向上散发，溶剂容易挥发，干燥彻底、迅速，一般可提高效率2～5倍，特别适用于大面积表层的加热干燥。

② 涂层干燥均匀，可大大减少由于溶剂蒸发而产生的针孔、气泡现象，干燥质量好。

③ 升温迅速，缩短了干燥时间。

④ 红外线干燥设备结构上比热空气对流干燥设备简单、紧凑，固定长度短，投资费用低、效率高、节能、无污染，占地面积小；同时设备结构简单，使用灵活、操作简单，不需要大量循环空气流动，飞扬的灰尘少，漆膜表面清洁。

⑤ 红外线辐射具有方向性，可用于局部加热。

⑥ 使用时，尽量使工件表面受到红外线的直接照射，才能取得良好效果。

红外线干燥的缺点是由于红外线是直接传播，必须直射被固化的涂层表面上才有效果，对于复杂曲面上的涂层，则很难均化固化。另外，其电能消耗很大。

(4) 常见的红外线干燥设备

① 干燥室。红外线干燥室是由一定数量的红外线辐射器组成的通过式干燥室。被涂饰的零部件或制品用传送装置运送，在干燥室中通过时使涂层固化。

② 红外线辐射加热器。辐射加热器又称辐射元件，是指能发射远红外线的元件，它是远红外干燥室中的主要设备。按辐射元件的形状不同，远红外辐射元件可分为灯式、管式和板式等形式。

辐射元件一般包含两个基本部分——热源和远红外辐射层。

热源的作用是给辐射层提供热能，使之辐射远红外线，热源可用电力、煤气、液化气。辐射层的作用是在受到加热后，从其表面辐射出与其温度相对应的红外辐射能量。

由于汽车修理行业的特殊性，要求干燥加热装置具有移动性、可变性，因此常使用可移动的红外线加热装置对原子灰、底漆、面漆的各个部位进行局部强制干燥，提高工作效率，如图 3-1-13 所示。这种红外线加热装置的性能特点主要有如下几个方面：独立开关控制；整个发射管可作 360°旋转；发射管支架由气压撑杆支撑，上下自如；电子计时器可分别控制预热、全热过程，自动转换；可烘烤汽车车身任何部位，如车顶、前后盖等。

红外灯也可设计成方阵，用于局部修补加热用。由红外灯射出的放射红外线能展开呈扇形，离灯20～30 cm 内，中心与外部的温度分布基本均匀，用多个组合可互补热量，以获得均匀的温度。

学习项目三 原子灰的涂装

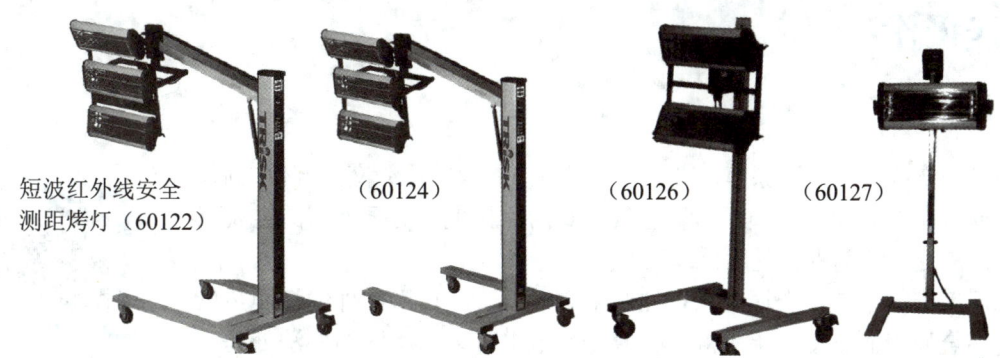

短波红外线安全测距烤灯（60122）　　（60124）　　（60126）　　（60127）

图3-1-13　红外线加热装置

③ 连续式通道烘干室。连续式通道烘干室是广泛应用于大批量生产的一种烘干设备。目前，连续式通道烘干室大多采用红外线干燥。根据输送带运行的路线和方向，连续式通道烘干室可分为单程和双程、水平单程和双程、垂直单程和双程通道烘干室。在每个阶段的若干节烘干室内，配制数量不等的红外线辐射装置。烘干室内设有排风装置，以排除烘干时蒸发的溶剂蒸汽。由于在通道烘干室内，涂有涂层的工件是连续或间歇移动的，移动装置可采用架空式单线和双线输送带、板式小车输送带、杆式输送带等各种不同的传送形式。

④ 短波红外线烤漆房。短波红外线烤漆房使用红外线的辐射原理加热，具有环保、高效、节能的特点。烤漆房内短波红外线装置每边上下各一排，每排4个红外线装置，每个装置有2根红外线灯管的管状热源向涂层辐射热量。每个红外线灯管功率为1.2 kW，室内装有16个红外线装置，共32根红外线灯管，总功率为38.4 kW，辐射距离≥500 mm，可用于对整车涂层烘烤；独立式开关系统也可对汽车涂层的原子灰、底漆、面漆进行局部烘烤。

烤漆房升温快，在同样温度下比对流烘干效果提高70%，极大提高涂膜的干燥速度，并具有涂膜干燥彻底、内外一致的优点，有利于提高涂膜质量；同时由于室内没有空气流动，干净无尘，可减少涂膜黏尘的几率。

（5）远红外线辐射固化工艺

影响红外线固化的因素主要有辐射器表面温度、辐射波长、辐射距离和辐射均匀性等，远红外线辐射固化的工艺条件见表3-1-2。

表3-1-2　远红外线辐射固化的工艺条件

项目	工艺要求	备注
辐射器表面温度	350～550℃	辐射器表面温度过高，会减少远红外线在总辐射能量中的比例，对涂层固化不利；过低，则涂层表面达不到所需的温度
辐射器的辐射波长	使辐射波长与涂料的吸收波长相匹配，并使辐射器的辐射波长位于远红外辐射范围内	使涂层吸收能量增加，提高固化效率
辐射距离	工件与辐射器相对静止时为50～500 mm，相对运动时，按运动速度不同取10～150 mm，具体可通过试验确定	辐射距离越小，辐射强度越大，固化效率高，但会增加固化的不均匀性；距离越大，辐射强度减小，固化均匀性升高
辐射器的布局	应保证涂层表面辐射度均匀	可以用同种辐射器也可以用几种不同辐射器组合布局

三、实践操作

1. 刮涂前的金属表面处理

清除掉受损伤或老化的旧涂膜,修整好与保留旧涂膜的边缘交接部位之后,对于需刮涂原子灰的表面,必须用压缩空气彻底清除粉尘。对于外露的金属表面,要用洗件汽油和溶剂进行脱脂处理。

雨天和湿度高的季节,金属表面往往黏附有湿气,应该用红外线灯和热风加热器,提高金属表面温度,除去湿气。寒冷季节也可采用相同的办法处理,这既可以提高原子灰的附着力,又可以避免面漆涂装后出现起层、开裂等质量事故,同时原子灰层的干燥速度也可随之提高。

原子灰刮涂

2. 调配原子灰

穿戴好个人防护用品,准备原子灰的调配及施工需要的工具。

(1) 原子灰的选择

对照汽车常用原子灰的性能及用途表,得知聚酯原子灰具有硬化时间短,附着力强,不受天气影响,刮涂操作方便,干燥后收缩小,易打磨且表面光滑,能与多种底漆、面漆配套使用的良好性能,因此修补表面的原子灰选用聚酯原子灰比较合适。

(2) 检查原子灰的施涂面积

为了确定需要准备多少原子灰,需再次估计损坏的程度,确定原子灰的施涂面积,如图3-1-14所示。但此时不能触及有关的区域,以防止在相关部位沾上油迹。

(3) 取原子灰及固化剂

原子灰通常装于铁制的罐内,固化剂装在软体的管子内,如图3-1-15所示。原子灰装在罐中的时候,其各种成分如溶剂、树脂及颜料会分离。由于原子灰不可以这种分离的形态使用,故使用前必须将罐盖打开并充分搅拌。用专用工具撬开原子灰盒盖,可使用长柄原子灰刮刀或搅拌棒之类工具将原子灰充分搅拌均匀。装在管子中的固化剂也是如此,应充分挤压装固化剂的胶管,使管中的固化剂在使用前充分混合。原子灰罐每次用后必须盖好,以防溶剂蒸发。如果溶剂蒸发了,要向罐中倒入专用的溶剂。

图3-1-14 确定原子灰的施涂面积

图3-1-15 原子灰及固化剂

将适量的原子灰基料放在混合板上,然后按规定的混合比添加一定量的固化剂,一般是以100∶2~100∶3的比例拌和。若固化剂过多,干燥后就会开裂;如果固化剂过少,就难以固化干燥。

近来有一种方法将主剂和固化剂采用不同的颜色相区别,通过其混合后的颜色来判断其混合比,原子灰主剂与固化剂拌和时,固化剂的容许量有一定范围,可以随气温的变化以适当调整,具体数值应以产品说明书为准。

（4）拌和原子灰

拌和原子灰如图3-1-16所示，操作过程如图3-1-17所示。

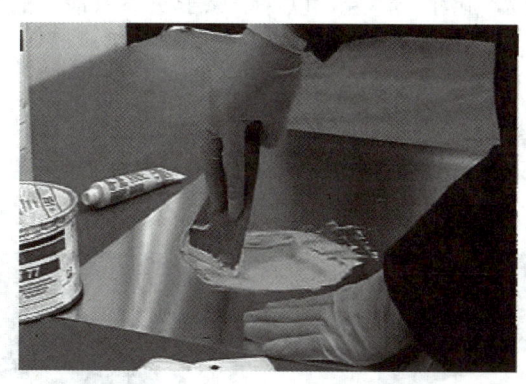

图3-1-16　原子灰与固化剂的混合

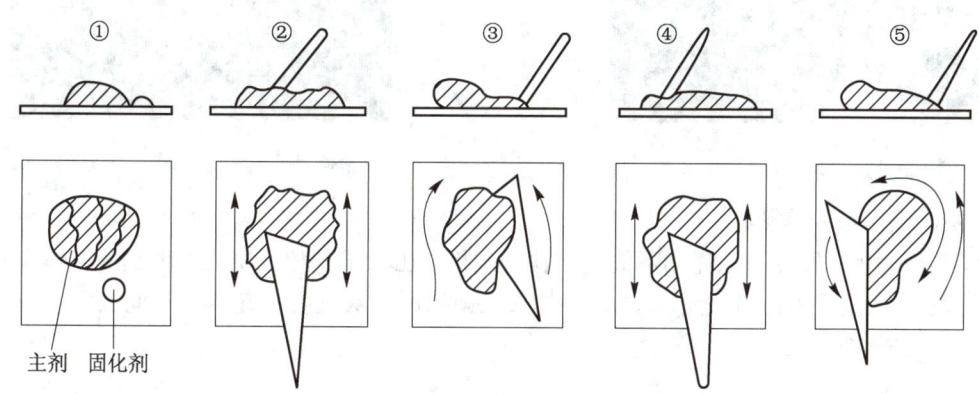

图3-1-17　原子灰的搅拌方法

① 用刮刀的尖端舀起固化剂，将其均匀散布在原子灰基料的整个表面上。

② 抓住刮刀，轻轻提起其端头，再将它滑入原子灰下面，然后将它向混合板的左侧提起。

③ 在刮刀舀起大约1/3原子灰以后，利用刮刀右边为支点，将刮刀翻转。

④ 将刮刀基本上与混合板持平，并将它向下压。一定要将刮刀在混合板上刮削，不要让原子灰留在刮刀上。

⑤ 拿住刮刀，稍稍提起其端头，并且将上述在混合板上混合的原子灰全部舀起。

⑥ 将原子灰翻身，翻的方向与第③步中的相反。

⑦ 与第④步相同，将刮刀基本上与混合板持平，并将它向下压，从第②步重复。

⑧ 在进行第②步到第⑦步时，原子灰往往向上朝混合板的顶部移动。在原子灰延展至混合板的边缘时，舀起全部原子灰，并且将它向混合板的底部翻转。重复第②步到第⑦步，直到原子灰充分混合。

原子灰有可用时间的限制。所谓可用时间是指主剂和固化剂混合后，保持不硬化，能进行刮涂的时间。通常在20℃条件下，原子灰可以保持5 min左右，因此应根据拌和所需时间和刮涂所需时间，决定一次拌和的量。如果因为拌和不好而反复长时间拌和，超过可用时间（或留给涂抹的时间过短），就会使其固化而不能使用，因此拌和的关键是速度要快，动作要熟练。

是否拌和良好主要可通过混合物的颜色是否均匀来判定。如果拌和不良，就会引起固化不良和附着不良等问题。有的原子灰随季节不同，固化剂的配合比也要变化，应根据产品说明书要求去做。

3. 施涂原子灰

1) 第一次施涂（刮涂）原子灰

将原子灰刮在车门受损区域，施涂一薄层，以保证原子灰渗入最小的划痕和针孔，增大附着力。如图 3-1-18 所示。此层原子灰只求平整，不求光滑。

2) 第二次、第三次施涂（压涂）原子灰

将刮板倾斜 35°～45°，如图 3-1-19 所示。原子灰的施涂量要略多于需要的量。在每一次施涂以后，都要逐步扩大原子灰的施涂面积。施涂边缘要求很薄，最好形成斜坡，不要产生厚边。此层原子灰仍以填平为主，不求光滑。

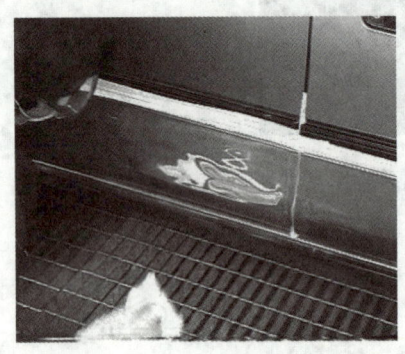
图 3-1-18 施涂第一层原子灰

图 3-1-19 施涂第二、三层灰

3) 原子灰刮涂区域的修整

稍微倾斜刮板角度，按照与原先相反的方向移动刮板；在原子灰和涂层表面的边缘刮擦刮板，以形成光滑、平坦的表面。如图 3-1-20 所示。注意：如果在施涂原子灰过程中花费的时间太多，原子灰有可能在未施涂完毕就已固化。

4. 干燥

原子灰施涂后在 20℃的环境，自然干燥时间一般为 20～30 min。如果气温低或湿度高，为了加快固化，可以用红外线烤灯加热，如图 3-1-21 所示。

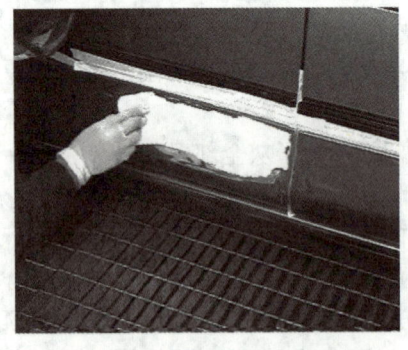
图 3-1-20 原子灰刮涂区域的修整

图 3-1-21 原子灰的干燥

在使用红外线灯来加热和干燥原子灰时，一定要使原子灰的表面温度控制在 50℃以下，以防止原子灰分离或龟裂。如果表面热得不能触摸，则说明温度太高了。涂层薄的地方温度往往比涂层厚的地方低。这种较低的温度会延缓涂层的固化反应，因此一定要检查涂层薄的部分，以确保原子灰的固化状况。

四、考核评估

① 学生自检,同学互评,小组讨论,填写《考核评价表》(见附表 1),并同《个人工作记录单》(见附表 2)和《小组工作记录单》(见附表 3)一起上交。

② 教师对学生整个任务的完成过程进行现场观察,并填写《考核评分表》对学生进行成绩评定,见表 3-1-3。

表 3-1-3 原子灰的施工单项技能评分标准

姓名:　　　班级:　　　学号:　　　实训地点:　　　日期:　年　月　日

技能考核项目	指标分值	考核标准	成绩分档及权重				得分	考核方式
			A	B	C	D		
			1	0.8	0.6	0.4		
训前准备	20	能认真阅读有关实训文件、教材与参考书,积极做好训前各种准备工作。教师可根据具体情况酌情打分						现场提问 课后批阅
态度与钻研精神	10	态度与钻研精神						观察
施工准备现场操作	20	原子灰选用正确(5) 能正确选用腻子的调和工具(5) 操作准确无误(5) 仪器维护保养方法得当(5)						现场考核
原子灰施涂操作	40	能正确选用刮涂工具(5) 刮涂的方法正确(5) 操作娴熟熟练,无缺陷(20) 能够用正确的方法对腻子进行加热干燥(5) 工具维护保养方法得当(5)						现场考核
现场管理	10	着装规范,符合要求(2) 安全防护到位(2) 工作场地保持干净(2) 与同学配合到位(2) 服从分配,遵守规章制度(2)						观察
得分								
实训教师签字								

五、知识与能力拓展

1. 常用国产原子灰

常用国产原子灰的品种、性能、用途和使用方法见表 3-1-4。在我国部分汽车维修企业,仍保留着传统的油性原子灰调配工艺,由于具有丰富的经验,调配出来的原子灰基本可以满足一些普通车辆的涂装要求。表 3-1-5 为自制油性原子灰的主要成分及配方。

表 3-1-4　常用国产原子灰的品种、性能、用途和使用方法

型号名称	性能及用途	使用方法
原子灰系列原子灰	由树脂颜料填装乙烯类单体及硬化剂等组成，干燥迅速，收缩率小，涂膜机械强度高，与底材附着力强，利于施工，多用于汽车维修时使用	分组包装，原子灰与固化剂比例为100∶1或100∶3～100∶4（质量比），混合均匀后即可使用。一次不能调配过多，以防固化
Q07—5 各色硝基原子灰	干燥快，易打磨，用于填补细小缺陷，或补找原子灰上的小针孔	一次不能刮涂较厚，需要稀释时可用X—1或X—2硝基稀料调整
C07—5 各色硝酸原子灰	原子灰坚硬，附着力好，易刮涂，用于车辆、机械、机床、木器等表面填平	一次刮涂厚度不超过0.5 mm，可自干或烘干。与醇酸氨基、硝基面漆配套
F07—1 各色酚醛原子灰	干燥快，刮涂性好，易打磨，用于金属和木制品表面填平	可自然干燥和烘干，可连续刮涂2～3道，每道厚度为0.3～0.5 mm，用200号溶剂汽油稀释
C07—6 灰醇酸原子灰	自然干燥较快，耐水、耐潮，水磨性能好，不被硝基漆咬起，用于温热带交通车辆、机械设备及木制品表面填平	用X—6醇酸稀释或用200号溶剂汽油与二甲苯混合剂调整稠度，每道干后可连续刮涂2～3道，每道厚度不超过0.5 mm
G07—3 各色过氯乙烯原子灰	干燥快，耐候性、耐油、防潮、防霉性能好，用于汽车、机床表面填平	先用稠原子灰填平较大缺陷处，干后全面填刮，刮涂时往返1～2次，以防原子灰卷起。可用X—3过氯乙烯稀料调节稠度
A07—1 各色氨基烘干原子灰	附着力好，易打磨，刮涂不起卷，可用于车辆的金属表面填平	每道刮涂厚度不超过0.3～0.5 mm，用二甲苯调节稠度，烘烤温度为80～100℃，半小时干燥
H07—4 各色环氧脂烘干原子灰	原子灰烘干后坚硬，附着力强，耐水、耐潮性好，用于各种车辆金属表面填平	每道刮涂厚度不超过0.5 mm，用二甲苯调稀后涂刮在物体表面
H07—6 环氧原子灰（分装）	附着力好，耐水、耐化学腐蚀性能良好，涂层坚硬，不易打磨，用于金属表面填平	按比例将两罐混合均匀，用多少配多少，一次用完。一次可以涂刮较厚。可用二甲苯稀释

表 3-1-5　常用自制油性原子灰的主要成分及配方

原料	规格	配方		
		配方1	配方2	配方3
熟石膏粉		3 kg	3 kg	3 kg
厚白漆	甲级	1.5 kg	0.9 kg	2 kg
熟桐油	Y00—7	0.9 kg	1.2 kg	1 kg
溶剂汽油	200号	0.6 kg	0.6 kg	0.6 kg
水		适量	适量	适量
锌钡白	立德粉	适量	适量	适量
红灰底漆	各色酚醛底漆	适量	适量	适量
灰油性原子灰	T07—2	适量	适量	适量
铅、锰、钴催干剂	G7	适量	适量	适量

（1）自制油性原子灰方法

① 先将桐油、厚漆、底漆用少量溶剂混合调稀备用。

② 将过滤后的石膏粉（用3/4的细网过筛）放到调好的黏结剂中，搅拌均匀。

③ 加入适量的水（根据施工条件）和少量的石膏粉，搅拌均匀。

④ 待数分钟石膏吸水变硬后，应立即加适量汽油将原子灰调软，然后再二次加水和石膏粉，这样经

多次反应即可调制成理想的原子灰。

（2）自制原子灰时的注意事项

① 熟石膏粉要过筛，以保证原子灰的细腻。

② 厚白漆与桐油要先调拌均匀。

③ 加石膏粉、水和溶剂的量，可根据搅拌过程中石膏粉的胀性严格进行控制，既要防止原子灰未达到胀性（未达到胀性，原子灰不会干燥），又要防止原子灰胀性过大（胀性过大，原子灰将报废）。在施工过程中，对凹陷较大处，填刮原子灰，不能一次填刮太厚，也不能多次来回刮涂，以防堵死砂孔，影响干燥，两道原子灰之间必须涂红灰底漆封闭。

④ 在调制原子灰时，应根据被刮涂物体表面的平整程度和干燥条件，灵活调节漆料和填充料的比例。一定要防止为了达到快干或容易打磨的目的，而将漆料的比例减少过多，否则会导致原子灰膜层粗糙、结合力不强，发生早期起泡、龟裂和脱落等。

⑤ 调制原子灰时，填充料也不能过少，否则会使原子灰长时间不易干燥，从而延误工期和影响涂装质量。

2. 常用进口原子灰

表 3-1-6 为荷兰"新劲"系列原子灰的组成、特性及使用方法。表 3-1-7 为英国 ICI 公司生产的系列原子灰的组成、特性及使用方法。表 3-1-8 为美国 PPG 公司生产的系列原子灰的组成、特性及使用方法。表 3-1-9 为德国"施必快"系列原子灰的组成、特性及使用方法。

表 3-1-6　荷兰"新劲"系列原子灰的组成、特性及使用方法

涂料名称	组成或配比	特性及用法
原子粗灰	100 份原子粗灰+2.5 份相配的固化剂	是双组分聚酯原子灰，填补力极高，快干易磨。适合填补较大面积的凹痕及不平滑的金属表面或防护绿底漆表面，必须在 3~4 min 用完。施工后，经 20℃、15 min 干燥即可打磨
幼滑原子灰	100 份幼滑原子灰+1 份、2 份或 3 份相配的固化剂，加 1 份必须在 20 min 内用完，在 50 min 后即可打磨；加 2 份须在 11 min 内用完，40 min 后可打磨；加 3 份须在 7 min 内用完，30 min 后可打磨	适用于钢铁表面或防护绿底漆表面，以及粗原子灰、纤维原子灰、金属原子灰、轻质原子灰及合金原子灰的面层，填补凹痕及不平滑的金属表面用，是双组分最细微的原子灰
纤维原子灰	100 份纤维原子灰+2.5~3 份相配的固化剂，必须在 12~15 min 内用完	是双组分高纤维原子灰，适用于修补车身上直径小于或等于 6 mm 的锈孔。施工时，先把锈除去，把锈孔边缘磨成 45°角，然后涂上纤维原子灰，50 min 后即可打磨
金属原子灰	100 份金属原子灰+2.5 份相配的固化剂，必须在 3~4 min 内用完，15 min 后即可打磨	含有铝粉的高填补力、快干双组分原子灰，填补凹坑及不平滑的钢铁表面或防护绿底漆的表面，是硬度极高的填补层，但不适合热塑漆、塑料底漆、侵蚀底漆、合金底漆表面用
合金原子灰	100 份合金原子灰+2 份相配的固化剂，必须在 3~4 min 内用完，施工后 20 min 即可打磨	双组分高填补力原子灰，特殊配方，黏结力特强，直接用于钢铁、镀锌层、铝或防护绿底漆的表面，但对热塑漆、塑料底漆、侵蚀底漆及合金底漆表面不适用
填砂眼红漆灰	单组分漆灰	特别适用于修补亚加力喷漆系列，可填补旧漆膜或底漆表面的细小花痕或砂眼，不用混合即可使用。施工时用灰刀漆涂上 1~3 层（薄层），45 min 后即可打磨
填砂眼绿漆灰	单组分漆灰	是快干、精细幼滑漆灰，用于填补车身底漆、原子灰或旧漆膜表面的细小花痕或砂眼，不用混合即可使用，施工时用灰刀涂上 2 薄层，每层间隔 15 min（20℃时）后即可打磨

表 3-1-7　英国 ICI 公司生产的系列原子灰的组成、特性及使用方法

涂料名称	组成或配比	特性及用法
P551—1050 原子灰（原子灰）	100 g 原子灰＋2～4 cm（长度计）P275—200 固化剂	是双组分原子灰，可填补较深凹坑的原厂高温烤漆（丙烯酸漆除外）、裸金属、钢、铝及非溶性修补漆。一次不能配制太多，须在 7～10 min 内用完。打磨后，必须喷涂 3 层二道底漆遮盖，但原子灰在侵蚀底漆和可溶性修补漆表面不适用
P551—1052 原子灰（万能原子灰）	100 份原子灰＋2 份 P275—200 固化剂，是双组分原子灰	特殊配方，黏结力较强，用于裸金属，钢铁等表面，尤其适用于镀锌铁板及铝板表面。一次不能配制太多，须在 7～10 min 内使用完。施工后 1 h 即可打磨。在雨季或低温环境中干燥时间须延长。打磨后须喷 3 层二道底漆遮盖
P551—1059 原子灰（幼粒原子灰）	100 g 原子灰＋2～4 cm（长度计）固化剂。一次不能配制太多，必须限时用完	是双组分原子灰，可做原子灰填补层的最面层，填补车身底漆、原子灰或旧漆膜表面的细小划痕或砂眼，用于原厂高温烤漆（丙烯酸漆除外）、裸金属、钢、铝及非溶性修补漆（镀锌板除外）、可溶性修补漆表面，对硝基、丙烯酸、TPA 及醇酸漆等不适用
P083—60 白色填眼灰（小灰）	单组分原子灰，不用稀释剂	易施工打磨，若小面积打磨后可直接喷面漆；若大面积打磨须重喷二道底漆遮盖，用于填补轻微划痕、针眼、砂眼及砂纸纹等

表 3-1-8　美国 PPG 公司生产的系列原子灰的组成、特性及使用方法

涂料名称	组成或配比	特性级方法
A656/A663 多用途聚酯原子灰	100 份 A565＋1.5～2 份 A665 固化剂。在 20～30℃时必须在 5～10 min 用完。施工后，20～30 min 后即可打磨	是高级双组分原子灰，适用于镀锌板、不锈钢、铝及玻璃钢等各种基体材料。A656 为标准型，A663 为慢干型，适用于大型车辆及高温气候地区
A659 轻型聚酯原子灰	100 份 A659 原子灰＋1.5～2 份 A665 固化剂。在 20～30℃时须在 5～10 min 用完。施工后，20～30 min 即可打磨	是低密度双组分原子灰，适用于裸金属、喷涂底漆及玻璃钢表面使用
A661 标准聚酯原子灰	100 份 A661 原子灰＋1 份 A665 固化剂。在 20～30℃时，须在 5～9 min 内用完。施工后，15～20 min 即可打磨	是普通型双组分聚酯原子灰，适用于裸金属、玻璃钢以及其他喷涂底漆或面漆表面使用
A662/A668 聚酯喷灰	100 份 A662 喷灰＋1 份 A668 固化剂。必须在 20～25 min 内用完。20℃时，施工后 2～3 h 即可打磨	是淡灰色双组分聚酯喷灰，适用于缺陷多以及形状不规则的表面，以减少使用传统原子灰带来的不便
A625 软性塑料补土（原子灰）	100 份 A652＋1.5～2 份 A665 固化剂。必须在 5～10 min 内用完。施工后 20～30 min 即可打磨	是双组分聚酯原子灰，质地细腻并具有弹性，与塑料表面有良好的黏结力，同时具有很高的抗冲击强度
A665 针孔填补剂	是单组分原子灰，在 20℃时 15 min 干燥	专门用于填补塑料表面的针孔或细小缺陷，施工时采用干布将该产品涂抹在塑料表面上，干燥后表面可继续喷涂塑料底漆，不需打磨

表 3-1-9　德国"施必快"系列原子灰的组成、特性及使用方法

涂料名称	组成或配比	特性及用途
0920 立得柔原子灰	0920 原子灰：0909 感化剂＝100：2～100：3（体积比）混合调匀后，在 20℃时，必须在 3～5 min 内用完。施工后，20～30 min 可打磨	含有特殊树脂的聚酯底灰原子灰，质地细腻，化学性能稳定，刮涂后干燥快，易打磨，耐热温度可达 80℃，因此适用于底层处理后裸露钢铁、合金、铸铁、塑料纤维及已喷涂保丽光底漆或中间漆的旧油漆层表面

表 3-1-9（续）

涂料名称	组成或配比	特性及用途
770 保美耐硝基合成填眼灰	是由硝基合成树脂组成的单组分原子灰，连续刮涂两薄层时，每道需间隔 10 min，20℃时，经 30～60 min 后可打磨施工	其特点是填充性优良，干燥快，易打磨，与裸铁表面有良好的附着力，适用于已打磨好的裸铁、旧涂层、底漆、中间漆或立得柔原子灰表面
3508 立得柔喷涂原子灰	原子灰 3508：立得柔硬化剂 9508=100：2（体积比），混合调匀后，20℃时，约 30 min 用完即可。干燥需 2 h；60℃时需干燥 30 min 后可打磨	是具有特殊填充能力的聚酯填料，适用于钢铁、合金、塑料纤维、立得柔原子灰及保丽光底漆、中间漆等较粗糙的表面，具有干燥快、容易打磨等优点
8583 保丽光红底漆	保丽光 8583：MS3060 快干型硬化剂=4：1（体积比），调匀后 4 h 用完。在 20℃时，经 15 min 干燥，便可刮涂原子灰原子灰	适合修补车身或翻新涂装的双组分特殊红底漆，属于钢铁、镀锌铁板、铝板或干燥的旧涂层，具有隔绝旧漆层的作用
8590 保丽光多功能中间漆	保丽光多功能中间漆 8590：保丽光特殊硬化剂=2：1（体积比），混合调匀后必须 1 h 用完。60℃烘烤 20～30 min 可干燥。常温下干燥需 12 h	是一种高品质的丙烯树脂双组分中间漆，适用于经打磨的钢铁、旧涂层表面修补、全车镀涂，具有流平性好、隔绝性优良、干后易打磨等优点

任务二　原子灰的打磨与修整

知识目标

1. 能够了解打磨工具的分类
2. 能够正确理解打磨基本操作要领、常用手法
3. 能够正确描述填眼灰的性能要求及选择方法

技能目标

1. 能够用正确的方法对原子灰进行打磨
2. 能够正确施涂填眼灰
3. 能够进行填眼灰的打磨

一、工作任务

原子灰的打磨与修整任务单见表 3-2-1。

表 3-2-1 任务单

任务单号：_____

工作任务		原子灰的打磨与修整	日期	年 月 日
任务描述		任务一中右侧车门板受损的汽车，经过刮涂原子灰后进行打磨修整	产品名称/型号	公司
产品照片				
操作要求	施工材料与施工设备	打磨机、风枪、砂纸与磨块、劳动保护（棉手套与防尘口罩等）、中涂底漆及其配套材料、刮涂设备	是否满足	□是 □否
	场地要求	涂装车间	是否满足	□是 □否
	环境要求	环境温度 15～25℃	是否满足	□是 □否
	备注			
出单人签字： ____年__月__日			接单人签字： ____年__月__日	
车间负责人签字：			日期： 年 月 日	

二、相关知识

1. 手工打磨工具

手工打磨表面时经常使用多种辅助打磨工具，以提高打磨质量和速度。具有一定韧性的硬橡皮块与砂纸配合（利用硬橡皮块底面上的压槽和弹性爪固定），可打磨非常平整的涂层或原子灰表面，可干打磨也可进行湿式打磨。海绵状橡皮块，其主要用于凸凹表面或狭窄区域的打磨。打磨时应用力均匀，以防出现打磨缺陷。

长条形快速打磨板主要用于打磨原子灰表面。利用其前、后、上表面的夹具装夹砂纸，将撕扯后的砂纸夹在打磨板上即可进行打磨。但需要注意的是：打磨运动方向应与板的长度方向一致；打磨时不可反向操作；砂纸的装夹不能松动，且随时注意打磨板前、后边沿处砂纸是否已破损，若破损应及时更换。

有时维修漆工也根据实际情况，选用大小、形状适当的木块作为打磨垫板。但要注意把打磨木块的前、后边缘削成圆角，以防损坏砂纸和出现打磨缺陷。

手工打磨工具的正确使用要注意以下几点。

① 应根据需打磨区的形状、所处的位置及打磨的质量要求选择合适的打磨垫块。如打磨平面时选用硬橡胶打磨块或快速打磨器，打磨曲面或狭窄部位时选用海绵状打磨块。

② 打磨时，应把砂纸按照打磨块的尺寸裁剪、折叠后，采用一定的固定方式固定（把折叠的砂纸包

裹在打磨块上是最常用的)。

③ 打磨时,打磨块或打磨器应沿短轴方向移动,打磨的幅度宽且均匀,否则,容易出现打磨痕迹而影响打磨质量。

④ 打磨时,打磨块的底面必须完全与打磨区接触,且用力不要过大。如果接触面小或打磨块的棱线与打磨区接触,砂纸容易被破坏且易产生打磨缺陷。

⑤ 打磨时,应时刻观察砂纸的磨损程度和砂粒间嵌入打磨灰的多少,根据需要及时更换砂纸或清理打磨灰。如果砂纸损坏严重或已破露而未及时更换,不但容易损坏打磨块,还会影响打磨质量。

2. 机械打磨设备

机械打磨设备是利用压缩空气或电力驱动打磨机旋转或移动进行打磨的。这类设备的优点是结构简单、体积小、质量小,打磨速度可调(即通过改变压缩空气的流量实现无级调节,根据动力的不同,机械打磨设备可分为风动打磨设备和电动打磨设备。或改变电流大、小实现无级、多级调速),可干磨,也可湿磨。

风动打磨设备在喷漆间使用非常安全,这是电动打磨设备不可比拟的。但风动打磨设备在打磨时的排气噪声大,若无有效的防尘、隔音措施,施工环境差,将对操作者的身体健康不利。下面主要介绍风动打磨机。

电动打磨设备以其使用方便、适应性强、噪声小、只要是有电源的场合就可使用,无须压缩空气源支持,电绝缘性能优良等特点,在车身修复中被广泛使用,如打磨焊缝、金属毛边、干磨原子灰、清除旧漆层、抛光涂层表面等,均可使用电动打磨机(或研磨机)。因其在工作中会产生电火花,喷漆间内的打磨或抛光性施工不使用电动打磨设备。

(1)风动打磨机的类型

风动打磨机主要利用贴附在砂纸衬板上的砂纸对表面进行打磨。常用的风动打磨机有如下几种。

① 圆盘式打磨机的运动轨迹是简单的圆周运动,因其打磨时不易掌握,容易产生较明显的打磨痕迹,在车身修复中已很少使用,如图 3-2-1 所示。

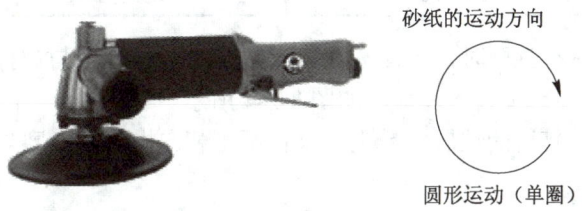

图 3-2-1 圆盘式打磨机及其运动

② 双向运动式或轨道运动式(复合式)打磨机,如图 3-2-2 所示,其打磨时的运动是两个方向,可打磨出非常光滑的表面,在车身修理中应用最广泛。

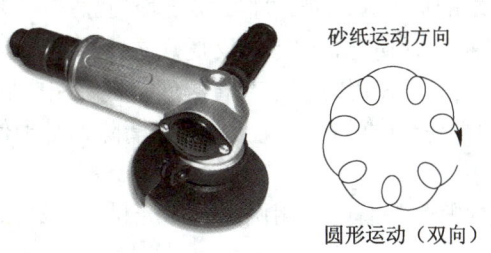

图 3-2-2 复合式打磨机及其运动

③ 风动板式打磨机主要用于粗打磨面积较大的区域。如图 3-2-3 所示是 3 种长板式打磨机。根据运动方向不同,板式打磨机可分为圆形运动式、往复运动式和直线运动式 3 种。

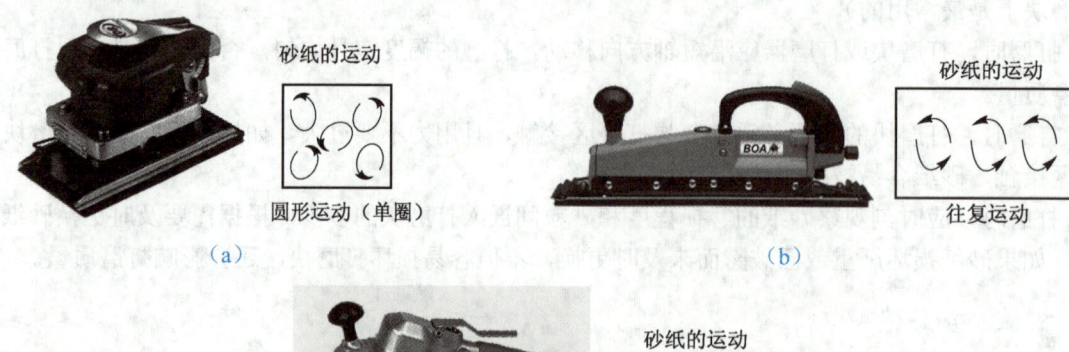
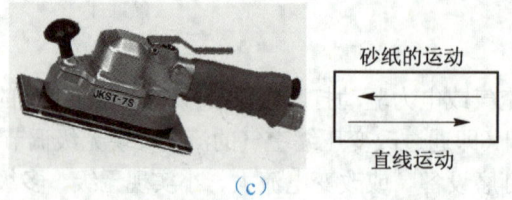

图 3-2-3 3 种长板式打磨机

(2) 风动打磨机的使用

① 根据打磨对象，选择好打磨设备的类型。

② 往复作用式打磨设备在使用时，必须平压在被磨表面上，才不会留下打磨痕迹，包括轨道式圆盘打磨机、双动式打磨机及平板式打磨机。

③ 操作风动打磨设备时，应将气压调至规定值。风动打磨设备的压力见表 3-2-2。

表 3-2-2 风动打磨设备的压力

设备类型	工作压力（kPa）	设备类型	工作压力（kPa）
喷砂机	275～620	打磨机	414～550
磨光机	550～620	抛光机	483～620

④ 使用圆盘式打磨机进行打磨时，应使圆盘边缘约 2～3 cm 范围与被打表面接触，即应有适当的倾角，切勿将其平放在表面或倾角过大、过小，如图 3-2-4 所示。

⑤ 使用风动打磨机时，打磨的铁屑、粉尘及火花不可朝向操作者。磨盘的旋转方向应朝向已打磨过的区域，如图 3-2-5 所示。

⑥ 操作打磨机时，右手握住打磨机手柄，左手施加较小压力并控制好移动的速度及路线。对需要保护的部位应事先遮盖好，在被保护件以外 2 cm 处不可打磨，以免损坏装饰件。

⑦ 砂盘的更换。风动研磨机上使用的砂盘，虽比砂纸厚且结实耐用，但还是不能单独使用，必须与衬板配合，以保证其打磨刚度。衬板主要有硬橡胶材料和纤维材料两种，其直径比砂盘稍小一些。

⑧ 砂纸的更换。圆盘形砂纸的更换方法是，将黏结剂均匀涂抹在砂纸垫盘上，然后把圆形砂纸对准垫板中心压紧。为黏结牢靠，可将砂纸揭起、按下，反复几次后压紧。自黏砂纸在生产时就已涂有非凝固性胶质。这种砂纸的价格较贵一些。但使用方便，节省时间。打磨完成后，应立即将自黏性砂纸揭下。否则，自黏胶会进一步硬化，使砂纸完全黏结在垫板上而难以清除，必须使用有机溶剂才能化开。

(3) 风动打磨机使用注意事项

① 清除旧漆层或金属毛刺、修平焊缝时使用圆盘式磨光机。打磨原子灰时不可使用单运动式圆盘打磨机，而应使用轨道式打磨机。

② 打磨时切忌原地不动打磨，应保持打磨移动的连续性，否则会产生划痕、擦伤或烧灼等打磨缺陷。

③ 在靠近车身流水槽、装饰条、板件边沿及一些松脱构件时，应特别小心，防止发生磨盘卡住而损坏，这种情况是非常危险的。

④ 在对平面进行打磨时，应使用轨道式平板打磨机，以获得良好的平整度，切忌使用单向圆盘打磨机。
⑤ 在打磨过程中，若发现涂料开始聚结成球时，应及时更换砂纸。
⑥ 在打磨时，操作者应戴防尘面罩。

在打磨机使用前后，要在气孔中喷入一些润滑油，以润滑电动机及其他构件。加油后应使打磨机运转一定时间，清除工具内多余的润滑油，以免污染车身表面。

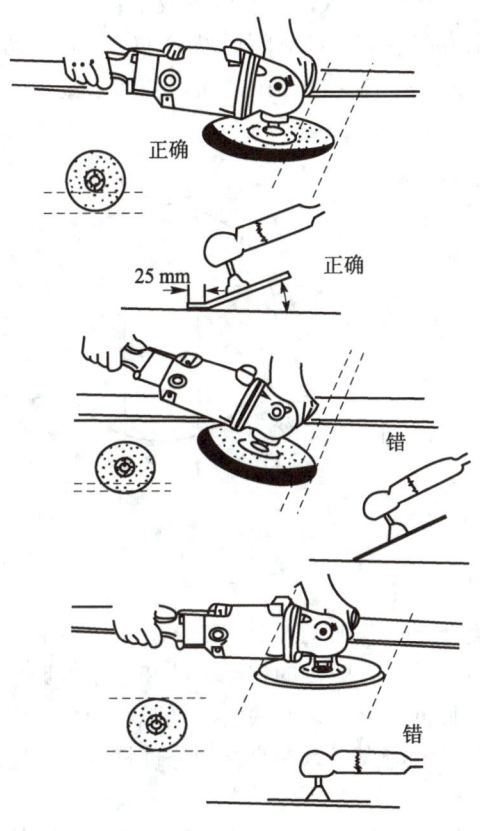

图 3-2-4　圆盘式打磨设备的正确使用

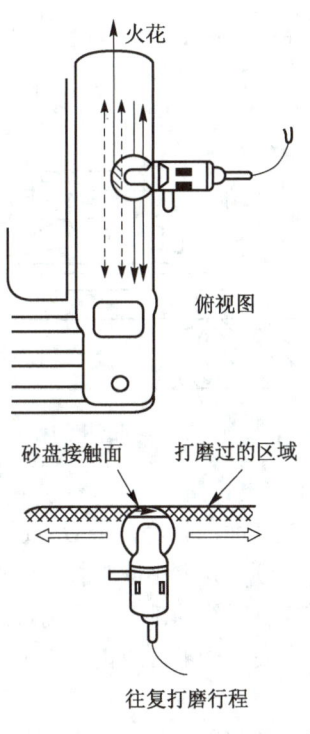

图 3-2-5　打磨时磨盘的旋转方向

3. 原子灰打磨施工

（1）砂纸、砂布打磨

砂布使用时一般不用裁开，而水砂纸一般都裁成二分之一张使用。打磨时用拇指和食指拿住砂纸，并将砂（布）夹在拇指和无名指之间，拇指在前下侧，食指和中指在上，往下压住打磨。打磨边角等细小部位时，用拇指压住砂纸，其余四指弯缩，来回往返摩擦即可。原子灰表面如有干结的残余渣块（隆起），要使用铲刀削平，再用浮石带水作粗磨。如发现磨处有摩擦的痕迹，应查看磨石中有无较硬的砂粒，如有则应将硬砂粒剔除掉。

（2）锉刀粗锉削

原子灰的粗锉削，要用专用的原子灰锉刀进行，如图 3-2-6 所示。原子灰刮涂厚度一般都超过实际需要，所以应该先用锉刀初步锉削打磨后，再使用打磨机进一步打磨，以提高作业效率。

① 要先用半圆锉锉削。锉削中要注意不能施力过大，否则会在表面留下深深的锉痕。另外锉削方向始终要保持平行，既可全部沿前后方向，

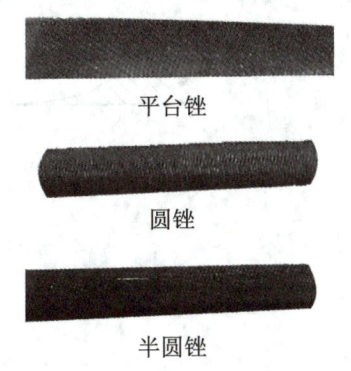

图 3-2-6　原子灰锉刀的种类

也可倾斜或沿上下方向，总之要锉削出平整的表面。

② 为消除半圆锉锉痕，使用平锉进行第二次锉削。如果最初原子灰表面比较平整，可以开始就用平锉。

（3）打磨机打磨平面

原子灰表面锉削完毕后，再用"直行式"或"往复式"气动打磨机进一步打磨，所用砂纸粒度一般为 60#。打磨时应注意，打磨头的工作面应保持与原子灰（腻子）表面平行，如图 3-2-7 所示。打磨时不能施力过大，应将打磨机轻轻压住，靠旋转力进行打磨。若施力过大，就不能形成平整表面。

打磨机的移动方向如图 3-2-8 所示，先沿①所示方向左右运动；随后沿②和③斜向运动；然后沿④上下运动，这样可以基本消除变形。如果最后再沿①左右运动二次，消除变形效果更好。之后再换用 80#~100# 砂纸，重复上述作业。

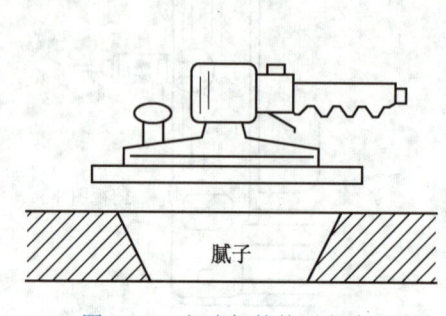

图 3-2-7　打磨机的使用方法

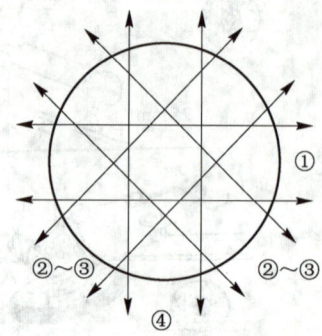

图 3-2-8　打磨机的移动方法

（4）手工打磨修整

修补原子灰表面的打磨，最后一道工序必须消除磨痕。其原理如图 3-2-9 所示。手工打磨修整使用手工打磨板较为方便，其大小应与打磨作业面积相适宜。手工打磨板的移动方法和使用打磨机相同。对于一些圆弧、凹弧或有形线的部位，则需选用与其形状相似的打磨板。对底材的圆弧、凹角、折口等不宜打磨的地方，用拇指夹住砂纸，四指平压于底材上，然后均匀地来回摩擦底材做修理打磨，彻底清除细小的凹凸不平。

气孔和伤痕的修补如图 3-2-10 所示，通常采用复合油灰或速干油灰经稀释后填补。待其干燥后，干打磨采用粒度为 150#~180# 砂纸；湿打磨采用 240#~320# 砂纸。

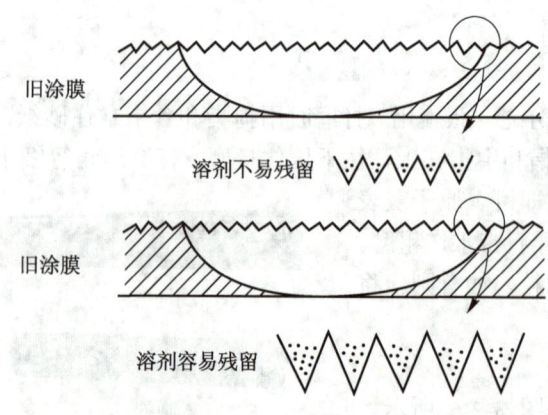

图 3-2-9　砂纸磨痕残留后的影响

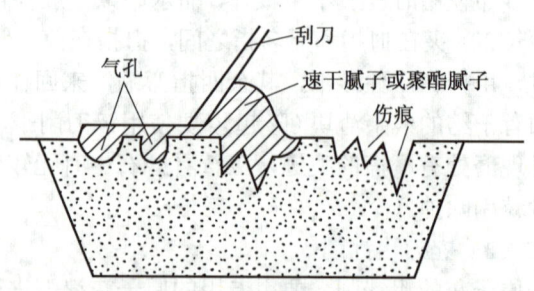

图 3-2-10　气孔和伤痕的修补

三、实践操作

穿戴好合适的个人防护用品。以车门区域修补为例，在完成任务一施涂原子灰的基础上，进行如下操作。

扫一扫

原子灰打磨与修整

1. 粗打磨

采用往复式气动打磨机打磨，所用砂纸粒度一般为 60#，并将打磨机按前后、左右、对角的方式移动，打磨原子灰表面。为了防止在周围的涂膜上产生新的划痕，要将打磨工作限制在原子灰所覆盖的区域内，如图 3-2-11 所示。

2. 手工干磨

用 150#～180# 砂纸打磨，一边打磨，一边用触摸的方法检查表面的平整度，如图 3-2-12 所示。直到底材最高点露底后，即以该最高点为基准，再修整平整度。打磨时注意沿手刨长度方向，顺车身流线型水平方向作来回往复运动。打磨来回幅度要适当长一些，以利于打磨平整。打磨动作要平稳，用力要均匀，当底材最高点露底后，注意与平面的平整性，防止过度打磨再次形成凹坑。

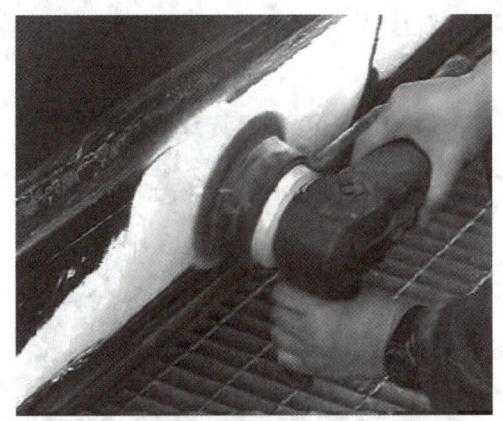

图 3-2-11 粗打磨

图 3-2-12 手工干磨

3. 细打磨

更换干磨砂纸，按 120#～180#～240#～320# 砂纸逐级渐进，不能跳号，轻轻打磨原子灰区域边缘，以调整原子灰区域与周边的高度差。要注意打磨面的厚度与旧涂面的平整度，原子灰层的边缘要既平整又平和。随着打磨层数的增加，使底材上微弱的凹坑、砂孔全部消除，达到既平整又光滑，无缺陷、无砂孔、局部刮涂原子灰边缘无接口，外表图形恢复原样。

4. 施涂指导层

在原子灰表面施涂指导层，如图 3-2-13 所示，然后用 240# 的砂纸打磨指导层，指导层未被磨去的部分即原子灰表面的划痕和砂眼缺陷。

图 3-2-13 施涂指导层

5. 施涂填眼灰

如果原子灰的施工非常标准（固化剂加入量合适，原子灰搅拌均匀，每一道刮涂的很薄），特别是在刮涂完普通原子灰后，又刮涂了一薄层细原子灰，则打磨后表面将非常平整，几乎不会存在气孔及深度的划痕，则无须施涂填眼灰。若发现有轻微针眼，如图 3-2-14 所示，可用快干填眼灰进行修补。如果都等到喷二道浆之后再修整的话，往往更麻烦。如果有较大的针眼，用刮板施涂原子灰填补针孔，干燥后对涂膜破损边缘进行整体打磨。

（1）搅拌填眼灰

填眼灰的盛装有两种形式，一种是盛装于软体金属或胶管内，另一种是盛装于金属罐内。对于盛装于软体金属或胶管内的填眼灰，搅拌时，用手反复捏揉管体即可；对于盛装于金属罐内的填眼灰，可用专用工具打开盖后，用搅拌棒充分搅拌。

（2）取填眼灰

用刮刀取少量填眼灰置于原子灰托板上，也可以置于另一个刮刀刀片上。由于填眼灰一般不需要添加固化剂，取出后即可使用（有的填眼灰需按比例加入稀释剂混合后才能使用），而且其固化时间很短，用量也少，所以应少取，并且应在尽量短的时间内用完。

（3）施涂

如图 3-2-15 所示，取很少量的填眼灰对准气孔及划痕部位，用力将填眼灰压入气孔或划痕内，必要时可填补多次。

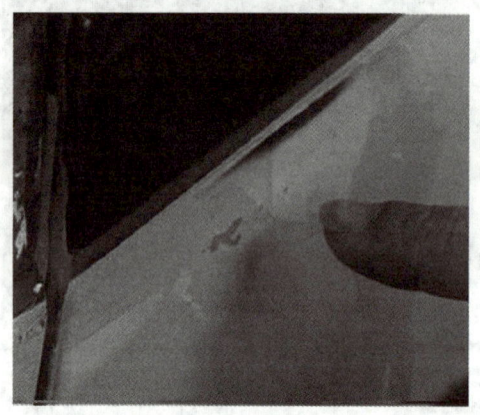

图 3-2-14　原子灰表面的划痕和砂眼缺陷

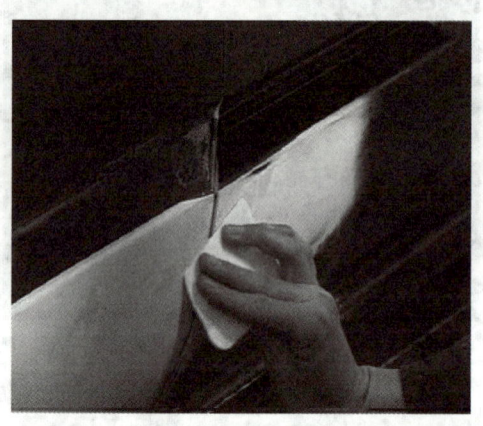

图 3-2-15　缺陷的修补

（4）干燥

一般填眼灰施涂后，在自然条件下 5～10 min 即可干燥，无须烘烤。

（5）填眼灰的打磨

填眼灰施涂后，会破坏原来打磨平整的原子灰表面，另外，填眼灰的性能不如原子灰，所以必须将多余的填眼灰完全打磨掉。干打磨采用粒度为 150#～180# 砂纸，湿打磨采用 240#～320# 砂纸。打磨时要配合磨块，直到孔和划痕的填眼灰完全被打磨掉为止。

四、考核评估

① 学生自检，同学互评，小组讨论，填写《考核评价表》（见附表1），并同《个人工作记录单》（见附表2）和《小组工作记录单》（见附表3）一起上交。

② 教师对学生整个任务的完成过程进行现场观察，并填写《考核评分表》对学生进行成绩评定，见表 3-2-3。

表 3-2-3　原子灰的打磨与修整单项技能评分标准

| 姓名： | 班级： | 学号： | 实训地点： | 日期： | 年　月　日 |

技能考核项目	指标分值	考核标准	成绩分档及权重				得分	考核方式
			A	B	C	D		
			1	0.8	0.6	0.4		
训前准备	20	能认真阅读有关实训文件、教材与参考书，积极做好训前各种准备工作。教师可根据具体情况酌情打分						现场提问 课后批阅
态度与钻研精神	10	态度与钻研精神						观察
施工准备现场操作	20	填眼灰材料选用正确（5） 能正确选用打磨设备（5） 操作准确无误（5） 仪器维护保养方法得当（5）						现场考核
打磨施工操作	40	能合理选用砂纸的型号（5） 打磨工具连接和安装正确（5） 操作娴熟熟练，无打磨缺陷（20） 能够用正确的方法对原子灰进行修饰操作（5） 工具维护保养方法得当（5）						现场考核
现场管理	10	着装规范，符合要求（2） 安全防护到位（2） 工作场地保持干净（2） 与同学配合到位（2） 服从分配，遵守规章制度（2）						观察
得分								
实训教师签字								

五、知识与能力拓展

1. 打磨材料

砂纸是汽车维修中经常使用的打磨材料，用于除锈、砂磨旧涂层、原子灰及漆面处理。

（1）磨料的种类

常用砂纸所采用的磨料有金刚砂和氧化铝等颗粒，还有新开发的锆铝磨料。

① 金刚砂磨料。金刚砂磨料是一种非常锐利、穿透速度极快的磨料，通常用于打磨薄边或干磨各种柔软材料，如对旧漆层、玻璃钢及腻子等表面进行打磨。

② 氧化铝磨料。氧化铝磨料是一种坚韧的楔形磨料，防破裂和变钝性能好。用该磨料制成的砂纸，在打磨时不会产生较深的划伤，也不会过早地出现砂粒磨损而变钝，延长了使用寿命。一般用做磨料的氧化铝按其自身颜色区分用途，红褐色的用做金属打磨抛光；白色的用做清除旧漆层。市售的水砂纸基本上都是以氧化铝作为磨料的。

③ 锆铝磨料。锆铝磨料由氧化铝和氧化锆构成，有独特的磨刃性，即在打磨过程中能不断提供新的刃口，从而提高打磨效率，延长打磨材料的使用寿命。

④ 碳化硅。碳化硅由一种合成矿石在电炉中炼制而成，其晶体颗粒坚硬锐利，呈蓝黑色。这种磨料与水配合打磨效果很好。

⑤ 氧化铁。氧化铁是一种非常软的自然磨料，一般呈灰色。

⑥ 石榴石。石榴石产生于不规则的矿石中，通过分类后，用黏结剂黏在特定的纸上而制成砂纸。

⑦ 火石。火石是最好的砂纸磨料，具有从暗灰色到红粉色多种颜色，一般将其粉碎成非常尖锐的颗粒，再用黏结剂黏结在纸上就制成砂纸。

以上的 7 种磨料中，火石、金刚砂、石榴石及氧化铁属矿石材料；碳化硅、氧化铝及氧化锆铝属加工合成材料。

(2) 砂纸（布）

砂纸、砂布是利用附着剂将不同细度的磨料黏结在纸、布或纤维表面上而制成的。图 3-2-16 所示是砂纸的剖切面示意图。车身修理人员必须选择合适的砂纸并正确使用才能获得最佳的生产效果、材料利用效率和最好的表面涂层效果。

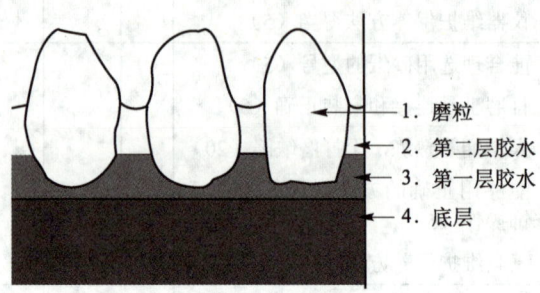

图 3-2-16　砂纸的剖切面示意图

1) 砂纸（布）的分类

① 按底层材料不同，砂纸可分为纸制砂纸、布制砂布和纤维制布 3 种。

纸制砂纸一般有 4 个质量等级：A 级砂纸的磨料一致性最好，柔韧性最好，质量最小，一般用于对色漆涂层的湿磨和对外涂层的干磨；C，D 级砂纸的质量较大，具有一定的硬度和强度，但韧性较差，常用于手工打磨或轻型便携式打磨机上；E 级砂纸为圆形，硬度和强度最大，并具有较高的抗拉性，一般制成轮形、盘形或带形，常用在机械打磨机上进行清除旧漆层和打磨腻子层。

砂纸有水砂纸和干砂纸之分。干砂纸不耐水，只能用于干法打磨，一般与打磨机配套的砂纸多为干砂纸。水砂纸由醇酸树脂、醇酸调和清漆等水砂纸专用漆料将一定粒度的磨料黏在浸过桐油的纸上而成，是汽车专业最常用的砂纸，其主要特点是耐水，打磨时通常要蘸水或溶剂进行湿打磨。由于水砂纸的磨料无尖锐的棱角，因此不会在平整金属表面留下明显的打磨痕迹。水砂纸也可作干磨使用。

砂布由骨胶等黏胶剂将各种规格粒度的磨料黏着在粗布上而成。其主要特点是质地坚硬、耐磨、耐折、寿命长。砂布一般分为两个等级：J 级的柔韧性较好，质量小，主要用于手工或小型机械打磨中；X 级砂纸的强度较大，质量较大，并具有一定的抗拉性，一般制成带状或盘状，主要用于机械上。

纤维制布由 X 级布和蓝灰色的硬纸制成，常用于盘式打磨机上，进行高速、高强度等场合的打磨，如修磨焊点、毛刺及除锈等。

② 按砂纸表面上磨料的疏、密程度不同，砂纸可分为开式（疏涂层）砂纸和闭式（密涂层）砂纸两种开式砂纸是指仅有 50%～70% 的砂纸表面黏有磨料，主要用于打磨铝、塑料、车身焊锡、油灰等；而闭式砂纸指磨料全部覆盖在砂纸表面上，主要用于精打磨或水磨。

2) 砂纸（布）的粒度、牌号及选用

砂纸的粗细是由磨料颗粒的大小决定的，用粒度编号表示。粒度越小，砂纸越粗。表 3-2-4 为砂纸的粒度、种类、编号及用途。

表 3-2-4　砂纸的粒度、种类、编号及用途

粒度	氧化铝	金刚砂	结铝	用途
精细	—	2 000 1 800 1 250	—	用于底漆等组合涂层的打磨
超细	—	800	—	用于本色面漆的打磨
	—	600	800	打磨面漆层或抛光前的打磨
极细	400 320 280 240	400 320 280 240	400 — 280 240	用于中途层和喷涂前旧漆层打磨
	220	220	—	用于外表涂层的打磨
细	180 150	180 150	180 150	用于裸露金属的最终打磨，或磨平原有旧漆层
中等	120 100 80	120 100 80	— 100 80	磨平原有涂层或旧漆面
粗	60 50 40 36	60 50 40 36	60 — 40 —	用于钣金腻子的打磨
极粗	24 16	24 16	24 —	用在打磨机上清除旧漆

在汽车修补涂装中打磨所用的砂纸是根据其硬度、韧性、耐热性、破碎特性及颗粒形状进行选择的。使用砂纸虽能消除表面的不平，但也会留下打磨痕迹，痕迹的深浅程度与砂纸的等级有关。如图 3-2-17 所示是两种不同磨料砂纸的打磨效果。

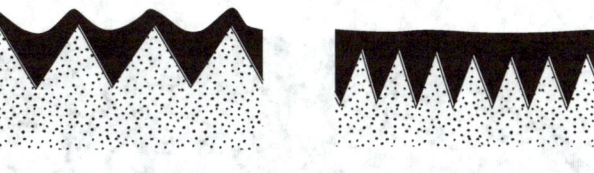

（a）氧化铝磨料砂　　　　（b）碳化硅磨料

图 3-2-17　不同磨料的磨削深度

正确方法是在打磨、研磨工序中逐渐使用更细的砂纸。砂纸、砂布的种类及使用范围见表 3-2-5 所示。表 3-2-5 为 3 种常用砂纸、砂布的规格代号及习惯称呼。

表 3-2-5　常用砂纸、砂布的规格代号及习惯称呼

	宽×长 （mm×mm）	页状	230×280
干磨砂纸		卷状	50，100，150，200，230，300，600，690，920×25 000，50 000
	磨料粒度号及习惯称号		P24（4号），P30（3号），P36（2$\frac{1}{2}$号），P40，50（2号），P60（1$\frac{1}{2}$号），P70，P80（1号），P100（$\frac{1}{2}$号），P120（0号），P150（2/0号）

表 3-2-5（续）

	宽×长 (mm×mm)	页状	230×280
耐水砂纸		卷状	50，100，150，200，230，300，600，690，920×25 000，50 000
	磨料粒度号及习惯称号		P70（80号），P80（100号），P100（120.150号），P120（180号），P150（200.220号），P180（240.260.300号），P240（320.360号），W63（400号），W40（500号），W28（600号）
干磨砂纸	宽×长 (mm×mm)	页状	230×280
		卷状	50，100，150，200，230，300，600，690，920×25 000，50 000
	磨料粒度号及习惯称号		P8，P12，P14，P16，P20，P24（4号），P30（$3\frac{1}{2}$），P36（3号），P40，P50（$2\frac{1}{2}$），P60（2号），P70，P80（$1\frac{1}{2}$），P100（1号），P120（0号），P150（2/0号），P130（3/0号），P220，P240（4/0号），W63（5/0），W40（6/0号）

与打磨机配套使用的砂纸有方形砂纸和圆形砂纸。按其与打磨托盘的连接形式不同可分为无黏结性砂纸和自黏性砂纸。无黏结性砂纸在使用时必须使用专用的黏结剂，自黏性砂纸使用时，只要将砂纸与托盘中心对正压紧即可。需要注意的是：打磨完毕，应立即将砂纸从打磨机上取下，以免黏结剂凝固后砂纸与托盘黏固在一起。它们的共同特点是采用了黏扣式设计，能使砂纸紧扣托盘，且易于拆装；切削速度快，研磨平整、细致；采用特殊材料制作，耐磨。使用时，将砂纸上的孔与打磨机托盘上的孔对齐，可使打磨过程中产生的打磨灰从孔中经过吸尘装置而排出，既减小了环境污染，又改善了操作者的工作条件。

常用的砂纸磨盘规格有 12.7 cm，15.3 cm，20.3 cm（5in，6in，8in）3 种，用 80#～180#砂纸干磨或 320#砂纸湿磨。

2. 打磨垫

打磨垫是使用砂纸打磨工件的操作工具，一般用木材或橡胶制成，具有平坦的表面，或根据工件的形状制成特别的形状，如图 3-2-18 所示。木材和硬橡胶制的磨块配合适当的砂纸，用于打磨平度较高的位置，而胶制磨块则用于打磨圆拱位置及油漆表面。厂商供应的磨块一般一面为硬面，一面为软面，以满足不同的需要。对于平整表面，应尽量采用磨块进行打磨。

图 3-2-18　常用打磨垫形状

磨块使用时应注意以下几点。
① 将砂纸裁成适合磨块的尺寸。
② 将砂纸平贴与磨块下面，两边多出的部分向上折贴靠到磨块边缘，以便用手握住。
③ 将磨块平放于打磨表面，前后及左右移动。
④ 打磨时，磨块须保持平移，用力要适当。

3. 磨光技术

磨光技术也称打磨技术，是汽车涂装施工过程中各种涂层磨光的重要操作技术，它与涂装生产进度和涂层质量有密切关系。若磨光操作技术过硬，则生产进度快，质量有保证。由此可见磨光技术的重要性。

在汽车涂装施工过程中，磨光操作通常采用手工磨光和机械磨光两种方式。手工磨光是用在磨块（平直木块或橡胶块）上包砂布（纸）的方法进行磨光的。手工打磨法效率低且劳动强度大，用机械磨光可降低劳动强度，提高工效，节省打磨材料；但对于弯角、边棱及弯曲等部位的打磨不适用，通常采用手工与机械相配合进行磨光，才能较完整地完成打磨作业。本节主要介绍手工磨光。手工磨光适用于对小面积原子灰的粗磨和大面积的细磨，以及需精工细磨部位（如对型线、曲面、转角及圆弧和弯曲等部位）的修整。

（1）手工干磨法

根据汽车涂装的生产工序，手工干磨法可分为底漆打磨法、原子灰打磨法和中涂漆打磨法等几种方式。

1) 底漆打磨法

底漆打磨法主要指头道底漆的表面磨光，以除去漆膜表面上的杂质，并使表面呈现均匀的砂纹，以防底漆过于光滑而影响原子灰等涂层的结合能力。底漆打磨通常要轻磨，操作时采用手工，比较省力。操作时，根据底漆的种类和刮涂原子灰种类等现场实际情况，采用适宜的方法打磨。例如，打磨醇酸底漆和酚醛底漆时，用旧 $100^\#$～$120^\#$ 砂布，每处轻轻打磨（顺结构方向）1～2 个来回；打磨双组分环氧等中高档底漆时，由于漆膜硬而光滑，可用新 $100^\#$～$20^\#$ 砂布，每处顺物面方向用力均匀地打磨 2～3 个来回即可。各种底漆打磨时，应根据汽车的种类和各面形状，打磨到位，不要漏磨。

2) 原子灰打磨法

对于原子灰层的打磨是为了取得光滑平整的表面，通常是采用手工打磨（干磨、湿磨）和手工与机具相结合的方法进行打磨。操作时，先用硬垫（底垫）磨光机黏吸机用砂纸，将平面部位的原子灰层打磨平整，边、棱、角部位采用手工打磨。例如，打磨原子灰涂层大面，采用磨光机吸附 $60^\#$～$80^\#$ 机用砂纸先粗略磨平，再改用 $120^\#$ 机用砂纸细致机磨平整光滑；打磨收光原子灰涂层时可用 $180^\#$ 机用砂纸机磨至非常平整光滑。

对机具不易磨到的部位用手工配合打磨。对边沿、棱角及狭窄处等部位的打磨，可根据物面及现场情况，采用手捏砂布或用手指夹（压）砂布，随弯就斜地打磨。磨平面时用砂布包平直木块，借助木块的平度顺物面方向用力打磨平滑。

3) 中涂漆打磨法

对中涂漆的干打磨，批量汽车涂装生产多采用机具打磨，如各种大、中型客车车身的中涂漆干磨光，可先用 $240^\#$～$320^\#$ 机用砂纸配合磨光（软底板）机打磨至漆膜平整光滑，然后改用 $400^\#$ 机用砂纸细磨，磨至漆膜达到镜面般平滑为止。边沿、棱角等部位，采用手工精细磨光。

（2）手工湿磨法

湿磨法也称水磨法，主要用于小批量汽车涂装生产和汽车修补等局部涂层的磨光。对大中型客车来说，除车身等平面采用机具干磨光外，其异形物面与边、棱、角等用机具不易磨到的部位，也适于手工"水磨"光。例如，原子灰涂层，水磨操作时，可用小桶盛装水，用海绵块或毛巾、棉纱吸水先淋于磨面上，然后用 $240^\#$～$280^\#$ 水砂纸包橡胶块，以水作湿润剂，即边淋水边打磨，直到水磨至灰层的平滑度达到（手拭检查）无挡手感为止，但磨出的白浆要经常擦净，如图 3-2-19 所示。最好的方法是左手拿胶管，右手拿水砂纸，边磨边冲洗，摩擦速度快，在打磨时用手摸感到平坦，使之达到平润光滑细腻为止。

① 水磨中涂漆（包括麻眼灰）时，大面积用 $280^\#$～$320^\#$ 水

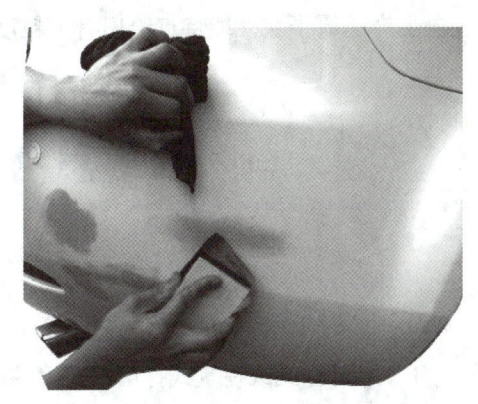

图 3-2-19　用海绵淋水与冲洗水磨法

砂纸包橡胶磨块打磨，小面积及边、棱、角等部位用手拿砂纸水磨，并在操作过程中，边淋水、边水磨、边检查，用力要均匀，不能过重或过轻。若用力过重，易磨透漆膜产生露底；若用力过轻，不宜将橘纹磨平而影响湿磨质量。

② 整车水磨时，待全车各部位水磨平滑后，用自来水冲净磨污，晾干水分，进行全面自检查，如有漏磨、橘纹、砂纹等，应重复水磨，直至符合质量要求为止。

③ 局部水磨时，要将该部位细心水磨到位，并水磨一块（或片）检查一块，以防产生漏磨，同时应遵循先磨平面、后磨边沿棱角的操作顺序进行磨光。

对较粗糙的涂层物面，应先用粗号水砂纸水磨平整，后用细号水砂纸细磨至非常平整光滑，再用清水洗净污物擦干水迹，彻底晾干水分（或烘干）后，再进行下一道涂装工序。

（3）干打磨与湿打磨的差别

近来在汽车修理业，为追求作业的合理化、速度化，干打磨得到很大普及，但干打磨并非万能，因此不少作业者同时应用着干、湿打磨两种打磨方式。

究竟采用干打磨好还是湿打磨好，关键在于要灵活运用两种方法的特点，推进作业的合理化，得到完美的加工质量。两种方法的优缺点归纳见表3-2-6。

表3-2-6　干、湿打磨的特点

	湿打磨	干打磨
打磨作业速度	慢	快
砂纸消耗量	少	多
打磨质量	能满足要求	作为最后一道打磨难满足质量要求
作业性	一般	好
粉尘	少	多

（4）打磨的注意事项

在原子灰的干打磨作业中，为推进作业的合理化，提高效率，应注意以下几点。

① 应根据不同打磨机的特点，按用途分别使用。

② 应根据不同的要求，正确选用砂纸粒度。

③ 应在原子灰固化过程中最适宜的时期进行打磨作业。一般情况下，随着原子灰的干燥，其硬度随时间的增加而增加。这种硬度与时间的关系，因原子灰种类不同而会有所不同。但不论哪种原子灰，都存在若硬度过低无法打磨，若过硬则打磨困难的问题。因此，在硬度适宜的区间（一般为刮涂原子灰后20～35 min）进行打磨较为适宜。

④ 注意各次打磨砂纸粒度。不同种类的原子灰，在选择砂纸粒度时有所不同，各涂料制造商均根据各自生产的原子灰性能特点给出有关粒度选择的建议，应严格执行。

思考与练习

一、选择题

1. 用直行式或往复式打磨机打磨原子灰时，开始最好选用（　　）的砂纸。

A. 40# B. 60# C. 80# D. 100#

2. 对涂原子灰的周围砂纸划痕进行处理时,应选用(　　)的砂纸。
   A. 60#　　　　　B. 100#　　　　　C. 180#　　　　　D. 240#
3. 一次刮涂的原子灰层厚度不要超过(　　)mm。
   A. 2　　　　　　B. 3　　　　　　C. 5　　　　　　D. 10
4. 聚酯原子灰配制后,要求(　　)min 内用完。
   A. 2～3　　　　B. 3～5　　　　C. 5～7　　　　D. 7～10
5. 机械打磨羽状边,选用(　　)干磨砂纸为宜。
   A. 60#　　　　　B. 80#　　　　　C. 120#　　　　　D. 180#
6. 羽状边打磨距凹陷部位至少要(　　)cm。
   A. 1～2　　　　B. 2～3　　　　C. 3～5　　　　D. 7～8
7. 一般原子灰与固化剂的混合比例是(　　)。
   A. 100∶1　　　B. 100∶3　　　C. 100∶4　　　D. 100∶5
8. 对于曲面,刮原子灰的方法最好选择(　　)。
   A. 软上硬收　　　　　　　　　　B. 硬上硬收
   C. 软上软收　　　　　　　　　　D. 上述三种均可
9. 原子灰一般情况下的干燥时间为(　　)min。
   A. 8　　　　　　B. 10　　　　　C. 15　　　　　D. 20
10. 对原子灰表面进行最后的手工修整时,所用的砂纸粒度应为(　　)。
    A. 80#　　　　　B. 100#　　　　　C. 120#　　　　　D. 180#

二、判断题

1. 原子灰打磨只能干磨不能水磨。　　　　　　　　　　　　　　　　　(　　)
2. 干磨可分为手工打磨和机械打磨。　　　　　　　　　　　　　　　　(　　)
3. 涂刮第一道原子灰只求平整,不求光滑。　　　　　　　　　　　　　(　　)
4. 打磨机要平放在打磨面上,不可以倾斜。　　　　　　　　　　　　　(　　)
5. 原子灰的涂刮范围应超出羽状边范围。　　　　　　　　　　　　　　(　　)

三、简答题

1. 原子灰的分类有哪些?与不同底材如何配套?
2. 干磨与湿磨的特点分别是什么?
3. 原子灰的作用是什么?如何进行原子灰的刮涂?
4. 调配原子灰时的注意事项是什么?
5. 原子灰施工时的操作要领是什么?
6. 打磨原子灰后表面出现气孔如何解决?

学习项目四　中涂涂料的施工

项目导读

中涂漆是介于底漆与面漆涂层之间的用来增加涂层厚度与协助底漆、原子灰进一步填平基层细微缺陷，提高面漆鲜映性与光泽等所用的涂料。它的主要作用是填补平整表面和防锈保护。本项目通过清洁、遮护、喷涂施工、修整与干燥、标志涂料喷涂、打磨等施工程序，使学生进一步熟悉涂料的选配与调制、车身的遮盖、喷枪的使用、打磨操作等方面的知识。

最终目标

会进行中涂漆的涂装施工

促成目标

1. 能够正确叙述中涂漆层的作用、类型
2. 知道中涂漆层施工的安全注意事项
3. 知道中涂漆层施工中常用的工具设备，并能正确描述其工作原理
4. 正确描述中涂漆层的选配与调制要求
5. 正确完成一个典型车身部件的中涂漆层施工

任务一　中涂涂料的喷涂

知识目标

1. 能够正确描述中间涂料的类别及各类中间涂料的作用
2. 能够正确描述中间涂料的几项性能要求
3. 能够正确描述中间涂料的选择方法

技能目标

1. 能够进行中间涂料的喷涂操作
2. 能够规范进行中间涂料的修整与干燥
3. 能进行标志涂料的施工
4. 能正确进行涂层的打磨

一、工作任务

中涂涂料的喷涂工作任务单见表4-1-1所示。

表4-1-1　任务单

任务单号：_____

工作任务		中涂涂层的施工	日期	年　月　日
任务描述		一现代汽车右车门因被路边飞石击伤，已经进行了原子灰的刮涂处理（见学习项目三），按照车身修补涂装的工作程序，进行中涂底漆涂层的涂装	产品名称/型号	
产品照片				
操作要求	施工材料与施工设备	遮盖材料、中涂底漆及其配套材料、标志涂料、调料设备、喷涂设备、烤灯、打磨机、风枪、砂纸与磨块、棉手套与防尘口罩、劳动保护等	是否满足	□是　□否
	场地要求	涂装车间	是否满足	□是　□否
	环境要求	环境温度15～25℃	是否满足	□是　□否
	备注			

出单人签字：　　　　　　　　　　　　　　　　　　接单人签字：

　　　　　　　　_____年___月___日　　　　　　　　　　　　　　　　_____年___月___日

车间负责人签字：

　　　　　　　　　　　　　　　　　　　　　　　　　　　　　　　日期：　　年　月　日

二、相关知识

原子灰施工表面出现的针眼，虽然经过填眼灰进行填补，但由于填眼灰干燥后的收缩会在表面留下凸凹不平点，如图 4-1-1 所示。尽管经过手工精打磨操作，但也不能满足喷涂面漆的需要。另外，原子灰表面打磨后，仍会留下细小的划痕，也不适合直接喷涂面漆，此时一般需要喷涂中涂漆。

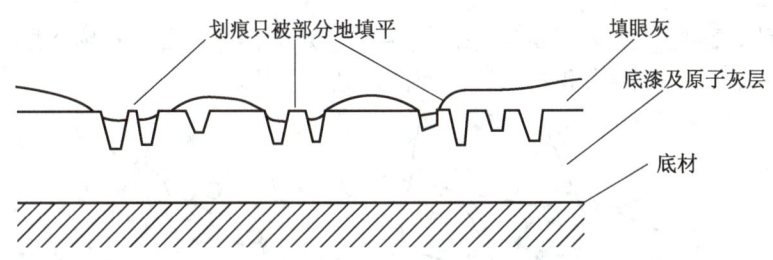

图 4-1-1　填眼灰干燥后收缩的情形

1. 中涂漆的作用

中涂漆层是在底漆和面漆之间的涂层，也称作"中涂底漆"。其主要作用如下：
① 增强涂层间的附着力。
② 填补微小划痕、凹凸不平、平整表面。
③ 隔离封闭作用，防止面漆涂料渗透产生渗色。
④ 保证漆面有一定的弹性、韧性，以提高面漆的丰满程度。

2. 中涂漆层的类型

（1）按用途分
① 通用底漆。通用底漆又称底漆二道浆，它可直接涂布在金属表面，具有底漆的功能，又具有一定的填平能力。一般用"湿碰湿"工艺涂布两道，以代替底漆二道浆，达到简化工艺的目的。"湿碰湿"的涂装工艺是指在喷涂过程中，不等上一道漆完全干透就喷涂下一道漆，这样不仅可以提高工作效率，还可使涂层得到较好的光泽效果。
② 油灰。油灰又称二道浆或喷涂腻子，用来填平底材上的凹坑、缝隙、孔眼、焊疤、刮痕以及加工过程中所造成的物面缺陷等，使底材表面达到平整、匀顺，使面漆的丰满度和光泽度等能够充分地显现。
③ 封闭底漆。封闭底漆具有封闭和封固底漆的作用，是涂面涂层前的最后一道涂料，其漆基含量在底漆和面漆之间，涂膜光亮。漆基一般是由底漆所用的树脂配成。
④ 隔绝底漆。隔绝底漆可防止下层漆膜受上层涂料中的溶剂影响，以防涂层出现咬起和起皱。

（2）按组分分类
按组分不同，中涂漆层可分为单组分和双组分两类。

（3）按树脂种类分类
按树脂种类不同，中涂漆层可分为环氧、硝基和双组分聚氨酯丙烯酸等。

3. 中涂漆特性

① 与底漆、面漆的结合力好，不易被面漆的溶剂所咬起，硬度适中，且价格便宜。
② 填平填密性能优良，能消除被涂底漆表面的划痕、打磨痕迹、微小孔洞、小眼等缺陷。
③ 涂层干燥快，易打磨，能高温烘干，干燥性能优，打磨时不沾砂纸，在打磨后能得到平整光滑的表面（现在有许多品牌漆中都有免磨中涂，靠其本身的展平性得到平整光滑的表面）。

④ 具有良好的韧性和弹性，抗石击性良好。
⑤ 能提供面漆层与吸附层一致的漆面，同时由于其具有良好的防渗透性，可提高面漆的光泽。
⑥ 具有良好的施工性能。

4. 中涂漆施工

(1) 喷涂前的准备

先用压缩空气清除表面粉尘，如图4-1-2所示。若进行过湿打磨，应做去湿处理，使被喷涂表面干燥。湿度高的季节和雨天，即使底层未作湿打磨，亦应注意做去湿处理。

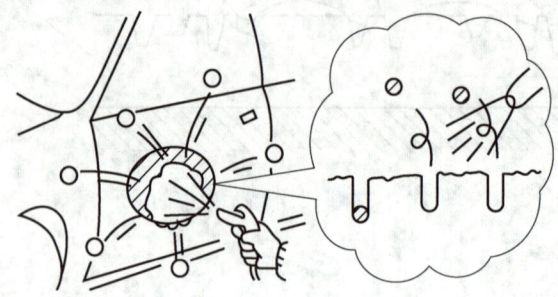

图 4-1-2 清除表面粉尘

粉尘清除干净后，再用脱脂剂作脱脂处理。用清洁的擦拭布蘸脱脂剂擦拭被喷涂表面，同时用另一块清洁的擦拭布立即将表面擦干，如图4-1-3所示。

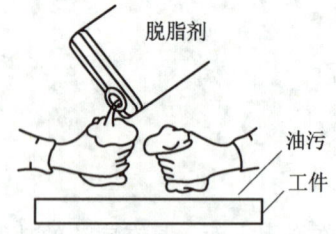 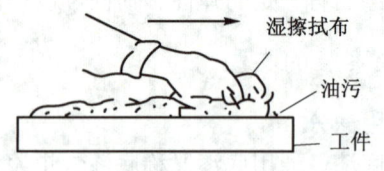

(a) 两块清洁布，一块用脱脂剂浸润，一块干燥待用　　(b) 用脱脂剂浸湿的清洁布将表面擦湿

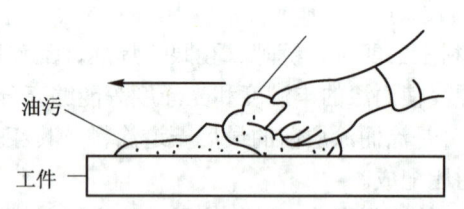 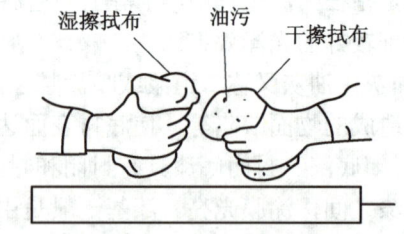

(c) 不等脱脂剂蒸发，用干燥清洁布将表面擦干　　(d) 让工件表面脱脂剂自行蒸发，一湿一干除表面油污

图 4-1-3 脱脂处理

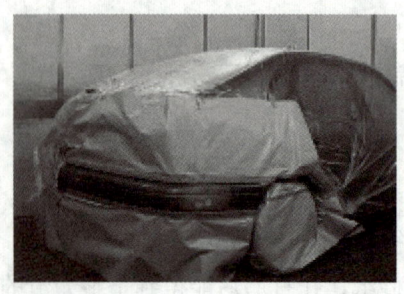

对于不需喷涂的部位，可用纸覆盖，应注意喷涂时可能产生飞溅的部位，如图4-1-4所示。另外原子灰填补区的四周，要用砂纸打磨旧涂膜，以提高中间涂层的黏着力。

具体的遮护操作参照学习项目二任务二的相关内容。

(2) 喷涂顺序

如图4-1-5所示，喷涂时先对修补涂膜边缘交接部位进行薄薄地喷涂，使旧涂膜与原子灰（腻子）的交界面溶接。待其稍干之后，接着对整个原子灰（腻子）表面薄薄地喷一层，喷涂后形成的表面应平

图 4-1-4 遮护

整光滑，取适当的时间间隔，分几次薄薄地喷涂，一般要喷 3～4 次。

（3）喷涂面积

中涂涂料的喷涂面积如图 4-1-6 所示，应比修补的原子灰（腻子）面积宽，而且要达到一定程度。喷第 2 遍比第 1 遍宽，第 3 遍比第 2 遍宽，并逐渐加大喷涂面积。

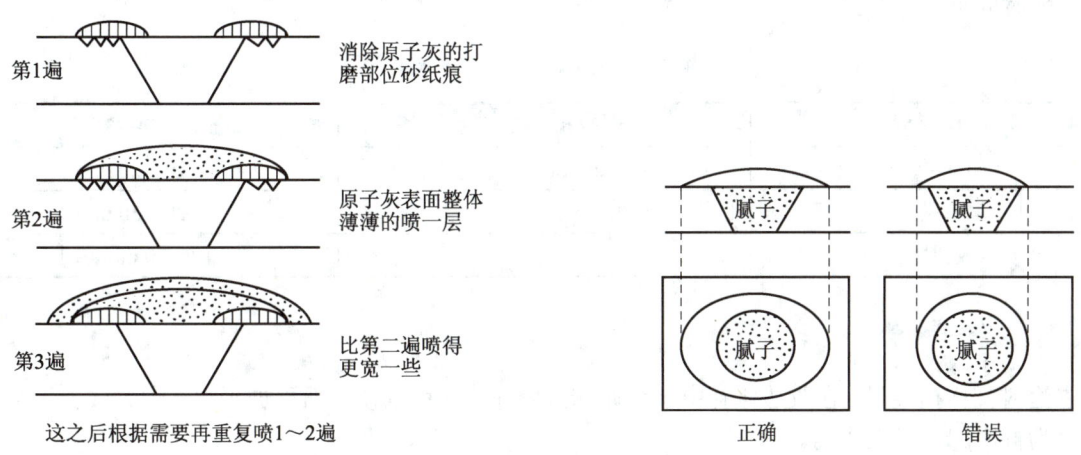

图 4-1-5　中间涂料喷涂顺序　　　　　　　图 4-1-6　中涂漆喷涂面积

（4）相邻原子灰修补块的中间涂料喷涂

如图 4-1-7 所示，相邻较近的几小块原子灰（腻子）修补块，可先分别预喷两遍，然后再整体喷涂 2～3 次，连成一大块，这样处理，可以取得良好的效果。这种场合也不宜一次喷得过厚，而应取适当的时间间隔，分几次喷涂。

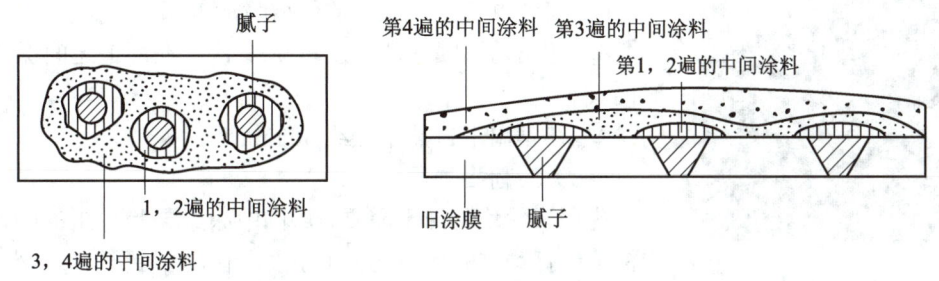

图 4-1-7　相邻原子灰（腻子）修补块的中间涂料

5. 修整

① 中间涂料喷涂结束后，应仔细检查涂装表面有无砂纸打磨痕、气孔及其他缺陷。若有缺陷可采用硝基类速干油灰修补，如图 4-1-8 所示。修补工作用木刮刀或塑料刮刀薄薄地刮涂，切忌一次填得过厚。若一次填不满间隔 5 min 左右再填。

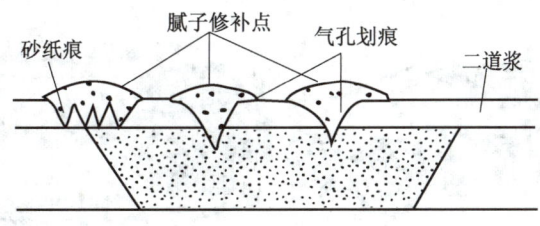

图 4-1-8　用速干油灰修补缺陷

② 中间涂层在打磨前必须充分干燥。如果干燥不充分，不仅打磨时涂料会黏砂纸，使打磨作业难以进行，而且喷涂面漆后，还会出现涂膜缺陷。小面积区域的干燥可采用短波红外线烤灯，大面积的干燥需使用烤漆房进行。

不同类型的涂料干燥时间有所不同，具体干燥时间请参照涂料生产厂商的说明。不同类型中涂层涂料的平均干燥时间见表 4-1-2。

表 4-1-2　中间涂料的平均干燥时间

中间涂料种类	自然干燥（20℃）	强制干燥（260℃）
硝基类	30 min 以上	10～20 min
聚氨脂	6 h 以上	20～30 min
合成树脂	3 h 以上	10～20 min 以上

6. 标志涂料喷涂

标志涂料又称指导层，在收边修补中起填充和打磨作用，可以使表面更加平整，大大减少了细微的缺陷，同时为打磨起指导性作用。

（1）调制标志涂料

调制一种比中涂漆层颜色深一点（或浅一点）的涂料作为标志涂料。

① 在收边区域内喷涂两次，厚度中等，在两道之间保持一定的干燥时间。

② 在比前两次喷涂区域大一点的范围内再喷涂两次。在两道之间保持一定的干燥时间。

图 4-1-9　试涂炭粉指导层

（2）稀释深色的中涂漆

取深色（或浅色）的中涂漆，稀释 1 倍。

① 在经过打磨加工过的区域喷涂 1 遍。

② 超出前次喷涂的范围再喷 1 次，在两道之间保持一定的干燥时间。

③ 在室温下自然干燥约 30 min。

（3）炭粉指导层

先用炭粉均匀抹于需要研磨的中涂漆层上，如图 4-1-9 所示。检测中涂漆层打磨时的均匀度和平整度。中涂漆层研磨后，若留下黑点（即小凹坑），需要再一次刮原子灰、研磨。

7. 打磨

（1）干打磨

① 若采用双动式打磨机进行打磨，所用砂纸粒度以 240#～280# 为宜。若采用往复式打磨机，砂纸粒度以 280#～320# 为宜。往复式打磨机打磨比双动式速度慢，但操作比较简单。用手工打磨板干打磨时，也应使用软磨头或橡胶块，砂纸粒度为 280#～400#，应均匀地横向打磨，打磨运行方向如图 4-1-10 所示。

图 4-1-10　中间涂层的打磨方向

② 注意对弯角、边缘、角度及不易打磨处的修饰。具体操作参照学习项目三任务二的相关内容。

③ 使用三维打磨材料（研磨绒），手工对修补区域的边角、研磨机不易打磨的区域做研磨修饰。

（2）湿打磨

① 当面漆为单色时，用双作用干磨机配合 320# 干磨砂纸，对中涂漆层做初步打磨。但如果是单色的硝基涂料，应用 400# 以上砂纸打磨。打磨方向如图 4-1-10 所示，按此方向打磨，砂纸磨痕和表面不平不易显现到涂膜表面上。

② 把砂纸浸入水中，并把打磨表面弄湿。打磨过程中及时给打磨表面加水，防止打磨表面变干。右手使用方形磨垫配合 400# 水砂纸，对中涂漆区域进行水磨施工，左手拿一条浸水的海绵或湿毛巾，双手配合防止打磨表面变干。

③ 使用 600# 水砂纸，用手打磨，并尽可能以旋转方式来减少砂纸痕。

④ 使用打磨绒（三维软质打磨材料）对边角不易打磨的区域做打磨修饰。

（3）速干填眼灰修补部位打磨

如图 4-1-11 所示，先以修补部位为中心，用 400#～800# 水砂纸将凸出部位磨平，然后用 800# 或 1 200# 将整个表面打磨平整。

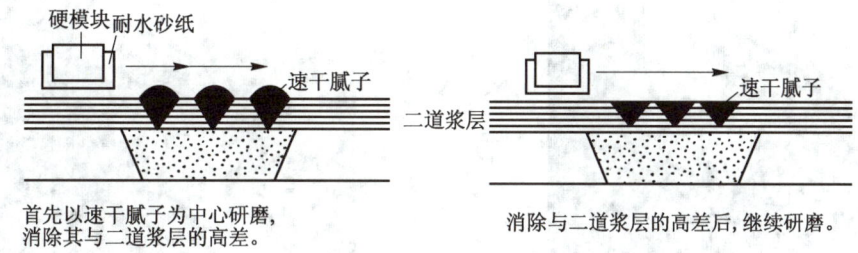

图 4-1-11　填眼灰修补部位打磨

（4）收尾

① 若采用干打磨，用吸尘器将粉尘彻底清洗干净，最后仔细检查涂膜表面，不能遗漏未经打磨的部位。

② 若采用湿磨，则用清水冲洗干净后，先用毛巾将打磨区域擦干；然后用压缩空气吹干易藏水的地方，如手柄、装饰条缝隙等；最后用红外线或热风加热器对表面进行除湿干燥。

③ 打磨结束后，如图 4-1-12 所示，对玻璃滑槽缝、门把手、玻璃四周等边缘部位，要用刷子沾上研磨膏进行打磨，清除残余的污物。也可以使用脱脂剂代替研磨膏。

图 4-1-12　边缘部位的清扫打磨

三、实践操作

穿戴好合适的个人防护用品，以车门区域修补为例，在完成施涂原子灰任务的基础上，进行如下操作。

1. 中涂漆施工前的打磨

将 320# 的砂纸装到手工打磨垫块上,打磨准备施涂中涂底漆的表面。由于中涂底漆要覆盖整个原子灰表面,因此打磨面积要超出原子灰边缘 150 mm 左右。

2. 清洁和除油

用除尘枪靠近原子灰表面,打开压缩空气,尽可能吹除针孔和其他缝隙中的打磨微粒,然后用除油剂对待涂表面进行正常的除油工作。

3. 遮蔽不需喷涂的区域

将遮盖纸粘贴在喷涂区域的周围,防止飞漆飘落在非喷涂区域。为了防止喷涂的中涂底漆边缘产生台阶,遮盖纸应采用反向遮蔽的方法,如图 4-1-13 所示。遮盖好后用清洁的擦拭布蘸清洁剂擦拭被喷涂表面,同时用另一块清洁的擦拭布立即将表面擦干,如图 4-1-14 所示。

图 4-1-13 遮蔽

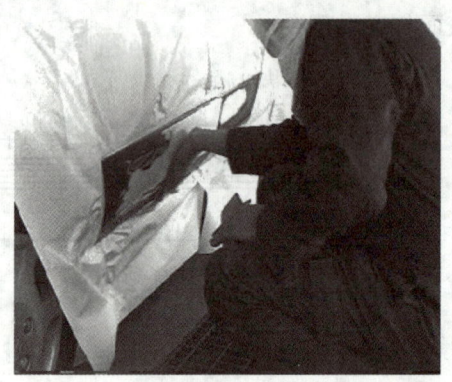

图 4-1-14 脱脂处理

4. 混合中涂漆

按照说明书的要求,称量一定数量的中涂底漆,然后按照其配比比例,加入一定数量的稀释剂,并调整涂料的黏度,使之适合喷涂,如图 4-1-15 所示。

注意:稀释剂要根据环境温度进行选择,10℃以下时选用快干稀释剂,20℃左右时选用标准稀释剂,30℃以上时选用慢干稀释剂。如果稀释剂比较少,涂层会比较厚,涂膜表面会比较粗糙;如果稀释剂比较多,中涂底漆容易施涂,但往往会产生流挂。

5. 施涂中涂漆

(1)过滤涂料

图 4-1-15 涂料调制

用搅拌杆充分搅拌并混合涂料,然后将它通过滤网倒入空气喷枪中,如图 4-1-16 所示。

(2)调整喷枪

首先将口径为 1.5 mm 的标准空气喷枪的喷涂气压调整到 245 kPa,然后将出漆量调整螺钉完全拧紧后退出两圈,喷雾宽度全开。对于喷枪的调整及操作,具体参照学习项目二任务二的相关内容。

(3)喷涂施工

喷涂距离一般为 200~300 mm,喷枪的运动应保持与涂装面相垂直,如图 4-1-17 所示。

① 先对修补边缘交界处进行薄薄地喷涂，中涂漆喷涂至整个原子灰表面，直至该表面完全变湿为止。
② 静置 5～10 min，使涂层中的溶剂挥发，稍干后对整个原子灰表面再薄薄地喷涂一层。
③ 分 3～4 次薄薄地喷涂，每道涂层用中短波红外线烤灯闪干 5～10 min。

图 4-1-16　涂料过滤

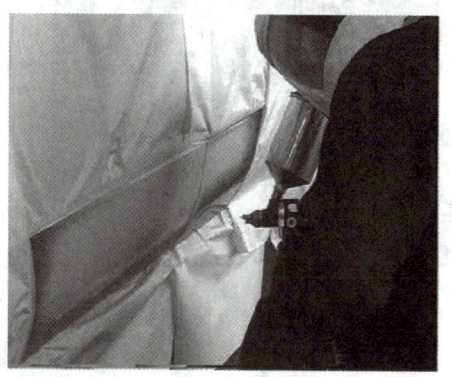
图 4-1-17　喷涂中涂底漆

> **注意**
>
> 每次喷涂中涂底漆时，应稍稍扩大喷涂面积。如果原子灰表面变形（轻微凹陷），要喷涂足够量的中涂底漆，以便盖住凹陷，但要防止流挂。

6. 干燥施工

为了加快施工进度，此处采用红外线烤灯强制干燥中涂底漆。如图 4-1-18 所示，打开红外线烤灯，在 60℃ 下干燥 20 min 即可。

图 4-1-18　红外线烤灯强制干燥

7. 打磨施工

① 先用炭粉均匀抹于需要研磨的中涂漆层上，如图 4-1-19 所示。
② 用蘸了水的海绵淋湿中涂底漆涂层表面，选用 280# 水砂纸配合手工打磨垫块进行粗打磨，如图 4-1-20 所示。打磨后，彻底清除水汽并进行干燥。
③ 用 400# 水砂纸配合手工打磨垫块进行细打磨。

图 4-1-19　涂指导层　　　　　图 4-1-20　粗打磨

8. 刮涂、打磨幼滑原子灰

（1）检查打磨表面

观察打磨表面，检查其缺陷。如果打磨表面上留下带指示层颜色的麻点，即中间涂层存在缺陷，如图 4-1-21 所示。

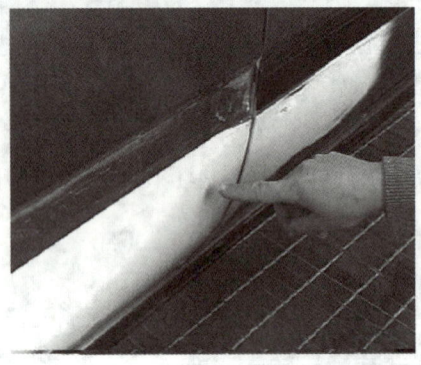 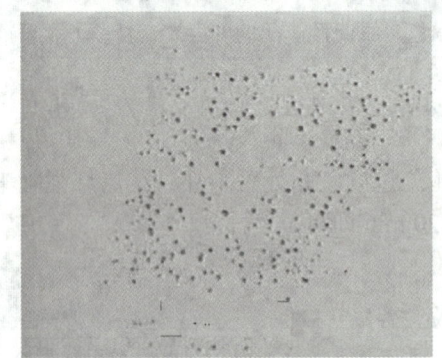

图 4-1-21　涂层麻点

（2）刮涂幼滑原子灰

将幼滑原子灰直接挤到刮板上，然后用刮板将原子灰牢牢地推压入针孔和打磨痕迹，如图 4-1-22 所示。

 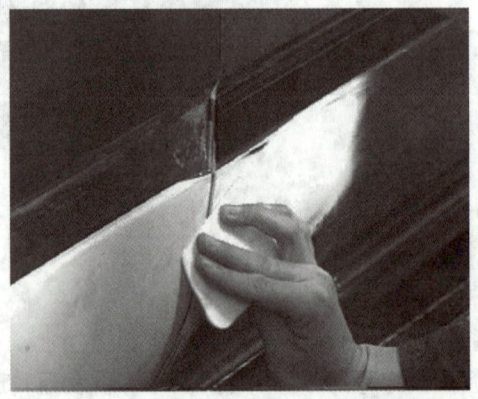

图 4-1-22　修补缺陷

> **注 意**
>
> 幼滑原子灰要薄薄地施涂,如果涂得太厚,干燥速度会很慢;如果需要修补的点很多,则需要在整个中涂底漆表面刮涂,以防止遗漏。

(3) 干燥和打磨幼滑原子灰

打开红外线烤灯,在60℃下将刮涂的幼滑子灰干燥5~10 min;选用400#水砂纸,配合手工打磨垫块进行湿打磨,如图4-1-23所示。

9. 面漆涂装前的打磨

在中涂底漆层打磨完成后,用600#~800#水砂纸对整个待喷涂面漆的表面进行打磨,如图4-1-24所示,以提高面漆的附着力,打磨必须进行到整个表面失去光泽为止。

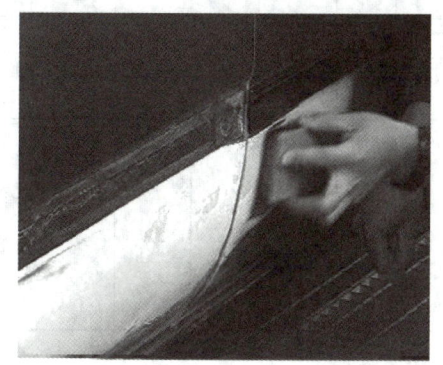
图 4-1-23 打磨幼滑原子灰

图 4-1-24 打磨周边表面

四、考核评估

① 学生自检,同学互评,小组讨论,填写《考核评价表》(见附表1),并同《个人工作记录单》(见附表2)和《小组工作记录单》(见附表3)一起上交。

② 教师对学生整个任务的完成过程进行现场观察,并填写《考核评分表》对学生进行成绩评定,见表4-1-3。

表 4-1-3 中间涂层的涂装单项技能评分标准

姓名:	班级:	学号:	实训地点:					日期: 年 月 日
技能考核项目	指标分值	考核标准	成绩分档及权重				得分	考核方式
			A	B	C	D		
			1	0.8	0.6	0.4		
训前准备	20	能认真阅读有关实训文件、教材与参考书,积极做好实训前各种准备工作。教师可根据具体情况酌情打分						现场提问 课后批阅
态度与钻研精神	10	态度与钻研精神						观察

表 4-1-3（续）

技能考核项目	指标分值	考核标准	成绩分档及权重				得分	考核方式
			A 1	B 0.8	C 0.6	D 0.4		
施工准备现场操作	20	能正确清洁表面（5） 遮盖操作准确无误（5） 能正确选用涂料和打磨设备（5） 工具维护保养方法得当（5）						现场考核
中间涂层的施工操作	40	能正确连接和安装喷涂工具（5） 能合理选用喷枪的型号，喷枪调试正确（5） 打磨工具连接和安装正确（5） 操作娴熟熟练，无打磨缺陷（15） 能够用正确的方法对中间涂层进行修饰操作（10）						现场考核
现场管理	10	着装规范，符合要求（2） 安全防护到位（2） 工作场地保持干净（2） 与同学配合到位（2） 服从分配，遵守规章制度（2）						观察
得分								
实训教师签字								

五、知识与能力拓展

1. 涂料的选配依据

在涂装施工中，应根据各种涂料不同的特性和匹配要求进行选配。一般应根据被涂物面材料、使用环境、施工条件及经济效果等进行合理的选配，尤其注意底漆、中间涂层、面漆三者的合理配套。一般来说，涂层之间采用同类涂料配套是最简单而切合实际的办法，但有时候不同品种之间的合理搭配，反而可以使整个涂装系统显示出更为优异的性能。但如果三者调配不当，会产生涂膜间附着力差、起层脱落、咬底泛色等现象，严重影响施工质量。

（1）底材材料

由于各种物面材质的极性和吸附能力不同，因而需合理选用与物面材料性质相适应的涂料。常用汽车涂料与被涂材质的适应性见表 4-1-4。

表 4-1-4　常用汽车涂料与被涂材质的适应性

涂料品种＼被涂材质	钢铁	轻金属	塑料	木材	皮革	玻璃	织纤维
油脂漆	5	4	3	4	3	2	3
醇酸树脂漆	5	4	4	5	5	4	5
氨基树脂漆	5	4	4	4	2	4	4

表 4-1-4（续）

涂料品种＼被涂材质	钢铁	轻金属	塑料	木材	皮革	玻璃	织纤维
硝基漆	5	4	4	5	5	4	5
酚醛漆	5	5	4	4	2	4	4
环氧树脂漆	5	5	4	4	3	5	-
氯化橡胶漆	5	3	3	5	4	1	4
丙烯酸酯漆	4	5	4	4	4	1	4
有机硅漆	5	5	4	3	3	5	5
聚氨酯漆	5	5	5	5	5	5	5

注：5 表示最好，1 表示最差。

（2）使用的环境条件

不同的地区和不同的气候，对汽车的适应性有不同的要求。例如，南方湿热地区使用的汽车，要求涂料对湿热、盐雾、霉菌有良好的三防性能；北方干寒地区使用的汽车，要求涂料有一定的耐寒性能。另外，在不同的环境下，对涂料的耐候、耐磨、耐冲击和耐汽油等性能都有不同的要求。各种涂料适应的环境条件见表 4-1-5。

表 4-1-5　各种涂料适应的环境条件

涂料品种＼环境条件	酚醛漆	沥青漆	醇酸漆	氨基漆	硝基漆	过氯乙烯漆	丙烯酸漆	环氧漆	聚氨酯漆	有机硅漆
一般条件下使用，但要求耐候性及装饰性好			√		√		√		√	
一般条件下使用，但要求防潮性及耐水性好	√	√						√	√	
化工大气条件下使用或要求耐化学腐蚀性较好	√	√				√		√	√	
在湿热条件下使用，要求三防性能好	√			√		√				
在高温条件下使用										√

注：标有"√"号的，说明适应性较好。

（3）涂料施工条件

不同涂料由于性能上的差异，所要求的施工方法不同，因此选用涂料要根据现有的涂装设备和涂料所适应的涂装方法进行选择。常用的施工方法和适用涂料见表 4-1-6。

表 4-1-6　常用的施工方法和适用涂料

施工方法	涂料品种
刷涂	油性漆、酚醛漆、醇酸漆
浸涂	各种合成树脂涂料
电泳	各种水溶性电沉积涂料

表 4-1-6（续）

施工方法	涂料品种
压缩空气喷涂	各种硝基漆、氨基漆、过氯乙烯漆等
高压无气喷涂	各种类型涂料特别是厚浆料、高不挥发分涂料，但不宜于粒度大的颜料涂料
静电喷涂	合成树脂涂料、高不挥发分涂料
静电粉末喷涂	粉末涂料

（4）涂料的配套性

在汽车涂装中有各种底漆、中涂、面漆，由于其性能不相同，并不是都能搭配。如果配套不当，会产生涂膜间附着力差、起层脱落、咬底、泛色等现象，严重影响施工质量。各种金属与常用底漆、面漆的合理配套见表4-1-7。

表 4-1-7 各种金属与常用底漆、面漆的合理配套

面漆类型	黑色金属	铝、镁及铝镁合金	锌及锌合金	铜及铜合金
酚醛漆	酚醛底漆 醇酸底漆	锌黄纯酚醛底漆 磷化底漆	锌黄环氧底漆 锌黄环氧醇酸底漆	酚醛底漆 磷化底漆
沥青漆	沥青底漆 酚醛底漆	沥青底漆	沥青底漆	沥青底漆
醇酸漆	醇酸底漆 环氧底漆	锌黄酚醛底漆 锌黄醇酸底漆	醇酸底漆	酚醛底漆 磷化底漆
氨基漆	醇酸底漆 氨基底漆 环氧底漆	锌黄环氧底漆	酚醛底漆 磷化底漆	环氧底漆
硝基漆	酚醛底漆 硝基底漆 环氧底漆 醇酸底漆	锌黄酚醛底漆 锌黄醇酸底漆 锌黄环氧底漆	酚醛底漆 醇酸底漆 环氧底漆	酚醛底漆 环氧底漆
过氯乙烯漆	酚醛底漆 醇酸底漆 过氯乙烯底漆 丙烯酸底漆 磷化底漆	锌黄酚醛底漆 锌黄醇酸底漆 锶黄、锌黄丙烯酸底漆 磷化底漆	酚醛底漆 醇酸底漆 环氧底漆 磷化底漆	酚醛底漆 过氯乙烯底漆 丙烯酸底漆 磷化底漆
丙烯酸漆	酚醛底漆 醇酸底漆 环氧底漆 丙烯酸底漆 磷化底漆	锌黄酚醛底漆 锶黄、锌黄丙烯酸底漆 磷化底漆	酚醛底漆 环氧底漆	酚醛底漆 环氧醇酸底漆
环氧漆	环氧底漆	锌黄环氧底漆	环氧底漆	环氧底漆
聚氨酯漆	聚氨酯底漆 硝基二道底漆	锌黄聚氨酯底漆	聚氨酯底漆	聚氨酯底漆

（5）涂层的厚度

涂膜的保护力一般是随涂膜厚度的增加而提高的。在不同使用条件下，涂层的厚度应控制在一定的范围内。若涂层低于厚度的下限，就不能有满意的保护作用，还会出现露底或肉眼看不见的针孔，外界的水分、化学腐蚀介质等容易侵蚀到涂层内部，降低涂层的寿命。若涂层过厚，会增加成本，还会引起回黏、起泡、皱纹等质量问题。通常涂层控制厚度见表4-1-8。

表4-1-8　通常涂层控制厚度

环境条件	控制厚度范围（μm）	环境条件	控制厚度范围（μm）
一般性涂层	80~100	有侵蚀液体冲击的涂层	250~350
装饰性涂层	100~150	耐磨损涂层	250~350
保护性涂层	150~200	厚浆涂层	350~1 000
有盐雾的海洋环境用涂层	200~250		

2. 汽车修补涂装典型中涂漆

（1）无光中涂漆

这类中涂漆主要有酯胶、酚醛、醇酸、环氧、过氯乙烯和硝基二道底漆，简称二道浆。常用的无光中涂漆品种见表4-1-9。

表4-1-9　常用的无光中涂漆品种

类别	序号	产品型号与名称	主要组成与性能用途
普通型	1	T06—6 各色酯胶二道底漆	顺酐树脂漆料与颜料、体质颜料研磨，加催干剂、200号溶剂调配而成。附着力和填密性良好，易打磨，用于填平腻子面上的孔隙及打磨的纹道
	2	F06—13 各色酚醛二道底漆	由中油酚醛树脂漆料、立德粉、炭黑、填充料混合研磨后，加催干剂、200号溶剂配而成。性能比T06—6优良，用途同T06—6
	3	C06—10 醇酸二道底漆	由醇酸树脂与颜料和大量的体质颜料研磨后，加入催干剂和有机溶剂调制而成。漆膜细腻，好打磨，且对腻子层及面漆的附着力好，自干、烘干均可，烘干效果显著，适用于喷涂打磨光滑的腻子层上，以填平腻子层上的砂孔和纹道
快干型	1	Q06—5 灰硝基二道底漆	是由硝化棉、醇酸树脂、顺酐树脂、颜料、体质颜料和有机溶剂调制而成，干燥快，填孔性好、易打磨，附着力优良，专作填平腻子层孔隙和砂纸划痕等缺陷用
	2	G06—5 各色过氯乙烯二道底漆	由过氯乙烯树脂、醇酸树脂颜料与填料、增韧剂、酯、酮苯类溶剂组成，干燥比Q06—5慢，但比醇酸漆快，易打磨，用于填平针孔、砂纹等缺陷，增加面漆附着力和丰满度
	3	G06—8 灰过氯乙烯二道底漆	由过氯乙烯树脂、醇酸树脂、颜料与填料、增韧剂、稳定剂有机溶剂等组成，漆膜有良好的打磨性能，对腻子表面的砂孔封闭性好，是过氯乙烯底漆和腻子间的过渡漆，能提高面漆的平整度与丰满度
烘干型	1	A06—3 氨基烘干二道底漆	由氨基树脂、干性油改性醇酸树脂颜料及较多填料、催干剂、二甲苯及煤油组成，漆膜细腻、易打磨，附着力好，主要用于底漆和腻子表面缺陷填平，与氨基烘干面漆配套使用
	2	B—04—51 氨基丙烯酸烘干中涂漆	由氨基树脂、丙烯酸树脂、颜料、体质颜料、助剂及混合溶剂组成。因漆中含树脂较多，所以漆膜有一定的光泽，而且其填密性好，遮盖力好，易打磨，三耐性好，不仅适用于轿车，还适用于中、高档客车。同氨基烘漆配套使用

表 4-1-9（续）

类别	序号	产品型号与名称	主要组成与性能用途
烘干型	3	IA9401 汽车专用中涂漆	由聚酯树脂、环氧树脂、特制氨基树脂、颜料、体质颜料助剂及混合溶剂组成。此中涂漆属有光泽中涂漆。填密性好，且易打磨，与聚酯氨基汽车面漆配套使用
烘干型	4	氨基醇酸烘干中涂漆	由氨基树脂、醇酸树脂、颜料与填料、二甲苯等溶剂组成。漆膜坚韧、遮盖力强、附着力好，易打磨，即可用于中涂，也可代替头道面漆用，可厚涂，填孔性好
超快干烘干型中涂漆		氨基丙烯酸快干中涂漆	由氨基、丙烯酸等树脂、颜料、填料及其有机溶剂组成，属于氨基超快干烘干型涂料，在120℃下烘10分钟即可干燥。漆膜坚韧平滑、附着力好，填密性优良，适用于中、高档轿车及豪华客车等中间层涂料。此中涂漆即可喷涂施工，也可以浸涂施工
中高档型	1	H06—12 环氧酯醇酸二道底漆	由环氧酯、中油度醇酸树脂与颜料、填料、催干剂、二甲苯及有机溶剂组成。填密性好，易打磨，用于中、高档汽车底漆和腻子表面小缺陷填平。可自干，也可烘干，同聚氨酯等中、高档面漆配套
中高档型	2	H06—16 各色环氧二道底漆（分装）	属于双组分漆，其中环氧树脂漆料为组分一，固化剂为组分二。使用时按说明书上的规定比例混合，附着力好，易打磨。适用于各种汽车底漆与腻子表面砂孔或缺陷的填平，是聚氨酯等中、高档面漆的配套中涂漆
中高档型	3	丙烯酸聚氨酯中涂漆（分装）	双组分中涂漆，主要漆料为乙组分；进口原装固剂为甲组分。使用时按规定比例进行调配，自干、烘干均可。填密性好，易打磨，适用于各种中、高档汽车中间层漆的涂装
中高档型	4	9705 车用二道浆	是上海涂料有限公司、上海造漆厂生产。由含羟基丙烯酸树脂、颜料、填料、助剂及有机溶剂，配以芳香族聚异氰酸酯作为固化剂，易打磨，层间附着力优良，抗石击性能好，属双组分、自干低温干燥型

（2）半光中涂漆

这类中涂漆主要有氨酯、氨基醇酸、氨基聚酯、氨基丙烯酸和丙烯酸聚氨酯中涂漆。常见的半光中涂层涂料见表 4-1-10。

表 4-1-10　英国 ICI 公司中涂层涂料

名称	特点	施工方法
P565—761 填充多用途底漆两类	P565—761：P210—760/770（填充底漆：固化剂）：P850—1275/1276（稀释剂）=4：1：0.5（喷灰）或 4：1：1.5（二道底漆）（体积比），该底漆具有很好的附着力，并有一定的填充性能，适用于钢铁、铝合金等金属表面，以及玻璃纤维及打磨后的旧漆面作漆；还可用于中涂层二道底漆；但 761 底漆不适用于丙烯及硝基漆作局部修补	施工喷涂压力为 0.25～0.4 MPa。施工喷涂厚度：喷涂 3 层，头道底漆为 200～300 μm，二、三道底漆为为 100～125 μm。干燥时间：头道底漆 20℃自干约 3～4 h，60℃烘烤约 30～40 min，红外线干燥约 20 min，二、三道底漆 20℃自干需 1.5～2 h，60℃烘烤约 20～30 min，红外线干燥为 10～15 min。每层间隔喷涂时间约 5 min
P084—700 白色单组分底漆	本系列产品适用于钢铁件、铝材及玻璃纤维表面作底漆，并适合于在打磨后的旧漆层打底，能够与硝基漆、双组分烘烤漆等面漆理想搭配，因此，该系列底漆既可作一般底漆，也可作二道底漆及末道封闭漆。该类底漆附着力强，涂膜坚固，耐水，平滑，快干，打磨容易	P084—700：P851—391（底漆：香蕉水）=1：1（体积比）。喷涂 3 次，涂层厚度为 50～60 μm
P084—800 黄色中涂底漆		P084—800：P851—391（底漆：香蕉水）=1：1（体积比）。喷涂 3 次，涂层厚度为 50～60 μm
P086—1 多用途二道底漆		P086—1：P851—396=2：1（体积比），填充底漆比例为 1：1 时作二道底漆，喷涂 3 次；用作填充底漆时厚度为 90 μm；用作厚膜二道底漆时厚度为 75 μm；用作二道底漆时厚度为 60 μm

3. 中涂漆层的施工注意事项

（1）硝基中涂漆层

该涂料为单组分，干燥迅速、易于打磨，经打磨后表面平整光滑。施工注意事项如下。

① 使用时应彻底搅拌均匀，以防颜料沉淀。

② 工作黏度一般为 15～20 s（涂—4 黏度计，20℃），其黏度可以用硝基稀释剂调整，喷涂压力 $3 \times 10^5 \sim 4 \times 10^5$ Pa，一般需要喷 3 道以上，每层间隔 10 min 左右。

③ 可与各种硝基面漆以及双组分丙烯酸聚氨酯面漆配套使用。

（2）双组分丙烯酸聚氨酯中涂漆层

该涂料的固化剂为异氰酸脂，一般小面积修补可直接用于金属上或磷化底漆、环氧底漆等表面。其附着力、耐水性、耐热性、耐化学性好，而且干燥快，打磨性及对面漆的保光性都很好，在汽车修补涂装中应用广泛。施工注意事项如下。

① 一般以喷涂为主，也可刷涂或滚涂。

② 直接用于金属表面时，材质必须经过处理，保证无水、无油、无酸碱、无灰尘、无机械杂质。

③ 严格按照生产厂商的要求配比，搅拌均匀后方可使用，并在使用时效内用完。

4. 聚氨酯类二道浆的喷涂作业

在调制涂料之前，应先将主剂搅拌均匀，然后将主剂加入调漆罐中，再按规定加入专用固化剂，应使用计量工具按正确的比例调配。主剂和固化剂混合后，用搅拌棒充分搅拌均匀，再加入聚氨酯二道浆专用稀释剂，调至适宜于喷涂的黏度，一般为 16～18 s。

将调制好的聚氨酯二道浆用滤网过滤，加入喷枪罐，所用喷枪若是重力式，喷孔直径为 1～3 mm，若是上吸式则为 1.5～1.8 mm。

聚氨酯类二道浆的喷涂方法与硝基类二道浆一样，但聚氨酯二道浆每道形成的涂膜较厚，一般喷两遍就够了，若需更厚可喷 3 遍，如旧涂膜剥离后的金属表面，如果直接喷涂二道浆，就需喷涂 3 次。

当旧涂膜是硝基类涂料时，如果只在修补了腻子的部分喷聚氨酯二道浆，则在二道浆与硝基旧涂膜的交界处，在喷涂了面漆之后，往往会起皱。为防止这一点，应在整块板上全部喷涂聚氨酯二道浆。如图 4-1-25 所示，旧涂膜为硝基漆时应整体喷涂二道浆，先在补腻子处薄薄地喷一层，然后整体喷涂两遍。

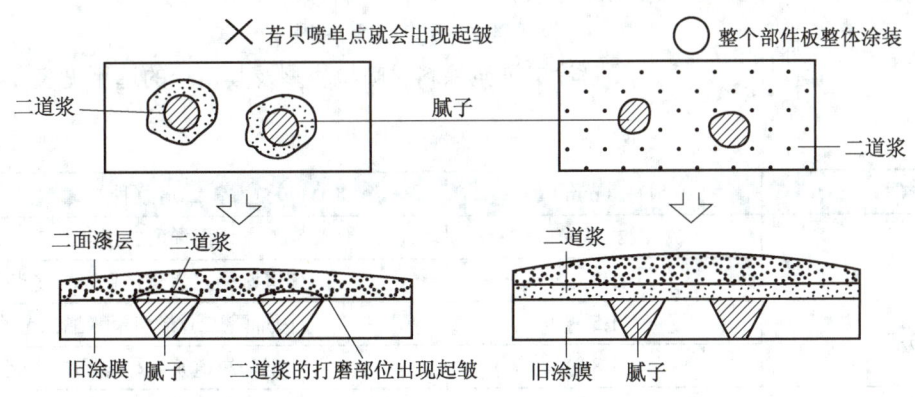

图 4-1-25　旧涂膜是硝基类时整个喷涂二道浆

5. 二道浆涂料使用注意事项

（1）配合使用聚氨酯二道浆

当面漆采用聚氨酯涂料时，二道浆也应采用聚氨酯类。另外，以双组分丙烯酸聚氨酯硝基漆作为面漆时，也以聚氨酯类二道浆为好。

如图 4-1-26 所示,当面漆采用聚氨酯而二道浆采用硝基涂料时,涂膜形成就会不完全,引起起泡和开裂。在全涂装(尤其是静电涂装)、车顶和行李箱等大面积涂装,旧涂膜为硝基漆的涂装时尤其应用聚氨酯二道浆。

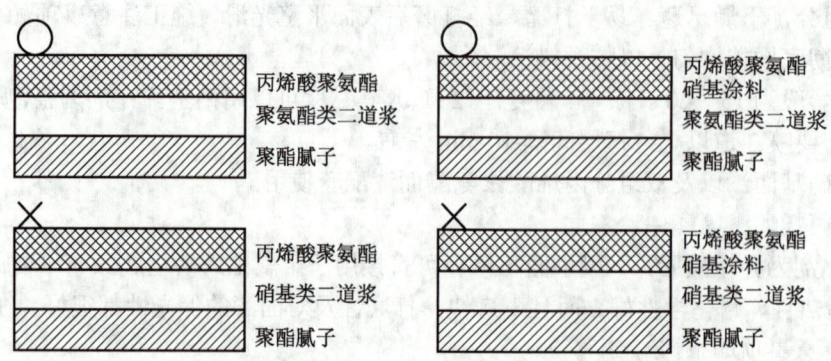

图 4-1-26　面漆涂料与二道浆涂料的组合

(2) 二道浆一次不能喷涂太厚

分几次喷涂表面看起来更花时间,实际上喷涂二道涂料时,边喷边用吹风机加快溶剂挥发,比一次厚厚地喷涂干燥速度快,作业效率也高。其原因是若涂膜厚,溶剂会滞留在涂膜内难以挥发。溶剂的挥发速度与膜厚的二次方成反比。如将分 3 次涂装的膜厚一次喷涂,则挥发速度反而大大减慢,且打磨和修补无法进行,最终结果是作业速度下降。

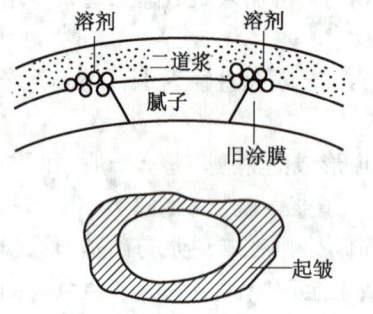

图 4-1-27　腻子边缘起皱的原因

如果一次喷涂过厚,使溶剂残留在涂膜内难以挥发,如图 4-1-27 所示,腻子边缘的旧涂膜会被浸润膨胀,在喷涂了面漆之后就会起皱,所以二道浆涂料切忌一次喷涂过厚。就是所谓厚涂型二道浆,也并不是指一次喷涂就很厚,而是分几次喷涂,最终形成的二道浆涂层较厚。

(3) 寒冷季节和雨天喷涂二道浆应做去湿操作

当气温低和湿度大的时候,应采用红外线灯管或热风加热器,将涂装面加热到人的体温温度,以除去湿气。喷涂的二道浆黏度取 18～20 s 为宜,其他做法基本不变。加热干燥时,不能突然提高温度,而要渐渐加热。

(4) 喷涂二道浆所用喷枪

喷涂二道浆涂料时喷枪类型及其口径的选用见表 4-1-11。

表 4-1-11　喷枪类型与口径的选用

喷枪类型	口径(mm)	二道浆种类
重力式	1.2～1.3	丙烯酸二道浆
	1.5	聚氨酯二道浆,硝基二道浆
上吸式	1.5	丙烯酸二道浆,聚氨酯二道浆
	1.8	硝基二道浆,聚氨酯二道浆
压送式	1.2～1.5	硝基二道浆

6. 二道浆涂层的修整

汽车的档次不同,修整质量要求也不同。

(1) 普通汽车麻眼刮涂法

在普通汽车刮找麻眼的实际涂装操作中,漆工们喜欢在中涂漆喷好且干燥后,进行一次全面找、刮麻眼，待找净刮光后，同中涂漆一起进行水磨，水磨合格后，洗净磨污并擦干水迹，待彻底晾干水分后，再将局部（主要饰面）表面找一次麻眼。

刮麻眼灰时，顺麻眼部位快速涂刮 1~2 个来回，不能来回涂刮次数过多，因为麻眼灰多为硝基类快干腻子，在一个地方来回刮涂次数过多，易产生腻子疤，故每处的麻眼刮平填实后，应随手立即收净四周的残渣，以防干燥结疤，且刮刀面应始终保持清洁。在刮涂中灰面出现干结时，可用香蕉水将其溶化并充分调和均匀，以防干皮混入灰中形成疙瘩，影响刮涂质量。

（2）中档汽车麻眼刮涂法

待中涂漆干燥后，先全面将漆膜表面的针孔、麻点坑、砂痕等毛病依次顺光线找净刮平，收净残渣，干燥 1~2 小时后，全面水磨平滑并擦干水，待彻底晾干水分后，再进行第二次找麻眼。第二次找麻眼时，因表面光滑有些细小麻眼不易看出，故应边刮麻眼边用手检查物面，遇有挡手感的细小毛病时，要随即刮平刮净。

车的主要饰面部位，要再进行一次麻眼部位的局部细水磨，待合格后，擦干水迹、晾干水分后，再进行第三次找麻眼，要顺光线反复将各种细小毛病找净刮平，不得有遗漏现象。找刮轿车表面上的麻眼时，每面要从左到右，从上到下，反复顺光线仔细找刮，直到找净刮平为止。

（3）高档豪华汽车麻眼刮涂法

① 高档轿车的麻眼刮涂法。对高档轿车中涂漆的涂装通常喷涂两道。所以，每喷涂一道，就要找两次麻眼（即中涂漆干后找一次麻眼，在全面水磨后再找一次麻眼）。喷两道就需要找平 4 次麻眼，这样，基层的平度才能基本达到质量要求，再经过一道面漆两次麻眼的找平，就完全达到要求的平度，这样就可喷涂末道面漆了。

② 高档豪华客车麻眼的刮涂法。对高档豪华客车的麻眼刮涂法，通常可分 4 次进行：在中涂漆干后全面找刮一次，水磨后再细找刮一次，在第一道面漆后细找一次，水磨后再作一次更细致的全面找平即可。例如，涂金属漆（铝粉漆、珠光漆），可在灰色中涂漆干后找一次，水磨后再细找一次，而后待金属色漆喷好干后，找一次麻眼，水磨后再细找一次，再喷涂一次金属色浆，干燥后，即可用清漆罩光。

思考与练习

一、选择题

1．下列（　　）不适合喷涂二道浆。
　　A．腻子表面　　　　　　　　　　　　B．除锈后的金属表面
　　C．旧涂膜起细微皱的部位　　　　　　D．封闭底漆的表面

2．对有打磨划痕的旧漆膜表面直接喷涂面漆，会出现（　　）。
　　A．起泡　　　　　B．脱落　　　　　C．开裂　　　　　D．橘皮

3．如果面漆是聚氨酯类漆，则二道浆应选用（　　）类。
　　A．硝基　　　　　B．聚氨酯　　　　C．厚涂型合成树脂　　D．丙烯酸

4．打磨工具配有不同软硬的打磨垫，磨腻子一般采用（　　）。
　　A．硬磨垫　　　　B．软磨垫　　　　C．超软磨垫　　　D．耐高温磨垫

5．打磨工具配有不同的打磨垫，研磨中途底漆一般采用（　　）。
　　A．硬磨垫　　　　B．软磨垫　　　　C．超软磨垫　　　D．耐高温磨垫

6. 手工干打磨二道浆表面时，选择砂纸的粒度为（　　）。
   A．280#   B．100#   C．180#   D．240#
7. 下列3种不同形式的打磨工具，用于除锈、脱漆等粗磨工作的是（　　）。
   A．单向旋转式   B．轨道式单振动式   C．双轨道偏心振动
8. 下列3种不同形式的打磨工具，适用于平面打磨的是（　　）。
   A．单向旋转式   B．轨道式单振动式   C．双轨道偏心振动
9. 下列（　　）不是二道浆重点考查的性能。
   A．层间黏着性   B．耐水性   C．耐热性   D．抗石击性
10. 若二道浆一次喷涂得太厚，则易产生（　　）。
    A．剥离   B．起泡   C．起皱   D．流挂

二、判断题

1. 打磨机研磨光洁度与砂纸粗细有关，与振动幅度大小无关。（　　）
2. 打磨机振动幅度大，磨腻子速度快。（　　）
3. 打磨机振动幅度小，不易产生划痕。（　　）
4. 研磨不同材料，应用不同打磨机。（　　）
5. 研磨不同形状的底材，要选用不同的打磨机。（　　）
6. 一般干磨砂纸的磨料采用氧化铝。（　　）

三、简答题

1. 中间涂料的性能是什么？
2. 涂料的成膜机理是什么？
3. 中涂漆的作用是什么？
4. 二道浆为什么不能喷得太厚？
5. 涂料的配套应注意哪些问题？

学习项目五　面漆的涂装

项目导读

面漆是喷涂在整个涂层最外面的一层涂料，起着装饰与保护的作用。面漆的施工质量是对前面所有工序的总评，整个涂装质量的高低是由面漆来体现的，因此面漆涂装是汽车维修涂装的关键工序。本项目通过面漆的调色、面漆的施工与干燥两个工作任务，使学生熟悉面漆的选配与调制、车身的遮盖、喷枪的使用等方面的知识。

最终目标

会进行面漆的调色与涂装施工

促成目标

1. 能够正确叙述面漆的作用、类型
2. 掌握涂料颜色调配的方法和调色工具的使用
3. 能定量调配出给定车身颜色的涂料
4. 正确完成一个典型车身部件的面漆喷涂过程

任务一　面漆的调色

知识目标

1. 能够正确描述汽车修补涂装用面漆的分类方法及常用面漆的特点、性能要求
2. 能够正确描述颜料与色母
3. 掌握颜色的属性和颜色的表示方法
4. 熟悉涂料的调色原理和调色程序
5. 能够正确描述调漆设备种类与原理

技能目标

1. 能从颜色的属性方面去辨别颜色的差异
2. 掌握在标准光源下进行视觉比色的方法
3. 能够利用色卡调色
4. 能够正确使用调漆设备进行素色漆的调色

一、工作任务

面漆的调色工作任务单见表 5-1-1。

表 5-1-1　任务单

任务单号：_____

工作任务		面漆的调色	日期	年　月　日
任务描述		一现代汽车的右侧门板因被路边飞石击伤，已经进行了中涂底漆涂层的涂装（见学习项目四），按照车身修补涂装的工作程序，进行调配面漆	产品名称/型号	
产品照片				
操作要求	施工材料与施工设备	色母、色卡、调漆杯、调漆比例尺、电脑、电子秤、空气喷枪、喷涂系统、施涂试杆、样板、卡片、烘箱、滤网劳动保护（抹布、防护眼镜或面罩、橡皮手套）等工具	是否满足	□是　□否
	场地要求	调漆车间	是否满足	□是　□否
	环境要求	环境温度 15～25℃	是否满足	□是　□否
	备注			
出单人签字： _____年___月___日			接单人签字： _____年___月___日	
车间负责人签字：			日期：　年　月　日	

二、相关知识

1. 面漆的作用

（1）装饰

通过面漆涂装来化妆汽车，可最大限度地表现车体的设计构思，实现颜色设计的各种各样的色彩和图案，大幅度地提高汽车的商品价值。

面漆涂装不仅给予汽车车身色彩，还大幅度提高其外观装饰性，将汽车打扮得更漂亮、更豪华、更庄重。在平整光滑的底涂层上涂面漆，可使汽车涂层具有更高的光泽，更高的丰满度，更高的鲜映性，使漆面光亮如镜。

（2）保护

面漆涂装兼有对层涂膜和面漆涂层自身的保护作用。对底层涂膜的保护是指防止紫外线透过和水透过。现今随着中涂涂膜的功能提高，分担了面漆涂层的部分保护作用，面漆涂膜自身的保护已成为主题，面漆涂膜需要具有"保色性"、"耐候性"、"耐污染性"、"耐酸雨性"和"抗划伤性"等高功能性，才能保护自身。

2. 汽车修补用面漆的分类

汽车修补用面漆可分为纯色漆、金属漆和珍珠漆等。

（1）纯色漆

纯色漆又称为素色漆或磁漆，是将各种着色颜料研磨得非常细小，均匀地分散在树脂基料中而制成具有各种颜色的油漆。因为纯色漆本身就具有良好的光泽和鲜映性，所以在施工中整个面漆可以仅喷涂纯色漆层，称为"单工序纯色漆"。而有时需要在纯色漆层之外，再施涂一层罩光清漆，对色漆层进行保护，同时可以提高色彩的丰满度，这种由两种涂层结合在一起形成的完整面漆，称为"双工序纯色漆"。

（2）金属漆

金属漆在涂料生产厂商以及汽车维修作业中又具有不同的名称，如"银粉漆"、"金属闪光漆"、"星粉漆"、"宝石漆"等。金属漆基本上都是以金属粉颗粒（以铝粉颗粒最为普遍）和普通着色颜料加入到树脂基料中而制成的。

如果在施工中整个面漆仅喷涂金属漆层，称为"单工序金属漆"。单工序金属漆应用很少，因为涂膜中金属颗粒的排列并不是有序的，对光线的反射角度不同，造成金属漆本身的无光效果，因此在施工中，一般需要在金属漆上面再喷涂罩光清漆，才能使其金属闪光效果珍珠漆充分发挥，称为"双工序金属漆"。

（3）珍珠漆

与金属漆的区别在于它在树脂中加入的不是铝粉颗粒，而是表面镀有金属氧化物的云母颗粒。由于云母颗粒除可以反射一定的光线外还可以透射和折射部分光线，所以这种面漆可以使被涂物表面产生类似珠光的光晕，有的还可以产生从不同的角度观察可以得到不同色相的特殊效果，如图 5-1-1 所示。

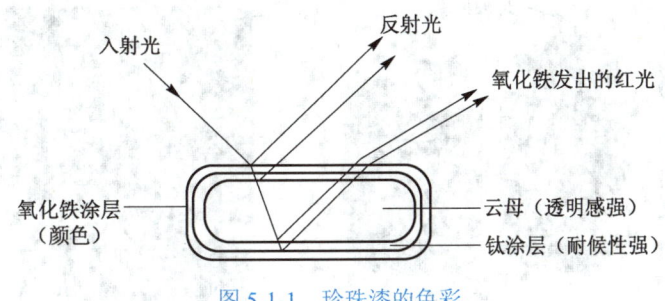

图 5-1-1　珍珠漆的色彩

3. 面漆选用的一般原则

① 选用的面漆应具有一定的装饰性和保护性，既符合不同档次汽车的外观要求，又与车辆使用环境的要求相适应。
② 选用的面漆应与底漆有良好的配套性，保证良好的附着性和无"咬底"现象。
③ 一般情况下，选用面漆的类型与原涂层面漆的类型应尽可能保持一致。
④ 选用的面漆应有利于降低成本，适合施工场所的施工条件，方便施工。
⑤ 选用的面漆应尽可能无毒、无公害，以利于工人的身体健康和环境保护。

4. 调色设备

在进行配方研制比色时，常用光电比色法（用光电色彩计，亦称色差计，直接读出颜色的三刺激值），或用分光光度计求分光比反射率曲线，然后按规定的计算得到测定值，这两种方法使用的设备测色精度准确但价格贵，而调色中心在进行调色时用到的主要设备有配色天平、调漆机、配方微缩胶片、胶片阅读机、电脑、比色卡、比例尺等。

扫一扫

调色主要设备

图 5-1-2 配色天平

（1）配色天平

如图 5-1-2 所示是一种称涂料用的专用天平，又称电子秤，它由托盘秤、电子显示器、集成电路板组成。电子秤的操作程序如下：
① 水平放置电子秤，避免高温、振动。
② 打开电子秤总电源开关，按下电子秤电源处，暖机 5 min。
③ 按下归零键，将被秤物轻置于秤板中心，依序操作。
④ 使用完毕后，按下电子秤电源关闭键，关闭电子秤电源总开关。

（2）调漆机

调漆机又称油漆搅拌机，各大油漆公司都有调漆机和其配套产品，常用的有 32，38，59，108 等各种规格的调漆机。调漆机配有发动机、搅拌桨，利用调漆机很容易混合倒出涂料，如图 5-1-3 所示。

（3）配方微缩胶片

微缩胶片也称菲林片，按其大小可分为两种，即 18 cm×24 cm 和 10.5 cm×14.7 cm。微缩胶片中列有汽车生产厂商及生产厂颜色编号、颜色、配方等。用户可根据生产厂商提供的颜色编号找到相应的配方，查找容易，使用方便。

（4）胶片阅读机

胶片调色即通过阅读机阅读菲林片、查配方。因这种方式成本低、操作简单，所以目前采用较多。为了获取胶片上的配方，需要用到胶片阅读机，如图 5-1-4 所示。

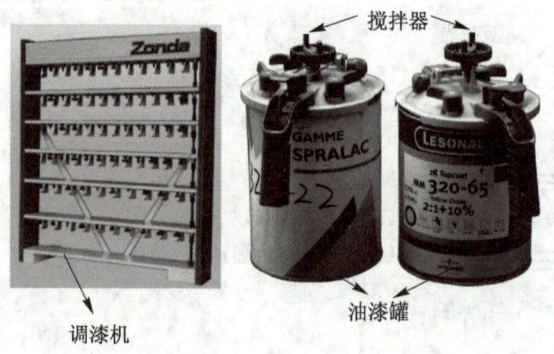

图 5-1-3 调漆机

图 5-1-4 胶片阅读机

胶片阅读机的操作如下：
① 打开阅读机总电源开关。
② 拉开置片板，将微缩胶片依正确方向置入置片板上。
③ 推回置片后，打开机座底部电源开关。
④ 检视微缩胶片，查出颜色配方。
⑤ 使用完成后，关闭机座底部白色开关，拉出置片板，取出微缩胶片，推回置片板。
⑥ 关闭阅读机总电源开关。

（5）电脑

如图 5-1-5 所示，调色电脑由可见光分光光度仪、电子计算机、配色软件等组成。

可见光分光光度仪由光源、单色器、积分球、光电桥检测器、数据处理系统等部件组成，作用是可以将测得涂成层的光谱反射率曲线，通过库贝尔卡、芒克配色理论计算出涂层颜色的三刺激值，测出颜色而通过电脑配色软件进行调色。

配色软件由色质检测软件、调色软件等部分组成，主要作用是建立储存基础颜色（颜料种类与用量）的数据库。使用时先确定基础颜色和色母，而后输入每种色母的光谱反射率曲线（即不同波长的吸收系数和散射系数），再根据输入的数据进行调色。也就是说，新购置的配色软件是不会配色的。必须先将该漆的色号输入配色系统，配色软件才能用输入的色号数据进行配色。因而，使用电脑调色的准确性不仅决定与配色软件的质量，更重要的是所输入的资料数据是否准确可靠。

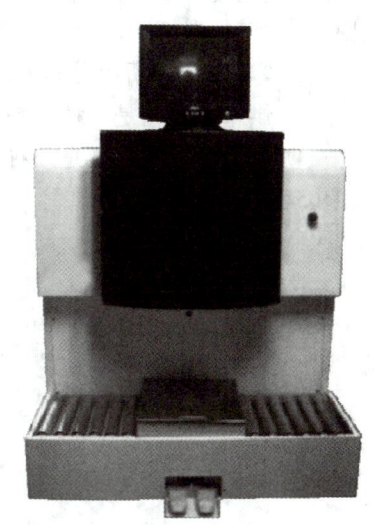

图 5-1-5　电脑调色设备

电脑调色操作如下：
① 查阅汽车车身上的颜色代码（或利用色卡获得代码）。
② 启动电脑中的调色软件。
③ 根据显示屏幕界面提示输入颜色代码。
④ 根据屏幕界面提示的配方进行调色。

将电子秤与电脑连接，如果某一色母添加过量，电脑会自动重新计算配方中的各比例，即会重新生成新的配方，因而可避免由于添加过量使调色失败而造成的涂料浪费。

如果无法获得颜色代码，可利用配套的测色仪，将探头插入待修复车身漆膜内，电脑自动生成配方。

下面以 Basf 公司鹤鹅牌汽车低温修补漆为例，介绍利用 CPS 全能色卡系统及电脑调漆的详细操作过程。

① 从汽车或随车手册中找出制造商的色码（如 MB9197 Obsidian black met.曜石黑色）。
② 用 CPS 参考目录寻找合适的 CPS 色卡，并考虑可能的变化色，如 MB9197/00（CPS 编号为 MA940.50）和 MB9197/60（CPS 编号为 MA946.50）。
③ 将所选的 CPS 色卡与汽车颜色进行比较，从中选出最佳匹配者，如 M 946.50。
④ 在电脑（或与电子秤组合）上，于"Manufacturer"栏中输入 CP/CPS Ⅱ，然后在"Colourcode"栏中输入选定的 CPS 编号（MA946.50），然后选择合适的色漆系列。
⑤ 点击"开始搜寻"，将显示配方。
⑥ 根据显示的调漆配方进行调色。

如果选中某个偏差色，双击就会显示偏差配方。如果查阅的是除主车身外的某一部件的配方（如保险杠），只需点击"按型号相关的颜色"（F6）即可获得配方。

如果点击"调漆"（F3），可在"用量"中输入所需值，还可以点击车辆尺寸大小以及不同部位获得建议油漆使用量，最后点击"OK"即可。

如果点击"调漆",则出现模拟称量界面,即相当于使用电子秤。如果某个色母不慎加入过多,可通过模拟称量界面来重新计算:按 F3,根据系统提示输入每个色母的实际称量,如果某个色母加过量了,系统会提示如何操作,点击"重新计算混合",系统将逐个显示配方各色母的新称量值,写下来第一个称量值,按回车键后就会显示下一个色母的称量值。这样就可按重新计算的配方进行调色。

(6) 其他调色工具

① 比例尺。比例尺是一种用金属或塑料制造的尺子,如图 5-1-6 所示,上面带有刻度记号,可计量适量的固化剂、稀释剂,能方便快捷地进行油漆调配,各大油漆公司的比例尺一般不可混用。混合油漆时,比例尺也可作搅杆用,涂料一般不会沾在其上,用完后容易清洁。

② 容器。涂装所用容器多为聚丙烯型一次性容器。在调配油漆时最好使用上下口径一样的直筒型容器。

③ 烘箱。烘箱是一种强制烘干实验样板的烘干设备,在人工调色烘干样板时使用。

④ 配色灯。配色灯是一种接近阳光的所有波长的灯,可在夜间或下雨时代替阳光,有时作成灯箱,如图 5-1-7 所示。

图 5-1-6 比例尺

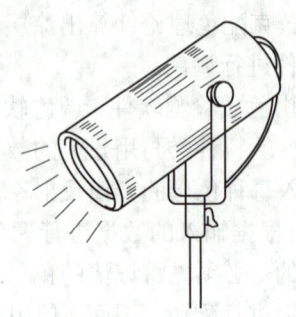

图 5-1-7 配色灯

5. 利用色卡调色

利用色卡调色是汽车修理厂最常用的调色方法之一,利用色卡调色的本质就是利用色卡查阅颜色配方。

(1) 查找汽车涂层颜色代码

大部分车型,特别是进口车型,车身铭牌上都标有涂层的代码。根据这一代码通过胶片、色卡或电脑资料即可找到涂层信息。所以通常在调漆之前,都要在车中找到所需颜色的编号。

汽车公司生产的不同型号汽车,其油漆代码标志位置也不同,部分汽车油漆代码标志位置如图 5-1-8 所示。

扫一扫

利用色卡调色

图 5-1-8 部分汽车油漆代码标志位置

（2）查阅配方

如能找到涂层颜色代码，按下列程序进行调色。

① 在汽车颜料箱中找到相关汽车制造商的色卡盒，找到汽车制造商的色卡扇，如图 5-1-9 所示。

② 按所查的油漆代码找到相应的色卡（或色卡组），如图 5-1-10 所示。

③ 将车身某处（如车门立柱）用抛光蜡抛光。

④ 将所选的色卡（或色卡组）与车身颜色相对比，找到最接近的色卡（从色卡组中）。

⑤ 在色卡的背面读取配方，如图 5-1-11 所示。

⑥ 按照配方指示进行调色。

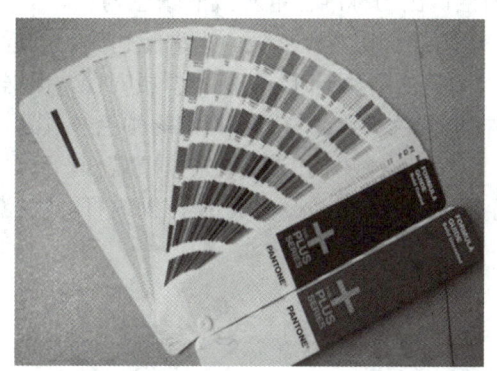

图 5-1-9　色卡

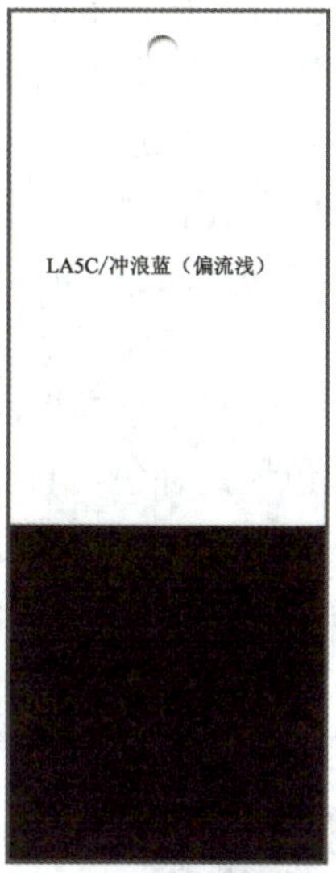

图 5-1-10　油漆代码相应的色卡

一汽大众汽车

色号:LA5C

车色:冲浪蓝(偏浅)

车型:开迪

色母	1升单量	1升累积
30-S00	267.6	294.6
30-S520	313.6	608.2
30-S410	255.8	864.0
30-S010	99.2	963.2
30-S920	68.2	1031.4
30-S160	1.0	1032.4
35-M00	267.6	267.6
35-M1510	331.4	599.0
35-M1410	148.9	747.9
35-M1010	111.2	859.1
35-M1920	75.3	934.4

页数38

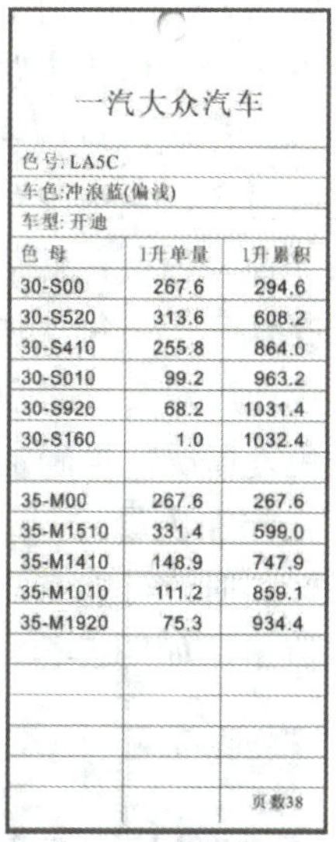

图 5-1-11　读取色卡背面配方

如未能找到颜色原厂编号，按下列程序进行调色。

① 选出有关的汽车制造商色卡盒。

② 从色卡盒中找到与车身颜色相近的色卡组。

③ 用颜色接近的色卡组逐一与车身颜色对照，选出最吻合的颜色。

④ 在色卡的背面读取配方。

⑤ 按配方指示进行调色。

参考色卡时需要注意如下事项。

① 所有色卡的配方在颜色调配时，试板都是用自动喷涂机喷涂的，喷涂的效果与手工喷涂的效果肯定不同。但由于手工喷涂的灵活性，有时可以通过施工者改变喷涂的方式，就能得到色卡所显示的颜色。

② 在比较色卡和车身颜色时要考虑到所有可能造成误差的因素，因为一个色卡与车身颜色完全相符的概率非常低。

调配素色漆时，选择色度和明度比车身颜色高的色卡，在这个色卡的基础上调色，因为素色漆很容易从鲜艳、明亮向灰暗方向调整；调配金属（珍珠）漆时，找一个侧面稍暗的色卡或一个正面偏亮、侧视偏暗的色卡，在这个色卡的基础上调色，很容易通过加大使用控色剂或白色把颜色校正过来。

（3）按配方调色

1）准备色母

根据选好的色卡和配方准备需要用的色母。转动调色设备，使调色机上的所有色漆都充分搅拌，通常需要 15 min 左右。

准备色母时需要注意如下事项。

① 色母已经搅拌均匀。
② 色母的数量足够。
③ 调配涂料的罐是干净的。
④ 搅拌尺已准备好。

2）计量添加色母

① 将电子秤预热并调校好。
② 在秤座上垫上一张纸，将调漆杯放于纸上。
③ 将电子秤归零。
④ 按配方所列色母的顺序添加色母，如图 5-1-12 所示。

汽车涂装施工人员往往将调色用量多的那种色漆称为主色，用量少的色漆称次色，用量极少的色漆称为补色。在调色过程中，应根据各种色漆的颜色，先确定出主色（基色或原色）、次色（间色）补色，然后先放主色，后加次色，最后加补色。根据这种习惯顺序，可在每次涂装前调色时，先将用量大的色漆，加入调色容器中；然后逐次计算出其他色漆的用量，逐次调加至调出与标准色卡一致的颜色为止。

在调色中，每次加色母后要充分搅拌均匀，并边加色母、边搅拌。边对照样板。当调配的颜色接近样板颜色或用户要求的颜色时，应先喷涂或刷涂小样板，待样板上漆膜达到表干时，与标准样板对照，根据对照的色差情况，再确定是加主色、次色还是补色，直至与标准样板颜色一致或与用户指定的颜色一致为止。

在添加色母时，最好首先倾斜漆罐，然后逐渐拉操纵杆，让色母慢慢倒出，如果先拉操纵杆，那么当漆罐倾斜时，可能有大量色母立即倒出。为了在倾斜末尾进行精细调整，也必须小心操作操纵杆，以控制色母流量，如图 5-1-13 所示。

图 5-1-12　调色

图 5-1-13　添加色母方法

虽然各种色母的质量因颜色而异，但是通常情况下，1 滴色母的质量大约为 0.03 g，3 滴的质量在 0.1 g 左右。根据这一情况，在添加用量较少的色母时一定要仔细称重。表 5-1-2 为色母添加误差对颜色的影响。

表 5-1-2　色母添加误差对颜色的影响

色母	配方	添加质量（g）	误差（g）	所占比例
M0	198.0	198.0	+0.1	0.050%
M60	1 230.1	1032.1	+0.1	0.009%
A105	1 275.6	45.5	+0.2	0.439%
M26	1 302.2	26.6	+0.1	0.380%
M27	1 306.7	1.5	+0.2	13.33%

在添加完所有色母后，要用搅拌杆或比例尺混合涂料，以产生均匀的颜色。如果涂料黏到容器的内壁，要用搅拌杆刮下涂料，以防产生色差。

> **注 意**
>
> 如果配方中各色母给出的质量值不是累加值，则每次添加一种色母后，应将电子秤归零。除了第一个添加的色母外，如果添加了过多的色母则需要重新调配，否则应进行麻烦的配方计算。

计量添加色母时应注意以下几点。

① 有把握时可以一次调够数量，没有把握时先根据配方调出小样。
② 对某个色母数量没有完全把握时可以先少加点，即采用"宁少勿多"的原则。
③ 应该把电子秤放在稳定的桌面上，可以减少因为震动引起的误差。
④ 尽量减少空气对流而影响电子秤的准确，如风、人员走动、门窗开关等。
⑤ 现在修补涂装用的电子秤精度都是 0.1 g，第二位的小数部分看不到，需要在心里估算。电子秤是不具备四舍五入的功能的，如 0.16 g，电子秤显示 0.1 g，所以实际的质量一般比显示的质量大。因此，在理论上要准确调配一个配方，每个色母的最小加入量应该在 0.5 g 以上，当配方量放大到 1 L 的配方时，颜色也是准确的。
⑥ 注意使用累积质量和单独质量的区别。很多调漆人员习惯使用每次加完色母后电子秤不归零的方式。正如上面所讲那样，每次的误差不断积累起来后，后面所加的色母会偏少。如涂料的质量为 8.17 g，显示是 8.1 g，这时只要滴加一滴色母。电子秤立即显示 8.2 g。这种差量虽然不大，但在加入少量对颜色影响较大的色母时，误差就会很大。实际选择使用哪种称量方式要灵活掌握，重要的是要知道哪些误差会影响调色精度。

（4）对比颜色

① 按比例配制涂料，添加稀释剂和固化剂，并搅拌均匀。
② 过滤涂料，并加入到准备好的喷枪中，进行试喷。
③ 烘烤试板，进行比对，如图 5-1-14 所示。

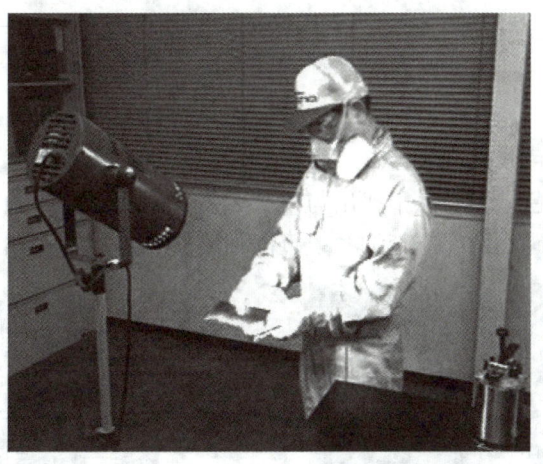

图 5-1-14 对比颜色

注意喷涂样板时，所选用的喷涂参数（喷涂气压、漆流量等）应严格按照涂料使用说明书的建议调整，以保证与正式喷涂的参数一致。

在用试样板与车身颜色进行对比时，一定要认真仔细，并最好在自然光下进行对比。维修厂施工中，由于考虑施工进度，往往在样板还没有干燥好就进行对比，由于样板上实际为湿色，而车身上为干色，以此对比的结果是不准确的。样板最好采用车身用铁板，若用硬纸片（如扑克牌）做样板浸涂漆进行比对调色，会有很大的误差。

检查试板颜色需要注意以下几点。

① 在光线充足的地方，最好在室外不受日光灯、装饰物、树木的反射光影响的地方。

② 不要在阳光直射或光线不足时检查颜色。

③ 当不得不在日光灯或烤房内检查颜色时，注意分辨色差和颜色异构之间的区别。

④ 存在微小色差时，正确判断哪些是不得不微调的，哪些是可利用喷涂方式解决的。

⑤ 充分考虑周围的影响因素，如墙壁、车辆；还要考虑车身修补区域的影响因素，如遮盖膜、氧化、老化、失光等。

⑥ 以第一次印象为准，盯视时间越长，越难以判断。

（5）微调颜色

如果颜色的比对结果表明，所调颜色与汽车的颜色不一样，则必须鉴定出应添加哪一种色母，继而添加该色母以获得理想结果，这个过程就是精细配色或人工微调。这是一个比较和添加涂料的循环，此循环一而再、再而三地重复，直至获得理想的汽车颜色。

将选择好的色母计量加入配色涂料，并用搅拌杆进行颜色比较，利用试杆施涂法，使新涂层重叠部分以前的涂层，这样可以显示出变化的程度或者添加色母的效果。如果还没有获得理想的颜色，再一点一点地添加选择的色母，然后进行试杆施涂和颜色比较。在用该种色母进行的精细配色完成后，再找出涂料所缺的另一种颜色。

确定颜色是否调得接近，是一项困难而重要的工作。虽然涂料的颜色越接近汽车的颜色越好，但是在实践中有一个点，达到此点便可认为颜色已经够接近了，不会有问题了。确定此点时，最好使用比色计，用上面的数字表示颜色相差的程度；但是如果没有比色计，那么就必须靠双眼，最好让尽可能多的人来帮助进行鉴定，得出结论。

在进行颜色微调时，所加的每一种色母及质量均应详细记录。当微调完成后，便获得了一个新的配方。在正式喷涂需大量调漆时，按此配方调色即可。

三、实践操作

1. 检查颜色代码

① 首先在汽车上找到颜色代码为 6K6。

② 从色卡盒中找到车的色卡集，从中找出与车身颜色代码相对应的色卡，如图 5-1-15 所示。

③ 根据车身上的颜色代码，用配方查询系统查出相应的颜色配方，如图 5-1-16 所示。

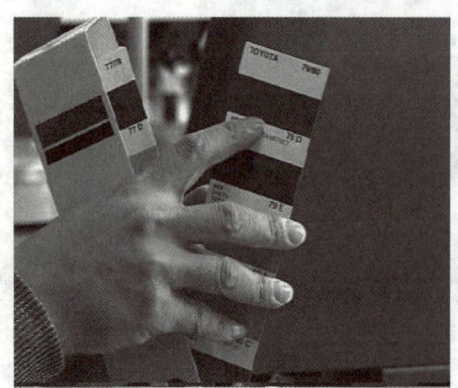

图 5-1-15 色卡

图 5-1-16 查颜色配方

2. 调配色漆

① 准备好调色所需要的调色杯、电子秤、施涂试杆、样板、空气喷枪、滤网等工具。

② 根据选好的色卡和配方准备需要用的色母。转动调色设备，使调色机上的所有色漆都充分搅拌，通常需要 15 min 左右。

③ 根据调漆配方进行调色，如图 5-1-17 所示。

3. 制作试板

① 如图 5-1-18 所示，模拟面漆喷涂的环境在试板上喷涂。

② 试板晾干 15 min 后，将样板放置到烘箱中烘烤 20 min，注意烘箱温度不可设置过高，一般将烘箱温度设置为 70℃。

③ 涂料烘干后，取出试板冷却至室温。在与车身颜色进行比对前，对待涂位置的中间进行清洁抛光，在阳光下比对与车身颜色的差异，如图 5-1-19 所示，以便准确配色。当试板颜色与车身颜色一致时，就可以进行面漆的喷涂。

图 5-1-17　调色

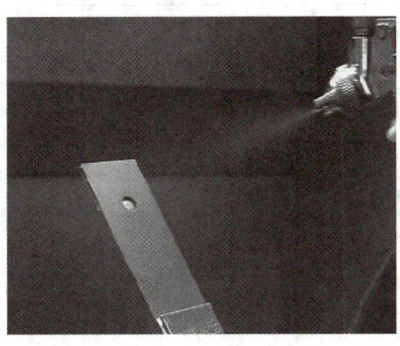
图 5-1-18　试喷样板

图 5-1-19　比对颜色

> **注意**
>
> 比色时，要考虑到湿涂膜和干涂膜之间的颜色差异。一般情况下，同种涂料的湿涂膜颜色比较浅，干涂膜的颜色比较深。

四、考核评估

① 学生自检，同学互评，小组讨论，填写《考核评价表》（见附表 1），并同《个人工作记录单》（见附表 2）和《小组工作记录单》（见附表 3）一起上交。

② 教师对学生整个任务的完成过程进行现场观察，并填写《考核评分表》对学生进行成绩评定，见表 5-1-3。

表 5-1-3 底漆的调制单项技能评分标准

姓名：		班级：	学号：	实训地点：				日期： 年 月 日	
技能考核项目	指标分值	考核标准		成绩分档及权重				得分	考核方式
			A	B	C	D			
			1	0.8	0.6	0.4			
训前准备	20	能认真阅读有关实训文件、教材与参考书，积极做好训前各种准备工作。教师可根据具体情况酌情打分						现场提问 课后批阅
态度与钻研精神	10	态度与钻研精神						观察
调色准备现场操作	20	能查找汽车涂层颜色代码（5） 能正确选用涂层颜色（5） 操作准确无误（5） 仪器维护保养方法得当（5）						现场考核
调色操作	40	色母计量准确无误（10） 能正确使用调色设备（5） 能正确进行试板喷涂操作（10） 调色手法娴熟（5） 能进行颜色比对，无色差（10）						现场考核
现场管理	10	着装规范，符合要求（2） 安全防护到位（2） 工作场地保持干净（2） 与同学配合到位（2） 服从分配，遵守规章制度（2）						观察
得分									
实训教师签字									

五、知识与能力拓展

1. 常用的国产汽车面漆

常用国产汽车面漆的特性及使用范围见表 5-1-4 所示。

表 5-1-4 常用国产汽车面漆的特性及使用范围

序号	型号及名称	特征	使用范围	用量（ml/m²）
1	Q01—1 硝基清漆	干燥快，有良好的光泽和硬度，涂膜耐久性好，可抛光	与汽车外用硝基漆配套使用，调入色漆内罩光，也可用于木制品罩光	50~70
2	Q01—18 硝基皮革	干燥快，光泽较好，柔韧性强	皮革、人造皮革表面罩光	120~150
3	Q01—23 硝基清烘漆	涂膜烘干后硬度高，光泽好，耐汽油和耐润滑油性能强，可抛光	空气滤清器、汽油滤清器等	50~100

表 5-1-4（续）

序号	型号及名称	特征	使用范围	用量（ml/m²）
4	Q04—2 各色硝基外用磁漆	干燥快，涂膜较硬，光亮，可抛光上蜡	汽车车身和汽车总成大修时用漆	240~360
5	Q04—17 各色硝基磁漆	光泽好，耐大气性良好，3个月内不宜打蜡	车身用漆或其他机械设备用漆	120~240
6	Q04—31，Q04—34 各色硝基磁漆	涂膜光亮平滑，涂膜经100~110℃ 2 h烘烤，机械强度更好，耐候性比Q04—2漆好，能抛光打蜡	中、高级轿车	160~200
7	Q04—32 各色硝基平光磁漆	涂膜反光性小，不刺激眼睛，但户外易粉化	用于军用车辆	180~270
8	Q04—35 硝基静电磁漆	涂膜干燥快，光泽好，硬度较高，适于抛光	用于汽车金属表面静电喷涂	120~200
9	G04—9 各色过氯乙烯磁漆	干燥快，涂膜光亮，色泽鲜艳，能打磨抛光。耐候性、抗老化性优于硝基涂料，但耐汽油性差	适用于大客车车身、电车、机床、医疗设备，用于湿热带地区	
10	G04—10 各色过氯乙烯半光磁漆	涂膜光亮平整，户外耐久性好，机械强度高，耐海洋气候和湿热带气候比硝基外用磁漆强，耐水、耐汽油性比过氯乙烯外用磁漆好，但干燥时间较长	适用于工程车和军用车辆	
11	G04—13 过氯乙烯静电磁漆	干燥快，涂膜硬度好、光亮、有良好的耐水性、耐用性。可用静电或手工喷涂	适用于大型货车工程车、农业机械	
12	G01—7 过氯乙烯清漆	涂膜干燥快，光亮，丰满	用于过氯乙烯磁漆表面罩光，或与最后一道磁漆混合使用	
13	C04—2 各色醇酸磁漆	有较好的光亮度和机械强度，附着力良好，耐水性好，可自然干燥	常用于汽车驾驶室、车厢和大客车外表涂装	60~80
14	C04—18 各色醇酸磁漆	涂膜坚硬光亮，干燥快，有良好的机械强度，不易起皱，耐水性好于C04—2	用于货车驾驶覆盖件和车厢，也可用于大客车内外涂装	50~80
15	C04—42 各色醇酸磁漆	比C04—2附着力、耐候性、耐久性强，实际干燥时间较长	同C04—2	同C04—2
16	C04—43 各色醇酸无光磁漆	涂膜无光，耐水性较好，耐晒性差	适用于国防设备，适用汽车、车厢内金属等	70~90
17	C04—44 各色醇酸半光磁漆	涂膜光度和谐，附着力好，坚硬，有良好的耐久性	适用军工机械、车辆内外涂装	60~90
18	C04—48 各色醇酸磁漆	涂膜坚韧光亮，颜色鲜艳，附着力好，耐汽油和润滑油性良好，耐候性强	常用于汽车、机床、船舶或木制品	50~80
19	C04—49 各色醇酸磁漆	有较好的附着力、耐候性和耐润滑性，耐潮湿性较差	汽车驾驶室翼子板等和其他零部件	同上
20	C04—50 各色醇酸磁漆	有较好的耐水性、耐润滑油性，附着力好	用于货车驾驶室、车厢等	同上
21	C04—51 各色醇酸磁漆	同上	适用汽车车身等	同上
22	C01—1 醇酸清漆	涂膜光亮，有较好的耐久性、柔韧性和硬度，附着力良好	汽车外部罩光，可与各色醇酸磁漆混合使用，也可用于车内外木器表面罩光	40~60
23	C01—5 醇酸清漆	涂膜干燥迅速光亮，不易起皱，耐水性较好，柔韧性稍差	汽车表面罩光	40~60

表 5-1-4（续）

序号	型号及名称	特征	使用范围	用量（ml/m²）
24	A01—1 氨基清烘漆	涂膜坚硬光亮，附着力、耐水性、耐润滑油性、耐磨性优良	可与氨基烘漆、沥青烘漆、环氧烘漆配套使用	
25	A05—10 氨基清烘漆	涂膜坚硬、平滑、光亮，耐候性、耐潮湿，附着力良好	用于汽车、轿车和客车外部罩光	
26	A05—9 各色氨基烘漆	涂膜光亮丰满，色泽鲜艳，有良好的附着力、耐水、耐润滑油、耐磨性等性能。与磷化底漆、环氧底漆配套使用，可达到"三防"性能	用于中级轿车车身	
27	A05—15 各色氨基烤漆	涂膜坚硬、丰满，与一般氨基漆比较，耐候性和附着力优良	用于轿车及其他车辆	
28	A05—22 各色氨基烤漆	涂膜光泽好，其他同 A05—9 各色氨基磁漆	同 A05—9	
29	B01—10 丙烯酸清烘漆	涂膜烘干后硬度高、光亮，保光保色性强耐潮湿、耐盐雾、防毒等性能良好	用于小轿车、面包车、电冰箱等表面罩光	
30	B05—4 各色丙烯酸烘漆	属于热固性漆，涂膜光亮、丰满、硬度高、有优良的保色、保光、"三防"性能	适用光泽要求较高的汽车表面	
31	B04—11 各色丙烯酸烘漆	常温干燥，涂膜光亮、耐候性、保光、保色和"三防"性能较好	适用于小轿车车身	
32	B22—1 丙烯酸木器清漆（分装）	常温固化，涂膜光亮、丰满、力学性能好、保光、保色和"三防"性能好，可抛光	适用小轿车内、木器、钢琴、家具等	
33	C04—50 丙烯酸木器清漆	常温固化。色浅，硬度高，耐水，耐温，不变色	大客车内木制品表面罩光	

2. 常用的进口汽车面漆

① 德国鹦鹉牌面漆及清漆见表 5-1-5。

表 5-1-5 德国鹦鹉牌面漆及清漆

涂料名称	用途及特点	调和比例
21 中浓度纯色系列磁漆	该系列为双组分磁漆，适合风干及低温烤干使用，可加温至 80℃。此系列漆飘浮性特佳，漆面光泽明亮，不起橘纹，无变黄现象。具有耐盐、耐湿、耐空气污染、耐恶劣气候、耐废气等特点，且寿命长 由于快干，黏着性好，即使在较低的室温下进行施喷也可达到理想的效果，可节省能源、缩短施工及装配时间	21 系列磁漆：929 系列固化剂：352 系列稀释剂=2：1：10%～30%
22 高浓度纯系列磁漆	该系列为双组分磁漆，其光泽度、流平性、饱满度高，且飘浮性也特佳。对抗紫外线、高低温差及酸雨尤现其效。独特涂膜防撞设计，可减少汽车在高速行驶时砂石对涂膜的损坏。喷涂施工简便，无须烘烤，可适用于任何恶劣环境	22 系列磁漆：929 系列固化剂：352 系列稀释剂=2：1：10%～30%
54 贵金属混合银底漆系列	该系列银底漆以二次喷涂方式使用，首先是银底漆效果涂层，然后是湿对湿清漆涂层。二次喷涂可充分发挥本系列产品的亮度，保证比一般一次性银粉漆更能持久耐用，具有极佳的遮盖能力，在喷涂时可大大节省工时和用量	54 系列底漆：352—91 中速稀释剂=3：2（体积比）
69 幻彩超级特别珍珠漆系列	69 系列珍珠色漆特有超级变幻方式能使油漆产生各种特有变幻色彩，使视觉效果更胜一筹	69 系列珍珠漆：351—91 中速稀释剂=3：1（体积比）

表 5-1-5（续）

涂料名称	用途及特点	调和比例
MS923—85 中浓度超级系列	该系列漆为双组分，具有高硬度，能厚喷、不变黄、耐气候、光亮度高等特性。配用 MS 系列固化剂时，只需喷上两道，涂层就能显示足够的亮度	MS923—85 清漆：927—73 固化剂：352—91 中速稀释剂/216 慢速稀释剂=2：1：10%～30%
MS923—94 高浓度抗磨清漆	该清漆为双组分，具有独特涂膜防撞设计，可减少汽车在高速奔驰时砂石对涂膜的损坏，对抗紫外线、高低温差及酸雨等有特效；此产品除光泽度、清澈度、硬度高外，悬浮性理特佳，不论喷涂在金属漆还是喷涂在珍珠漆上，都能达到最佳效果，不易出现变黄及缩光等不良现象	HS923—94 清漆：929—73 固化剂：352—91 中速稀释剂/7/216 慢速稀释剂=2：1：10%～30%

② 日本关西汽车面漆及清漆见表 5-1-6。

表 5-1-6　日本关西汽车面漆及清漆

涂料名称	用途及特点	调和比例	施工方法
ACRIC 1 000	该磁漆遮盖力强，耐光泽、耐候性均较好，可喷涂在其他面漆上	ACRIC1 000 磁漆：X—1 硝基稀释剂=1：1～1.5（体积比）	喷枪压力为 0.38～0.5 MPa，喷涂层数为 4～5 层。若环境温度超过 30℃，湿度超过 70%，应适量加入防潮剂，可防止涂膜产生橘皮和发白现象
1000、1026 及 1056 清漆	1000 及 1026 清漆可加入色漆中，混合罩光；1056 是水晶清漆，适宜单独罩光，可用 X—1 硝基稀释剂稀释	—	1056 清漆适宜单独罩光；一般喷涂两层，喷涂压力为 0.36～0.46 MPa。若相对湿度较大时，可加入化白水消除膜发白

③ 意大利爱犬牌汽车面漆及清漆见表 5-1-7。

表 5-1-7　意大利爱犬牌汽车面漆及清漆

涂料名称	稀释剂	用途及特点
1100 系列 TC 素色烤漆	1911，4310（标准型，在 25℃以下），1911，4305（快干型），加入 1975，2370 催干剂后，可不用烘烤	本品为双组分优质高固型面漆，涂膜坚实，遮盖力强，操作简单方便，适合任何底漆；不受任何气候变化影响，无须加喷清漆覆盖；具有耐光、耐晒耐化学腐蚀、耐撞击特点，光洁度高，寿命长
1180 系列 BO 银粉烤漆	2520（标准型）、2530（慢干型），调和比例：1180 烤漆：2520/2530=2：1（体积比）	本品为高固体银粉烤漆，涂膜银粉分布均匀，操作简单；耐紫外线，在覆盖爱犬牌清漆系列后，涂膜光洁度高，耐久性强，不会变黄；喷涂时不受天气和气候的变化影响，干燥快，涂膜平整度高，硬度高，适用于各种度漆
1180 系列 PE 幻彩珍珠烤漆	—	本品是高固体分的面漆，并含有珍珠效果的半透明多层色线；覆盖"爱犬"牌清漆系列后，其性能和特点除兼备 BO 银粉系列之优点外，还可在不同角度出现不同色泽的幻彩效果，为各种名贵轿车维修首选用漆
1360、0500 光亮清漆	—	本品为双组分清漆，具有光泽度高、不会变黄的特点，适用于大小面积修补
1360、0400 高亮清漆	—	本品为双组分中固型清漆，具有极好的外观和良好耐腐蚀性能，同时施工方便，流展性佳，涂膜硬度高，适用于大面积修补
1360、0200 特种高亮清漆	—	本品为双组分高固型清漆，有极好的流平性、光泽度特高及硬度好，同时可快速抛光和干燥，适用于大小面积修补，为名贵轿车及高品质喷涂首选

④ 美国 PPG 牌汽车面漆及清漆见表 5-1-8。

表 5-1-8 美国 PPG 牌汽车面漆及清漆

系列名称	调合比例	特点及用途
DG 双组分高级低温烤漆	DG 烤漆：D802 标准硬化剂：香蕉水稀释剂=2：1：1（体积比）；DG 烤漆：超级硬化剂：香蕉水稀释剂=3：1：1（体积比）	DG 烤漆具有涂膜厚、光泽度高及抗腐蚀等性能，适合各种汽车的修补
BC 二层涂装银粉漆、素色漆及珍珠漆	BC 漆：香蕉水=1：1（体积比）	BC 系列磁漆颜色齐全，色彩鲜艳；喷完 3 道 BC 磁漆后，再喷 PPG 牌清漆，具有高光泽度的镜面效果以及良好的耐候性。施工时，喷枪喷涂压力为 0.35~0.4 MPa，喷嘴直径 1.4~1.6 mm；先薄喷一道，隔 10 min 再湿喷一道，最后轻喷一道即可，15 min 后便可喷清漆。BC 色漆不必烘烤干燥，干燥后必须在 15 min~24 h 之内接着喷漆 PPG 牌清漆
D880 双组分镜面清漆、D880 双组分高厚膜超级清漆	D880 清漆：D802 硬化剂：香蕉水稀释剂=2：1：1（体积比）；D880：超级硬化剂：香蕉水稀释剂=1：1：1（体积比）	D800, D880 清漆与 BC 系列磁漆配合使用；喷完磁漆之后，再喷上二道 D800 或 D880 清漆，可以使车身表面达到优质的镜面效果。施工时，喷枪喷涂压力约为 0.4 MPa，喷嘴直径 1.4~1.8 mm。喷涂操作中，应轻喷第一层，直接湿喷第二层，两层间隔时间约为 10 min。在喷涂完毕后，静置约 15 min，待部分溶剂挥发后，接着进行加温烘烤，干燥时间：20℃，自干需 6 h；60℃烘烤需 45 min；70℃烘烤需 30 min

⑤ 英国 ICI 牌汽车面漆及清漆见表 5-1-9。

表 5-1-9 英国 ICI 牌汽车面漆及清漆

涂料名称	特点、用途及调合比例	施工方法
P030 系列、P031 系列单组分硝基系列	P030 系列、P031 系列磁漆与 P081 系列多用途二道底漆配套，可使涂膜光亮鲜艳，并可喷涂在其他硝基面漆上。P030 纯色磁漆：P851—80 硝基稀释剂=1：1（体积比），黏度为 17~18 s（涂—4 黏度计）	施工时，喷涂压力为 0.35~0.48 MPa，喷涂 2~3 层，每层间隔时间为 5~10 min。P030，P031 系列磁漆干燥时间：表干为 5~10 min，实干 4 h。当气温在 30℃以上或相对湿度超过 85%的环境下施工时，可能会出现涂膜粗糙或发白现象，可在漆料中增加适量 P851—727 化白水（防潮剂），这样能改善涂膜的流平性和防止涂膜发白
P032 系列单组分硝基磁漆	P032 系列硝基磁漆，包括银底（金属）色漆、纯底色漆、珍珠色漆等几种 P032 磁漆：P851—804 硝基稀释剂=1：2（体积比）	喷枪压力为 0.28~0.31 MPa。喷涂一层、双层或三层，每层间隔时间为 5~15 min。对于银底色漆，在 20~30 min 后呈现均匀干燥表面，再施喷单组分快干清漆或双组分镜面清漆。在喷涂 P032 银底色漆时应注意：不能表面喷得过于湿润，操作中应使用洒喷手法，不能像其他色漆需要流平性（即漆表面光滑）。若涂膜产生流平，则会使金属粒子聚集，产生色差，造成金属粒子不均匀，每层间隔时间较一般色漆为长，喷枪喷幅应加大，喷幅重叠以 3/4 为宜
P190—390 单组分快干清漆	P190—390 快干清漆只能作为罩光清漆，不能与其他清漆混合使用，也不能与其他清漆混合罩光，以免产生龟裂或咬边现象	施工时，可不必调稀，若温度太高或相对湿度太大，可加入体积分数为 5%~10%的 P851—727 防湿剂（化白水），喷枪压力为 0.24~0.28 MPa，喷涂层数为一层或两层，每层间隔时间为 5~10 min，表面干燥约 10~15 min，实干需 4 h
P190—535 双组分镜面清漆	P190—535 清漆能为面漆及银底色漆罩光，其涂膜光亮似镜。P190—535 清漆：P210—760 标准催干剂/770 慢干催干剂=2：1（体积比）	施工中，温度若超过 30℃，可用 P850—1276 稀释剂（加入体积分数为 5%~10%）稀释，喷涂压力为 0.39~0.45 MPa，喷涂单层或双层，每层间隔时间为 5~10 min；干燥时间：20℃时约 12 h，50℃约 60 min；60℃时约 30 min，70℃时约 20 min；P190—535 清漆不能配以 P210—796 高固体标准催干剂使用，否则会造成油漆报废

表 5-1-9（续）

涂料名称	特点、用途及调合比例	施工方法
P190—596 双组分高固体镜面清漆	P190—596 清漆含量高于一般清漆。施工中，不但可减少喷涂次数，还可使涂膜表面呈现饱满亮泽，能为面漆、银底色漆、金属底色漆、珍珠底色漆罩光。P190—596 清漆：P210—796 标准催干剂/798 慢干催干剂=3∶1（体积比）稀释剂黏度为 16～17 s（涂—4 黏度计），用 P850—1276 稀释剂（加入体积分数为 10%）稀释	施式时，喷涂压力为 0.33～0.37 MPa，喷涂两单层，两层间隔时间为 5～10 min，喷涂完后即可烘烤。干燥时间：20℃时为 12 h，50℃时约为 60 min，60℃时约 30 min，70℃时约为 20 min。P190—596 高固体镜面清漆不能配以 P210—760 标准催干剂或 P210—770 慢干催干剂，否则会造成油漆报废

3. 色彩的理论知识

（1）颜色的定义

物体对光线有选择性地吸收、反射、透射而产生颜色。我们把物体的可以根据色相、明度和彩度来描述的某个特征称为颜色。

（2）影响颜色的三大要素

影响颜色的三大要素也称为视觉的三大要素，即光线、物体和观察者，如图 5-1-20 所示，如果这三个因素中的任何一个发生了改变，那么所产生的颜色也会随之改变。

① 光线。所谓光线就是能够在人的视觉系统上引起明亮的颜色感觉的电磁辐射。我们通常所见到的光线称为可见光。

无色的天然光通过一块玻璃棱镜片，就会被分解成为红、橙、黄、绿、青、蓝、紫 7 种颜色的可见光波，如图 5-1-21 所示。

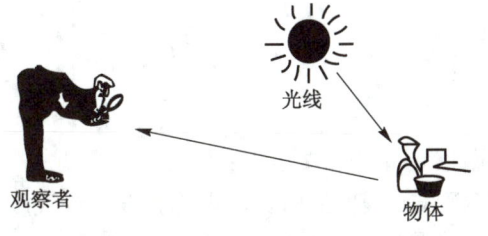

图 5-1-20　视觉的三大要素

图 5-1-21　天然光散射原理图

光波波长与物体颜色见表 5-1-10。其中，红、橙、黄、绿、青、蓝、紫等光波颜色称为彩色，黑、白和灰色称为消色。

表 5-1-10　光波波长与物体颜色

光波的颜色	光波的波长（Å）
紫	3 800～4 360
蓝	4 360～4 950
绿	4 950～5 660
黄	5 660～5 890
橙	5 890～6 270
红	6 270～7 800

表 5-1-10（续）

光波的颜色	光波的波长（Å）
黑	天然光照射在物面上全被吸收
白	天然光照射在物面上全被反射
灰	对各种光波的吸收程度相差不多
五色透明	将各种光波全面透过

② 物体。物体是观察的对象，物体中通常含有颜料，颜料会有选择地反射一部分光线，吸收其他的光线。被反射的光就决定了该物体的颜色。

③ 观察者。在人类眼睛内的视网膜上存在着 3 种视神经纤维，即感红、感绿、感蓝的视觉细胞，每种视觉细胞的兴奋都引起原色的感觉。正常人可以用红、黄、蓝三原色光混合匹配出光谱上的各种颜色，具有三色视觉的人称为三色觉者，能够分辨各种颜色。

（3）色彩的性质

色彩的性质也就是色调、明度、彩度，称为颜色的三个空间或颜色三属性，如图 5-1-22 所示。

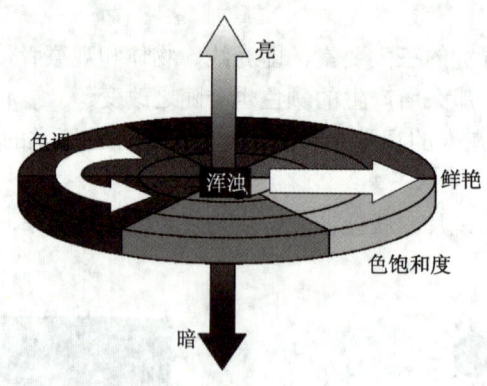

图 5-1-22　孟塞尔立体颜色模型

① 色调。色调也称色相，是色彩的第一种性质（属性）。

② 明度。明度是人们看到颜色所引起视觉上明暗（深浅）程度的感觉，也称亮度、深浅度、光度或黑白度。明度随光辐射强度的变化而变化，是色彩的第二个最容易分辨出的属性。

③ 彩度。彩度是表示颜色偏离具有相同明度的灰色的程度，是颜色在心理上的纯度感觉。彩色还有纯度、鲜艳度或饱和度之称。我们通常会使用"鲜艳"或"黯淡"、"鲜亮"或"浑浊"这样一些词语来进行描述。

（4）色彩的分类和组合

① 标准色，指红、橙、黄、绿、青、蓝、紫 7 种标准颜色。

② 原色，也叫基色。红、黄、蓝三种色为三原色。

③ 间色，也叫二次色，是用两种原色混合的颜色。

④ 复色，指用两种间色混合，或用一种原色同一种间色混合的结果。

⑤ 补色，也叫余色，指在调色过程中，原色中的一种与其他两原色的混合色（间色）相对照而形成的色彩关系。

（5）颜色拼色图和颜色图

1）颜色拼色图

几种颜色相加可以变新色，如图 5-1-23 所示：黄与蓝相加成绿，黄与红相加成橙，红与蓝相加成紫，而红、黄、蓝三色相加在一起则成为黑色。

2）颜色图

两种原色可拼成一个间色，但根据其用量的不同，也会调出不同的颜色。如果用三种原色按不同的用量相互混合，所调出的颜色就会更多，如图 5-1-24 所示。

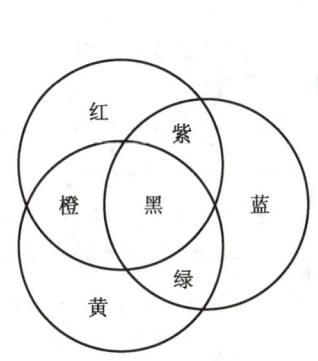

图 5-1-23　颜色拼色图

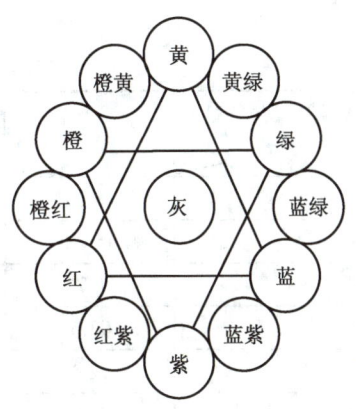

图 5-1-24　颜色图

4. 标准漆膜颜色的编号与名称

标准漆膜颜色是指由中华人民共和国化学工业部，鉴制并规定的 51 个标准漆膜颜色卡片。它不仅用于油漆生产厂家和使用部门在配制和选择色漆的颜色时参考使用，同时是漆工调色的比色样板对照的重要依据。现将 51 个标准漆膜颜色的编号与名称，列入 5-1-11 表中供参考。

表 5-1-11　标准漆膜颜色的编号与名称

编号	颜色名称	编号	颜色名称	编号	颜色名称	编号	颜色名称
PO1	淡紫色	PBO9	天酞蓝色	BGO3	宝绿色	GYO2	纺绿色
PBO1	深铁蓝色	PBO10	天铁蓝色	BGO4	鲜绿色	GYO3	橄榄灰色
PBO2	深酞蓝色	BO1	深灰色	GO1	苹果绿色	GYO4	草绿色
PBO3	中铁蓝色	BO2	中灰色	GO2	淡绿色	GYO5	褐绿色
PBO4	中酞蓝色	BO3	淡灰色	GO3	艳绿色	YO1	驼灰色
PBO5	海蓝色	BO4	银灰色	GO4	中绿色	YO2	珍珠色
PBO6	淡酞蓝色	BO5	海灰色	GO5	深绿色	YO3	奶油色
PBO7	淡铁蓝色	BGO1	中绿灰色	GO6	橄榄绿色	YO4	象牙色
PBO8	蓝灰色	BGO2	湖绿色	GYO1	豆绿色	YO5	柠黄色
YO6	淡黄色	Y10	军黄色	YRO4	橘黄色	RO3	大红色
YO7	中黄色	YRO1	淡棕色	YRO5	棕色	RO4	紫红色
YO8	深黄色	YRO2	黄色	RO1	铁红色	RPO1	粉红色
YO9	铁黄色	YRO3	紫棕色	RO2	朱红色		

5. 调色比例

在实际调配颜色时，除参考表 5-1-12 中各种色漆的颜料用量比例外，也可根据该汽车（指修补漆调色）的原装漆膜颜色，凭调色经验进行调色，操作时以原装漆膜颜色作为样板的对照依据。国产汽车常见的漆膜颜色见表 5-1-13。

表 5-1-12 部分色漆的颜色用量比例参考表

色种 \ 原色漆配比（%）	红漆	黄漆	蓝漆	白漆	黑漆
橘红	8.2	91.8			
橘黄	15.08	84.92			
枣红	70.75	24.57			
紫红	93.6		6.4		
铁红	72.4	16.4			11.2
粉红	2.4			97.6	
国防绿	8.4	60.1	8.5	13	10
解放绿	28	22.9	31.5	8.0	9.6
褐绿		66.1	1.9		32
菜绿	55.1	20.39			24.51
浅灰绿		5	2	91	2
豆绿		10	3	87	
浅豆绿		7.9	2.1	90	
淡青绿		19.6	9.6	70.8	
葱心绿		91.97	8.03		
杏绿		4.55	3.03	92.42	
杏黄绿		11.20	1.47	87.33	
天蓝			4.6	95.4	
湖蓝		6.06	3.04	90.9	
海蓝		11.59	41.63	46.78	
浅蓝			16.9	83.1	
深蓝			86.11	8.33	5.56
孔雀蓝		2.11	17.64	80.25	
乳黄		9		91	
珍珠白		1.41		98.59	
银灰		3.25	1.3	90.73	4.72
浅灰		2.78	2.29	91.34	3.59
淡棕	20	69.8			10.20
淡紫	1.94		0.96	97.1	
深棕	66.66				33.34
鸡蛋色	0.9	8.7		90.4	

表 5-1-13　常见国产汽车的漆膜颜色

车型	漆膜颜色	专用漆产地
北京 130	艳蓝、葱绿、天蓝、酞青蓝、乳白色等	北京、天津、张家口
北京 212	军绿天光、军绿有光等	西安
北京 2020	草绿无光、酞青绿、酞青蓝	北京
沈阳金标	亮海蓝、金属色、乳白、灰蓝	河北、天津、上海
东风三轮	宝石蓝等	北京
跃进 131	浅酞青蓝、海蓝、天蓝	北京
东风 140	浅黄、湖蓝、灰蓝、浅砂色、浅驼色、海蓝、孔雀蓝、酞青蓝	北京、天津、西安、武汉
解放 141	珍珠白、象牙白、浅驼灰、浅酡红、橘黄、蛋青	北京、天津、上海、郑州
桑塔纳 2000	冈比亚红、紫红、银灰、纯白、黑色	德国
红旗	大红、紫红、深红、金属色、黑色	德国、英国
富康	红色较多	天津
夏利	红色或黑色、金属色	北京、天津
宇通大客	金属色较多	德国、英国
少林公交	金属色较多	常州、广州
安凯大客	金属色较多	德国
亚星客车	金属色、乳白	常州
中通客车	金属色较多	德国、美国

6. 银粉漆原理及调色技巧

金属漆改变了传统颜色单调的缺点,通过其中铝片的反射光线,从不同角度都闪闪发光的效果,吸引人的注意。银粉片就像许多小镜子,尺寸从 7～33 μm,银粉片在银粉漆里会影响明度各角度的变化。在银粉漆配方中的主要颜色颜料越透明越好保持,银粉片在漆中如镜子般起反射作用。清漆会稍微改变色漆层的颜色,从正面看时其明度会降低变深。

调配银粉色时,需同时以侧面观察、侧角观察和正面正角观察三个角度来对色。所谓正面就是目光正视色板,又称为"正角度比色",主要是对准面色调;所谓侧角就是目光斜视色板,如眼睛注视车身一般,又称为"侧角度对色"或"斜角度对色",主要是对准底色调。

金属漆调色时的注意事项如下:
① 银粉色的配方只有在喷涂方式调整以及清漆调整都无法收效的情况下才可改变。
② 银粉色的对色需在充足的日光下进行,但需要避免强烈的日光直射。
③ 对色时最好喷在试板上,并且可利用喷涂技巧来控制颜色。
④ 对色需以 90°正角、45°侧角和 180°角度来对色。
⑤ 车身经粗蜡打过,试板要完全干燥,才有精确的比色效果。
⑥ 以手指直接涂色于色板上只可当做参考用,不能作为比色的标准。
⑦ 银粉色的调配需要细心及耐心,若需改变配方也只能作小幅度的调整,并且需依照配方表所选的色母来调整。
⑧ 双工序的银粉底漆喷涂完成后,待 15 min 指触干燥后,再喷上清漆后才可比色。
⑨ 双工序的试板上,银粉底漆喷"整板",而清漆喷"二分之一",如此在调整时可以节省时间,并

且可以累积调色（即银粉色在加喷或未喷清漆的比较色差）的经验。

在调整比色完进行人工微调时，应注意的微调技巧与要领如下：

① 微调时减少银粉色母的量可使银粉漆更深更暗。

② 如果要减低绿色效果，首先应减少配方中绿色色母的使用量，如果以对等色红色色母减低绿色效果，颜色会逐渐成浑浊，即彩度降低，其他对等色也如此。

③ 微调时使用不透明性色母能使侧面变浅变白。

④ 微调时使用透明性色母能使侧面变深变暗。

喷涂时的技巧也同样会影响到银粉漆的颜色，见表 5-1-14。

表 5-1-14　喷涂方法对银粉漆的影响

银粉漆	较浅	较深
稀释剂的挥发速度	快	慢
喷涂黏度	低	高
喷涂压力	高	低
喷涂方法	干喷	湿喷
气温	高	低

任务二　面漆的施工

知识目标

1. 能够正确描述面漆喷涂前需完成的准备工作
2. 能够正确描述不同板件喷涂面漆前应达到的要求
3. 能够正确描述面漆的喷涂手法
4. 能够正确描述面漆涂装后处理项目

技能目标

1. 能熟练地配制适合喷涂要求的涂料
2. 能够正确使用喷涂设备
3. 能够对不同种类的面漆正确地进行喷涂
4. 能够进行常见涂装缺陷的收尾修饰操作

一、工作任务

面漆施工的工作任务单见表 5-2-1。

表 5-2-1 任务单

任务单号：_____

工作任务		面漆的施工	日期	年　月　日
任务描述		一现代汽车的右侧车门因被路边飞石击伤，已经进行了中涂底漆涂层的涂装（见学习项目四），调漆人员已经调好了涂料的颜色，现在需要加入固化剂和稀释剂配制成适合喷涂要求的涂料，并进行喷涂	产品名称/型号	
产品照片				
操作要求	施工材料与施工设备	清洁剂、擦拭布、遮盖纸及胶带、喷烤两用房、喷涂系统、调漆杯、调漆比例尺、电子秤、喷涂样板卡片、烘箱、刮刀、小型打磨块配合料度为 1 000～1 500#水砂纸、劳动保护（抹布、防护眼镜或面罩、橡皮手套）	是否满足	□是　□否
	场地要求	喷涂车间	是否满足	□是　□否
	环境要求	环境温度 15～25℃	是否满足	□是　□否
	备注			
出单人签字： _____年___月___日		接单人签字： _____年___月___日		
车间负责人签字：			日期	年　月　日

二、相关知识

1. 面漆修补涂装的种类

按照修补区域，面漆修补涂装可分为全车修补涂装、整板修补涂装和局部修补涂装。

（1）**全车修补涂装**

全车修补涂装的修补区域为整个车身的外表面。

（2）**整板修补涂装**

整板修补涂装的修补区域为整块钣金件，如整块发动机罩、整块翼子板、整块车门板等。

整板修补涂装要求所调颜色与原车色完全匹配，适合"边对边"修补，速度快、工时少。但对颜色精度及喷涂技巧要求很高，尤其是易于受到喷涂条件影响的颜色，如浅色、高银粉等，返工率较高。因此在没有绝对把握的时候，应采用过渡喷涂工艺，以避免返工。

（3）**局部修补涂装**

局部修补涂装的修补区域为一块钣金件内部，或相邻两块钣金件但修补区域较小的情况。

局部修补涂装要求所调颜色尽可能与原车匹配，在施工中采用过渡喷涂及驳口处理技术，以使修补漆面与原车漆面很好地配合。

2. 面漆喷涂的手法

（1）干喷

干喷时，选择的溶剂要快干，气压较大，漆量较小，温度较高，喷涂后漆面较干。

（2）湿喷

湿喷时，选择的溶剂要慢干，气压较小，漆量较大，温度较低，喷涂后漆面较湿。

（3）湿碰湿

湿碰湿是指不等上道漆中溶剂挥发就继续喷涂下一道漆。

（4）虚抢喷涂

在喷涂色漆后，将大量溶剂或固体分调整得极低的涂料喷涂在面漆上的操作称为虚抢喷涂。在汽车修补中有两种类型虚抢喷涂法。

① 在热塑性丙烯酸面漆上虚抢喷涂，用以使新喷的修补漆与原来的旧漆之间润色，使汽车表面看不出修补的痕迹。

② 在新喷涂的丙烯酸或醇酸磁漆上虚抢喷涂，可提高其光泽，有时也用以在斑点修补时润色。

（5）雾化喷涂

雾化喷涂俗称飞雾法喷涂，又叫飞漆，一般用于金属漆的施工。金属漆与色漆的喷涂方式方法大不相同，金属漆由于漆中有金属颗粒，有的为云母、珍珠等物，比重大，所以喷金属漆时一般用飞雾法，像散花状喷涂，同虚抢喷涂有些相似。

（6）带状涂装

当喷涂某个基材表面的边缘时可用此法。此时应将喷枪扇辐调得相对窄一些，一般调整到大约 10 cm 宽左右。此时喷出的雾束比较集中，呈带状覆盖。这样可以达到减少过喷、节约原材料的目的。

3. 单工序素色漆整车涂装

（1）遮护

用压缩空气按顺序彻底清除打磨粉尘，对不需要施涂的部分应小心用专用遮蔽纸和遮蔽胶带进行施涂面漆前的遮护，以防污染。具体操作参照学习项目二任务二相关内容。

（2）脱脂与除尘

在进行遮护作业中难免会有胶带纸、手上污物黏附于被涂表面，可用专用的除油布或干净的擦拭布沾上脱脂剂，擦拭被涂表面，除去油分、污物和蜡质等。应注意清洁车门把手和滑槽附近、车门内侧和行李舱盖、发动机罩四周内侧、挡风条和挡泥板的安装螺钉附近等。

脱脂结束以后，再一次用压缩空气吹去残留的粉尘，对发动机机罩的内侧、门的内侧、滑槽的角落应特别仔细清除。如果清除不彻底，喷涂面漆时，喷气的气压力会将粉尘等带到涂层面上，无论喷涂得怎样好也无济于事。

（3）喷前检查

① 检查喷枪和干燥设备有无异常，喷涂环境清洁。喷涂操作应在专用的喷漆房中进行，以保证喷涂作业过程中尽可能"无尘操作"。在喷涂之前先对喷漆房进行清洁，清除内部灰尘和碎屑（包括天花板和地板），以防止天花板和地板上的灰尘随喷漆房内的空气流通而飘浮在空气中，对漆面造成污染。

清洁喷漆房之后，需要先抽风 10～20 min 再进行后续工作。

② 检查有无打磨作业和清扫作业没有进行完备之处，检查车身外表是否有遮护遗漏或其他作业没有进行完备之处。

③ 穿戴好合适的喷涂防护用品。用肥皂清洗手上可能有的油污，穿上喷漆防护服，戴上供气式全面罩（或戴上护目镜和活性炭式面罩），戴上无硅乳胶手套，然后用压缩空气清除黏附在衣服上的灰尘。

(4）涂料的准备

① 调制涂料。将调好色的涂料按所需要的量取出，按照规定的比例添加稀释剂和固化剂，并搅拌均匀。

② 过滤及黏度调整。参见学习项目二任务一的相关内容。喷涂前涂料静置 5～10 min，如果涂料黏度需要调整，应添加配套的稀释剂，选用与涂施环境温度相适应的快干、标准或慢干型的稀释剂，施工黏度一般调整至 18～21 s（涂—4 黏度计，20℃），具体值应参照涂料生产厂商的说明。从根本上讲，同一种涂料应以相同的稀释率涂装，比如夏季气温为 30℃，以黏度 14 s 进行涂装。到了冬季，气温为 5℃时，就应以黏度 20 s 进行涂装，所以应养成根据气温改变喷涂黏度的习惯。

(5）调试喷枪

调整喷枪的压力、喷幅及漆流量，参见前述学习项目二任务二的相关内容。

(6）黏尘

喷涂前用黏尘布擦去黏在涂装表面的线头和灰尘。

(7）喷涂

单工序纯色漆的全车涂装工艺见表 5-2-2。

表 5-2-2　单工序纯色漆整车涂装工艺

内容	第一次喷涂	第二次喷涂	第三次喷涂
目的	预喷涂	重喷涂，形成涂膜层	修饰喷涂，表面色调和平整度的调整
要求	在车身整体喷上一层雾的感觉，薄薄的预喷一层。提高涂料与原有涂料亲和力，同时确认有无排斥涂料的部位，如果有就在该部位稍加大气压喷涂，覆盖排斥部位	在该工序基本形成涂膜层，要达到一定的膜厚。要注意尽可能喷厚些，这是获得良好表面质量的基础，但同时注意不能产生垂挂和流动	调整涂膜色调，同时要形成光泽度，可加入透明涂料，有时为调整色调需要加入干燥速度慢的稀释剂
喷涂手法	中湿喷	湿喷	虚抢喷涂
涂料黏度	18～21 s（20℃）	18～21 s（20℃）	16～20 s（20℃）
空气压力	3×10^5 Pa	3×10^5 Pa	2.5×10^5 Pa
喷束直径	全开	全开	全开
漆流量	1/2～2/3 开度	全开	全开
喷枪距离	25～30 cm	20～25 cm	20～25 cm
喷枪运行速度	快	适当	适当

注：1. 黏度以涂—4 黏度计测量，喷枪口径 1.3 mm；

2. 表中数据仅为参考，具体值应参照涂料生产厂商的说明。

(8）清除贴护与干燥

在面漆喷涂完毕后，先静置 20 min 左右，使涂膜中的溶剂挥发，待涂膜稍稍干燥，可先除去遮护材料。因为烘烤加热会使遮蔽胶带上的胶质熔解，与被贴表面更加牢固结合而难以清除，并且容易留下黏性杂质，同时漆膜可能会被胶带揭起。

如图 5-2-1 所示，清除工作应先从涂层的边缘部位开始，而不能从带中央穿过涂层揭开胶带。揭除动作应仔细轻缓，并且使胶带呈锐角均匀地离开表面。进行清除工作时，应注意不能触碰刚刚喷涂过的地方，还应防止衣服物品触及喷涂表面，以免出现损伤，造成额外修补的工作。

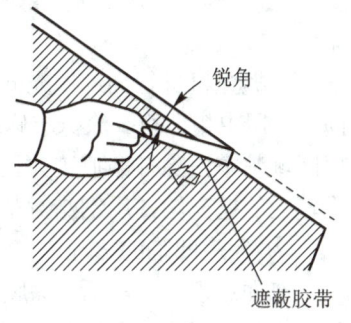

图 5-2-1　清除遮蔽材料

除去遮护之后，可以升温进行强制干燥，使用烤漆房或红外线烤灯。温度上升不能过快，否则会产生气泡和橘皮，先升温至40℃左右，保持10～15 min左右，作为预备干燥时间，然后升温至60～70℃，强制干燥约30 min即可。

（9）涂膜的修整

面漆的涂布结束以后，涂装的工作已经大部分完成，但还需要进行最后的修整工作，涂膜的修整主要包括修理小范围内的缺陷和表面抛光等。

喷涂过程中常常会由于种种原因在漆表面造成一些微小的故障，常见的有漏喷、露底、毛边、颗粒、针孔、流挂、麻眼、咬底、粗糙、微小划擦痕迹和凹坑等，影响装饰性，因此必须进行修理。

① 流挂和涂膜颗粒的处理。

在喷涂当中造成流挂是由于喷涂环境的影响，在涂膜表面有颗粒等也是不可避免的。若流挂的面积很小，涂膜表面颗粒很少，可以用单独修理的方法进行处理，修理必须在涂膜完全干燥的情况下进行。处理过程为首先平整流挂或颗粒部位，然后用抛光的方法使修理部位与其他部位光泽一致，消除修理痕迹。

a．平整修理。

平整流挂和小颗粒多采用打磨的方法，但在流痕或颗粒比较大的情况下，先用刮刀将流痕或大颗粒削平，但在操作上要求有一定的技巧，刮削时刀刃应略向上方倾斜，不可切削过量，如图5-2-2所示。对于颗粒等小范围的打磨，用小型打磨块配合1 000#～1 500#水砂纸进行，如图5-2-3所示，最后用抛光机抛光。

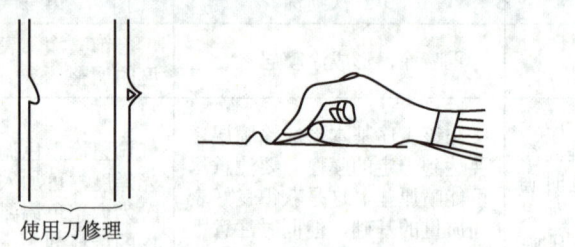

图5-2-2 用刮刀进行表面修整

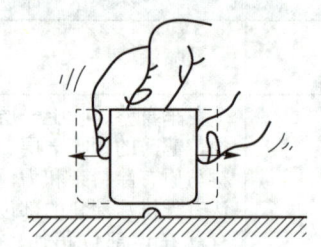

图5-2-3 用磨头打磨涂膜颗粒

b．局部抛光。

经过平整修理和打磨的区域必须进行抛光，对小范围修补区域一般使用手抛的方法即可，也可用机械抛光来提高效率。

手工抛光的材料一般使用法兰绒，因法兰绒质地较厚，且多为毛或棉质，非常适合抛光用。抛光时用法兰绒布蘸上少许抛光粗蜡或中粗蜡，用力对打磨区域擦拭以消除磨痕，运动轨迹以无序为好，尽量不要留下磨削的痕迹。待砂纸痕迹基本消除并具有一定的光泽后，将抛光区域和抛光布清理干净，不要留下粗蜡痕迹，然后换用抛光细蜡再次进行细致的抛光。

对于新漆面而言，未抛光的区域即具备耀眼的光泽，经过抛光的部位光泽虽没有减低，但已经变得比较柔和，像珠光一样悦目，所以往往会造成两个区域有明显的差异甚至有色差。因此，用细蜡抛光的面积要大于修理区域3～5倍，使修补区域与未修补区域无明显的差异，最后，用上光蜡统一对整板进行上光即可。

用抛光机进行局部抛光同上述用手工抛光的基本步骤相同。首先将中粗抛光蜡（由于用机械进行局部抛光，用中粗即可）涂抹于修理区域，选用小型海绵抛光轮以较低的转速对修理区域进行研磨抛光，待修理区域基本消除打磨痕迹并显现出光泽后，逐渐提高转速并扩大抛光区域到修理区域的3～5倍，然后换用较大的抛光轮，用细蜡对整板进行抛光上光一体操作，消除光泽和颜色的差异。

② 涂膜凹陷的修理。

在面漆喷涂完毕后，涂膜上常常会有个别因喷涂表面清洁不净，留有油渍、汗渍等造成涂膜张力变化而形成的小凹坑（鱼眼），或是清除遮蔽胶带时造成的小范围涂膜剥落等现象。对这些地方进行补漆操作时若缺陷位置不明显，一般不需要用喷枪，使用小毛笔或牙签等对凹陷部位进行填补就可以了。但如果缺陷部位非常明显或所处位置是车辆极需要涂膜完美的地方，如发动机罩或翼子板等，一般多需要采用点修补的方法（使用小型修补喷枪进行局部喷涂）来修理。

用牙签或小毛笔填补凹陷最好在涂膜未干时操作，如果涂膜已经干燥，将会造成填补部位附着不良和颜色的差异。

具体操作如下：

a. 若面漆漆膜已经基本干燥，则需要用清洁剂对需要填补的区域进行清洁。如有必要可用 800# 以上的细砂纸进行简单打磨，但打磨区域切不可过大，只起提高附着能力的作用即可，然后用清洁剂清洁干净。

b. 用牙签或小毛笔蘸上少许面漆（为保证没有色差，最好用富余的面漆；若为双组分涂料，则必须添加固化剂），并迅速地滴到故障部位（鱼眼）或描绘在需要填补的部位（剥落漏白），如图 5-2-4 所示。

c. 用另一支小毛笔蘸取少许面漆稀释剂涂抹在修饰部位，以使修饰部位变得较为平整，并利用稀释剂的晕开和溶解作用使修补部位与其周围相融合。

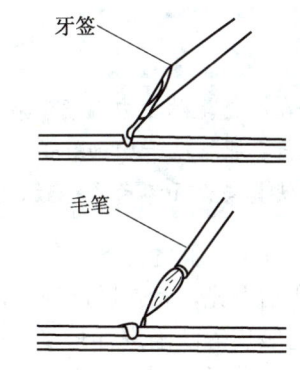

图 5-2-4　用牙签或毛笔进行表面修补

d. 待完全干燥后可以稍稍进行打磨并进行抛光处理。

③ 漏喷、露底修饰法。

漏喷或露底主要发生在汽车车身的各边棱部位或行李舱等次要部位。修饰时先用 500#～600# 水砂纸将该部位轻磨（干磨）光滑并擦净杂质，再调制该色漆将其细致地补喷均匀即可。如果漏喷、露底缺陷发生在车身外部的各边棱部位，应先将大面积用贴纸覆盖，然后补喷边棱缺陷处至均匀一致后揭去贴纸并用溶剂擦净残迹。

④ 毛边修饰法。

对毛边的修饰方法是先用刀片等工具，将毛边部位的杂质清理干净，然后拿干净毛笔蘸少许该色漆液，先轻涂一次，待漆膜表面干燥后，再轻而细致地补涂一次，将其细心描涂至漆膜均匀平整，颜色与整车漆膜一致，无明显的补痕即可。

> **注意**
>
> 操作时要少蘸漆，多描涂，即用毛笔的尖部蘸少许漆液，轻轻描涂。不能一次蘸漆过多（过饱），否则易产生流漆。

⑤ 针孔修饰法。

对局部出现的小面积轻微针孔，可先用 1 000#～1 200# 水砂纸水磨平滑，再用砂蜡和光蜡抛光。如果针孔的面积较大，则必须采用补漆修饰，其方法是先用 500#～600# 水砂纸水磨平滑，洗净并擦干水迹，待彻底晾干或烘干水分后，用快干麻眼灰顺光线反复将针孔找平、找净，干后用 1 000# 水砂纸将其水磨平滑，洗净污物，擦干或彻底晾干水分后，再用清洁剂反复擦净杂质，按面漆末道漆的喷涂方法精心补喷均匀即可。

⑥ 麻眼修饰法。

对麻眼的修饰，不论是小片或大片麻眼，都必须先进行磨光，然后用麻眼灰反复找平，干后磨光擦净，再用该种色面漆补喷均匀，并用驳口水消除补漆雾痕。

⑦ 咬底修饰法。

咬底部位呈皱纹状，修饰前可先将起皱的漆膜清除，并待该部位干燥后，用细砂纸打磨光滑，细刮原子灰至平整，待干燥后磨光，反复擦净杂质，再用该色种面漆补喷均匀，使其与大面颜色一致，然后洒驳口水消除漆雾痕。

⑧ 粗糙面修饰法。

如果粗糙面的面积较小,可先用细水砂纸包橡胶块手工水磨平滑,擦净晾干后,用砂蜡和光蜡进行抛光修饰。

如果粗糙面的面积较大,为确保修饰质量达到满意的效果,尽量用磨光机配合320#～400#机用砂纸先充分机磨平滑,反复擦净杂质后,再用砂蜡和光蜡使用抛光机抛光。

提 示

在磨光操作中应注意漆膜的完整性,不得磨穿面漆。反之应重新补漆。在补漆之前,应先用细原子灰进行刮平,待干后细磨平滑并擦净浮末,再用清洁剂细擦净或用黏尘布反复擦净,然后细补喷该色面漆,使其与大面漆色泽一致,最后喷洒驳口水消除补漆雾痕。

(10) 漆面的抛光

所谓抛光,就是通过打磨,使涂膜表面显出光泽,除去附着在涂膜表面的灰尘和小麻点,对表面粗糙和起皱皮等缺陷进行修整。对于部分涂装而言,还包括对晕色部位的打磨等。该项作业既是全涂装和局部涂装的最后一道工序,也是对涂膜的精加工,必须仔细进行。

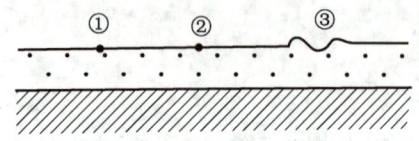

① 涂装面上黏附的灰尘
② 嵌入涂膜的灰尘
③ 黏附在涂膜的棉线等

图5-2-5 涂装后的灰尘

硝基类溶剂蒸发型涂料喷涂后不打磨就没有光泽,所以必须进行抛光打磨。现在通常使用丙烯酸基或丙烯酸聚氨酯型的双组分面漆,虽然其表面具有高度的光泽,但只要进行喷涂作业,由于喷涂环境的影响,就很难避免灰尘和小颗粒的黏附,就要进行修整若附着物嵌入较浅(参见图5-2-5),可以进行修整并抛光;若嵌入较深,颗粒较大,就只有将涂膜去掉,重新喷涂并抛光;或是由于局部修补的需要,出现补漆部位与原涂层在光泽上的差异或色差,往往也需要进行整板抛光处理。

① 手工抛光。

手工抛光可分为擦砂蜡和擦光蜡两道工序。

a. 擦砂蜡。

- 用新毛巾或绒布折叠成肥皂盒大小,将底部压平。
- 将毛巾蘸适量砂蜡或将适量砂蜡直接涂于漆膜上。
- 稍用力往返擦到漆膜表面上细小缺陷消失,漆膜达到镜面般平滑并有均匀柔和的光泽为止。

b. 擦光蜡。

- 将漆膜表面残余的砂蜡清理干净。
- 将脱脂棉团蘸适量光蜡,顺光线反复擦拭,至漆膜光泽均匀一致,并能照出人影为止。
- 用除尘布擦净残蜡。

② 机具抛光。

a. 消除手工磨光砂纸痕的抛光。

- 选择适合于漆层类型的抛光剂和抛光衬套。
- 将少量的抛光剂均匀地涂在需抛光的漆面上,静置5～10 min。
- 用抛光机抛光至出现合适的光泽。

注 意

抛光机设置为低速,用力均匀,方向一致。

b. 抛蜡。
- 用 1 200#～1 500# 水砂纸将漆膜表面水磨到非常平整，洗净，吹干。
- 安装羊毛绒抛光套。
- 在漆膜上涂适量砂蜡。
- 启动抛光机抛光，至漆膜发热并有均匀柔和的亮光。
- 清理残蜡。
- 换一个羊毛套，涂上适量的光蜡，顺光线抛到能清晰地照出人影。

③ 晕色部位抛光。

用超细微的研磨膏薄薄地涂在晕色部位，用装了海绵毡打磨头的抛光机进行打磨，如图 5-2-6 所示。打磨时应注意，抛光机的打磨头只能轻轻接触涂膜，边观察光泽和涂膜状态，边仔细操作。

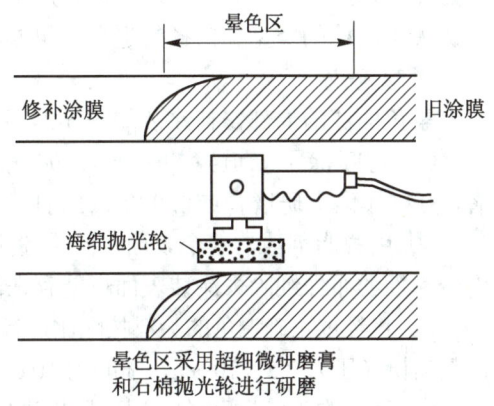

图 5-2-6　晕色部位抛光

（11）打蜡

抛光作业结束后，最后工序是打蜡。但应注意，有的涂料禁止打蜡，比如合成纤维素丙烯酸硝基涂膜不能使用油性蜡；聚氨酯涂膜在完全固化之前（约 1 周），也最好不要打蜡。另外，不同的涂膜应选择与之相适宜的车身蜡，选择方法应根据涂料生产厂家的使用说明书。

打蜡时应注意两点：一是不能在阳光直射的场所进行；二是车身温度较高时也不宜进行，因为蜡的油分会侵蚀涂膜。

（12）部件的整理

安装好拆卸下的部件。如果部件有脏污，应进行清洁后再安装。操作时对于刚施工的漆膜要特别小心，防止不小心伤及新涂膜，造成返工。安装部件之后，需要对车身内外进行整理。

① 用高压空气枪对车辆内部细小部位做初步的清理，如仪表板、通风口、扶手等。
② 用吸尘器清理地毯、车辆内部、座椅下、脚垫、行李舱等。
③ 观察玻璃内外是否有残漆，若有，用稀释剂清理，但应注意不能伤及其他附件及车身。
④ 清理发动机舱。
⑤ 为皮质座椅上皮蜡保养，为车身外装饰条上保养油，为轮胎上轮胎蜡。
⑥ 清理残留在车上的打蜡及细蜡痕迹。
⑦ 用高压空气枪清理车辆外表面。

4. 单工序素色漆局部修补涂装

（1）遮盖

局部喷涂必须采用反向遮盖法。涂装硝基涂料时，遮盖面积小一点也没有多大关系，但聚氨酯涂料一定要遮盖宽一些。为提高局部涂装速度可采用各种方法遮盖，例如可以采用市面上出售的车身遮盖板，或用大的包装纸将大面积盖住，再用 20～30 cm 宽的纸覆盖修补处的四周。当要对侧门和挡泥板等部位进行涂装时，可用覆盖罩完全盖住发动机、车顶和行李箱，然后用磁铁压住几个主要部位，再局部用粘贴带黏住就可以了。

（2）脱脂与除尘

操作方法参考前面内容。

（3）涂料的准备

操作方法参考前面内容。

(4) 选择喷枪

对于酸性丙烯酸硝基漆，局部涂装时用口径为 1.2～1.3 mm 喷枪，而合成纤维素丙烯酸硝基漆则以 1.0～1.3 mm 口径喷枪为宜。

对于丙烯酸聚氨酯涂料，局部涂装时用口径为 1.2～1.3 mm 的重力式喷枪，烤漆涂料可以使用 1.3～1.5 mm 口径的上吸式喷枪，丙烯酸磁漆可以用 1.5～1.8 mm 口径的上吸式喷枪。

关于喷枪的类型和口径的选择，可参考涂料制造商的建议。

(5) 喷涂

素色面漆的局部修补涂装如图 5-2-7 所示。

① 对喷涂了二道浆的表面及边缘部位用 500#砂纸进行湿打磨，相邻部位用研磨膏或 2 000#砂纸打磨，直至消去漆面的光亮度。

② 用脱脂剂清洁整个表面，除去粉尘、油渍、蜡质等污垢，再用带黏性的布仔细除去涂装表面可能存在的细小粉尘。

③ 将经过正确调色的涂料按配比进行调配，装入喷枪的涂料罐，调整喷枪（压力 2.5×10⁵ Pa，喷幅约 10 cm，漆流量 1/3 开度）。

④ 第一次喷涂薄薄的一层，以提高底层和旧涂膜与涂料的亲和力；第二次喷涂比第一次喷涂稍宽一些，并在湿的状态下定出色彩。

⑤ 将剩下的涂料稀释（按涂料生产厂家的技术要求调配）。

⑥ 第三次喷涂比第二次喷得更宽些，薄薄喷上 1～2 层。喷涂压力、漆流量相对调小一些，并作好过渡处理。

⑦ 喷涂驳口水，薄喷一层，挥发约 15 s 左右，再喷涂最后一薄层，此时如果喷得过多就会出现垂挂。

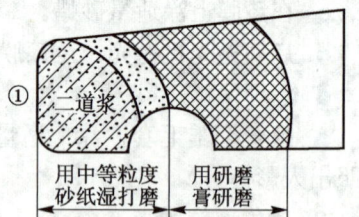
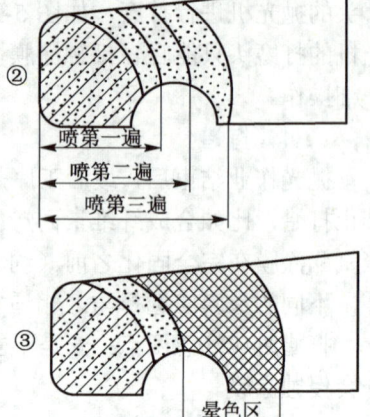

图 5-2-7 素色漆局部涂装

5. 双工序金属色面漆的全车涂装施工

双工序面漆与单工序面漆在施工顺序上没有太大的区别，主要是在面漆喷涂施工作业中有所差别。

如前所述，在进行了正确的遮护→脱脂与除尘→喷前检查→涂料准备→调试喷枪→黏尘之后，进行面漆的施涂工序。

(1) 色漆层的喷涂

双工序面漆的色漆层也称为底漆层，其喷涂工序与单工序面漆喷涂相似，也采用三次喷涂：预喷涂→重喷涂→过渡喷涂，见表 5-2-3。

表 5-2-3 双工序面漆底色漆涂装工艺

内容	第一次喷涂	第二次喷涂	第三次喷涂
目的	预喷涂（金属闪光磁漆）	重喷涂，形成涂膜层，决定色调	过渡层喷涂，消除斑纹
要求	沿车身表面整体薄薄的预喷一层，有一层雾的感觉。提高涂料与原有涂料亲和力，同时确认有无排斥涂料的部位，如果有就在该部位稍加大气压涂，覆盖排斥部位	决定涂膜的颜色，喷涂时不必在意出现的喷涂斑纹和金属斑纹，单层喷涂时，喷枪移动稍快一点为好。丙烯酸聚氨酯涂料遮盖力较强，一般喷两次就行了，但有的色调需按第二次喷涂方法再喷涂一次	取金属闪光磁漆 50%、透明漆 50%相混合，以消除喷涂斑纹和金属斑纹为目的，形成金属感，也可防止喷涂透明层时引起金属斑纹
喷涂手法	雾化喷涂	中湿喷	雾化喷涂

表 5-2-3（续）

内容	第一次喷涂	第二次喷涂	第三次喷涂
涂料黏度	16～18 s（20℃）	16～18 s（20℃）	14～16 s（20℃）
空气压力	3×10^5 Pa	3×10^5 Pa	2.5×10^5 Pa
喷束直径	全开	全开	全开
漆流量	全开	全开	1/2～2/3 开度
喷枪距离	25～30 cm	25～30 cm	25～30 cm
喷枪运行速度	快	稍快	快

注：1. 黏度以涂—4 黏度计测量，喷枪口径 1.3 mm；
    2. 表中数据仅为参考，具体值应参照涂料生产厂商的说明。

每两次喷涂施工之间需要有 5 min 左右的静置时间，第三次喷涂之后需要有 10～15 min 的间隔时间，使涂膜中的溶剂挥发。若用指尖轻轻触摸涂面时沾不上颜色，就可以进入透明层喷涂。

（2）罩光清漆的喷涂

罩光清漆即透明涂料，一般采用二次喷涂，见表 5-2-4。

表 5-2-4　双工序面罩光清漆涂装工艺

内容	第四次喷涂	第五次喷涂
目的	预喷涂（罩光清漆）	精加工喷涂（透明涂料）
要求	不能喷涂太厚，否则会引起金属颗粒排列被打乱	边观察涂膜平整度边仔细喷涂。如果采用快速移动喷枪，往返两次覆盖，能得到很理想的表面色泽。尤其是喷涂车顶、行李箱盖、发动机罩时，覆盖两次为好
喷涂手法	湿喷	中湿喷
涂料黏度	15～17 s（20℃）	14～16 s（20℃）
空气压力	3×10^5 Pa	3×10^5 Pa
喷束直径	全开	全开
漆流量	2/3 开度	3/4 开度或全开
喷枪距离	20～25 cm	20～25 cm
喷枪运行速度	稍快	普通或稍慢

注：1. 黏度以涂—4 黏度计测量，喷枪口径 1.3 mm；
    2. 表中数据仅为参考，具体值应参照涂料生产厂商的说明。

6. 双工序金属色面漆的局部修补涂装

准备好底色漆和罩光清漆。完成准备工作之后就可以开始喷涂，双工序金属色面漆的局部修补涂装施工方法如图 5-2-8 所示。

① 对二道浆涂层及附近用 $400^\#$～$600^\#$ 的水砂纸进行湿打磨，晕色部位用研磨膏打磨，直至消去漆面的光亮度。

② 用脱脂剂清洁整个表面，除去粉尘、油渍、蜡质等污垢，再用带黏性的布仔细除去涂装表面可能存在的细小粉尘。

③ 将经过正确调色的涂料按配比进行调配，装入喷枪的涂料罐，调整喷枪（压力 2.5×10^5 Pa，喷幅约 10 cm，漆流量 1/3 开度）。

④ 在二道浆层四周喷一层透明涂料，以使所喷的金属闪光磁漆更光滑。

⑤ 在二道浆层四周分多次薄喷底色漆，每次间隔 5 min 左右，一般喷 2～3 遍，如果着色不好，则需要喷 3～4 次。同时进行驳口处理。

⑥ 将底色漆和透明涂料各 50% 相混合，黏度调至 11～12 s，喷涂时应使涂料呈雾状，薄薄地喷涂，以消除斑纹并调整金属感，同时兼有晕色处理作用。

⑦ 静置 10～15 min（20℃），用黏尘布除去飞漆和灰尘。

⑧ 喷涂 1～2 层罩光清漆，覆盖整个区域。以 20% 的透明涂料、80% 的稀释剂相混合喷在透明层区域周围，以溶解过多的漆雾，挥发 15 min，薄喷最后一层。双工序面漆的后续操作，与前述单工序面漆基本相同。

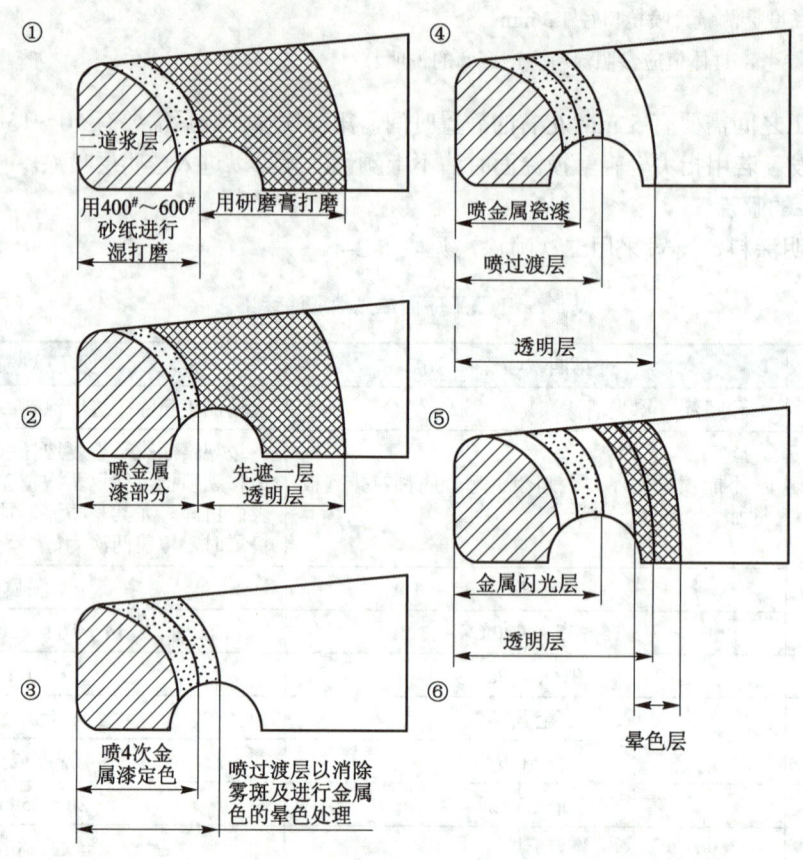

图 5-2-8　双工序金属色面漆的局部修补涂装

三、实践操作

车身表面已经完成中涂漆层的施工作业，达到平整光滑且无缺陷，表面轮廓线清除准确，符合涂装允许的粗糙度。

1. 清洁

用压缩空气按顺序彻底清除打磨粉尘，用专用的除油布或干净的擦拭布沾上脱脂剂，对经过中涂的被涂表面进行擦拭，除去油分、污物和蜡质等，如图 5-2-9 所示。

面漆前遮蔽

2. 遮护

如图 5-2-10 所示，对不需要施涂的部分应小心用专用遮蔽纸和遮蔽胶带进行施涂面漆前的遮护，以防污染。具体操作参照学习项目二任务二相关内容。

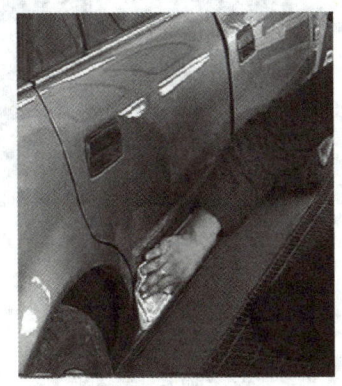
图 5-2-9　喷涂前清洁

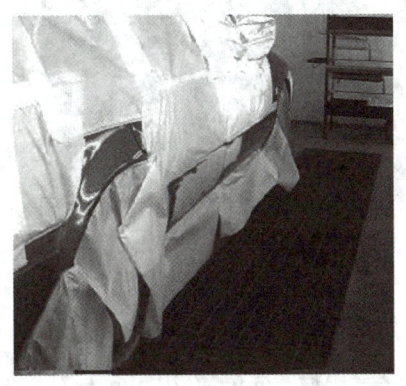
图 5-2-10　遮蔽

3. 脱脂与除尘

清扫和覆盖结束后，进行涂装前脱脂处理，如图 5-2-11 所示。用专用的除油布或干净的擦拭布沾上脱脂剂，擦拭被涂表面，除去油分、污物和蜡质等。用黏胶布进行最后除尘。

4. 调料

将经过正确调色的涂料按配比进行调配，将调好色的涂料按所需要的量取出，按照规定的比例添加稀释剂和固化剂并搅拌均匀，调整好黏度。调好色的涂料难免混有灰尘和杂质，在装入喷枪的涂料罐时要使用过滤网，如图 5-2-12 所示。

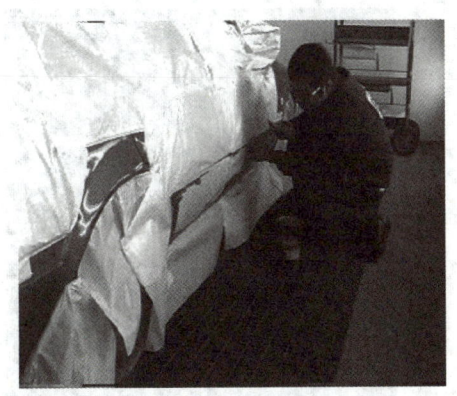
图 5-2-11　涂装前脱脂

图 5-2-12　过滤

5. 调试喷枪

在喷涂面漆前要对喷枪进行试喷，如图 5-2-13 所示，以确定喷枪的压力、漆流量、扇形及雾化效果（喷枪压力 2.5×10^5 Pa，喷幅约 10 cm，漆流量 1/3 开度）。参见学习项目二任务二的相关内容。

6. 喷涂

喷涂面漆时，先湿喷二道色漆，每道之间流平 5～10 min，对于银粉漆可以最后再湿喷一道，以保证银粉均匀分布色浆。喷涂后要晾干 15 min 后再喷涂清漆，如图 5-2-14 所示。

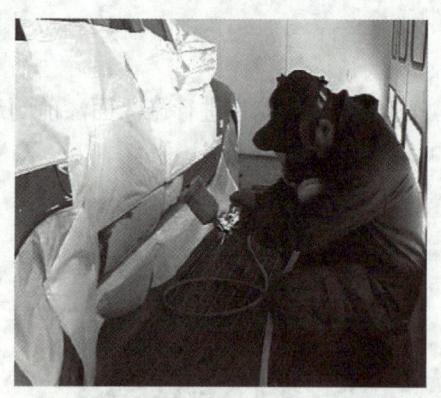
图 5-2-13 试喷

图 5-2-14 喷涂面漆

7. 清除贴护与干燥

在面漆喷涂完毕后，先静置 20 min 左右，使涂膜中的溶剂挥发，待涂膜稍稍干燥，可除去遮护材料。除去遮护之后，使用烤漆房或红外线烤灯进行烘干。温度上升不能过快，否则会产生气泡和橘皮，先升温至 40℃左右，保持 10～15 min 左右，作为预备干燥时间，然后升温至 60～70℃，强制干燥约 30 min 即可。

8. 抛光与打蜡

待漆膜彻底干燥冷却后，用 1 500# 或 2 000# 砂纸打磨漆面，除去附着在涂膜表面的灰尘和小麻点，如图 5-2-15 所示；再用粗羊毛绒配合粗蜡对打磨区域进行研磨，开始时打磨速度不能太快，要慢慢加速；然后用细蜡配合海绵轮进行抛光处理，如图 5-2-16 所示；最后换上干净的海绵轮配合上光蜡去除抛光留下的痕迹，使漆面光滑。

最后在灯光下检查喷涂部位的颜色是否准确，用高压空气枪清理车辆外表面，整个修补工作结束，可以交车了。

图 5-2-15 清除缺陷

图 5-2-16 抛光

四、考核评估

① 学生自检，同学互评，小组讨论，填写《考核评价表》（见附表1），并同《个人工作记录单》（见附表2）和《小组工作记录单》（见附表3）一起上交。

② 教师对学生整个任务的完成过程进行现场观察，并填写《考核评分表》对学生进行成绩评定，见表 5-2-5。

表 5-2-5　面漆的施工单项技能评分标准

姓名：		班级：	学号：	实训地点：				日期：	年 月 日
技能考核项目	指标分值	考核标准		成绩分档及权重				得分	考核方式
			A	B	C	D			
			1	0.8	0.6	0.4			
训前准备	20	能认真阅读有关实训文件、教材与参考书，积极做好训前各种准备工作。教师可根据具体情况酌情打分							现场提问课后批阅
态度与钻研精神	10	态度与钻研精神							观察
施工准备现场操作	20	涂料调配正确（5） 能正确选用设备（5） 能进行清洁与遮盖，操作准确无误（5） 仪器维护保养方法得当（5）							现场考核
面漆的施工操作	40	会使用喷枪与抛光设备（5） 喷涂距离、角度、速度选择正确（10） 操作娴熟熟练，无流挂、橘皮、气泡等喷涂缺陷（10） 会修整漆膜（10） 干燥方法得当（5）							现场考核
现场管理	10	着装规范，符合要求（2） 安全防护到位（2） 工作场地保持干净（2） 与同学配合到位（2） 服从分配，遵守规章制度（2）							观察
得分									
实训教师签字									

五、知识与能力拓展

1. 漆膜干燥时应注意的问题

干燥设备有多种类型，如红外线、远红外线、热风等。不同设备干燥方式也有所不同，因此干燥作业时的关键，就是如何根据干燥设备的特点，在不致产生气孔的前提下提高干燥速度。

（1）注意面漆喷涂后的闪干时间

面漆喷涂后，不能立即加热干燥，必须间隔一定时间，待溶剂挥发到一定程度之后再加热强制干燥，否则不可避免地要出现气孔。间隔时间的长短，对涂膜质量和作业速度都会带来影响。间隔时间的设置，应在不产生气孔的前提下越短越好。

当间隔时间为 5 min 时，即使薄涂膜也出现很多气孔；当间隔时间为 10 min～1 h 之间时，气孔的产生情况几乎没什么差异；但若喷涂后放置一夜，间隔时间长达 16 h，在这种情况下，即使涂膜很厚，也不易出现气孔。

在最初的 10 min，有近 90%的溶剂很快挥发到空气中。若继续保持自然挥发干燥状态，则挥发速度将非常缓慢。经过 16 h 左右，溶剂挥发量达 99%，而涂装后 10 min 与涂装后 1 h 比较，溶剂挥发量没有多大差异。当然,若采用了干燥速度慢的稀释剂,涂装后 10 min 与涂装后 1 h 相比较,溶剂挥发量将有较大差异。但在这种情况下,前者的涂膜表面还处于湿润状态,残留溶剂可以毫无阻碍地向外蒸发;而后者涂膜表面已经干燥,正处于残留溶剂向外蒸发时易形成气孔的状态。因此,两者出现气孔的可能性处于大体相同的水平。

实际上只有涂料状态时分子团小的涂料,比如烤漆、丙烯酸聚氨酯等,才具有上述溶剂蒸发速度特性。这种特性对硝基类涂料不适用,硝基类涂料在涂料状态时分子团大,若涂膜厚则溶剂难挥发。

总之,对于丙烯酸聚氨酯涂料和烤漆涂料,面漆喷涂后间隔 10 min 就可以加热强制干燥,间隔时间没有必要再延长。加热过程中关键是要注意控制升温速度不能太快。另外还应注意随着季节的变化,使用不同的稀释剂。

如果涂装后马上加热,温度迅速升到 80℃ 左右,肯定会出现气孔。但如果在 10 min 内逐渐加热,当温度上升到 20～50℃ 时保温,则一般不会出现气孔,这是什么原因呢?

当涂膜被加热时,从涂膜表面开始干燥,涂膜内部会有来不及蒸发的溶剂、水分及化学反应产生的二氧化碳气体等。这些溶剂和气体成分可以从已干燥的涂膜表面上肉眼看不见的缝隙中逐渐蒸发出去。但若急剧加热,蒸发的气体量多,涂膜的缝隙就来不及将其完全排出,这些气体就会冲破涂膜表面逸出。如果涂膜表面还没有干燥,气体逸出时形成的孔通过涂料流动还能填平还原;但如果周围的涂膜已经干燥,就会残留而形成气孔,如图 5-2-17 所示。

(2) 用远红外线加热器加热不易产生气孔

若采用加热距离较近的红外线灯泡进行加热,发动机罩、车顶、行李箱盖等涂膜较厚处往往会产生气孔。采用性能较好的远红外线加热器以同样条件加热,则不易出现气孔。这是因为远红外线加热器具有使涂料从内部开始干燥的性质。热风式干燥机和红外线干燥机是从涂膜表面开始干燥,而远红外线干燥器是从表面和内部同步进行干燥,如图 5-2-18 所示,即使产生溶剂气体,由于表面具有流动性,也不会由此引起气孔。不过这只是从理论上判断,实际上还不能断定远红外线比热风式和红外线式性能更好。

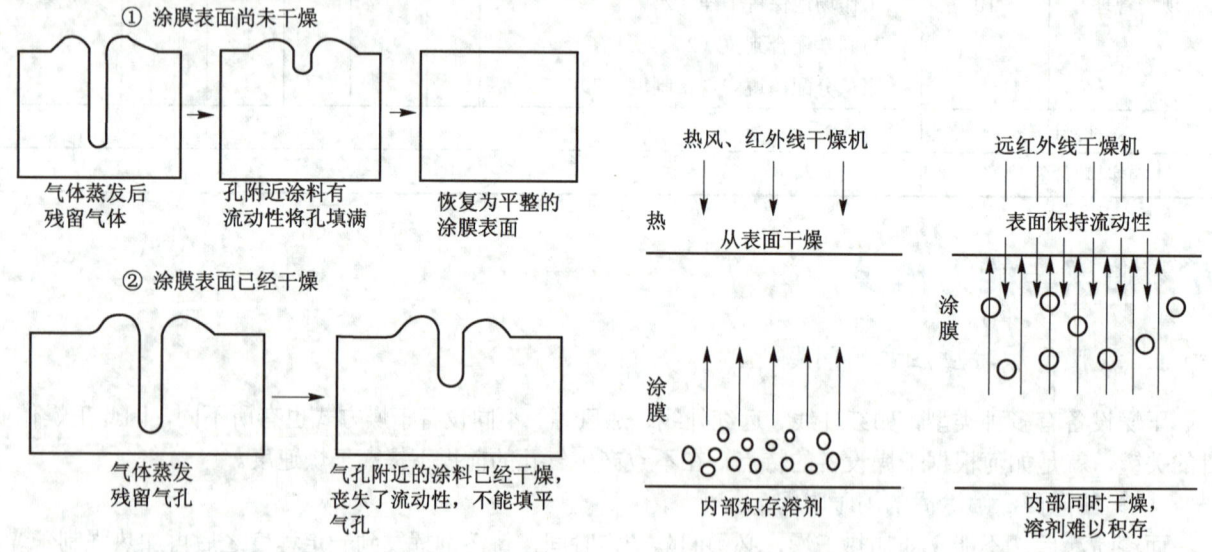

图 5-2-17 漆膜干燥程度与气孔　　图 5-2-18 加热设备对气孔的影响

(3) 干燥温度的控制

涂膜表面即使已经干燥,也存在肉眼看不见的缝隙。如果控制溶剂蒸发气的产生量,使其达到恰好能通过上述缝隙向外蒸发的程度,就不会出现气孔。因此,在进行干燥作业时,不能急剧加热。只要做到了这一点,产生的溶剂蒸气少,渐渐蒸发,气体就能通过肉眼看不见的小缝隙逐渐排出。

加热干燥方法随喷漆间的结构和干燥机的种类不同而有差异,不存在所谓最佳方法。但可以通过测量车体温度进行比较，找出既不会产生气孔、干燥速度又较快的方法。

如图 5-2-19 所示，A 曲线是急剧加热，B 曲线是逐渐加热。两者相比较，A 是 10 min 时间内将温度提高 50℃，60 μm 厚（丙烯酸磁漆涂膜，喷漆 2~3 次）的涂膜整个表面都出现了气孔。B 是在 10 min 时间内使温度升高 20~25℃，120 μm 厚的涂层没有出现气孔。

这种加热方法对气孔产生的影响最大。曲线 A、B 被称为升温曲线，该曲线对烤漆和强制干燥影响很大。曲线越陡越容易出现气孔，越平缓越不易出现气孔。但若过于平缓，虽然不易出现气孔，且干燥速度过慢。如图 5-2-20 所示，在图示范围内寻找合理的升温曲线是提高干燥速度的关键。

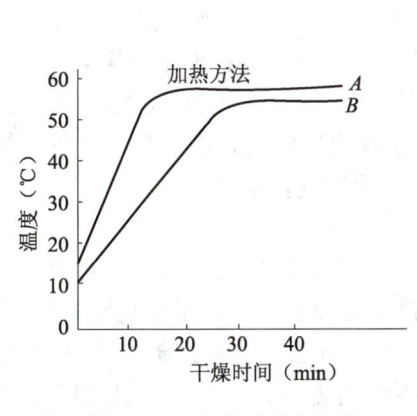

图 5-2-19　加热方法与气孔

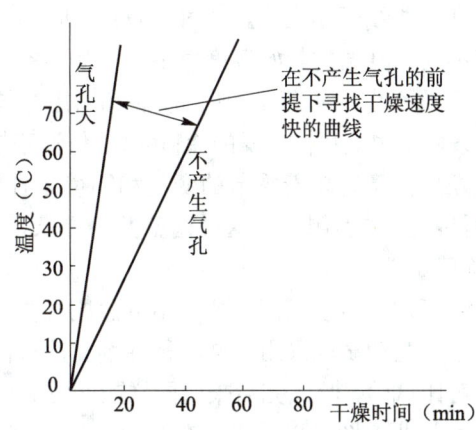

图 5-2-20　合理的升温曲线

干燥温度的测定应以车体温度为准。红外线和远红外线干燥的喷漆间内空气的温度没什么意义，因为这种干燥机发出的辐射热是在辐射线碰到车体才开始产生的，因此即使空气温度还低，车体却已达到较高的温度。除此之外还应注意，车顶、发动机罩等上部与车体下裙部的温度不相同。因此，为准确控制干燥温度，应事先弄清楚干燥机与车体之间的距离变化，以及随红外线加热器部分灯泡的通断，车体各部分的温度将如何变化。

（4）如何确定高效率的干燥条件

① 实用的气孔防治方法如下。

a．升温曲线要平缓。

b．采用干燥速度慢的稀释剂。

c．适当控制膜厚。

d．采用能使干燥从涂膜内部开始的干燥装置。

其中方法 d 往往需要更新设备；方法 c 要减小膜厚，会影响表面质量；方法 b 采用干燥慢的稀释剂也有一定限度，超过限度就会出现垂挂现象。最实用的就是方法 a 采取较平缓的升温曲线。但这种方法也会带来使干燥时间加长、喷漆间周转率降低的问题。

② 没有必要一直加热到完全干燥。

涂料的完全干燥时间是指该涂料能充分发挥其本来的性能所需要的干燥时间，它是由涂料自身的性质所决定的。干燥适宜范围随涂料而异，即使同一个厂家的产品，若固化剂的品种不同，也会出现差异。

③ 不同的涂料产生气孔的方式不同。

气孔的产生方式要受干燥升温曲线和干燥温度的影响。一般说来，升温曲线以 10 min 升温 20~30℃ 为安全范围，但干燥温度却随涂料的品种不同而异。例如，丙烯酸磁漆，即使升温到 80℃ 也不易出现气孔，而同样以 80℃ 温度干燥，丙烯酸聚氨酯就会出现气孔。出现这种差异主要与涂料的表面干燥难易程度有关。因此，应根据涂料的品种不同采取不同的干燥温度，表面容易干燥的涂料，干燥温度应低早些，以避免出现气孔。

④ 如何确定不产生气孔的干燥条件。

前面讲了气孔产生的机理，根据这些机理，下面归纳如何确定合理的干燥条件。

首先是选择不易产生气孔的温度。一般说来，醇酸磁漆的干燥温度为 70~90℃，丙烯酸聚氨酯漆的干燥温度为 50~70℃。但当旧涂膜是硝基漆时，若干燥温度过高，就会因热胀冷缩的差异产生裂纹，这种情况下干燥温度以 50℃左右为宜。

其次是升温曲线。丙烯酸聚氨酯涂料以 10 min 升温 20~30℃为宜；醇酸磁漆有的以 10 min 升温 30~50℃为宜，有的 10 min 可以升温 50~80℃。总之，应事先弄清所用涂料的特点，确定升温速度。

决定升温曲线时还应注意，同样的升温时间范围，随季节不同，实际的升温曲线有差异。其原因在于环境温度不同，升温的起始温度也不同，如冬季喷漆间内温度为 10℃左右，夏季为 30℃左右。

关于干燥条件，应随旧涂膜的状态和所用涂料的干燥适宜条件不同而不同。旧车更换漆膜时，最好选择在低温条件下也能尽快干燥的涂料为好。低温干燥性能好的涂料可以缩短干燥时间，提高喷漆间的周转率。

另外还应注意，随着季节的变化和环境条件的改变，干燥条件也应做出相应调整，这在汽车制造厂的新车喷漆线上也不例外。这种调整并不复杂，只要懂得了基本原理就能进行。

⑤ 涂膜不能过厚。

由经验可知，若喷膜薄，即使温度急剧升高也不容易出现气孔，如图 5-2-21 所示是对此进行的验证性试验结果。此项试验采用同样的稀释剂、同样的稀释率，只改变喷涂次数，也即改变每次喷涂的厚度，进行涂装对比试验，喷漆完后采用同样的间隔时间、同样的加热升温方法，干燥后检查产生的气孔数，由此绘出图。从曲线图可以看出，在其他条件相同的前提下，涂膜越厚越易产生气孔，其原因如图 5-2-22 所示，涂膜越厚，同样大小面积所含溶剂量越多，因而产生的气体量也越多。

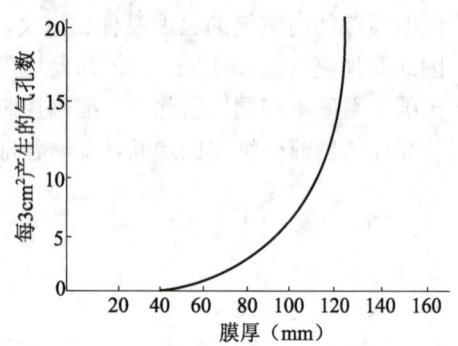

图 5-2-21 膜厚与气孔关系

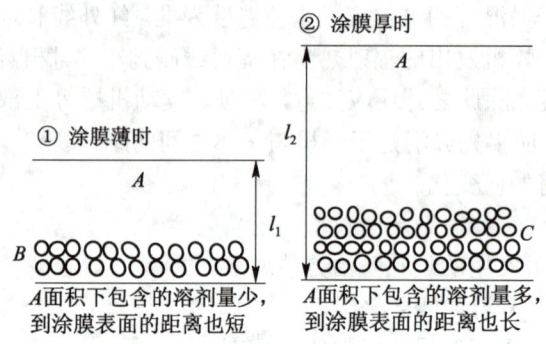

图 5-2-22 膜厚与溶剂的挥发性关系

除此之外，通常溶剂气体从内部上升到涂膜表面的速度，与距离的二次方成反比。若膜厚增加 1 倍，则蒸发速度变为原来的 1/4，也就是溶剂残留在涂膜里的时间为原来的 4 倍。若加热，残留的大量溶剂急剧蒸发，也就容易形成气孔。因此，膜厚增加 1 倍，就不单是溶剂气体量增加 1 倍，还要加上溶剂残留于涂膜内部的时间要加长这一因素，产生气孔的可能性就更大。所以从这一点讲，每次喷涂厚度应尽可能地薄。但有时要保证表面质量（光泽等），又必须喷一定厚度，在这种情况下，具体操作时就要兼顾两方面的因素。

⑥ 稀释剂的影响。

容易产生这样的误解：干燥速度快的稀释剂不会残留于涂膜内部，因而不易出现气孔，但事实上，使用干燥慢的稀释剂反而不易出现气孔。两者的比较如图 5-2-23 所示。

若使用干燥快的稀释剂，涂膜表面会很快干燥，妨碍内部溶剂的蒸发，使其残留在涂膜内部。夏季若使用干燥快的稀释剂，未采取任何加热措施却尽是气孔，原因就在这里。因此，为了防止出现气孔，应使用涂膜表面不会很快干燥的稀释剂，以维持涂膜表面的流动性。

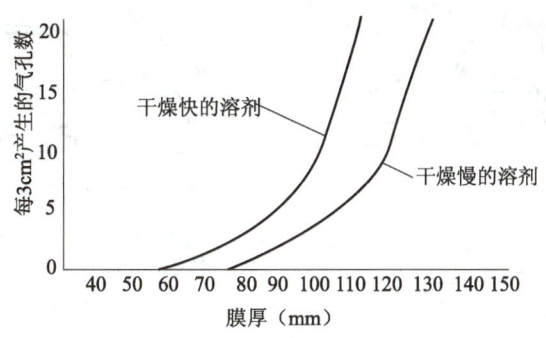

图 5-2-23　溶剂干燥速度与气孔关系

2. 整车翻新涂装工艺

（1）本色整车翻新工艺

本色整车翻新是指按该车原漆的颜色进行翻新，可分普中档本色整车翻新与高档本色整车翻新两种工艺。

① 普中档本色轿车翻新工艺。

对各种普中档本色汽车的翻新，一般可用国产该色丙烯酸聚氨酯磁漆作面漆，中涂漆可用硝基类、丙烯酸类或聚氨酯类，填平腻子应用原子灰，找麻眼可用硝基腻子或专用麻眼灰。对该车的原漆（旧漆）清除，可视现场的实际情况，进行局部清除或全面清除，如原漆的附着力很好，可视情况局部清除，反之应全面清除。

其工艺程序为：全车冲洗→清除旧漆→底层磨光→吹光抹净→用清洁剂擦净→用原子灰刮平→干燥→磨光→吹光抹净→用原子灰二次刮平→干燥→磨光→吹光抹净→用原子灰细收光→干燥→水磨→洗净抹净→晾干水分→玻璃、灯具贴纸遮盖→用清洁剂擦净→喷中涂漆（硝基二道浆或丙烯酸中涂漆）→干燥→用硝基腻子找麻眼→全面水磨→洗净抹干→彻底晾干→二次细找麻眼→细水磨→抹干，彻底晾干→用压缩空气反复吹净→用清洁剂细擦净→湿碰湿喷涂该色面漆→干燥检查→揭纸擦净→修饰→交车。全车喷漆顺序如图 5-2-24 所示。

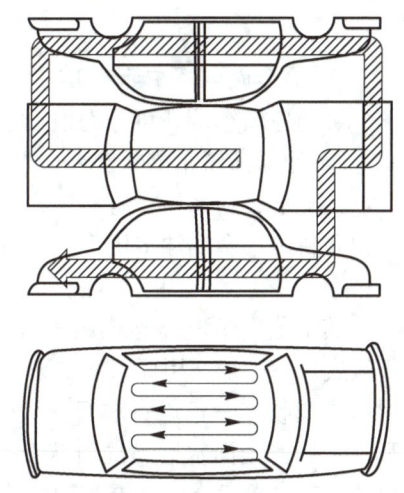

图 5-2-24　全车喷漆顺序

上述工艺主要适于各种普通轿车的翻新，对中档轿车的翻新，应进行两次面漆喷涂，即第一次面漆干后，进行二次找麻眼，细水磨后还要喷第二次面漆。

② 高档本色轿车翻新工艺。

翻新高档轿车必须使用该车的指定漆种（进口产品）和配套的中涂漆等品种，底层刮平和找麻眼也要用进口产品。如是抛光翻新，应用进口抛光漆进行翻新，确保翻新质量。

其工艺程序为：全车冲洗→清除旧漆→底层磨光（完全露出金属光泽）→吹光抹净→用清洁剂擦净→刮进口原子灰→干燥→磨光（磨光机磨光）→吹光抹净→刮第二次进口原子灰→干燥→磨光→吹光抹净→用进口原子灰收光→水磨平滑→洗净抹干→遮盖玻璃→细喷进口中涂漆→干燥→第一次找麻眼→干燥→细水磨→抹干擦净→晾干水分→第二次找麻眼→干燥→细水磨→洗净抹干→用清洁剂擦净→第一次喷该色进口面漆→干燥→第三次找麻眼→干燥→全面细水磨→洗净抹干→晾干水分→全面细检查（细小麻眼用特制铅笔划上标记）→第四次细找麻眼→干燥→精细水磨（500#～600#水砂纸）→擦净抹干→反复吹净（尤其缝隙、死角部位）→用清洁剂细擦净→精心细喷第二次面漆（参见图 5-2-25）→干燥→揭纸擦净→检查修饰（参见图 5-2-26）。

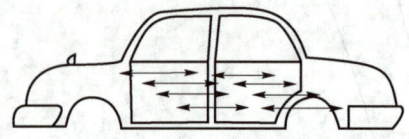 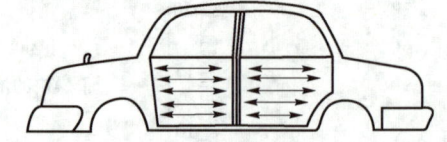

（a）驳口过渡均匀，但难以操作　　　　　　（b）易操作，但在同位置多次喷涂，容易发生流坠

图 5-2-25　全车涂装连续喷涂时，必须选择重叠互搭的区域

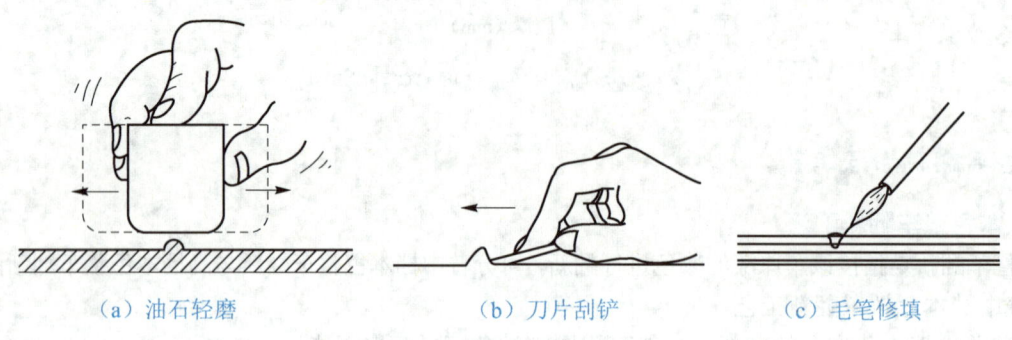

（a）油石轻磨　　　　　　（b）刀片刮铲　　　　　　（c）毛笔修填

图 5-2-26　面漆表面瑕疵的修整

（2）金属色轿车翻新工艺

金属色轿车翻新可分为银粉漆和珍珠漆两种工艺。

① 银粉漆轿车翻新工艺。

常见的银粉漆轿车有粗银、中银、细银、特细银 4 种，其中，粗银和中银金属漆主要用于普中档轿车，细银和特细银金属漆多用于高档轿车。而在涂装的工艺程序方面基本上大同小异，只是用料的价格贵，操作精细。

其工艺程序为：全车洗净→清除旧漆→底层磨光→吹光抹净→用清洁剂擦净→贴纸遮盖→喷涂丙烯酸环氧底漆→干燥→用原子灰刮平→干燥→磨光→吹灰抹净→用原子灰二次刮平→干燥→磨光→吹灰抹净→用原子灰收光→干燥→水磨→洗净抹干→用清洁剂擦净→喷淡灰色丙烯酸中涂漆→干燥→用原子灰找麻眼→干燥→全面水磨→洗净抹干→晾干水分→用快干麻眼灰找麻眼→精细水磨→擦净抹干→彻底晾干→用清洁剂细擦净→湿碰湿喷银粉色浆→湿碰湿喷清漆罩光→干燥→揭纸擦净→检查修饰。

② 珍珠漆轿车翻新工艺。

珍珠漆有普通漆种与高档漆种之分，普通珍珠漆用于普中档轿车的翻新，高档珍珠漆的质地非常细密，价格昂贵，喷涂后的表面平滑度好，主要用于高档轿车的涂装。所以在翻新珍珠漆轿车时，应根据该轿车的档次和原装珍珠漆的实际情况，确定使用普通或高档珍珠漆。

在喷涂珍珠漆时，对普通珍珠漆，喷涂前只要将该色浆充分搅拌均匀，使用配套的稀料进行调稀，喷涂时注意气压要保持稳定，不能过大或过小，喷枪的喷涂角度与被喷物面始终保持垂直，喷涂后质量通常可保证。而对于高档珍珠漆，由于质地极细密，喷涂时除掌握好喷涂压力、喷枪的角度和移动速度外，还必须根据施工季节气温的高低，使用挥发速度相应的稀料进行调稀，如在 20~30℃ 条件下，应使用慢干稀料调稀；而且调稀时要将漆料彻底搅拌均匀，用细筛网过滤洁净，再进行喷涂，以防喷后出现色差。

为谨慎起见，用高档珍珠漆（进口产品）翻新高档轿车时，应先喷制样板，待样板的颜色与原车颜色一致时，再正式喷涂。喷制样板时，先在砂磨干净的薄铁板表面湿碰湿喷涂一道淡灰色丙烯酸中涂漆作为底漆，干后磨光擦净，湿碰湿喷涂一道该色珍珠漆，待漆膜干后，将样板（长铁板）一头 1/5 面积喷清漆罩光，喷时将 4/5 面积贴纸遮盖，清漆干后对照原车颜色，如颜色浅，可在 2/5 的面积部位再喷一次珍珠漆，依次将颜色试准。如果第一次喷后颜色比较深，可用少量的浅色珍珠漆色浆进行调整，直至样板颜色与原车颜色一致时，再进行施工，以防盲目喷涂产生色差而造成返工。

其工艺程序为：全车洗净→抹干晾干→清除旧漆→底层彻底磨光→吹光抹净→贴盖玻璃→用清洁剂擦净→喷进口丙烯酸环氧底漆→干燥→刮第一次进口原子灰（连续刮涂至平整）→干燥→磨光→吹灰抹净→细刮第二次进口原子灰→干燥→细磨平→吹灰抹净→用进口原子灰收光→干燥→水磨（300#~400#水砂纸）→洗净抹干→反复吹净（缝隙、死角）→用清洁剂擦净→喷涂淡灰色进口中涂漆→干燥→第一次找麻眼（进口麻眼灰或原子灰）→干燥→全面水磨（400#水砂纸）→洗净抹干→彻底晾干→第二次找麻眼（快干麻眼灰）→干燥→细水磨→抹干擦净→彻底晾干→第三次细找麻眼→干燥→精细水磨（500#~600#水砂纸）→抹干擦净→彻底晾干水分→全面细检查（重点是麻眼及水磨的平整光滑度）→精心吹净→用清洁剂细擦净→喷该色高档珍珠漆→喷配套清漆罩光→干燥→揭纸→细擦净→检查修饰→交车。

③ 金属色翻新注意事项。

翻新银粉漆轿车和珍珠漆轿车应注意以下事项。

● 翻新银粉漆出现新漆颜色（指色浆）比原车银粉漆颜色深时，可用快速稀料进行调稀，并以比该产品规定的比例多出10~15%的稀料，使色浆的新度低些，喷涂时的喷涂间距适当远些，喷枪的移动速度适当快些，这样喷后的漆膜就会薄些，相应颜色就会浅些。若比原漆颜色浅，可用相反的方法和比规定略小的稀料比例调稀，就会加深色浆的颜色。

● 翻新珍珠漆时，应注意每次装罐（枪罐）之前必须先彻底混合均匀，再装罐喷涂，以防颜料沉淀产生色差。

(3) 分色轿车翻新工艺

分色轿车主要指出租轿车。国内各大中城市对出租轿车通常要求涂装分色漆，以便于顾客识别。对分色轿车的翻新，主要应根据该车原漆的种类、颜色、分色部位等进行翻新，以便翻新后该车的分色质量与原漆一样。翻新分色轿车时，关键是将分色界线贴直喷齐，翻新后显得整齐美观。分色漆的高度根据车身模压线棱高度的不同，必须将两道分色贴齐喷直，才能显示分色的美观。

银色与本色轿车翻新工艺：全车洗净→清除旧漆→底层磨光→吹光抹净→用清洁剂擦净→用原子灰刮平→干燥→磨光→吹光抹净→用原子灰细收光→干燥→细磨光→吹灰抹净→玻璃贴纸→用清洁剂擦净→全车喷淡灰色中涂漆→干燥→找麻眼→干燥→全车细水磨→洗净抹干→彻底晾干→专用麻眼灰二次细找麻眼→干燥→局部细水磨→抹干擦净→晾干水分→用胶带粘贴分色线（将风挡和车门玻璃的下边沿围绕一圈贴齐，拉直，按实，不得有蜂窝或鼓泡）→贴纸遮盖四周车身→用清洁剂将上部银色部位表面反复擦净→湿碰湿喷涂银色漆→稍干数分钟→清漆罩光→下部车身揭纸→上部清漆干燥→贴纸遮盖银色漆→用清洁剂擦净四周车身→湿碰湿喷涂下部车身红色漆→干燥→上部与玻璃揭纸擦净→全车检查→修饰交车（修饰包括小毛病修饰和喷涂该车标记字号）。

3. 整车改色涂装工艺

(1) 汽车改色涂装的特点

汽车改色涂装的特点主要有以下几个方面。

① 原色漆表面的砂光。

各种汽车在要求改色之前，必须先将该车表面的原色漆膜进行全面砂光，因为原色漆膜经过烘烤干燥或长期的自然干燥后，漆膜坚韧，附着力强，表面平滑度好，尤其是轿车原漆和用烘烤漆涂装的各种汽车的原漆，都比较坚韧平滑。如改色前不经过全面砂光，或用砂布和水砂纸进行一般磨光，在涂新漆改色后，经短期的风吹、雨淋或烈日曝晒后，新涂装的漆膜就会产生翘皮、剥落甚至成块揭掉，严重影响改色涂装的质量。

在全车砂光中，对原漆为醇酸类等普通漆的各种汽车，由于醇酸漆的耐磨性差，不要用磨料较锋利的水砂纸反复水磨，否则很容易将原漆磨透（露出底漆），造成重新补刮腻子等费料、费工的不良现象。砂光时，可先用80#~100#砂布进行全面砂光，之后改用120#砂布过细砂光。对烘漆轿车的原漆，可直接使用适合的水砂纸进行全车水磨。

② 改色喷漆前的准备。

改色喷漆前的准备主要是对各种汽车的玻璃、仪表、五金件、电镀件等的遮盖，必须用胶带和纸将其遮盖严密，对车门的缝隙，更要细心遮盖严密，以防喷漆时吹入大量漆雾弄脏里部，给擦净造成困难。

③ 压色。

压色在各种汽车改色中是很重要的环节，如黑色改白色（指轿车），不能直接喷涂白色，否则不易将底色盖严，应先喷涂一道灰色漆，之后喷白色漆。对灰色、绿色、蓝色汽车改喷红色时，应先喷涂一道白色漆，干后再喷涂红色漆，这样改色后红色就显得鲜艳均匀，易彻底压住原色，反之，喷后的红色鲜艳性差，底色不易压严。

改色涂装的另一特点是改色喷涂后的擦净比新汽车涂装后的擦净与汽车修补后的擦净要麻烦得多。因为新汽车涂装主要是车身（车壳），玻璃与五金件到该车总装时才安装，擦净仅为车身的边沿部位（客车主要是彩带部位），擦净的工作量少。汽车修补后的擦净仅为局部，工作量极少。而改色汽车的擦净主要是车身的里部、各玻璃部位、各仪表部位、灯具部位和各五金件部位。这些部位都要进行细致地擦净，才能使改色后的汽车显得整齐整洁。

（2）轿车改色涂装工艺

轿车改色可分为色漆改色、金属漆改色与抛光漆改色3种工艺。

① 色漆改色工艺。

色漆改色是指对该轿车原漆的颜色不称心，要求改喷另一种色漆。

其工艺程序为：全车冲洗（高压水枪或软管冲洗）→抹净晾干→全车水磨→冲洗磨污→抹干晾干→局部找磨（指漏磨部位、边面部位、全车水磨后的不合格部位）→洗净抹干→晾干水分→用原子灰找麻眼→干燥→水磨麻眼灰（普中档轿车用 $320^{\#} \sim 360^{\#}$ 水砂纸、高档桥车用 $400^{\#}$ 以上水砂纸）洗净抹干→彻底晾干→贴纸覆盖（玻璃等大面贴纸遮盖，小五金件与灯具可涂抹黄油或用纸包严）→喷第一道改色漆→干燥→用硝基麻眼灰细找麻眼→干燥→全面水磨→洗净抹干→彻底晾干→二次细找麻眼→干燥→细水磨→反复冲洗干净→擦干水迹→彻底晾干水分→用清洁剂反复擦净→细喷第二道改色漆→干燥 60 min（待漆膜表面干燥）→揭纸擦净→修饰→交车。

② 金属漆改色工艺。

金属漆改色是指银白色改珍珠色或珍珠色改银白色等金属漆轿车。

其工艺程序为：全车洗净→抹干晾干→全面水磨→洗净抹干→局部找磨→洗净抹干→彻底晾干→用硝基麻眼灰找麻眼→细水磨麻眼灰→洗净抹干→彻底晾干→贴纸遮盖→用清洁剂擦净→湿碰湿喷涂改色金属底色浆→湿碰湿喷涂清漆罩光→干燥 30~40 min→揭纸→细擦净→修饰→交车。

如果金属底色浆喷涂后，麻眼灰的颜色不能充分盖严，应用 $400^{\#} \sim 500^{\#}$ 细水砂纸将表面轻轻干磨平滑，反复抹净，再用清洁剂进行一次细擦净后，将该色浆调得更稀一点，再连续喷涂二道（湿碰湿喷涂），即可充分盖严底层，之后用清漆罩光。

③ 抛光漆改色工艺。

以硝基丙烯酸抛光漆改色工艺为例。其工艺程序为：全车洗净→抹干水迹→全车细水磨→洗净抹干→局部修磨（$400^{\#} \sim 500^{\#}$ 水砂纸将遗漏部位修磨平滑）→洗净磨污，抹干水迹，彻底晾干→硝基麻眼灰细找麻眼→干燥→水磨麻眼灰（$500^{\#} \sim 600^{\#}$ 水砂纸）→洗净抹干→彻底晾干→贴纸遮盖→用清洁剂细擦净→第一次喷涂该色硝基丙烯酸磁漆（连续喷涂 2~3 道或 3~4 道）→干燥→二次细找麻眼→干燥→细水磨→洗净抹干→彻底晾干→三次细找麻眼→干燥→细水磨（$700^{\#} \sim 800^{\#}$ 水砂纸）→洗净抹干→彻底晾干→用清洁剂反复擦净→细喷第二次该色硝基丙烯酸磁漆（黏度应比第一次小，操作要精心）→干燥→揭纸→全面细擦净→砂蜡抛光（抛光机抛光）→光蜡抛光→修饰→交车。

4. 静电涂装

(1) 静电涂装原理

静电涂装原理如图 5-2-27 所示。首先是高电压发生装置向涂料离子加以负的高电压，使涂料离子都带上负电荷，由于负电荷间相互排斥，从而实现涂料的微粒化。同时涂装用喷枪也可以加以负电压，因此，相对于接地的被涂装物就产生了电位差。换句话说，相对于喷枪和涂料离子，被涂装物就带有正电荷。在高电位的作用下，喷枪与被涂装物之间的空气处于很容易导电的状态，所以带负电的涂料离子，不单是在压力和空气流的推动下，同时还在被涂装物的正电荷吸引下移动，涂附到被涂装表面，从而提高了涂料的附着效率。

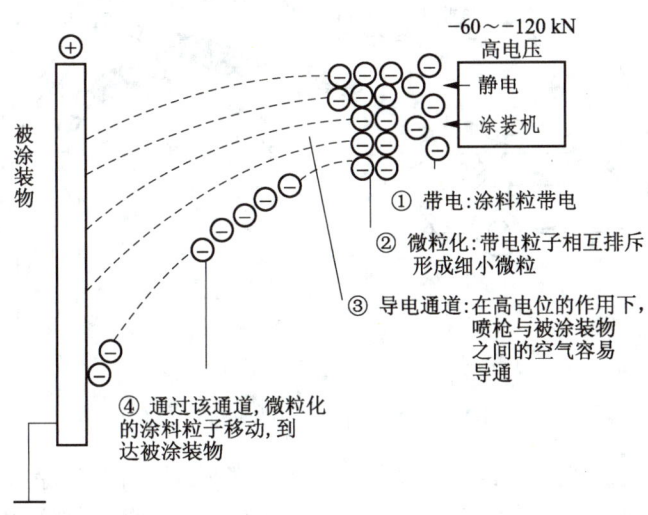

图 5-2-27　静电涂装原理

(2) 静电涂装机的种类

① 固定式静电涂装机。

固定式静电涂装机一般用于电器产品等工厂的涂装作业流水线，对一定形状和大小的物体，可均匀地自动化涂装。如图 5-2-28 所示，涂装机固定，被涂装物悬挂在涂装机四周的传送带上，边移动边涂装。

固定式涂装机工作原理如图 5-2-29 所示。涂料从高速旋转的圆盘中喷出，在离心力作用下向四周飞散。圆盘周缘加有高电压，从而形成静电涂装。固定式静电涂装机适用于批量生产形状、大小一定的产品，但不适宜于形状复杂、大小不同的被涂装物。

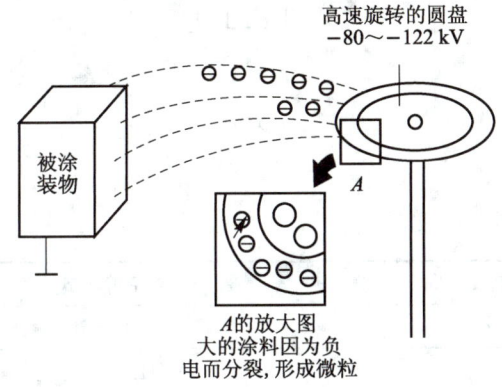

图 5-2-28　使用固定涂装机的涂装流水线

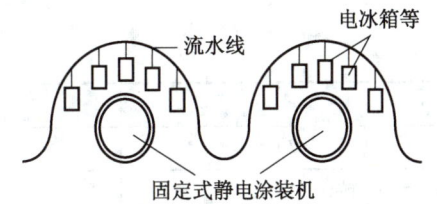

图 5-2-29　固定式静电涂装机工作原理

② 手提式静电涂装机。

手提式静电涂装机是为了克服固定式静电涂装机的弱点而产生的。它使像汽车这种表面有凹凸、外形复杂的产品也能涂着良好。这是因为手提式静电涂装机除了利用静电吸引力之外，还给涂料加压力，或者利用气压力推进。

手提式静电涂装机有气压静电式和真空静电式两种。

气压静电式涂装机的工作原理如图 5-2-30 所示，先用气压喷枪相同的原理使涂料微粒化，然后使其带负电荷，以进一步促进微粒化，再在空气压力和电的吸引力作用下，涂着于被涂装物。

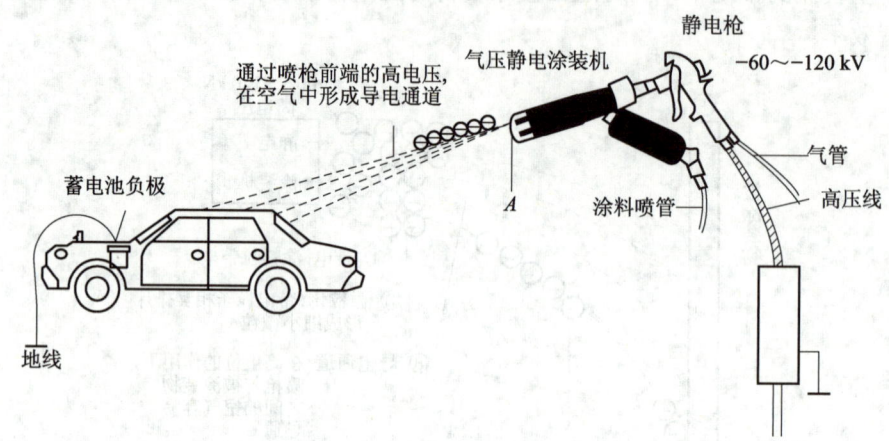

图 5-2-30　气压静电式涂装机工作原理

真空手提式静电涂装机原理如图 5-2-31 所示。先用柱塞泵或膜片泵将涂料加压，使涂料从喷嘴小孔一喷出，就膨胀分散成小颗粒，随后使其带电，进一步微粒化，再涂着到被涂装物上。

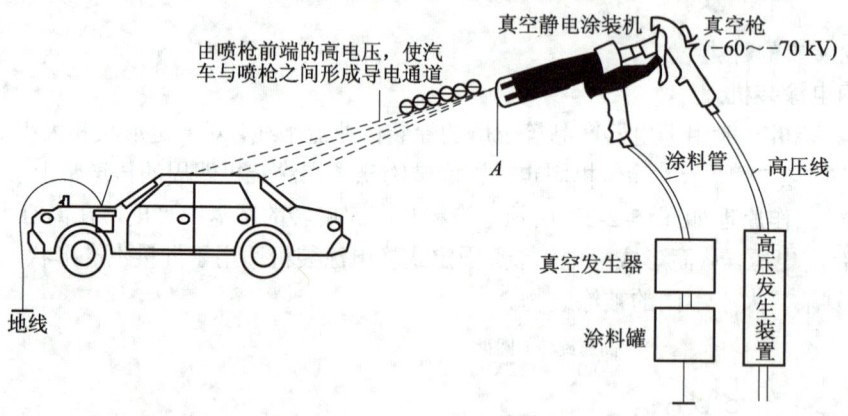

图 5-2-31　真空静电式涂装机工作原理

两种手提式静电涂装机的差异见表 5-2-6。

表 5-2-6　手提式静电涂装机的差异

分类	气压静电式	真空静电式
电压（kV）	-60~-76	-60~-70
微粒化方法	气压＋静电	涂料压力＋静电
涂着方式	气压＋静电	涂料压力＋静电
涂料效率（%）	80~90	70~80

（3）静电涂装的优点

① 涂装质量好。静电涂装可以得到通常气压喷涂所不能达到的金属感和平整度，其原因如图 5-2-32 所示。静电涂装时，金属离子都带负电，相互排斥，一个个分离开，形成的涂膜金属反射面积大，反射量自然也大，涂膜整体显得发白，加上金属颗粒等距离整齐排列，增加了金属光泽感。另外，当涂料上加有电压时，金属离子会先于涂料树脂到达被涂物表面，因此在金属闪光层面上很自然地形成了一层树脂层，这就阻止了涂装透明层溶剂向金属层的渗透，从而防止产生金属雾斑。当然也有例外，如金属闪光磁漆中，有的很容易与透明层产生金属雾斑。

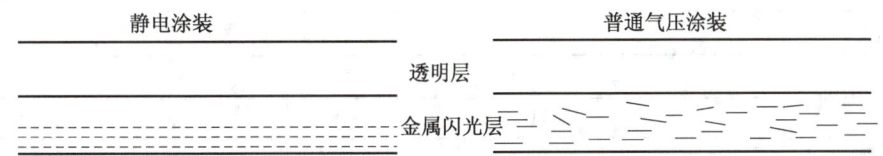

图 5-2-32　静电涂装与气压喷涂金属感的差异

② 节省涂料。静电涂装机显示出优势的重要原因之一是涂料的涂着质量高，尤其是流水线涂装，效果非常明显，因此在工业涂装中被广泛采用，如图 5-2-33 所示。

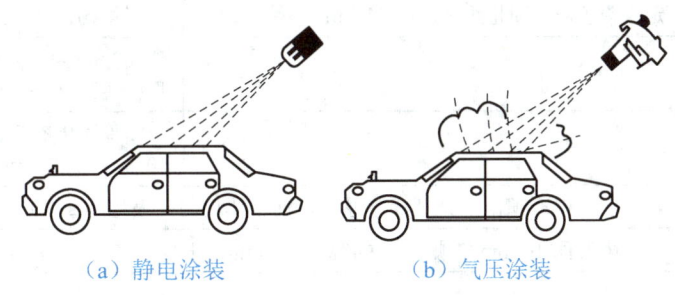

（a）静电涂装　　　　（b）气压涂装

图 5-2-33　静电涂装与气压涂装涂着效率的差异

气压喷涂是靠压缩空气的压力将涂料微粒化，然后涂着于车身上。但由于压缩压力大，涂料微粒的一部分会产生反弹，无法附着到车身上去。因此实际涂着到汽车上的涂料大约只占喷涂涂料的 50% 左右。如果被涂装对象是网状物体，只能达到 20% 左右；即使平板状物体，也只能达到 60% 左右。

静电涂装靠高压电所产生的引力，将涂料离子涂附到被涂装物体表面。由于加有一定压力，多少也存在一定反弹，尽管如此，涂着率可以达到 70%～90%。也就是说，每台车可以节约 20%～40% 的涂料。

③ 静电涂装产生的喷雾少，有利于改善作业环境。不少油漆工用惯了静电涂装机后，就不再愿意使用气压喷枪，原因就是静电涂装设备用起来环境污染小，工作起来相对舒适。

④ 以前车身面漆的最后喷涂作业都必须由技术熟练的高级技工负责，才能保证质量。这是因为要形成良好的金属感和良好的侧视色泽，必须要有相当的经验和熟练的技巧。如果改用静电涂装机，只要按厂家的要求去操作，即使经验不多的人也能胜任面漆喷涂工作。这就有利于人员配置的合理化，可以将高级技工集中于完成保证涂膜平面的平整度、局部修补涂装等更复杂的作业。

（4）用静电涂装机进行涂装的方法

气压静电涂装的具体方法见表 5-2-7。另外当底层色泽不均匀时，有时会影响金属闪光色调。如遇这种情况，喷涂厚度应比平常厚一些，对此进行修正。

表 5-2-7 气压静电喷涂方法

工序		作业内容	
		单色涂膜	金属闪光色涂膜
底层的打磨处理办法	湿打磨	浓色彩 600# 以上，浅色彩 280# 以上	320# 以上
	干打磨	浓色彩 400# 以上，浅色彩 280# 以上	320# 以上
涂料压力（kPa）		98～107.8	
喷枪压力（kPa）		343～441	
喷枪移动速度		比气压喷枪稍慢	
涂料调配比（质量比）/%			金属闪光层 / 透明层
	主剂	80	80 / 80
	固化剂	20	20 / 20
	稀释剂	50～100	90～150 / 5～20
预喷涂		先沿整个表面薄薄喷洒一层，检查有无排斥涂料现象。喷枪距被喷涂表面 30～40 cm，喷涂一遍	
定色喷涂		整体均匀喷涂，不能有遗漏，比预喷涂厚，决定涂膜色彩；喷枪距离 25～35 cm；喷涂一遍	喷束直径调大一些，平滑移动喷枪，使色彩均匀；喷枪距离 25～35 cm；涂装一遍
消除斑纹涂装		—	喷涂是为消除金属斑纹，使色泽均匀，喷枪距离 25～30 cm；涂装一遍
透明层涂装		—	喷涂不能有遗漏，要均匀；喷枪距离 30～40 cm；涂装一遍
收尾涂装		喷涂不能有遗漏，调整涂膜厚度，使整体均匀，喷枪距离 30～40 cm；涂装一遍	
干燥		间隔时间 10 min；预干燥（40℃）15 min；干燥（60℃）40 min	

注："—"表示此工序不施工

调色时应注意，尤其对于中等浓度的金属闪光色，静电涂装的效果比气压喷涂显得要深一些。另外，喷涂结束后，清洗工作要彻底，要向涂料输送管内加注稀释剂清洗，以减少管子的损伤。

（5）静电涂装注意事项
① 接地必须可靠。
静电涂装中最值得重视的是静电的释放，如果电荷积累，遇到火花，会点燃溶剂蒸气，引起爆炸。因此在进行静电涂装时，接地一定要可靠，附近不能放置溶剂等危险物品，如图 5-2-34 所示。

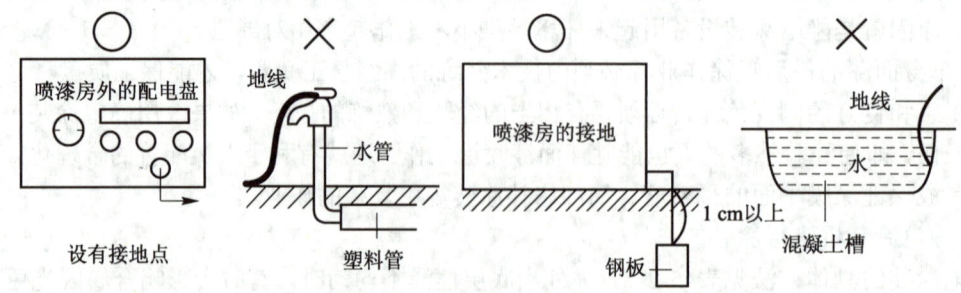

图 5-2-34 接地的方法

静电涂装机的高压发生装置和涂料罐一定要接地，两者是组装在一起的，可以采用整体接地。
如图 5-2-35 所示，汽车接地最好的方法是接蓄电池的负极。有的汽车行李箱盖具有天线功能，在这种情况下，行李箱盖是绝缘的，应将这块板单独接地。另外，有的大型货车的驾驶室和车箱是分离的，要分别接地。

接地时要注意，接地部位必须将锈和涂膜彻底清除，露出金属表面。若接地不可靠，既危险又会降低涂着效率。

从汽车和静电涂装机引出的接地线最好埋在土里，但混凝土的喷涂间不易做到这一点。

通常配电盘上都有接地线，如果没有就要请电工设置接地线。接地线的接地端如图 5-2-36 所示。

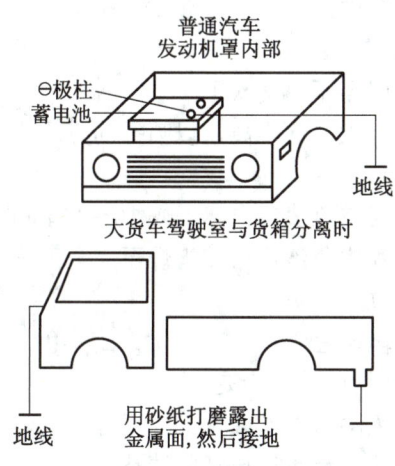

图 5-2-35　接地线的正确接法

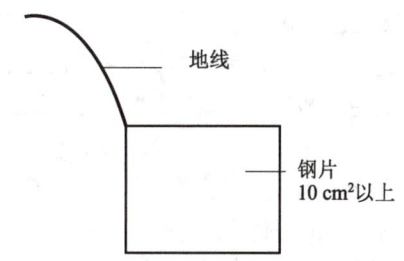

图 5-2-36　接地线的接地端

② 涂装作业环境的注意事项。

在进行静电涂装时，周围的空气带有静电，产生的喷雾滴也带电，放置在喷涂间内的空罐和热风加热器等设备也带静电，因此，都必须接地。

静电涂装时，操作者不能戴着手套握持静电喷枪，因为静电喷枪的把手与接地线相通，人体与把手相接触，能避免人体产生静电荷积累。如果必须戴手套，可将手套的掌心部位剪去，使手掌与把手的金属部位相接触。操作者和在喷涂间工作的人都必须穿导电靴。

③ 涂装间的注意事项。

在涂装间内，溶剂蒸气浓度高，很容易被引燃，所以在喷涂间内放置大量涂料是危险的。应养成习惯，只带当时需要的涂料。涂装结束时，切断高压电发生器开关，彻底清洗涂料输送管路和涂料容器。

思考与练习

一、选择题

1. 色母在搅拌架上的保持期一般不超过（　　）。
   A．3 个月　　　　　B．6 个月　　　　　C．1 年　　　　　D．2 年

2. 虚枪喷涂技巧的关键是（　　）。
   A．喷涂压力低　　　　　　　　　　　B．走枪速度快
   C．出漆量少　　　　　　　　　　　　D．涂料溶剂含量大

3. 喷涂第一层单色面漆时，如果有排斥涂料的部位，可以（　　）。
   A．停止喷涂，对该部位进行打磨　　　B．停止喷涂，对该部位进行脱脂处理
   C．采用慢速喷涂法　　　　　　　　　D．采用加大气压喷涂

4. 对于金属闪光涂料的局部涂装，应首先在晕色区域喷涂（　　）。
   A．一薄层金属漆　　　　　　　　　　　B．一薄层清漆
   C．一薄层水　　　　　　　　　　　　　D．一薄层稀释的金属漆
5. 在涂装修补施工中，喷涂手法对（　　）影响最小。
   A．素色　　　　B．金属色　　　　C．珍珠色　　　　D．幻彩色
6. 在双层金属闪光面漆喷涂时，如果出现了金属斑纹，应该（　　）。
   A．等干燥后打磨，再喷涂一层　　　　　B．用高压空气吹平
   C．不必处理，等喷涂清漆时即可消除　　D．加大喷涂距离，以喷雾的方法修正
7. 在金属面漆层表面喷涂清漆时，最好在（　　）进行。
   A．喷完色漆后　　　　　　　　　　　　B．喷完色漆后自然干燥 10～15 min 后
   C．喷完色漆后强制干燥 10～15 min 后　D．喷完色漆后自然干燥至完全干透
8. 在做调色试板时，应采用"多层喷涂法"的色泽是（　　）。
   A．素色　　　　B．金属色　　　　C．珍珠色　　　　D．幻彩色
9. 金属闪光涂料喷涂完清漆后，需做晕色处理，此时所用的涂料应是（　　）。
   A．色漆与清漆的混合物　　　　　　　　B．色漆与大量稀释剂的混合物
   C．与原清漆层同黏度的清漆　　　　　　D．比原清漆层更稀的清漆
10. 面漆的（　　）能保证在汽车行驶中，不会由于路面砂石的冲击和摩擦而产生划痕。
    A．丰满度　　　B．抗石击性　　　C．耐候性　　　D．施工性

二、判断题

1. 色调又称色相，是区分不同色彩的视觉属性。（　　）
2. 彩度又称饱和度，是表示颜色的色纯度。（　　）
3. 喷涂人员可利用改变喷涂手法的手段达到微调色泽的目的。（　　）
4. 色卡的作用是为了让调色人员能够明确直观地了解该色品的特性，方便调色。（　　）
5. 颜色色卡与车身颜色完全相符的概率非常低。（　　）
6. 在调配金属色时，每个色母都会对颜色的正、侧光产生影响。（　　）

三、简答题

1. 面漆喷涂前要进行哪些准备工作？
2. 说明单工序面漆的施工程序。
3. 如何鉴别本色漆涂层和金属漆涂层？如何对晕色区进行处理？
4. 怎样将红色本色漆的轿车改成浅颜色的金属漆，制定其改色工艺。
5. 怎样对出租车的车门进行整面修复涂装？
6. 喷漆房的要求和类型有哪些？
7. 维修涂装的时间预估时，应注意什么问题？

学习项目六　塑料件的涂装

项目导读

塑料在汽车车身中的应用越来越多，很多塑料件表面也是有涂层的，当塑料件涂膜损伤时，就需要对塑料件表面的涂膜进行修复。

塑料件的涂膜修复工艺程序与钢板表面涂膜修复工艺程序相似，但由于塑料件弹性大，比较柔软，所以对喷涂施工的材料有特殊的要求。另外，塑料件有软、硬的区别，其涂装工艺也有一定的差别。本项目通过对保险杠的维修、保险杠的更换、保险杠漆面损伤涂装工作任务，使学生能熟悉保险杠的正确涂装修理作业。

最终目标

会进行塑料（保险杠）的涂装施工

促成目标

1. 知道汽车上塑料件的类型、使用部位，知道塑料件的修理注意事项
2. 能鉴别汽车用的塑料种类，能够正确叙述塑料件的修理程序
3. 能修补塑料件的划痕、裂纹
4. 能掌握汽车保险杠修理、调整及更换方法
5. 能够按照六步工作法自主进行汽车保险杠的维修

任务一　塑料件的涂装

知识目标

1. 知道塑料件修补所需用品和设备
2. 能够正确描述各类汽车常用涂料的涂装工艺程序
3. 掌握塑料件修补工艺流程

技能目标

1. 能够进行简单的塑料件鉴别
2. 能够进行塑料件的涂装操作

一、工作任务

塑料件涂装的工作任务单见表6-1-1。

表6-1-1　任务单

任务单号：_____

工作任务		塑料件涂装施工	日期	年　月　日
任务描述		一辆本田汽车的后保险杠涂膜擦伤，表面涂膜破损，需要进行涂装修复	产品名称/型号	
产品照片				
操作要求	施工材料与施工设备	清洁喷剂、助黏喷剂、黏结剂、高弹性金属原子灰、结构喷剂、塑料喷漆部件、打胶枪、混胶嘴、强化绷带、套装适配器、色母、调漆杯、调漆比例尺、电子秤、喷涂系统、遮盖纸及胶带、喷涂样板卡片、烘箱、劳动保护（抹布、衣帽、防毒面具、口罩、眼镜、防滑手套，乳胶手套）	是否满足	□是　□否
	场地要求	喷涂车间	是否满足	□是　□否
	环境要求	环境温度15～25℃	是否满足	□是　□否
	备注			
出单人签字： ____年__月__日			接单人签字： ____年__月__日	
车间负责人签字：			日期：　　年　月　日	

二、相关知识

在汽车制造中，除了使用金属材料外，还大量使用了非金属材料。常见的汽车灯罩、仪表板壳、转向盘、坐垫、风窗玻璃、轮胎、传动带、连接软管等，这些均由非金属材料制成，如图 6-1-1 所示。

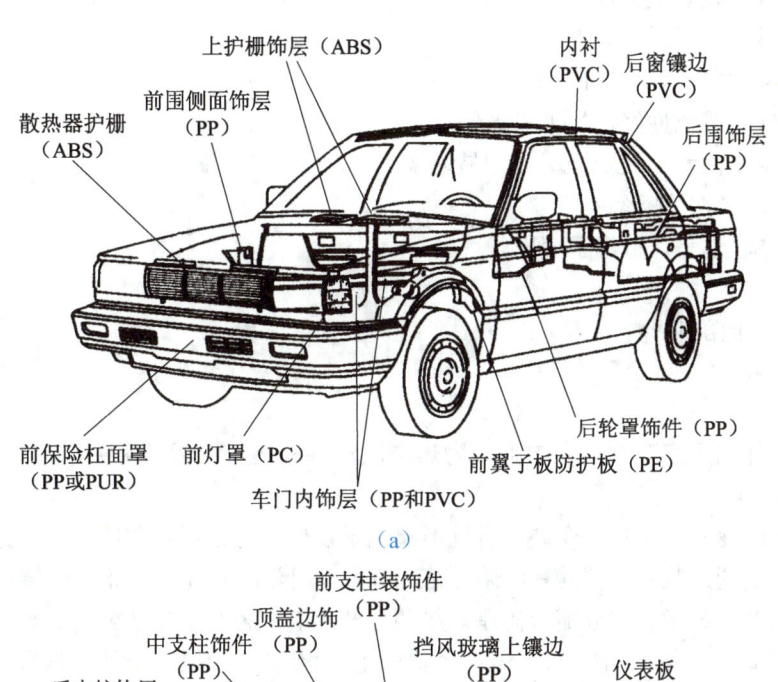

(a)

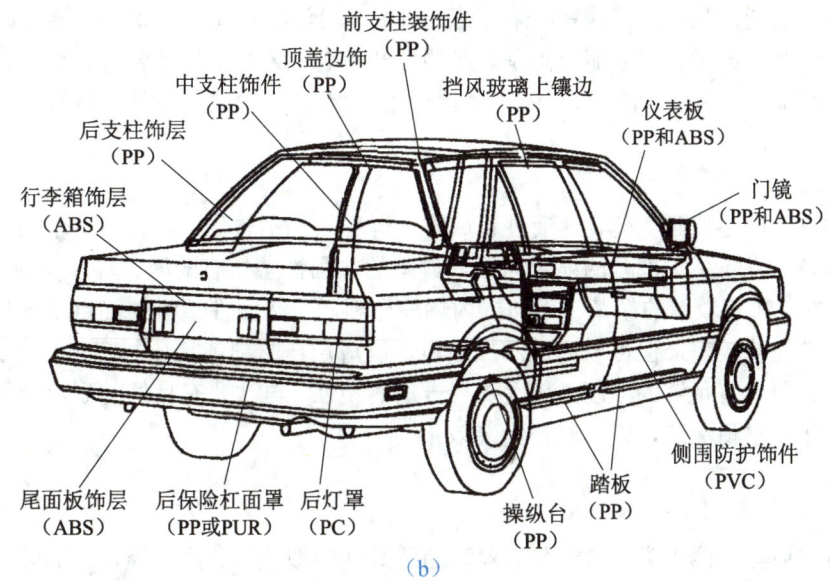

(b)

图 6-1-1　汽车上的塑料件

1. 塑料的组成

塑料是一种以合成或天然的高分子化合物为主要成分，在一定的温度和压力条件下，可塑制成一定形状，当外力解除后，在常温下仍能保持其形状不变的材料。我们通常所用的塑料并不是一种纯物质，它是由许多材料配制而成的。其中高分子聚合物（或称合成树脂）是塑料的主要成分，此外，为了改进塑料的性能，还要在聚合物中添加各种辅助材料，如填料、增塑剂、润滑剂、稳定剂、着色剂等，才能成为性能良好的塑料。

2. 塑料的特性

塑料主要有以下特性。

① 大多数塑料质轻，密度在 0.83～2.2 g/cm³，仅是钢的 1/4～1/8；化学性稳定，不会锈蚀。
② 耐冲击、防振动和隔噪声性能好。
③ 具有较好的透明性和耐磨耗性。
④ 不导电，绝缘性好，导热性低。
⑤ 一般成型性好、着色性好，加工成本低。
⑥ 大部分塑料耐热性差，热膨胀率大，易燃烧。
⑦ 尺寸稳定性差，容易变形。
⑧ 多数塑料耐低温性差，低温下变脆。
⑨ 容易老化。
⑩ 某些塑料易溶于溶剂。

3. 塑料的类型

塑料品种很多，能用于汽车制造业的可分为热塑性塑料和热固性塑料两种。

（1）热塑性塑料

热塑性塑料受热时变软，冷却时变硬，而且不起化学反应，无论加热和冷却重复进行多少次，均能保持这种性能并保持一定的形状；同时具有可熔可溶的性质，可溶于一定的溶剂。热塑性树脂的分子结构都属线型。它包括全部聚合树脂和部分缩合树脂。热塑性塑料有聚乙烯、聚氯乙烯、聚苯乙烯、聚酰胺、聚甲醛、聚碳酸酯、聚苯醚、聚砜、橡胶等。热塑性塑料的优点是加工成型简便，具有较高的机械能；缺点是耐热性和刚性较差。

（2）热固性塑料

热固性塑料加热后产生化学变化，逐渐硬化成型，再受热也不软化，具有不熔不溶的性质。热固性树脂的分子结构为体型，它包括大部分的缩合树脂。典型的热固性塑料有酚醛、环氧、氨基、不饱和聚酯、呋喃、聚硅醚等材料，还有较新的聚苯二甲酸二丙烯酯塑料等。热固性塑料的优点是耐热性高，受压不易变形；其缺点是机械性能较差，但可以通过添加填料，制成层压材料或模压材料来提高其机械强度。

汽车用塑料首先要具有足够的强度，其次要有一定的塑性，再次要有良好的耐涂装性能。塑料强度不够或太脆，容易碰坏；不耐涂装，影响修补涂装效果。

4. 常用塑料的鉴别

保险杠用塑料一般分为两大类，第一类是聚氨酯和其他类似塑料；第二类是聚丙烯、乙丙酸橡胶或其他塑料。常用保险杠材料及特点见表 6-1-2。

表 6-1-2 常用保险杠材料及特点

名称		类别	耐烘干温度（℃）	特点
中文	英文缩写			
改性聚丙烯	PP	热塑性	120	可回收再利用，成本低，耐冲击性、耐溶剂性及尺寸稳定性差。多用于轿车车身部件
增强聚氨酯	RIMPU	热固性	120	耐低温，刚性好，成本高，热稳定性差。早期轿车保险杠所用材料
片状模玻璃钢	SMC	热固性	140	耐热，国外已开发出耐180℃烘干产品，高强度，性能接近车身金属件，材料80%交联固化，烘干时进一步固化时产生气泡、孔洞，不利于高装饰性漆膜喷涂要求，多用于卡车、客车车身部件

在确定用何种维修方法对汽车上的塑料件进行维修涂装时，必须弄清塑料件的种类，以便选择合适的修理方法和使用的涂料。如果选择的修理方法不适合这种塑料，将很快导致修复部位剥离、开裂或褪色。

在生产实践中，塑料件鉴别方法有以下几种。

（1）查找塑料件的标识

采用 ISO 识别码确认。正规的塑料件制造厂生产的塑料件上（一般在背面），用 ISO 国际鉴别符号标识塑料件的品种，如图 6-1-2 所示。制造商越来越多地使用鉴别符号，遗憾的是仍有一些人未采用此方法。这种方法的问题是通常需要拆出该零件来看符号。

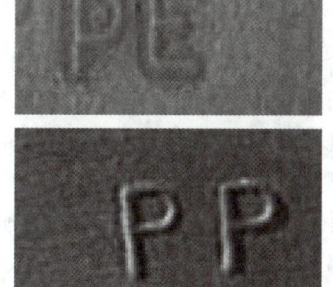

图 6-1-2　模压在塑料件上的识别码

（2）手册查找法

如果待修部件上没有 ISO 标识时，可以查阅生产厂家提供的车身维修技术手册，进一步识别，手册资料要与车相符。手册中可列出专用塑料的品种。

（3）焊接确认法

一般塑料焊条有 6 种左右，每种焊条均有标识塑料品种，用试焊法，凡能与塑料件相焊接的那种焊条的塑料，就是该查找塑料件的品种。

（4）燃烧鉴别法

不同的塑料有不同的燃烧特点，并且有的塑料会释放出独特的气味。燃烧测试时，在允许明火燃烧处，在塑料件上取下一小块，用镊子夹住在火上燃烧，观看火焰状态而确定塑料品种。例如，PVC 受热易熔且火焰底部呈黄绿色，有盐酸气味；聚烯烃类燃烧时，火焰没有明显烟雾且有蜡样气味；醋酸纤维燃烧后有醋酸酸味；ABS 燃烧时，随即产生黑色烟雾。但是对于复合材料制造的塑料件，此法不能确定，同时还受禁止使用明火的限制。

（5）特殊简易鉴别法

① 用手敲击保险杠内侧，PU 塑料发出较微弱的声音，PP 塑料则发出较清脆的声音。

② 用白粉笔写在塑料件内侧，PU 塑料上的字迹 30 s 后不掉色，PP 塑料件上的字迹 30 s 后可擦掉。

③ 用砂纸打磨塑料件内侧，PU 塑料没有粉末，PP 塑料有粉末。

5. 汽车用塑料件的涂装特点

塑料件有软、硬的区别，其涂装工艺也有一定的差别。无论塑料件作为内饰件还是外饰件，其表面涂层均可能有光泽、哑光、半哑光或无光泽几种情况，所以，在喷涂材料选择配比及喷涂施工工艺上多少会存在差异。

内用和外用塑料件涂装的不同点是：内用塑料件一般采用半光泽或完全无光泽涂装，方法是将涂料中加入一定比例的平光剂；外用塑料件有的采用无光泽涂装，有的采用有光泽涂装，视具体情况而定。

硬性和软性塑料件涂装的不同点是：由于软性塑料本身具有柔韧性，它所用的涂料基本上都是烘烤型弹性磁漆，所谓"弹性"是指涂层具有较大的柔韧性，类似弹性体、橡胶，也可以弯曲、折叠、拉伸，然后还可以回复到原来的尺寸和形状而不会被破坏。方法就是在专用的涂料料中加入柔软剂。

6. 塑料件涂装用材料

（1）塑料表面清洁剂

它的作用是清除塑料件表面的脱膜剂，增强对涂料的附着力。使用方法是先用灰色打磨布彻底清洁塑料件的表面，再用以1份清洁剂与2~4份清水混合后的混合液清洁整件工件，然后用清水清洗干净，待工件完全干燥后才可喷涂塑料底漆。塑料表面清洁剂的溶解性适中，不会损伤塑料表面，而且抗静电，所以塑料工件不会因摩擦而产生静电，影响涂装。

（2）塑料平光剂

为消除汽车内部塑件的光泽而使其半光泽或完全不光泽，一般都采用不同光泽的涂料装饰。平光剂有聚氨酯用和非聚氨酯用两大类，选用务必小心。其使用方法是：将喷涂面漆后的塑料件的光泽与原车的光泽作比较，以决定是否需要用平光剂，如果需要的话，先在面漆中加入然后搅拌均匀，并做喷涂样板对比试验，在认为光泽达到一致时可正式喷涂施工。

单层涂装的消光，直接将平光剂加入漆中即可；而双层涂装的消光，平光剂不要加在色漆内，要加在清漆内。

（3）PVC表面调整剂

它的作用是对PVC表面进行处理，使其有利于重涂。它由强溶剂配制而成，具有强烈的渗透性，而且能够软化PVC表面并产生轻微的溶胀。这样，涂装时修补涂料就能很容易地渗透进入塑料表面，这就是所说的"锚链效应"，它可以大大提高涂料对基材的附着力。

（4）汽车塑料件用底漆

软塑料件：大多数都要求在底漆中加入柔软剂（各生产厂均有与塑料面漆的配套产品），使漆膜柔软、有韧性、不开裂。聚丙烯塑料件是一种难黏、难涂的材料，要使用专用底漆以增加它的附着力，同时面漆中也要加入柔软剂，否则很容易脱皮。

硬塑料件：通常不需要底漆，因为涂料在塑料制品上的附着力很好。但有些油漆生产厂仍然建议在涂面漆前使用推荐的溶剂彻底清洗塑料件，并对要涂装部位用400#砂纸打磨，再喷涂合适的丙烯酸喷漆、丙烯酸磁漆、聚氨酯漆，或底色漆加透明清漆。喷涂模压塑料板材时，需要使用底漆和二道底漆。

（5）涂料

汽车外部零部件如保险杠、挡泥板以及车门的镶边等所选择的涂料，最突出的要求是耐候性，另外也要求能够有较好的耐介质性和耐磨性。这类涂料多为丙烯酸聚氨酯涂料、聚酯—聚氨酯涂料、热塑性丙烯酸涂料等。汽车内部用塑料如仪表盘、控制手柄、冷藏箱、各种把手、工具箱等，常用涂料为热塑性丙烯酸、改性环氧树脂、聚氨酯以及有机硅涂料等。

7. 汽车塑料件损伤的修理

塑料件在现代汽车车身上的应用越来越多，而汽车碰撞事故中一般会对这些塑料件造成损伤，特别是随着我国汽车保有量的快速增长，汽车的小碰擦事故越来越多，一般都会造成塑料件的划痕、裂纹、破裂及穿孔等。要修复损伤的漆面，首先要将塑料件修复，使之达到可供喷涂面漆的要求，塑料件的修复成为车身常见的任务。大多数塑料件损伤主要是通过黏结的方式进行修复的，在修复过程中，需要了解被修复部件是什么类型的塑料，正确区分不同塑料的不同修复方法。

（1）塑料件的热矫正

由于大多数的汽车车身塑料都具有良好的弹性和柔性，所以受到冲击、挤压等机械损伤时，往往以弯曲、扭曲或弯扭变形共存的综合变形出现，可采用热矫正的方法使变形得到恢复。先将发生整形变形的塑料件置于50℃的烘箱内进行加热30 min，然后用手将变形恢复原状。局部小范围变形时，可用热风枪等对变形部位进行加热，如图 6-1-3 所示。由于热风枪存在加热不均匀的缺点，容易造成局部过热烧坏塑料件，操作时最好在变形部位的背面烤，当塑料稍一变软就立刻进行按压、矫正。

对于如图 6-1-4 所示较大变形，应使用红外线烘干灯加热变形部位，塑料件稍一变软，同样立即对变形部位进行按压矫正。因为面积较大，为了获得良好的外观，可以借助辅助工具如光滑的木板等。

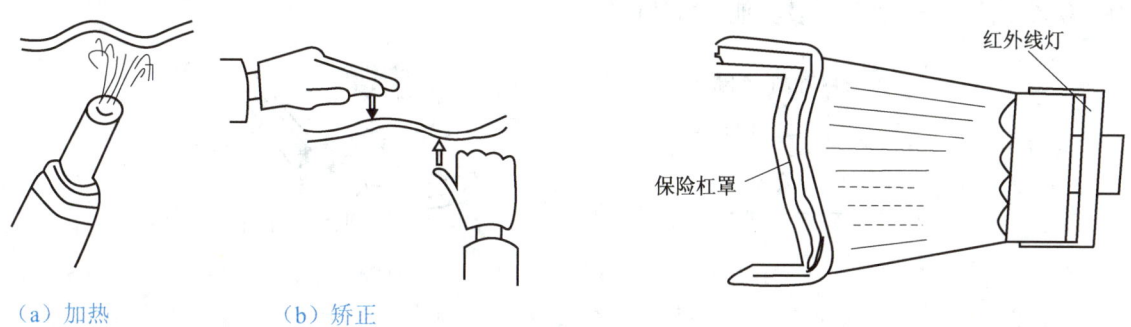

（a）加热　　（b）矫正

图 6-1-3　塑料件的热矫正　　　　　　图 6-1-4　用红外线灯加热变形部位

红外线灯加热效率高，升温快，注意控制塑料件的受热温度，一般应以 50~60℃ 最好，最高温度不能超过 70℃，避免产生永久性变形。完成矫正后，应在原处慢慢恢复到常温状态。不要采用强制冷却或过早移动，避免构件发生整体变形。

（2）塑料件的黏结

常用的黏结剂有两种：一种是以环氧树脂或氨基甲酸乙酯为基体与硬化剂混合调匀使用的黏结剂；另一种是以聚酯为基体与硬化剂混合调匀使用的黏结剂。近年来，有超级胶声誉之称的氨基丙烯酸酯以其新颖的特性，被逐步运用于塑料的黏结之中。车身塑料部件的胶黏方法有溶剂胶黏、热熔胶黏和胶黏剂胶黏 3 种。对于热塑性塑料，这 3 种方法都适合。而对于热固性塑料，只能用胶黏剂粘贴修复。胶黏法简单、实用、适用面广，可以有效地修复断裂、裂缝、凹陷等缺陷。

① 热固性塑料的胶黏。

热固性塑料是由低分子量的线性树脂在固化剂的作用下，发生化学反应而成的体型结构。其特点是加热不熔化、溶剂不溶解、高温碳化，且刚度好、硬度高、耐冲击、抗蠕变和尺寸稳定。热固性塑料的修复只能采用胶黏剂法进行胶黏。

热固性塑料主要用来制作保险杠、阻流板、前隔栅、轮辋罩等。其常见损伤形式是破裂。进行胶黏时，应先将胶黏面及其周围清理干净，然后用速干胶将断口黏起来，及时校准碎块与基础件的相对位置（常用的速干胶有如国产 SA102，520，101，405，J—58 和进口乐泰 414 等）。如果碎片短缺，可从废弃的车身塑料件上切补，使接口平整、无缝、无误后再用速干胶将全部断缝填满、黏牢。

对于承受载荷的塑料件，除了按照上述方法黏牢外，还应在断缝背面用热熔式胶枪将断缝填补起来，虽起不到焊接塑料的作用，但具有一定的链接与加固作用。

② 热塑性塑料的胶黏。

热塑性塑料的分子结构属于线形或之字形。热加工时能熔化或软化，在适当的溶剂中会膨胀或被溶解，成型过程只发生物理变化，可反复成型。其特点是即可熔化又可溶解，多数修补方法都可适用于热塑性塑料。

车身上的很多塑料件都是用热塑性塑料制成的，如车身内饰件、电器操纵箱、前后保险杠和冷暖风机壳等。其中比较有代表性的是聚丙烯（PP）塑料，其特点是可塑性好、质量轻、耐疲劳、抗冲击能力强。丙烯和乙烯共聚合成改性橡胶，再注入聚丙烯模塑后制作成保险杠，具有密度小、弹性好、减振性能强等优点。

对于车身上热塑性件的断裂，可用胶黏剂直接进行胶黏。所使用的胶黏剂有：国产的 J—11，JC—15，HY—94，705，SA102，TY201，814，FN—303 和进口乐泰 414，495 等。在裂纹背面也可以利用热熔胶枪做进一步加固。

(3) 热固性塑料件的修补

当需要修补如图 6-1-5（a）所示的局部缺陷时，将环氧树脂和固化剂按 1∶1 的比例调和后，涂施于打磨好的凹陷处，如图 6-1-5（b）所示。注意不要存在气泡、蜂孔等，可用热风枪或紫外线烘干灯等，使其在 50℃的温度下干燥 30 min 以上，再分别用粗、细砂纸将修补处按原型打磨平整。注意打磨过程中不能用力太猛，不能将未损伤区域及其他塑料件擦伤。

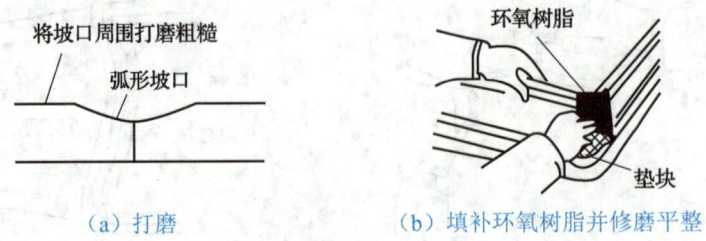

(a) 打磨　　　　(b) 填补环氧树脂并修磨平整

图 6-1-5　局部缺陷的修补

(4) 热塑性塑料的修补

当车身塑料件发生缺陷性损伤时，可参照图 6-1-5 所示的方法先将拟修补表面用细砂纸打磨粗糙，用环氧树脂腻子（调配方法与前相同）将缺陷修补平整，烘干固化后再分别用粗、细砂纸按原样打磨光滑。

有些 PP 塑料保险杠或仪表板，为改善外观和涂装性能，在其表面添加了一层橡胶状弹性纹理，这给修补工作造成了一定难度。用上述方法修补后，需要用专门的 PP 塑料涂料对修补表面进行喷涂处理。这种新型涂料不仅能够改善二元环氧树脂与 PP 塑料的亲和性，对外观的涂装效果也远比其他涂料优越。如果属于没有进行过纹理改进的车身塑料件发生轻度裂纹或表面划伤时，只需直接使用这种新型涂料，就可以遮盖表面损伤。

(5) 塑料件的划痕和裂纹的修理工艺

① 用清洁水和塑料清洁剂清洗待修部位，最重要的是洗净接合面，去除蜡、尘或油脂。

② 使用黏结剂之前，应将塑料件加热至 20℃左右。

③ 将催化剂喷至裂纹一侧，然后在该侧敷好黏结剂，如图 6-1-6 所示。

④ 将划痕或裂纹两侧按原来位置对好，迅速压紧，约 1 min 后即可获得良好的黏结效果。最后，黏结部位应有 3～12 h 的硬化时间，以达到最大的黏结强度。

图 6-1-6　敷黏结剂

(6) 塑料件的擦伤、撕裂和刺穿的修理工艺

① 用有去除石蜡、油脂和硅树脂功能的溶剂浸湿在干净的抹布上彻底清除损伤部位的污物，然后擦拭干净。经过预处理后，用 36# 砂轮在撕裂、穿孔的边沿 6～9 mm 宽处磨削成以便于黏结的斜面坡口，如图 6-1-7 所示。若打磨时出现滑腻现象，说明该塑料是聚烯烃类，可以涂敷（喷涂）一层黏结促进剂，待其干燥后继续打磨。

② 打磨羽状边，用 180# 砂纸将裂纹或穿孔周围的面漆打磨出羽状边，注意仅仅打磨面漆，不能打磨塑料。如图 6-1-8 所示。要求在裂纹的周围 3～4 mm 内没有油漆，以保证后面涂敷的黏结剂不会黏在油漆上，然后进行必要的清洁处理。

③ 对黏结部位进行火焰处理，改善黏结性能。可用喷灯火焰在坡口处不断移动，使坡口表面出现棕色为止。火焰处理时一定要注意，不能将塑料及油漆烤变形或烧焦。

④ 用去硅树脂和去蜡剂清洗修理部位的背面，然后贴上带有强黏结剂的铝箔和能防潮的胶带，把孔完全覆盖住，目的是保证黏结剂不会从背部漏出。

图 6-1-7　用砂轮把损伤部位削斜　　　　图 6-1-8　用精细砂轮削去修理部位油漆

⑤ 在打磨好的修理部位涂上黏结促进剂，使其全干。如果是氨基甲酸乙酯塑料件，本步骤省略。

⑥ 按照说明准备黏结材料。大多数黏结剂都分别装在两根管中，在一块玻璃板上分开挤出等量的黏结剂和固化剂，注意不能直接将固化剂挤到黏结剂上。

⑦ 用塑料刮板采用混合原子灰的手法将其混合，搅匀，然后尽快用刮板分两次把混合好的黏结剂充分填充到孔洞里，动作要快（混合好的黏结剂在 2～3 min 内会固化）。第一步填充孔底，第二步将孔洞填平。

⑧ 迅速清洁工具，因为黏结剂一旦固化将很难清理干净。

⑨ 填充完毕，固化 1 h，或用烤灯在 80℃下烘烤 15 min，使黏结部位完全干燥。然后用 180$^\#$砂纸或打磨块磨平表面，如图 6-1-9 所示，并清除修理部位的碎屑、灰尘等污物。

⑩ 再次调和黏结剂，用刮板对黏结部位进行刮平整形，待干固后用 80$^\#$砂纸把周围修整出一个粗轮廓，然后再用 180$^\#$和 240$^\#$砂纸打磨，对表面精修。如出现高低不平或针孔，可用填充剂填平。用 320$^\#$砂纸进行最后的精磨，打磨后清洁修理部位，做好涂面漆的准备。

⑪ 进行涂装处理。

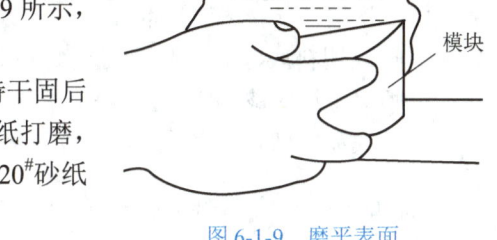

图 6-1-9　磨平表面

8. 汽车塑料件喷涂前处理

塑料分为硬塑料（刚性塑料）和软塑料（半刚性塑料）。汽车制造厂提供的塑料备件，有的已经涂过底漆，有的未涂底漆。对于后者，都应使用专门的塑料底漆、底漆密封剂、乙烯清漆或涂料来提高漆层的附着力。

（1）硬塑料件的表面处理

硬塑料件的表面处理与玻璃纤维处理方法相同。

① 清洁。对于更换的新零部件，必须用专用的脱模剂清洗液进行清洗或用干净的软布蘸上酒精擦拭其表面，以去除掉脱模剂成分。

② 用去蜡、去油脂清洗剂彻底清洗表面。

③ 打磨已暴露出来的玻璃纤维，注意不要磨穿树脂层。手磨时，使用 220$^\#$或 280$^\#$砂纸；用磨光机打磨时，用 80$^\#$～120$^\#$砂纸。

④ 二次清洁。用干净布重新擦干净表面。

⑤ 填补原子灰。如果有需要填平的焊缝、气穴，应在整个表面上涂一层车身填充剂。

⑥ 干燥之后，用 320$^\#$砂纸打磨原子灰，做羽状边。

⑦ 喷涂底漆或中涂漆。

⑧ 用 400$^\#$号干磨砂纸再打磨、清洁。

⑨ 查找微小的孔、眼，用填眼灰进行填补并磨平。

⑩ 清洁后准备涂面漆。

处理玻璃钢等硬质塑料制品时要注意以下几点。

① 玻璃钢等硬质塑料制品不需要额外进行防腐处理，更不必喷涂磷化底漆。

② 更换件或新的板件表面常残留有制造时的脱模剂，这些脱模剂中含有的硅酮等物质会严重妨碍涂膜的附着，所以必须清理干净。

(2) 聚丙烯塑料件的表面处理

对聚丙烯塑料件喷漆时，要使用一种专门的底漆，聚丙烯塑料很坚硬，使用传统的内部树脂漆打底后便可涂面漆，其表面处理过程如下：

① 用去蜡和除硅清洗剂清洗表面。

② 按照包装说明，涂一层较薄的聚丙烯底漆涂层，让底漆快速干燥 1～10 min。

③ 在快速干燥期间，涂一层传统的内部树脂面漆，并让面漆干燥，然后才可以安装这一零部件。

(3) 软塑料件的表面处理

① 清洁（塑料清洁剂）。如果塑料制品是具有吸水性的材料（如尼龙等），在水洗或清洁之后需要加温或放置一段时间，以使吸收的水分充分挥发。

② 用 320# 砂纸打磨划伤处和修补过的表面，并清洁干净。

③ 刮涂 4 层中等干燥的塑料原子灰。

④ 让表面干燥至少 1 h，用 400# 砂纸和打磨垫进行打磨。

⑤ 吹净粉尘并用黏尘布擦干净。

⑥ 二次清洁（塑料清洁剂）。

⑦ 喷涂塑料底漆。对整个需要修补的区域薄喷一层均匀的涂膜，稍稍静置一下（5～10 min）。

⑧ 喷涂中涂底漆（湿碰湿，快干型稀释剂尽量少加，每道喷涂要薄一些，加入一定量的柔软添加剂）。

⑨ 等底涂层彻底干燥后，用 400# 干磨砂纸打磨整个表面。清除所有光泽，为涂面漆做准备。

9. 汽车塑料件喷涂面漆工艺操作

用于塑料表面的涂料必须具备两个基本条件：良好的附着力和涂料不能过分溶蚀塑料表面。对于汽车涂料，内饰件侧重于耐溶剂性，涂料的使用较为复杂，包含有多个品种，主要根据底材的要求来考虑；而外饰件侧重于耐水性、抗石击性、耐候性及装饰性。

大多数硬塑料不需涂底漆，面漆就能很好地黏附在其表面上；在半硬性（柔性）塑料的漆层中需要加入"柔性剂"，以使漆层在基体膨胀时具有一定的变形能力而不致脱落或开裂。对于塑料件的喷涂，最好使用一套厂家提供的配套材料，如柔性剂、面漆、内涂层材料、冲淡剂和稀释剂等。

(1) 硬塑料件的喷涂

① 内部硬塑料件的喷涂。

硬塑料（如 ABS）件一般不需要喷底漆和腻子。内部塑料件面漆的颜色由车身编码牌上的调整号决定，其面漆主要用丙烯酸漆。各大型涂料厂都向用户提供内部漆图表，包括内部漆的供应号、名称、光泽系数及调整号。内部硬塑料件的喷漆方法如下：

a. 用溶剂清洗塑料件表面。

b. 按调整号码喷涂一般的内部丙烯酸漆。

c. 按规定时间干燥漆层，然后再装到车上。

② 外部硬塑料件的喷涂。

外部硬塑料件一般也不必喷底漆即可喷面漆，但也有个别厂家建议先喷一层底漆再喷面漆的情况，不论哪种情况，喷面漆的方法应相同。

a. 用清洗剂彻底清洗零件表面。

b. 喷涂适当颜色的面漆。

c. 待漆面完全干燥后，再把零件装到车上。

d. 对玻璃纤维件喷漆之前，应先涂腻子，再按照喷涂车身钢板的方法喷面漆。对原先已喷过气塑膜化合物的硬塑料件进行局部修理前，需先喷一层助黏剂。操作时用 400# 水砂纸打磨损坏部位，然后涂底漆、涂助黏剂，再喷面漆。

(2) 弹性塑料件的喷涂

大多数弹性（半硬）塑料件的漆层中需要加入弹性剂，以使漆面在变形时不致开裂。加入了弹性剂的漆面称为弹性漆层，其喷涂方法如下。

① 用 400# 砂纸彻底打磨整个表面，并用清洁剂清洗整个表面。

② 按照制造厂的规定，将底漆、弹性剂和溶剂混合在一起，混合时先将底漆与弹性剂混合，再根据车间的温度加入适量的溶剂。

③ 将喷枪压力调到规定值，喷涂足量的双层湿涂层，以便完全遮盖表面。

④ 底涂层干燥 30~60 min，然后喷涂光亮层，待干燥后，装在车上使用。

10. 轿车保险杠维修

保险杠是汽车发生碰撞时，最容易受到损伤的塑料件之一。保险杠出现了大的缺陷，如变形极大的损伤，视需要将保险杠拆下。然后针对变形与损伤情况，一方面进行维修处理，校正变形、修复损伤；一方面进行涂装作业，进行涂装时，还需要按原车身面漆类型，制订涂装方案。保险杠维修的工艺流程见表 6-1-3。

表 6-1-3 保险杠维修的工艺流程

序号	项目	目的	施工要领
1	损伤评估	确定施工类型	仔细观察、对比，判断损伤部位及损伤程度
2	拆卸	拆卸保险杠	拆装施工规范，防止伤及其他漆面
3	修正变形	恢复原有形状	加热，但要防止加热过高
4	修补损伤	修复缺损	打止裂孔，黏结，加强缺损部位
5	涂装前处理	修整底材	打磨平整，做出羽边状，除尘、除油、除静电
6	施涂底漆	增加涂膜附着力	完全覆盖
7	施涂原子灰	填补	使用塑性原子灰，注意干燥时间，并打磨
8	施涂中涂漆	提高表面平整度，遮盖底色	清洁表面，使用塑料底漆，适当遮护，干燥，打磨
9	施涂面漆	遮盖修补部位，提供颜色、光泽度、膜厚、保护层	清洁表面，与原车面漆相同类型，调色、配制涂料，处理驳口，涂料增加增塑剂，涂膜干燥
10	修理	修补漆面轻微缺陷	抛光，检验合格
11	安装	安装保险杠	安装施工规范，防止伤及其他漆面

对车辆保险杠经过损伤评估后，确定需要维修的，正确拆卸后，进行以下修理作业。

(1) 修整变形

① 用红外线烤灯加热保险杠变形的部位和周围。

② 打开红外线烤灯，调整灯光，使保险杠表面温度达到 40℃，保持 10~20 min，升高变形部位周围的温度。然后，将变形部位表面温度升到 60℃，保持约 5~10 min。大的变形部位会回复到原来的状态。

③ 用手修正其余小变形。

④ 完成矫正后，关掉红外线烤灯，冷却保险杠。应在原处慢慢恢复到常温状态。不要采用强制冷却或过早移动，避免构件发生整体变形。

（2）防止裂纹进一步产生

① 用热肥皂水清洗整个外罩。然后擦干或吹干，再用优质塑料清洁剂清洗表面。

② 使用 4 mm 直径钻头，在裂纹的末端钻一个小孔，防止裂纹进一步扩展，如图 6-1-10 所示。

（3）加工 V 形沟槽

用打磨机配合 120# 砂纸，在裂纹处打磨出 V 形沟槽，如图 6-1-11 所示。

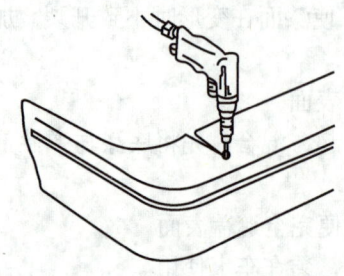
图 6-1-10　在裂纹的末端钻小孔

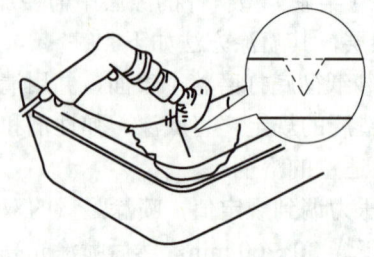
图 6-1-11　加工 V 形沟槽

（4）增强后面部位

① 将黏合剂与固化剂完全混合，涂在保险杠的背后，直接涂在裂纹后面，使用方法参照有关黏合剂厂家的说明。

② 在裂纹的末端，固定一块辅助材料（如薄铁板之类），用夹子压入其位，以消除裂纹产生的高度差。

③ 在涂黏合剂的部位，固定一块玻璃纤维布（不包括末端有加强材料的部位），压紧，用刮刀将流淌到玻璃纤维布外面的黏合剂刮到纤维布表面上，形成平整的涂层，如图 6-1-12 所示。

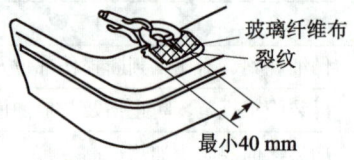
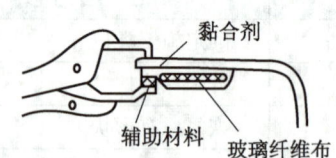

图 6-1-12　加强裂纹部位

④ 打开红外线烤灯，调整灯光，使加热部位表面温度达到 60～70℃，使黏合剂固化，冷却后，拆除夹子。时间参照有关黏合剂厂家的说明。

（5）打磨

往复式打磨机配合 300#～400# 的砂纸在损坏的周边部位打磨出羽状边。

下面进行受损伤的聚丙烯保险杠喷重新涂工作，如图 6-1-13 所示。

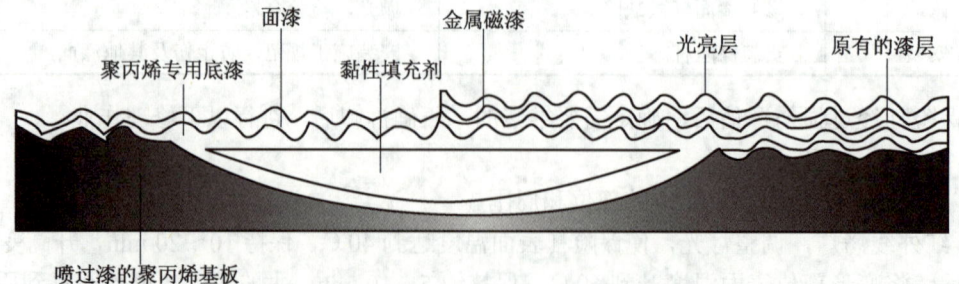

图 6-1-13　受损伤的聚丙烯保险杠重新喷漆工艺

（6）涂聚丙烯底漆（塑料底漆）

① 用溶剂型抗静电清洁剂清洁裂纹及周围表面的油脂。

② 为了保证保险杠光面的附着力，在塑料表面喷涂经过稀释的、混合均匀的特殊的聚丙烯底漆，干

燥 5～10 min。

（7）施涂原子灰

① 用柔性的原子灰黏合剂对要修补的部位（裂纹或刮痕）和周围（羽状边部位外边 10～20 mm）进行涂补。

② 用红外线烤灯加热，使该部位表面温度达到 60～70℃，使原子灰固化，具体参照生产厂家说明。

（8）打磨原子灰

① 保险杠冷却后，用打磨机配合 120#～320# 的砂纸打磨原子灰。

② 用 320# 的砂纸打磨，区域适当向外扩张。

③ 用溶剂型抗静电清洁剂清洁打磨部位及周围表面的油脂。

（9）涂中涂底漆

① 遮护。

② 对损坏部位涂中涂底漆（塑料底漆）。

③ 干燥，具体参照生产厂家说明。

（10）打磨

① 在有针孔或砂纸刮痕的部位涂刮填眼灰。

② 填眼灰干燥后，用打磨机配合 320# 的砂纸做面漆施工前的打磨。局部修理用 500# 砂纸。

③ 吹干，清洁与除油。

（11）喷涂面漆

① 按厂家提供的比例调配、过滤面漆涂料。

② 喷涂面漆。视需要喷涂清漆。

③ 干燥面漆。

（12）检查、修整

如有瑕疵，进行适当的抛光处理。

（13）交车

按相应的手续和步骤交车。

11. 轿车保险杠更换

如果保险杠出现重大的损伤，需要更换。新保险杠在安装之前要进行一系列的涂装施工作业。

保险杠更换的工艺流程见表 6-1-4。

表 6-1-4　保险杠更换的工艺流程

序号	项目	目的	施工要领
1	损伤评估	确定施工类型	仔细观察、对比，判断损伤部位及损伤程度
2	拆卸	拆卸原有受损保险杠	拆装施工规范，防止伤及其他漆面
3	清洗	清除脱膜剂、除静电	领取新保险杠，用肥皂热水清洗，再用除静电清洗剂清洗
4	打磨	新保险杠表面除光，以增加附着力	对整个新保险杠需要施涂的表面进行打磨
5	施涂中涂漆	增加涂膜附着力	施涂前除尘、除油、降静电、塑料底漆，干燥
6	打磨	提高表面平整度	对整个新保险杠需要施涂的表面进行打磨
7	清洁	除尘、除油、除静电	用抗静电清洁剂清洁表面，黏尘布试擦
8	施涂面漆	提供颜色、光泽度、膜厚、保护层	与原车面漆相同类型，调色、配制涂料，喷涂施工，涂料中增加增塑剂，涂膜干燥
9	修整	修补漆面轻微缺陷	抛光，检验合格
10	安装	安装保险杠	安装施工规范，防止伤及其他漆面

对车辆保险杠经过损伤评估后，确定需要更换的，在领取新保险杠后，进行以下修理作业。

（1）清洗

① 用热肥皂水（水温60℃左右）清洗保险杠整个外罩，以便除去残留在新保险杠表面的脱膜剂。

② 用清水再一次清洗保险杠整个外罩。

③ 用优质塑料抗静电清洁剂清洗保险杠表面，采用一湿一干两块布进行操作。

④ 用空气枪使用压缩空气彻底吹干。

（2）打磨

用240#~320#砂纸打磨保险杠表面。

（3）施涂中涂底漆

① 用抗静电清洁剂清洁保险杠表面，除去保险杠表面的粉尘、油污、静电。

② 黏尘布擦保险杠表面。

③ 参照涂料生产厂家说明，调和中涂底漆，涂装在整个表面。

④ 干燥中涂底漆。

塑料保险杠的喷涂

（4）打磨

用500#砂纸打磨保险杠中涂底漆。

（5）施涂面漆

① 清洁、除油。对施涂区域进行除尘、除油、除蜡等清洁工作，并吹干。

② 调制面漆涂料。按照要求调色，然后按正确的配比调配面漆（色漆、增塑剂及稀释剂配比参照涂料生产厂家的说明），过滤。

③ 喷涂面漆。按照原厂面漆的类型采取适当的喷涂操作工序。按面漆的施工要求选择合适的喷枪，将过滤的涂料装入涂料罐。调整好喷枪进行第一道喷涂，从较难喷涂处开始，再做整个喷涂，然后静置10~15 min。第二道喷涂和第一道喷涂相似，同时需要确定保险杠完全过色，静置10~15 min。第三道喷涂为降压薄喷，主要是调整色漆的排列均匀。喷涂后静置10~15 min。用黏尘布轻轻清洁，除去漆雾粒子。

④ 视需要喷涂清漆。喷涂清漆的过程和面漆相似。

⑤ 干燥。自然干燥或用烤房或红外线烤灯干燥，干燥时间参考涂料生产厂家的要求。

（6）检查、修整

如有瑕疵，进行适当的抛光处理。

（7）装车

按相应的手续和步骤装车。

三、实践操作

保险杠本身没有出现损坏和变形，只需要修补保险杠受损的漆面，在进行作业时，尽可能不要拆下保险杠，以减少不必要的麻烦。保险杠漆面受损修补的工艺流程见表6-1-5。

表6-1-5 保险杠漆面受损修补的工艺流程

序号	项目	目的	施工要领
1	损伤评估	确定施工类型	仔细观察、对比，判断损伤部位及损伤程度
2	遮护	保护非施工区域	使用遮盖纸或遮蔽胶带
3	打磨	清除旧漆膜	用打磨机打磨，并打磨出羽状边
4	清洗	除尘、除油、除静电	用抗静电清洗剂清洗
5	施涂底漆	增加涂膜附着力	施涂前遮护，喷塑料底漆，干燥

表 6-1-5（续）

序号	项目	目的	施工要领
6	打磨	提高表面平整度	对整个保险杠需要施涂的表面进行打磨
7	清洁	除尘、除油、除静电	用抗静电清洁剂清洁表面，黏尘布试擦
8	遮护	面漆施涂前的遮护，保护非施工区域	用遮盖纸或遮蔽胶带及塑料薄膜
9	施涂面漆	遮盖修补部位，提供色彩、光泽度、膜厚、保护层	清洁表面，与原车面漆相同类型，调色、配制涂料，处理驳口，喷涂施工，涂料增加增塑剂，涂膜干燥
10	修整	修补漆面轻微缺陷	抛光，检验合格

注：保险杠漆面轻微划伤，可不施涂原子灰。如划伤区域过大，视情况需要可以施涂原子灰。保险杠施涂的原子灰必须是塑料专用的软性原子灰。

对车辆保险杠经过损伤评估后，确定仅需要对漆面损伤区进行维修涂装。

1. 遮护

用遮盖纸或遮蔽胶带及塑料薄膜对打磨施工影响区域进行适当遮护。具体操作参照学习项目二任务二相关内容。

2. 打磨

① 用打磨机配合 240# 砂纸打磨保险杠表面受损区域，如图 6-1-14 所示。
② 磨出羽状边。

3. 清洁、除油

① 用塑料抗静电清洁剂清洗保险杠受损区域表面，并适当扩大清洁范围。
② 吹干。

4. 施涂底漆

① 施涂前遮护易受喷涂污染的部位。
② 喷涂合适的塑料底漆，通常涂二层底漆，第一层轻喷受损区，第二层适当扩大喷涂区域，如图 6-1-15 所示。

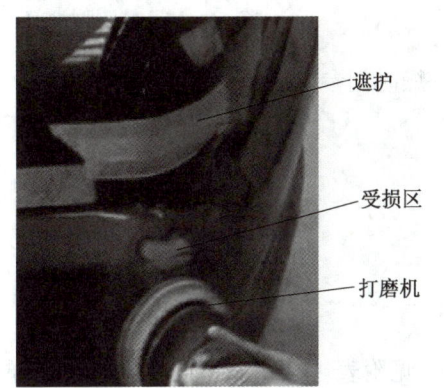

图 6-1-14 打磨保险杠表面受损区域

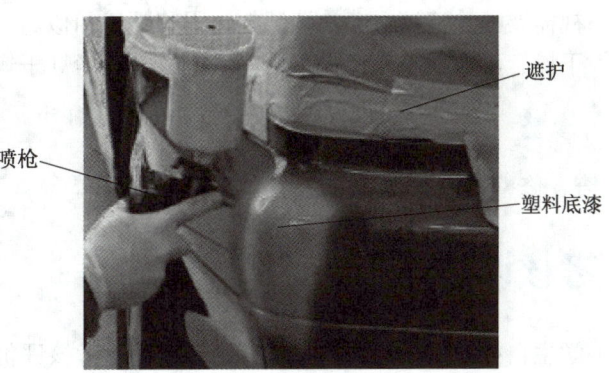

图 6-1-15 施涂底漆

5. 干燥

涂膜可自然干燥，也可用烤房或红外线烤灯干燥，如图 6-1-16 所示。干燥时间参考涂料生产厂家的要求。

6. 打磨

用打磨机配合 500# 砂纸打磨保险杠表面受损区域，如图 6-1-17 所示。

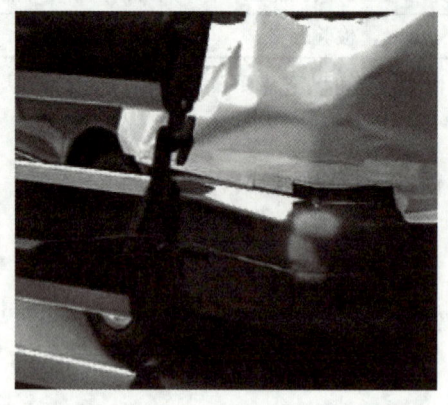

图 6-1-16　红外线烤灯干燥

图 6-1-17　打磨底漆

7. 清洁、遮护

① 对施涂区域进行除尘、除油、除腊、除静电等清洁工作，并吹干。
② 面漆喷涂前的遮护，遮护易受喷涂污染的部位，如图 6-1-18 所示。

8. 施涂面漆

① 用黏尘布对施涂区域进行清洁。
② 调制面漆涂料。按照要求调色，然后按正确的配比调配面漆（色漆、增塑剂及稀释剂配比参照涂料生产厂家的说明），过滤。
③ 喷涂面漆。按面漆的施工要求选择合适的喷枪，将过滤的涂料装入涂料罐，按照原厂面漆的类型采取适当的喷涂操作工序。
④ 视需要喷涂清漆。喷涂清漆的过程和面漆相似。
⑤ 干燥。可自然干燥，也可用烤房或红外线烤灯干燥，干燥时间参考涂料生产厂家的要求。

图 6-1-18　面漆喷涂前的遮护

9. 修整

检查、修整。如有瑕疵，进行适当的抛光处理。

四、考核评估

① 学生自检，同学互评，小组讨论，填写《考核评价表》（见附表1），并同《个人工作记录单》（见附表2）和《小组工作记录单》（见附表3）一起上交。
② 教师对学生整个任务的完成过程进行现场观察，并填写《考核评分表》对学生进行成绩评定，见表 6-1-6。

表 6-1-6　保险杠的施工单项技能评分标准

| 姓名： | | 班级： | | 学号： | | 实训地点： | | | 日期： | 年　月　日 |

技能考核项目	指标分值	考核标准	成绩分档及权重				得分	考核方式
			A	B	C	D		
			1	0.8	0.6	0.4		
训前准备	20	能认真阅读有关实训文件、教材与参考书，积极做好训前各种准备工作。教师可根据具体情况酌情打分						现场提问课后批阅
态度与钻研精神	10	态度与钻研精神						观察
施工准备现场操作	20	保险杠用涂料选用与调配正确（5） 能准确判断保险杠的材料（5） 操作准确无误（5） 能正确拆装保险杠（5）						现场考核
保险杠的施工操作	40	能正确进行保险杆的前处理（10） 能正确进行打磨处理（10） 干燥方法准确（10） 喷枪调试正确，操作娴熟熟练，保养方法得当（10）						现场考核
现场管理	10	着装规范，符合要求（2） 安全防护到位（2） 工作场地保持干净（2） 与同学配合到位（2） 服从分配，遵守规章制度（2）						观察
得分								
实训教师签字								

五、知识与能力拓展

1. 玻璃钢保险杠涂装工艺

（1）表面处理

先用 60#～70# 砂布手工反复打磨，直至表面呈现均匀的砂纹，或用机具磨光片反复机磨，直至表面呈现均匀的机磨砂纹为止。技术要求是大面和各边面、棱面要磨到位，不允许漏磨或轻微打磨。然后用毛刷扫净或压缩空气吹净磨污，用清洁剂擦净粉末。

（2）涂漆工艺

① 用双组分环氧底漆或塑料底漆均匀喷涂一道。

② 60～70℃ 低温烘干 40 min，或自干 18～24 h。

③ 用原子灰先粗刮平整，干后（60～70℃烘干 40～50 min）用 60# 砂布包平木块手磨光，或用机用砂纸机具磨光，吹光擦净后，细刮原子灰至非常平整。低温烘干后用 120# 号机用砂纸，机具磨光，吹光并用清洁剂擦净，待喷中涂漆。

④ 用双组分丙烯酸聚氨酯中涂漆，湿碰湿喷涂 2～3 道至将砂纹等细小缺陷充分填平，用 60～70℃ 烘干 40～50 min。

⑤ 用快干麻眼灰将漆膜表面上的针孔、细小麻眼等缺陷反复找平，刮净残渣，自干 1～2 h 或 60～70℃，烘干 15～20 min。

⑥ 用 240# 机用砂纸机具磨平后，再用 320#～400# 机用砂纸机具细磨平滑，吹光并用清洁剂擦净。如采用水砂纸手工水磨时，水磨洗净后应用 60～70℃烘干水分。

⑦ 按工艺规定湿碰湿喷涂面漆，漆种的性能和颜色与喷涂质量同车身一样。

⑧ 按工艺规定温度烘干面漆。

⑨ 质量检查同车身质量标准一样。

2. 尿烷保险杠喷漆

尿烷保险杠有两种：经过喷漆的彩色保险杠和经过染色的黑色保险杠。后者由于加入了添加剂，可以防止日晒和雨淋造成的变形。如果对它喷漆，由于添加剂的作用，会使颜色发生变化，故一般不对黑色保险杠喷漆。

彩色尿烷保险杠的喷漆过程如下：

① 对邻近部位进行遮盖，用硅溶剂清洗需要修理的部位。

② 在整个表面上涂一层腻子，修理所有的划痕。

③ 用 600# 砂纸湿磨整个表面，重新对整个表面喷漆。

④ 重新喷面漆。使用两种成分混合型的丙烯酸尿烷漆，并加入柔软剂。如果喷金属漆，喷涂后应快速干燥 5 min，然后再喷涂光亮层。

3. 乙烯树脂汽车软顶的喷涂

喷漆过程如下：

① 用漂白型洗涤剂、刷子和足量的水刷洗车顶。再用干净水彻底冲洗车顶和整个轿车外表。

② 用漆面清洁剂充分洗净车顶。

③ 吹除所有缝隙中的灰尘，用黏尘布擦拭车顶。

④ 将整个发动机盖和后备箱盖罩上，以免乙烯基漆溅黏在这些表面上。

⑤ 喷漆时，以低气压和较小的喷射直径喷涂带状涂层。

⑥ 按照制造厂的规定增大气压，从轿车边缘向中心喷涂乙烯基漆。

⑦ 从轿车另一侧，由中心开始向另一侧喷涂湿涂层，使每个行程与上一行程约有 50%左右的重叠，以保持漆层湿润。

⑧ 喷涂第二层湿涂层，以便完全遮盖表面。

⑨ 表面再喷一层 200%稀释的乙烯基漆，经 1 h 干燥后，可取下遮盖物，再经 4 h 干燥即可投入使用。

⑩ 在乙烯车顶外部可以喷一层透明的保护层，可防水、防尘和抵御阳光、盐、雪等的侵蚀。

4. 塑料部件皮纹效果的喷涂

为了在涂膜上制造纹理，各品牌涂料都有相应的纹理剂和纹理添加剂（颗粒剂），按照使用说明合理地在面漆内添加纹理添加剂，会使涂膜产生类似塑料制品的表面粗糙效果。

另外，使用黏度较高的涂料和采用降低喷涂气压而使涂料不能很好地雾化的喷涂方法，也可以制造出一定的纹理效果，但这需要较高的喷涂技巧。喷涂程序如下：

① 调配涂料。注意纹理添加剂的用量。

② 采用低气压，薄喷第一层喷涂。

③ 采用湿碰湿第二层喷涂。

④ 作出驳口。

⑤ 加温干燥。

⑥ 用200#号干磨砂打磨。

⑦ 视需要可在纹理上层再喷涂一层清漆。

重新制造的纹理部位应用高压空气吹干净,并用黏尘布轻轻擦拭,不可用清洁剂进行清洁。

5. 汽车型材与钣金件涂漆工艺

对汽车型材与钣金件的涂装,一般是先经过磷化处理后,对各种方钢型材,可先涂一道防锈底漆,待骨架组装焊成型后,再随车身进行涂装;各种钣金件经磷化处理后,除先涂一道防锈底漆外,还要再涂一道面漆。

(1) 磷化处理工艺

对半成品加工件的磷化处理,大多采用"五步"法,即脱脂→水洗→表调→磷化→热水洗。处理工艺可分为有油无锈件和有油有锈件两种方式。

① 有油无锈件的处理工艺。

a. 装件。按方钢件的长短规格或钣金件的大小,分层并间隔均匀地摆放于吊栏中。

b. 脱脂。用低温脱脂剂(30~40℃)处理5~10 min(浸洗法)。

c. 水洗。工件浸入水槽后,上下刷洗0.5~1 min。

d. 表调。工件浸入表调槽后,槽液在搅拌状态(气吹搅拌或机械搅拌)放置1.5~2.5 min。

e. 磷化。低温锌系磷化液(30~40℃)磷化10~20 min。

f. 热水洗。用60~70℃热水浸洗1~1.5 min,或常温水洗后用热风吹干水迹。

g. 质量检查。磷化膜要均匀平整,厚度1~3 μm,颜色为瓦灰色、青灰色,不允许有泛白、返锈、浮灰等不良,否则应重新返工。

② 有油有锈件处理工艺。

装件→二合一处理液除油、除锈(处理温度50~70℃,时间10~15 min。重油、重锈件可适当延长处理时间)→水洗(常温水刷洗0.5~1 min)→表调(1.5~3 min)→磷化(30~40℃/10~20 min)→热水烫干(或常温水洗后热风吹干)→卸件→质量检查(返锈、返白件应返工)→转入库或底漆涂装。

(2) 涂漆工艺

① 涂底漆工艺。

涂底漆可采用浸涂和刷涂两种方式。对方钢件多采用浸涂方式,以便于方钢件的里外面都能均匀受漆,提高其防锈性。浸涂使用的漆种以铁红、铁棕、磁化铁黑酚醛或醇酸防锈漆为好,浸涂漆液的黏度以20~25 s(在20℃条件下)为宜。浸涂后,用行车吊出,并在蘸漆槽边,使工件的一端倾斜,让多余的漆液流回槽中,这样既减少了涂料的浪费,又避免大片污染环境。然后进行烘干或自干。烘干时,温度为80~100℃,时间为40~60 min;自干18~24 h(要放在低晾架上)。干燥后分规格、分批进行入库或转骨架焊装。

对仓体等大块钣金件,可采用手工刷涂施工,刷涂黏度在20℃条件下为30~40 s。刷涂干燥后对涂层的质量要求是:漆膜均匀平整,厚度20~30 μm,不允许有漏刷、露底、花脸、流漆及明显杂质等涂面漆。经质量检查合格后转入库或面漆涂装,不合格产品应返工。

② 涂面漆工艺。

这里主要指对半成品钣金件涂面漆。对一般质量要求的钣金件,如普中档客车的仓体背面和车身里部能被装饰遮盖的各块钣金件,使用灰或黑(按工艺要求)醇酸调和漆或磁漆均匀的刷涂一道即可,刷后的涂层要保证漆膜均匀、平整、附着力强,干燥彻底,不能有漏刷、露底、花脸及明显流漆或杂质。

对高档豪华客车和出口客车(包括公交车)所用的各种半成品钣金件,要采用喷涂方式涂装,漆种应采用半光或全光(按技术要求)双组分聚氨酯涂料或双组分环氧涂料,采用方式是湿碰湿喷涂,确保涂装后的面漆有一定的厚度和平整光滑度。对脚踏板等加工件,可在车身的车门部位安装焊接好后,再按要求喷涂该色双组分聚氨酯面漆。

6. 底盘件车桥、传动轴、转向机涂漆工艺

因车桥、转向机、传动轴、分动箱等有油封、橡胶件和垫圈等不能经高温烘烤的元件，故可采用自干型或快干型涂料涂装。

（1）快干涂料涂装工艺

快干涂料涂装工艺见表 6-1-7。

表 6-1-7　快干涂料涂装工艺

序号	名称	材料	工艺参数	质量检查
1	热碱液除油（有油无锈）	碱性脱脂剂等	温度 70～80℃，浸泡 15～20 min，喷射 1～1.5 min	无油污、无浮灰、无水迹
2	一次热水洗		温度 60～70℃，浸泡 2～3 min，喷射 0.5～1 min	
3	二次热水洗		同上	
4	干燥		吹干或 100℃烘干	
5	手工喷涂底漆	铁红或铁黑、硝基过滤乙烯底漆，配套稀料	黏度 14～16 s/20℃，喷涂气压 0.3～0.4 MPa	漆膜均匀平整，无漏喷露底，干膜厚度为 20～30 μm
6	底漆干燥		自干 40～60 min，低温烘干 60～70℃，15～20 min	
7	手工喷涂面漆	硝基、过氯乙烯或氯化橡胶面漆，配套稀料	喷涂黏度 16～18 s/20℃、气压 0.35～0.4 MPa 湿碰湿喷涂 3～4 道	漆膜均匀平整，无漏喷、露底等缺陷，总涂层干膜厚度为 50～70 μm
8	面漆干燥		自干 1～1.5 h，低温烘干 60～70℃、30～40 min	

（2）底盘专用漆涂装工艺

按涂装方式，底盘专用漆涂装可分为浸涂和喷涂两种工艺。

① 浸涂工艺流程为：基材处理（手工擦洗除油和机械工具除锈）→吹光擦净→浸涂沥青底盘底漆（黏度 20～25 s/20℃）→干燥（自干 24 h，烘干 100～110℃，40～60 min）→质量检查→浸涂沥青底盘面漆→干燥→质量检查。

② 喷涂工艺流程为：基材处理（手工擦洗除油、机械工具除锈）→吹光擦净→手工喷涂沥青底盘底漆（黏度 18～22 s/20℃、喷涂气压 0.35～0.45 MPa）→干燥→质量检查→手工喷涂沥青底盘面漆→干燥→质量检查。

7. 底盘小件涂装工艺

底盘小件通常采用烘干型涂料，两种工艺流程如下。

① 用热碱液浸洗除油→热水冲洗两次→烘干或吹干水分→质量检查→浸涂或喷涂第一道 LO4—1 沥青磁漆→干燥（100～110℃烘 40～60 min 或自干 24 h）→喷涂第二道 L04—1 沥青磁漆→干燥→质量检查。

② 用热碱液浸洗除油→热水冲洗两次→吹干或烘干水分→质量检查→静电喷涂设备涂一道环氧粉末涂料→180～200℃烘干 20～30 min→冷却→质量检查。

8. 底架涂漆工艺

底架也称车架或大梁，它是整个汽车的基础。汽车（中小型轿车除外）的绝大部分部件和总成，都是通过底架来固定位置的，由于底架的位置处在车身下部，常与泥水接触，故要涂装防腐蚀类涂料，对涂层

的装饰性要求不高。

对底架的涂装，可根据其生产方式、产量和涂装条件等采用 4 种工艺。

（1）电泳涂装工艺

电泳涂装工艺适合大批量汽车底架生产的涂装。其工艺流程为：热碱液除油→一次热水洗→二次热水洗→磷化处理→一次水洗→二次水洗→纯水清洗→吹干水分→电泳涂一道阴极底面合一电泳漆→一次水洗→二次水洗→三次水洗→160～180℃烘干 25～35 min→冷却→技术检查→手工喷涂环氧沥青防腐漆→干燥（自干或烘干均可）→质量检查。

（2）淋涂水性涂料工艺

淋涂水性涂料工艺生产成本低，适于各种载重汽车的底架涂装。其工艺流程为：热碱液除油→一次水洗→二次水洗→磷化处理→水洗两次→纯水洗一次→吹干水分→淋涂水性涂料→160～180℃烘干 30～40 min→冷却→技术检查→喷涂沥青底架面漆→干燥→质量检查。

（3）浸涂沥青漆工艺

浸涂沥青漆工艺适合于中批量汽车底架生产的涂装。其工艺流程为：热碱液除油→热水洗一次→二次水洗→用 80～100℃热风吹干→冷却检查→浸涂沥青漆→160～180℃烘干 30～35 min→冷却→技术检查→喷涂环氧沥青防腐漆→干燥→质量检查。

（4）手工涂装工艺

手工涂装工艺生产效率低，主要适用于小批量底架生产的涂装。其工艺流程为：手工除油→手工机具除锈→汽油或清洁剂擦净浮污→手工刷涂或喷涂铁红酚醛防锈漆→自干 16～24 h→手工刷涂或喷涂酚醛、醇酸、沥青或氯化橡胶面漆→自干 24 h→质量检查。

9. 发动机涂漆工艺

（1）基材处理工艺

① 用毛巾、破布配合毛刷，使用脱脂剂将发动机总成表面上的油污、灰尘等杂质，一起清除干净。

② 用压缩空气反复吹净各死角、缝隙等处的积灰等杂质。

③ 对不需涂漆的部位或配件表面涂抹黄油或用贴纸遮盖严密。

（2）涂漆工艺

对发动机总成（包括变速箱、离合器等）表面的涂漆，由于发动机总成的热容量大，且部分配件又不能经受高温，加上发动机总成表面经常接触汽油、机油、柴油及水等物质，故要考虑使用耐机油、汽油、柴油和耐水性的漆种进行涂装。通常情况下，大量流水线生产易采用硝基等快干性涂料，对总成发动机毛坯，均应在总成装配前，先预涂一道防锈底漆（铝粉漆等），对发动机的配套件如发电机、启动机、空气滤清器和风扇等，也应先涂漆后装配。这种涂漆工艺在发达国家早已采用，它既简化了涂漆工艺，又能保证各部分涂漆到位。其涂装工艺如下：

① 先涂漆后装配工艺为：毛坯清净→磷化处理→热风吹干→静电喷涂粉末涂料→烘干→冷却→质量检查。合格产品转装配；不合格产品，手工喷涂该色合成树脂磁漆进行返工。

② 发动机总成涂漆工艺为：喷涂一道硝基或快干合成树脂磁漆→烘干（70～80℃/8～10 min）→冷却→质量检查（漆膜应均匀平整，不漏喷、不露底，干燥程度应不得影响装运）。

10. 汽车车轮的涂装

由于大多重型和中型载货汽车的车轮是由 4～6 mm 厚的热轧钢板卷压焊接而成，而轻型车、客车和轿车的车轮，则多使用冷轧钢板卷压焊接而成，加上车轮经常接触泥水的侵蚀和冲刷，使用条件苛刻，所以要涂装耐蚀性较好的涂料。

对于使用铝合金制造的各种高档车轮通常不需涂漆。钢制车轮的涂装工艺如下。

(1) 基材处理

基材处理可根据生产量的大小和涂装设备条件的不同，采用以下 3 种工艺。

① 大批量生产处理工艺为：热碱液除油→一次水洗→二次水洗→磷化处理→一次流动水洗→二次流动水洗→纯水洗→热风吹干。

② 中批量生产处理工艺为：热碱液除油→热水洗→二次热水洗→烘干或热风吹干。

③ 小量生产处理工艺为：手工除油、除锈→手工吹光擦净。

(2) 涂漆工艺

① 采用电泳涂装法涂一道阴极电泳漆→水洗 2~3 次→180℃烘干 20 min→冷却后质量检查→手工静电喷涂一道耐蚀性面漆→130~140℃烘干 25~30 min→冷却→质量检查。

② 采用静电粉末涂料，涂装一道厚度为 40 μm 以上的环氧粉末涂层→190~200℃烘干 20min→冷却→质量检查。

③ 用浸涂或淋涂法涂一道水性涂料→180~200℃烘干 20~30 min→冷却→质量检查。

④ 先浸涂一道沥青漆（型号为 LO6—3）→180~200℃烘干 40~50 min→冷却→质量检查→再浸涂一道 LO1—12 沥青清漆→180~200℃烘干 40~50 min→冷却→质量检查。

⑤ 手工刷涂或喷涂一道防锈底漆（铁黑酚醛、环氧或醇酸）→自干 12~18 h 或 100~120℃烘干 30~40 min→冷却→质量检查→手工刷涂或喷涂一道磁化铁黑环氧或酚醛面漆→自干或烘干。

11. 水箱、机油散热器、钢板弹簧部件涂漆工艺

(1) 水箱、机油散热器涂装工艺

工艺流程如下。

① 将经水压试验合格后的水箱挂到悬挂式输送链上。

② 烘干或热风吹干被涂表面的水分。

③ 手工喷涂一道 LO4—1 沥青磁漆或自动静电喷涂一道氨基醇酸静电磁漆。

④ 用 100~110℃烘干 40~60 min。

⑤ 冷却后质量检查：漆膜应干透，平整光亮，附着力强，不允许有漏喷、露底、流漆、皱纹等缺陷，否则应返工。

(2) 钢板弹簧涂漆工艺

工艺流程如下。

① 将钢板弹簧总成装挂到悬挂式输送链上。

② 手工喷涂或自动静电喷涂一道 LO4—1 沥青磁漆或黑氨基醇酸静电磁漆。

③ 用 100~110℃烘干 40~60 min。

④ 冷却 15~20 min。

⑤ 质量检查：漆膜应均匀平整、附着力强，不允许有漏喷、露底、流漆、积漆、皱纹、橘纹等缺陷。

12. 汽车车身涂装工艺

(1) 小轿车车身流水线涂装工艺

对大批量生产的中高档轿车车身主要采用流水线作业三涂层涂装工艺。在涂装生产过程中其车身的运输、表面处理和电泳涂底漆，一般采用悬挂式运输方式；中涂漆和面漆涂装线，多为地面滚轴运输方式。生产节拍在 4~5 min 以内采用连续式，大于 5 min 的采用间歇式。其工艺流程如下。

① 预清理。采用手工清理工具、去油材料、毛巾等清除焊渣及严重油污等。

② 预脱脂。用喷射装置、水洗槽等进行热水洗或喷（射）淋，温度 50~70℃，时间 1.5~2 min，洗净浮灰等。

③ 脱脂。采用脱脂槽、喷淋装置脱脂剂等进行自动喷淋，温度 50～70℃、时间 1.5～2.5 min，喷射压力 0.15～0.25 MPa。

④ 一次水洗。用水洗槽、喷淋装置等自动喷淋。

⑤ 二次水洗。同上。

⑥ 表调。用表调槽、运输装置、表调材料进行常温浸泡。

⑦ 磷化。采用磷化设备、磷化材料等浸泡温度 40～60℃、时间 3～5 min。

⑧ 水洗。用水洗槽、喷淋装置等常温自动喷淋，20～30 s，压力 0.1～0.15 MPa。

⑨ 二次水洗。用水洗槽、喷淋装置等，常温自动喷淋，20～30 s，压力 0.1～0.15 MPa。

⑩ 钝化。用钝化设备、钝化材料常温浸泡 30～40 s（也可不用此工序）。

⑪ 用离子水洗。常温浸泡 20～30 s。

⑫ 新鲜去离子水洗。常温自动喷淋，5～10 s、压力 0.08～0.1 MPa。

⑬ 阴极电泳涂底漆。用电泳设备、电泳涂料等浸泡 漆液温度 28～34℃、电泳时间 3～4 min、pH 值 5.8～6.7、电压 200～350 V、固体含量 18%～20%。以进口阴极电泳漆为佳。

⑭ 冲洗浮漆。用电泳槽、喷淋装置等常温自动喷淋 5～10 s、喷射压力 0.08～0.1 MPa。

⑮ 超滤液喷洗。采用超滤装置、喷淋装置等常温自动喷洗，20～30 s，压力 0.08～0.1 MPa。

⑯ 超滤液浸洗。用超滤装置、浸洗槽等常温浸泡 20～30 s。

⑰ 新鲜超滤液喷洗。常温自动喷洗 5～10 s、压力 0.08～0.1 Mpa。

⑱ 去离子水喷洗。用水洗槽、喷淋装置等常温自动喷洗 20～30 s，压力 0.08～0.1 MPa。

⑲ 去离子水浸洗。用浸洗槽常温浸泡 20～30 s。

⑳ 新鲜去离子水喷洗。用水洗槽、喷淋装置等常温自动喷洗 5～10 s，压力 0.08～0.1 MPa。

㉑ 电泳漆烘干。用运输装置、烘干室等自动烘干，温度 180～190℃、时间 25～30 min。

㉒ 冷却检查。

㉓ 涂焊缝胶、钣金修整。用人工或自动涂胶枪或涂胶机、密封胶等涂焊缝等，时间要 30～40 min。

㉔ 喷涂 PVC 车底涂料。人工、喷涂工具与设备喷涂 PVC 涂料，时间 8～10 min。

㉕ 卸遮盖物。将不需喷涂部位清理擦净。

㉖ 烘干。烘干室等自动烘干。

㉗ 冷却检查。

㉘ 喷中涂。采用人工或自动。

㉙ 烘干。自动烘干，室温 160～170℃、时间 25～30 min。

㉚ 冷却检查。

㉛ 麻眼找平。人工刮涂快干麻眼灰。

㉜ 磨光。采用手工或磨光机磨光。

㉝ 吹光擦净。用清洁剂、黏尘布擦净。

㉞ 喷面漆。人工或自动用喷涂工具与设备、喷漆室、面漆材料等喷面漆。黏度 14～16 s/20℃，压力 0.3～0.4 MPa 湿碰湿喷涂，漆种、颜色按要求。

㉟ 烘干。烘干室自动烘干温度 140～150℃、时间 25～30 min。

㊱ 冷却、检查、修饰。合格产品涂空腔蜡，不合格产品重新返工。

说明：① 底漆烘干冷却检查后，如车身有凸凹不平时，应用耐高温型原子灰或其他腻子进行补平，干燥磨光并擦净后，再喷中涂漆。

② 中涂漆磨光可根据现场情况进行局部磨光或全车身磨光。

（2）小轿车车身手工喷漆工艺

① 中批量轿车车身涂装工艺。

对中批量轿车车身的涂装，由于生产条件的限制，多是将车身经磷化处理后，采用手工喷涂底漆、中涂漆和面漆。其工艺流程为：磷化处理→表面擦净→手工喷涂双组分环氧底漆或丙烯酸聚氨酯底漆→干燥（自干 18～24 h，烘干 70～80℃、40～50 min）→质量检查→原子灰刮平→干燥（自干或低温烘干）→磨光擦净→喷中涂漆（双组分湿喷湿喷涂 2～3 或 3～4 道）→干燥（自干 12～18 h，烘干 6～70℃、40～50 min）→涂密封胶→干燥→车身擦净→喷涂面漆（素色面漆或金属色面漆湿碰湿喷涂）→烘干（70～80℃、40～50 min）→冷却→质量检查→修饰。对中涂漆干燥后的涂层平整光滑度达不到质量要求时，应用机具进行局部磨光或全涂层磨光，吹光并反复擦净后，再进行面漆涂装。

② 小批量轿车车身涂装工艺。

小批量轿车车身涂装的操作方式主要为手工。其工艺流程为：手工除油、除锈→用清洁剂擦净→喷涂铁红环氧酯底漆或双组分丙烯酸环氧底漆→干燥（自干或烘干）→原子灰刮平→干燥→手工或机具磨光→气吹吹光→摸净→原子灰收光→干燥→手工或机具细磨光→气吹吹光→擦净→湿碰湿喷涂中涂漆（单组分或双组分，颜色以中灰或浅灰）→干燥（自干或低温烘干）→质量检查→细找麻眼灰（用快干麻眼灰）→全车身磨光（手工或机具）→气吹吹光→擦净→清洁剂或黏尘布细擦净→细喷涂面漆→干燥→质量检查→收尾修饰。

（3）客车车身涂装工艺

客车车身涂装工艺见表 6-1-8。

表 6-1-8　客车车身三涂层体系涂装工艺过程

序号	工序名称	处理（操作）方式	工艺参数 温度/℃	工艺参数 时间/min	备注
0	白车身检查，应无锈，表面平整等	目视			不合格白车身可返回焊装车间返修
1	手工擦洗不易洗掉的污物（如拉延油、胶等）	手工擦洗或高压水冲洗	10～35	设置 1～2 个工位	如果车身表面较清洁，可不设本工序
2	预处理				各工序的工艺参数与所用的表面处理材料的品种、类型有关；如果车身表面较干净，在产量小的场合，工序（2）可以省去；如工序（3）采用具有表调功能脱脂剂或工序（5）中加表调剂，则工序（6）可以省略；工序（10）在欧美汽车厂仍采用，因 Cr^{6+} 有公害，日本已取消钝化工序；（13）水分烘干仅在需要储存或涂溶剂型底漆场合采用。在电泳底漆前，为了节能，在新设计的涂装线上已淘汰
	（1）预清洗	喷	50～60	1	
	（2）预脱脂	喷	50～55	1	
	（3）脱脂	浸	50～55	3	
	（4）水洗	喷	10～35	0.5	
	（5）水洗	浸	10～35	0.5	
	（6）表调	浸	10～35	0.5	
2	（7）磷化处理	浸	40～55	3	
	（8）水洗	喷	10～35	0.5	
	（9）水洗	浸	10～35	0.5	
	（10）钝化	浸或喷	10～35	0.5	
	（11）循环去离子水洗	浸	10～35	0.5	
	（12）新鲜去离子水洗	喷	10～35	0.5	
	（13）水分烘干	热风对流	120	5	

表 6-1-8（续）

序号	工序名称	处理（操作）方式	工艺参数 温度/℃	工艺参数 时间/min	备注
3	电泳 （1）阴极电泳涂底漆 （2）电泳后清洗 ① 在槽上用 VF 液或去离子水洗 ② 用循环 VF 液喷洗 ③ 用循环 VF 液浸洗 ④ 用新鲜 VF 液喷洗 ⑤ 用循环去离子水浸洗 ⑥ 用新鲜去离子水喷洗 （3）沥水	浸 喷 喷 浸 喷 浸 喷	28 10～35 10～35 10～35 10～35 10～35 10～35	3～3.5 1/6 0.5 0.5 0.5 0.5 0.5	阴极电泳有薄膜和厚膜两种，一次泳涂膜厚为 30～35 μm，称为厚膜，与所选用的电泳涂料有关
4	电泳烘干，强制冷却	热风对流	160～170	30	烘干温度与选用电泳漆型号有关
5	检查涂膜表面质量，干燥程度和膜厚	目测法	10～35		干燥程度用溶剂擦拭法，膜厚用测厚仪
6	涂焊缝密封胶	挤涂或喷涂	10～35		车身内腔涂胶，称为粗密封。车身外表面焊缝涂胶，称为细密封
7	车身底板下表面喷涂 PVC 车底涂料	高压无气喷涂	10～35		喷涂前遮蔽不需喷涂部位；喷涂厚度 1.0～1.5 mm
8	除去遮蔽，擦净车身外表面	手工	10～35		擦净车身飞溅的 PVC 涂料
9	PVC 胶烘干	热风对流	140	10～15	属于不完全烘干，可与中涂面漆一道继续烘干
10	车身内贴或铺防振、隔热垫片	手工	在 50℃烘箱内预热	10	
11	电泳底漆打磨	手工（400 号砂纸）	11～35		打磨目的是消除电泳底漆缺陷
12	中涂前擦净	手工或擦净机	10～35		将车身上的打磨灰尘彻底擦拭干净
13	采用湿碰湿工艺或一次喷涂干膜厚度 35～40 μm 的中涂层	手工或自动静电涂装	20～25		湿碰湿涂装两次，喷涂间隔为 3～5 min
14	中涂晾干	晾干室	25～30	5～10	
15	中涂烘干，强冷	热风对流	140	30	个别涂料烘干温度可提高到 150～160℃
16	检查涂膜表面质量、膜厚和干燥程度	目测法	10～35		干燥程度用溶剂擦拭法，膜厚用测厚仪
17	钣金修整	手工	10～35		用钣金工具手工修整车身表面不平整缺陷
18	中涂漆打磨	手工	10～35		用 600#～800# 砂纸湿打磨，消除涂膜缺陷
19	面漆前擦净	手工或自动	10～35		用黏性擦布手工擦净或用自动驼鸟毛擦净机擦净

表 6-1-8（续）

序号	工序名称	处理（操作）方式	工艺参数 温度/℃	工艺参数 时间/min	备注
20	采用湿碰湿工艺喷涂面漆 （1）手工喷涂车身内表面和自动涂装难于涂到的表面 （2）手工或自动静电喷涂第一道面漆或底色漆 （3）晾干 （4）手工或自动空气喷涂第二道面漆或底色漆 （5）晾干或热风吹干 （6）手工喷涂车身内表面罩光清漆 （7）车身外表面手工或自动静电喷涂罩光清漆 （8）晾干	手工或自动喷涂	20～25 20～25 20～25 10～35 或 60 20～25 20～25 20～25 25～30	 3～5 3～5 5～10	本工序喷涂面漆工艺适用于金属闪光面漆和珠光色面漆 喷涂需要罩光的本色面漆时应按工序（1）～（8）执行 喷涂不需罩光的本色面漆时应按工序（1）～（5） 一次喷涂干面漆，涂膜厚度可达到（45±5）μm；闪光底色漆膜厚可达到10～15μm；珠光底色漆膜厚可达到20～30μm
21	面漆烘干，强冷	热风对流	140		
22	最终检查，100%检查涂膜的外观质量、膜厚和干燥程度 （1）合格品或抛光修饰后合格品发往总装 （2）不合格品送往返修或小修补漆	目测 目测			① 涂膜的外观质量包括光泽、橘皮、鲜硬性及存在的外观缺陷 ② 三涂层体系涂膜总厚度为90～110μm
23	空腔注蜡、涂装合格车身进总装线前，为提高内腔的耐蚀性，需进行注蜡或灌蜡处理	手工或自动			如采用自动注蜡，车身和蜡要经过预热，车身为60℃左右，蜡为120℃左右

思考与练习

一、选择题

1. 下列哪个不是塑料制件喷涂后的效果（　　）。
   A. 可遮盖成型后制件的表面缺陷　　B. 可利用喷涂获得多种色彩
   C. 提高了塑料的耐候性　　D. 涂料利用率较低大约在 50～60% 左右

2. 塑料喷涂工艺流程（　　）。
   A. 退火、除油、消除静电、除尘、喷涂、烘干
   B. 退火、消除静电、除油、除尘、喷涂、烘干
   C. 退火、烘干、除油、消除静电、除尘、喷涂
   D. 退火、除尘、除油、烘干、消除静电、喷涂

3．大部分的塑料以所加（　　）的名称来命名。
　　A．树脂　　　　　　B．颜料　　　　　　C．助剂　　　　　　D．溶剂
4．塑料中加入添加剂是为了改善其（　　），扩大其使用范围。
　　A．性能　　　　　　B．塑性　　　　　　C．强度　　　　　　D．大小
5．塑料在汽车上应用很广，常用于（　　）中。
　　A．结构零件　　　　B．耐磨零件　　　　C．减磨零件　　　　D．隔热零件

二、判断题

1．由于塑料密度小、质量小，因此以等质量相比，其比强度要高。　　　　　　　　（　　）
2．塑料是以合成树脂为基体，并加入某些添加剂制成的高分子材料。　　　　　　（　　）
3．塑料具有良好的防腐蚀能力，故在涂装中不需对塑料进行防腐处理。　　　　　（　　）
4．热塑性塑料是指经一次固化，不再受热软化只能塑制一次的塑料。　　　　　　（　　）
5．在塑料件的涂装修补中，涂料的选择施工方法将决定修补涂层的质量。　　　　（　　）

三、简答题

1．如何鉴别汽车上的塑料件的类型？
2．塑料件的涂装与车身涂装的区别是什么？
3．保险杆漆面受损修补涂装的工艺流程是什么？
4．塑料件黏结修理的工艺流程是什么？

学习项目七　汽车车身护理

项目导读

汽车经常在各种不同的环境中使用,其表面会受到风吹日晒、酸雨侵蚀等。同时车辆在行驶中容易沾上灰尘、泥土、焦油和沥青等污物,尤其是雨雪天气,底盘部位容易沾上泥浆,如果不及时清洁护理,容易引起锈渍。因此在汽车的使用中,需要定期地对汽车车身进行护理,减少外界有害物的侵蚀,保持车身清洁美观,延长汽车的使用寿命。本项目通过对车辆的清洗、打蜡、抛光及对玻璃的维护、装饰件的清洁、轮胎轮毂的维护、底盘发动机的清洁、内室的清洁维护、油漆的护理等工作任务,使学生熟悉车身面板维修涂装工作结束后汽车车身的护理作业方面的知识。

最终目标

会进行汽车车身护理

促成目标

1. 能够正确进行车身外表清洁
2. 能够正确进行车身的打蜡与抛光
3. 能够正确进行车身装饰件及车轮的清洁
4. 能够正确进行汽车底盘的清洁维护
5. 能够正确进行发动机和发动机舱的清洁维护
6. 能够正确进行汽车内室的清洁维护
7. 能够对汽车漆面进行正确的护理

任务一　汽车车身护理

知识目标

1. 能够正确描述面漆涂装后处理项目
2. 能够正确描述涂装缺陷的产生原因及防治措施
3. 能够正确描述面漆涂装后漆膜修整的作用
4. 能够正确描述汽车涂装收尾工作与交车程序

技能目标

1. 能够对汽车漆面进行正确的护理作业
2. 能够进行常见涂装缺陷的收尾修饰操作
3. 能够正确进行抛光操作
4. 能够进行涂膜的打蜡操作

一、工作任务

汽车车身护理的工作任务单见表 7-1-1。

表 7-1-1　任务单

任务单号：_____

工作任务		车身护理	日期	年　月　日
任务描述		对一辆行驶了一年的奥迪汽车做一次全车护理	产品名称/型号	
操作要求	产品照片			
	施工材料与施工设备	高压水清洗机、泡沫清洗机、车身洗涤剂、海绵块或泡沫塑料、大毛巾、一定数量的水桶、门窗玻璃清洁剂、全能抛光剂、釉质抛光剂、抛光机、抛光蜡、抹布、压缩空气、气管、气枪、防护眼镜或面罩、橡皮手套及防水围裙、水鞋、遮盖纸及胶带	是否满足	□是　□否
	场地要求	可停放大型车辆的混凝土地坪、高压水源、足够长度的水管，适度的照明	是否满足	□是　□否
	环境要求	环境温度 15~25℃	是否满足	□是　□否
	备注			
出单人签字： ____年__月__日			接单人签字： ____年__月__日	
车间负责人签字： 日期：　　年　月　日				

二、相关知识

1. 汽车清洗剂

使用汽车清洗剂能够确保汽车清洗的质量,保证汽车车身漆膜完整。汽车清洗剂种类繁多,使用时应根据污垢的类型合理选择。常见的汽车清洗剂有以下几种。

(1) **不脱蜡清洗剂**

当汽车进行不脱蜡清洗时应选用不脱蜡清洗剂。这种洗车液是近年来国内外在推广使用的水系清洁剂,其配方基本不含碱性盐类,pH 值(酸碱值)为 7.0,呈中性,主要成分是类型不一的表面活性剂,其中非离子活性剂使用的比较多,是车身日常清洁的首选洗车液。该清洗剂有很强的分解能力,能有效地去除车身漆面的油污和尘垢类污物,具有性质温和,不破坏蜡膜,不腐蚀漆面,液体浓缩(使用时按比例加水稀释),泡沫丰富,挥发慢,使用方便且经济等特点。不脱蜡清洗剂名称较多,有的叫汽车香波,有的叫清洁香波,有的就叫洗车液。

(2) **脱蜡清洗剂**

当新车需要开蜡或旧车需要重新上蜡时应使用脱蜡清洗剂对汽车进行清洗。此类清洗剂含柔和性溶剂,具有较强的溶解功能,不仅可去除车身油垢,而且能把以前的蜡洗掉。车身表面的蜡有两种,一种是油脂蜡,另一种是树脂蜡。两种蜡的性质不同,脱蜡时要选择不同的脱蜡清洗剂。

① 油脂开蜡水。最好的油脂开蜡水是生物降解型的,它对环境无污染,主要原料从橙皮中提取,不用稀释,可直接使用。

② 树脂开蜡水。树脂开蜡水含有一种树脂聚合物的溶解元素,能溶解树脂蜡。这种产品需稀释使用,而且最好用热水稀释,因为其中的表面活性剂在加热的情况下效果最佳;无腐蚀性,比较安全。

(3) **二合一清洗剂**

所谓"二合一"即清洁、护理合二为一,既有清洗功能,又有上蜡功效,可以满足快速清洗兼打蜡的要求。此产品主要由多种表面活性剂配制而成,上蜡成分是一种具有独特配方的水蜡,它可以在清洗作业中,在漆面形成一层蜡膜,增加车身鲜艳程度,有效保护车漆。二合一清洗剂适用于车身比较干净的汽车,洗车后直接用毛巾擦干,再用不脱毛纯棉毛巾轻轻抛光。

(4) **环保型清洗剂**

此类清洗剂主要成分为天然原料,对环境无污染,并具有特殊的清洗效果。

(5) **专用清洗剂**

当车身有沥青、焦油、鸟粪等污物,应用专用清洗剂方可清除。清洗时,应根据污物的种类选用合适的专用清洗剂。

① 焦油沥青去除剂。该清洗剂具有很强的乳化分解能力,通过软化功能去除附着在车体和镀铬表面的焦泊、沥青等污垢,具有品质温和,对漆面、塑胶无腐蚀等特点。

② 树黏清洗剂。该清洗剂以其特有的软化功能,使鸟粪、树黏与漆面"脱离",最大限度防止对车漆造成伤害。

(6) **电脑洗车机用香波**

① 电脑洗车机用高泡香波。电脑洗车机用高泡香波 pH 值为中性,是一种超浓缩高泡沫清洗剂,具有强有力的清洗功能,丰富的泡沫起到较好的润滑作用,可有效延长设备使用寿命。

② 电脑洗车机用上蜡香波。作为电脑洗车的最后工序使用,它不仅可加快汽车表面除水干燥过程,并且清洗之后无任何斑点,能在汽车漆面留下一层光亮蜡膜。

(7) **发动机清洗剂**

发动机外部油污较重,需用油脂清洗剂进行清洗,此类清洗剂大多称去油剂,一般呈碱性,含有缓蚀剂成分，能快速乳化分解去除油污，对机体没有腐蚀作用，且水溶性好，可以完全生物溶解，易用水冲洗，不留残留物。它具有极强的去油功能，主要用于发动机外部的清洗。目前市场上的去油剂大致有3类。

① 水质去油剂。该类产品具有安全、无害、成本适中等优点，但去油功能有限。

② 石化溶剂型去油剂。该产品具有去油能力强，成本低等优点，但易燃、有害。

③ 天然溶剂型去油剂。该产品不仅去油功能强，且无害，但成本较高。

（8）燃油喷射系统清洁剂

此类清洁剂大多直接加入到油箱内溶解到汽油之中，随汽油的流动清除供油系统及燃油喷射装置的焦油等沉积物，并通过燃烧分解作用清除燃烧室内的积炭，从而改善发动机的燃烧。

在向油箱中添加电子燃油喷射系统清洁剂之前，必须确认油箱清洁无沉积物，否则，部分清洁剂会首先分解油箱中长期积累的焦油、泥污等沉积物，导致油箱中的汽油混浊而堵塞油泵滤网和油路管道。

（9）发动机润滑系统清洁剂

此类产品是在发动机不解体的情况下，通过专业设备或直接添加的方式来清洁润滑油路系统，改善润滑油的抗氧化性能，减小活塞环与气缸壁之间的摩擦，有效降低发动机噪音和油耗，提高发动机的动力性和经济性，延长发动机的使用寿命。

（10）散热器清洗剂

此类产品可以有效去除冷却系统中的油脂、胶质层以及散热器、缸套和管道中的水垢和锈蚀，恢复系统的冷却能力，解决因水垢过多引起的发动机过热和散热器开锅等问题。散热器清洗剂有酸性散热器清洗剂和碱性散热器清洗剂两种。这两种清洗剂对散热器、软管、密封垫和铝制缸体没有腐蚀作用，清洗后系统无需中和，适用于所有的水冷却系统，并且与所有种类的防冻冷却液兼容。

（11）汽车内室清洗剂

根据汽车内室各部件材料的不同，汽车内室清洗剂主要有以下几种，见表7-1-2。

表7-1-2 常见的汽车内室清洁剂

种类	特性
丝绒清洗保护剂	主要用于对毛绒、丝绒、棉绒等织物进行清洁和保护。具有泡沫丰富，去污力强，洗后留有硅酮保护膜，恢复织物原状，防止污物浸入等特点。使用时，先将产品在瓶内轻轻摇晃均匀，然后喷在需要清洁的表面，再用清洁干布将泡沫擦净，污渍明显处应反复喷涂擦拭
化纤清洗剂	在多功能清洗剂的基础上增加了清洗内室化纤制品的功能，对车用地毯、沙发套等化纤制品上的油泥和时间不太长的果汁渍、血渍等有很好的清洗效果，而且不会伤害化纤制品。使用时，先将液体倒入桶中，用高压喷枪按需要比例注水，然后用毛巾沾水中的泡沫去清洗脏处，再用干净布擦净即可
塑胶清洗上光剂	主要用于塑料及橡胶制品的清洁与护理，清除污垢的同时在塑胶制品表面形成一层保护膜，具有翻新效果
真皮清洗增光剂	主要用于皮革制品的清洁与护理，清除污垢的同时能在皮革制品表面形成一层保护膜，起到抗老化、防水、防静电作用，延长皮革制品的使用寿命
多功能内室光亮剂	不仅可对光纤、皮革、塑料等不同材料的内室物品进行清洗，而且可起到上光、保护、杀菌等作用。使用也很方便，只要一喷一抹，即可光洁如新，增加美丽光泽，并有防止内室部件老化、龟裂及褪色之功效

2. 洗车方式

① 车身静电去除清洗。车辆在行驶过程中由于摩擦而产生强烈的静电层，静电对灰尘和油污的吸附能力很强，一般用水不能彻底清除，必须要用专用的清洗剂。

使用前先用高压水将沾在车身表面的污物冲干净，再将汽车专用清洁香波按使用说明的要求进行稀释，然后喷涂在车身表面上，或用海绵蘸上稀释的清洁液擦到车身表面。擦洗时要注意全车的范围，不要有遗漏的地方，保持片刻后用高压水把泡沫冲掉。

② 车身交通膜的去除清洗。汽车经过一段时间的行驶，由于车身静电吸附灰尘，时间久了形成一层坚硬的交通膜，使原来艳丽的车身光泽变暗。这层交通膜使用普通的清洁剂很难清除掉。为此，可使用交通膜去除剂，清洗时按一定比例稀释后，将其喷涂到车身上，过一段时间后再用高压水冲干净就可以去除交通膜了。

③ 除蜡清洗。如果旧蜡不清除干净，上新蜡时会因两次蜡的品种不同，极易产生局部新蜡附着不牢的现象。

清除残蜡的方法要针对不同的车蜡采用不同的开蜡水，新车开蜡应采用树脂开蜡水，在用车采用蜡质开蜡水。使用时可将开蜡水按比例稀释后喷涂于车身表面，停留3~5 min，然后用高压水冲去即可。开蜡水虽然对环境无害，不易燃、不腐蚀，但具有强碱性，使用时要注意劳动保护。

④ 增艳清洗。这种清洗的作业方式是在抛光或上镜面釉之后进行，目的是除掉残留在车身表面的抛光剂和油分，为上蜡保护做好准备，一般使用清洁上蜡二合一香波。

使用时先按一定比例稀释清洁上蜡二合一香波，然后直接用海绵蘸上稀释液涂于车身，最后用水冲去泡沫，再用干净的软布擦干。清洗完成后，不但能增艳车身漆色，同时可增强蜡膜的光泽度，提高汽车抗静电和抗氧化的能力。

3. 洗车工具

（1）冷水高压清洗机

冷水高压清洗机如图7-1-1所示，使用方法如下。

① 先将水泵进水口与水源接通。

② 再接通电动机电源，电动机带动水泵中叶轮旋转。

③ 按下喷枪开关，水流经水泵出水口、胶管、喷枪、喷头射向汽车表面。

图 7-1-1 冷水高压清洗机

（2）冷/热水高压清洗机

冷/热水高压清洗机由电动机、水泵、加热装置、传动机构、软管、喷枪等组成，如图7-1-2所示。使用方法如下。

① 接通清洗机用的水源、电源，电动机带动水泵工作。

② 按下喷枪开关，水流经水泵出水口、胶管、喷枪、喷头射向汽车表面。

③ 用热水清洗时，启动清洗加热装置，使喷枪能正常喷出70~80℃的热水。

④ 水源一般采用自来水，采用其他水，如水池、水塘中的水时，需要经过清洁过滤处理，以免影响清洗质量。

（3）便携式汽车清洗设备

便携式汽车清洗设备由水箱、水泵、电机、电源插头、手柄、电源开关、软管、清洗剂容器及毛刷、清洗剂容器开关等组成，如图7-1-3所示，使用方法如下。

图 7-1-2 冷/热水高压清洗机　　　　图 7-1-3 便携式汽车清洗机

① 在水箱内加入适量的水,小型家用汽车只需使用水箱三分之二的水即可以将车洗刷干净,对于越野车、商务用车,需将水箱装满。
② 将手柄上的开关调至"OFF"状态。
③ 启动汽车发动机,先将点烟器插入电源插孔以确认有电,然后将清洗器电源插头插入电源插孔。
④ 将电源引出线引出车外后关闭车门。
⑤ 将清洗器水泵放入水中,用夹钩固定住。
⑥ 打开清洗器手柄上的开关(发动机在工作状态),由水泵泵出经刷头流出的水,一般都能自动将汽车尘土冲刷干净,如果遇到特殊情况,使用刷头刮板协助即可。
⑦ 从车顶开始刷起,出水口朝下,当刷洗车侧面时,出水口与车面呈 45°,刷洗顺序为车顶、前机盖、后备箱盖、侧面。
⑧ 当使用清洗剂时,将清洗剂加入到清洗器刷头部的清洗剂容器内,盖上橡胶塞,打开清洗剂开关,清洗剂将从刷子下面流出,开关关闭时即可用清水刷车。
⑨ 用水冲刷完毕后,可用除水器清除积水。
⑩ 最后将清洗器装入水箱,将电源插头固定在电源插头卡口处并留在箱外。

(4) 电脑控制洗车设备

电脑控制洗车设置主要用于对轿车及各种小型面包车的外表进行清洗、上蜡、风干作业,主要由机架、轨道、顶刷、大侧刷、小侧刷和风机等部件组成,如图 7-1-4 所示。

图 7-1-4 电脑控制洗车设备

① 全过程自动运行,智能控制清洗、风干、打蜡、多模式组合操作,快捷可靠,洗净度高。
② 性能优越,可靠性高。
③ 洗涤刷条耐磨、超柔毛刷,含水量特高,洗车更柔顺,能有效保护车身漆面。
④ 整机流线型设计,可安装于室内、室外,寿命持久。
⑤ 具有车轮、底盘清洗功能。
⑥ 强力风干,快捷彻底,干燥效果好。
⑦ 防水设计,耗水量低,并可选配污水处理系统,适应城市环保要求。
⑧ 适用于汽车营运、销售、服务、维护等行业。

4. 汽车玻璃的清洁维护

(1) 汽车玻璃的分类

整个汽车的玻璃分为两类:前风窗玻璃和倒车镜为一类;另一类是单面贴膜和后风窗玻璃(有防雾、除霜栅格)。

车窗特别是前风窗玻璃的清洁,不仅仅是外观问题,从安全方面来讲也十分必要。特别是雨夜,刮水器擦过，泊膜残留晃眼，影响视野，必须彻底清除。

（2）清洁维护

玻璃的清洁不能用水，因为玻璃内侧常吸附有油烟，不但清洁费力费时，而且不彻底清洁，可能留下烟膜和交通膜的花纹。清洁玻璃前应先将上面黏附的污斑、昆虫和沥青用塑料或橡皮刮刀除去（不能用刀片等铁质材料刮玻璃），再用专门的玻璃清洁产品进行清洁。

一般玻璃清洁用品为玻璃清洁剂、风窗玻璃抛光剂。对于前风窗玻璃和倒车镜，可先用玻璃清洁剂预处理，除去表面尘污，然后使用风窗玻璃抛光剂，将其尽量涂满欲擦部位，稍待片刻再用干净软布作直线式擦拭，直到将玻璃擦亮为止。这种产品兼具抛光作用，不但能使玻璃表面洁净、光滑、防止灰尘二次沉降，同时也可改善刮水器擦痕。

后风窗玻璃因内侧有防雾除霜栅格，所以不能用风窗玻璃抛光剂处理。另外，有的玻璃贴膜后，也只能用玻璃清洁剂处理贴膜面，否则不但不能清洁玻璃，反而会将膜面擦出花痕，影响采光效果，外面则可用风窗玻璃抛光剂进行处理。

清洁后风窗玻璃时要千万小心，不可破坏防雾除霜栅格，只能用软布配合玻璃清洁剂进行仔细处理。如果不慎破坏了除霜栅格，可用修复工具将断了的地方用导电涂料涂上连接起来。贴有太阳膜的玻璃，有膜的一面用玻璃抛光剂处理，效果更加理想。如果玻璃上黏有口香糖或透明胶的残痕，可先用塑料刮刀将残留物清除，然后使用新车开蜡水简单擦拭即可清除此类污迹，最后再用风窗玻璃抛光剂处理即可。

5. 汽车抛光材料与工具

（1）抛光蜡

抛光蜡主要由水溶性蜡（也有油性蜡）内加研磨颗粒组成，按研磨颗粒的粗细程度不同一般分为几个等级。各种抛光蜡的用途、适用范围和抛光效果的比较见表 7-1-3。

表 7-1-3 各种抛光蜡的比较

	用途	适用范围	涂膜抛光效果
粗蜡	消除砂纸痕迹，使涂膜具有光亮，或对良好的失光旧涂膜进行抛光美容时使用	适用于经过细砂纸（1 000#~1 500# 干磨或 2 000# 水磨）打磨的部位进行更加细致的研磨	消除了砂纸痕迹，但涂膜的光亮程度和鲜映性不能达到要求
中粗蜡	消除粗蜡研磨的痕迹，使涂膜光亮	适用于经粗蜡研磨过的部位的抛光	涂膜光亮，鲜映性良好，基本无须做其他上光处理
细蜡	使涂膜最终达到反光效果，进一步提高鲜映性	用于高档轿车的最终抛光处理和一般微小擦痕和划痕的抛光美容工作	涂膜光亮，鲜映性最好

（2）上光蜡

上光蜡中不含研磨颗粒，只起保护涂膜和上光作用。现在市场上有油性上光蜡和水性上光蜡两类。油性上光蜡和水性上光蜡的优缺点见表 7-1-4。

表 7-1-4 上光蜡的比较

	优点	缺点
油性上光蜡	不易干燥，耐水性比较好，保光时间长，可达一个星期左右	不溶于水，不易用水清理干净，脱蜡时须采用专门的除硅酮清洁剂；干燥慢，容易在车身上黏附很多的细小沙尘，影响光亮，不推荐使用
水性上光蜡	可溶于水，干燥时间较短，车身上沾染细小沙尘后很容易用水洗的方法清理干净	耐水性差，保光时间比较短，通常为两天到一个星期

(3) 抛光机

抛光机是利用抛光垫对已喷涂的外涂层进行光整加工的设备，有电动机驱动和压缩空气驱动两种形式，如图 7-1-5 所示。气动式抛光机比电动式重量轻，便于手提。其转速随气压的升降而改变，一般为 2 000～2 500 r/min。电动式抛光机比气动式重，回转力基本上不随加力情况而改变，工作平稳，有一定重量，适宜于抛光作业，其功率也比气动式大，能缩短作业时间。目前电动抛光机比气动抛光机用得普遍。

（a）电动机驱动抛光机　　　　　　　　（b）压缩空气驱动抛光机

图 7-1-5　抛光机

(4) 抛光垫

抛光机的主要附件就是抛光垫。按其与主机的连接方式不同可分为螺母盘、螺栓盘及吸盘 3 种。根据材料不同，抛光垫可分为毛巾式、毛绒式和海绵式 3 类，如图 7-1-6 所示。

 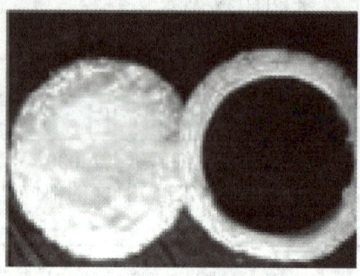 

（a）毛巾式抛光垫　　　　　（b）毛绒式抛光垫　　　　　（c）海绵式抛光垫

图 7-1-6　抛光垫

毛巾毡垫用毛巾做成，套在抛光机磨头底座上。套装方式有两种，一种是用绳子拴；另一种是自带橡皮圈，套上去就能用。毛巾毡垫价格便宜，研磨作业也很轻松，所以被大量采用。选择时应注意，选布料较厚的使用寿命长。带着长毛的毛巾毡垫使用效果更好，不会留下打磨痕迹。毛巾毡垫的大小一般有 2～3 种，应根据抛光面积的大小选用。

羊毛毡垫的形式有多种，一种是直接套在底座上用，一种是用螺钉固定，还有一种是双面都能使用。直接套在底座上用的毡垫毛比较细，主要用于最后抛光。另外两种毡垫主要用于加研磨膏打磨。羊毛毡垫与涂膜的接触面积比毛巾毡垫大，作业速度快。

随着聚氨酯涂料的普及，海绵毡垫用于抛光作业的优点已为人们所认识。这种毡垫与极细的超微粒研磨膏配合使用，能获得很好的效果。

6. 抛光

汽车车身表面清洗完后，就可以进行下一步工作，即对车身表面进行抛光与打蜡。

判断车身漆面是否需要抛光处理可以按照以下方法进行。

- 观察法：从车身的不同角度来观察车身漆面的亮度，通过眼睛感觉光线的柔和度、反射景物的清晰度等来判断。如果景物暗淡、轮廓模糊，则需要进行抛光处理。
- 触摸法：用手套上一层塑料薄膜纸来触摸漆面，如图 7-1-7 所示。如果感到发涩或有凹凸不平时，就必须进行抛光处理。

（1）手工抛光

手工抛光是技巧修整的最末环节，先取一块干净的厚绒布将抛光剂涂抹在表面上，用手施加压力进行摩擦，然后用干净布把抛光处擦干即可。手工抛光主要适用于小面积粗糙面漆漆膜的抛光。其操作可分为擦砂蜡（短蜡或头道蜡）和擦光蜡两种方法。

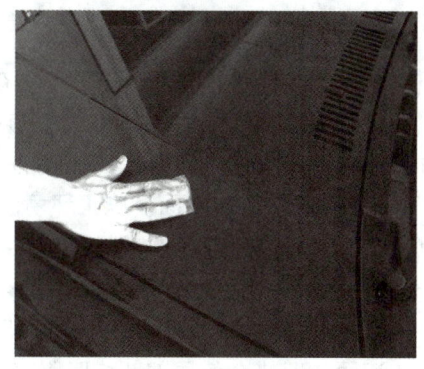

图 7-1-7　触摸漆面

① 擦砂蜡。用新毛巾或绒布折叠成肥皂盒大小，将底部压平，蘸适量砂蜡或将适量砂蜡直接涂于漆膜上，用力往返擦至漆膜表面上细小杂质、橘纹、砂纹等缺陷消失，漆膜达到镜面般平滑并有均匀柔和的光泽为止。

② 擦光蜡。先用另一块干净柔布将漆膜表面上的残余砂蜡擦拭干净，再用脱脂棉（药棉）花团，将底部涂适量光蜡，顺光线反复擦至漆膜光泽均匀一致，并能照出人影为止，然后擦净残蜡即可。用手工抛光得到光亮镜面效果的技巧是抛光到最后步骤时必须使用"轻压快擦"法，并用最好的法兰绒轻快地连续擦拭几次。

（2）机械研磨抛光

机械研磨抛光使用的圆盘式抛光机分为电动和气动两种。在机具抛光前，首先应根据汽车的漆层类型，按规定选择匹配的抛光剂和抛光衬套（不能随便乱用不匹配的抛光用品），并将少量的抛光剂均匀地涂在需抛光的漆面上，一般 5～10 min 后令抛光轮旋转进行抛光。使用抛光机进行处理时，其转速应设置较低些，抛光时要注意用力均匀、方向一致，以确保抛光后光线漫射面一致，以体现深度的光泽。

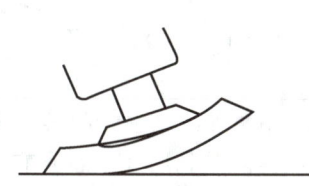

图 7-1-8　抛光机使用示意图

抛砂蜡之前应先用 1 200#～1 500# 水砂纸，将漆膜表面水磨至非常平整（手拭无挡手感）光滑后，用水洗净污物，擦干水迹并彻底晾干水分，再将羊毛绒抛光套（垫）安装在抛光机上，然后将适量砂蜡涂于漆膜上，启动抛光机纵行移动旋转抛光，待抛至漆膜发热并有均匀柔和的亮光后，再擦净残余砂蜡，并另换一个洁净的羊毛绒套（也可用一个抛光套抛完砂蜡后再抛光蜡），涂上适量光蜡，顺光线抛至漆膜光泽能清晰地照出人影为止。使用抛光机进行抛光时，抛光盘平面与被抛光的漆面应保持一小角度，通常为 5～10°，如图 7-1-8 所示。

打蜡抛光过程中应注意如下几点。

① 不论使用手工或机具，都要在漆面上均匀移动，不能在一个地方抛光时间过长，由于砂蜡中含有微细的磨料，在一个地方抛光时间过长，易磨透漆膜。

② 要掌握好上蜡的频率，周围环境要清洁、通风，天气晴朗时最佳，更要注意打蜡方法，着工装作业，不带手表及饰物，以防漆面划伤。

③ 要选用质地柔软的海绵或柔质的干净棉布进行均匀涂抹，并遵循先上后下的原则，即先涂抹车顶、前后盖板、车身侧面等，一次作业要连续完成，不能涂涂停停。

④ 打蜡时运行路线应按一定的顺序进行，防止出现光线漫射不一致。要注意打蜡的范围并掌握好力度。

⑤ 抛光结束后要仔细检查并清除净边缘及拐角、门边等部位残留的车蜡，防止产生腐蚀，并把设备及用品做适当的清洁处理并妥善保存。

7. 打蜡

汽车漆膜经过抛光后，一般均需在其表面打蜡，蜡质在漆膜表面干燥后会形成一层薄的保护膜，该保护膜可以反射阳光中的紫外线，降低对漆膜的破坏，蜡质的光滑度能有效防止水分子对涂膜的渗透并具有抗污能力，蜡膜的光泽能提高涂膜的光泽度、丰满度，弥补抛光处理后的不足。

（1）打蜡前对漆面及施工环境的要求

① 旧车涂膜保护性打蜡可以 1~2 个月打蜡一次，也可 3~4 月打蜡一次，这主要根据使用情况而定，一般可通过目测感觉或用手触摸漆面有发涩感，即需进行打蜡。

② 旧车漆面沾有灰尘、泥沙、旧蜡，打蜡前应使用专用清洗液将漆面清洗干净，防止泥沙在上蜡时划伤漆面，旧蜡会使局部新蜡膜附着不牢。

③ 若旧车涂膜已氧化、泛色或有划痕，应清除后才能打蜡。

④ 新喷涂的漆膜表面的流痕、橘皮、粗粒、划痕，应通过研磨、抛光处理后才能打蜡。

（2）车蜡的选用

① 根据汽车涂膜颜色，可选用彩色蜡。

② 根据汽车漆面状况，金属漆可选用金属漆三重蜡或钻石蜡。

③ 根据使用环境，热带、雨季可选用水晶蜡。

（3）机械打蜡

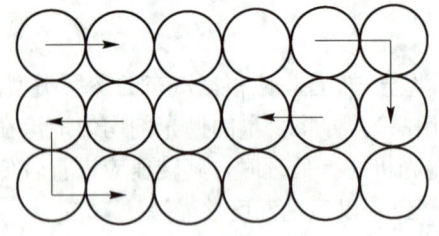

图 7-1-9 打蜡机的抛光路线

机械打蜡时使用轨道抛光机，其抛光线路沿椭圆形轨迹旋转且需双手扶把紧贴机体的中心立轴，抛光效率高、质量好，不易产生划痕。打蜡时将液体蜡摇匀后画圈似地倒在打蜡盘面上，待蜡凝固后，将干净、无杂质的全棉抛蜡盘套装在打蜡机上，开机后调节转速并控制在 1 000 r/min 以下，然后将打蜡机抛光盘套轻轻平放在漆面上，进行横向与竖向覆盖式抛光，直至漆面发光为止。打蜡机抛光路线走向如图 7-1-9 所示。

机械打蜡每次打 0.5 m² 的面积，按顺序打匀，直到打完。

（4）手工打蜡

若是乳状蜡应先将其摇匀，然后倒少许于海绵或软布上，涂蜡时以大拇指夹住海绵，以手掌和其他 3 个手指按住海绵，每次涂蜡以 0.5 m² 的面积为宜，力度均匀地按旋律式顺序擦拭。从前到后、从左到右，蜡膜要涂得薄而均匀，根据每种车蜡的说明，稍后用干净的软布擦净即可。

（5）打上光蜡

为了更好地对汽车涂层加以保护，可定期地在车身涂膜上打一层上光蜡，这样可以提高涂膜的光泽，还可以对涂膜提供进一步防护。如今上光蜡的概念已由一般的单纯打蜡上光发展到保护性上光，成为汽车美容护理之必需。打蜡上光也同样有要注意的事项，操作不当会给涂膜造成伤害。

① 上光蜡的选择。

选蜡应根据车身涂层保护的需要进行，尽量根据车蜡的不同功效结合车身涂层特点精心选择。打蜡视涂层面新旧而选择不同质地的车蜡。

a. 固体蜡。固体蜡有硬蜡、软蜡之分，主要成分为软化点不同的石蜡、油脂等。硬蜡持久性好但施工费力，软蜡持久性差但施工省力。固体蜡的价格较低，但附着力较差；必须等蜡彻底干透后才能附着在车身涂层上，但由于它一般为脂性物质，含油量较高，不易干，需要 35 h 才能彻底干透，在未干时很容易黏上尘土及其他空中尘埃。同时，它的熔（化）点低，一般在 40℃时就熔化了，因此，在三伏天传统蜡的保持时间非常短。

b. 液体蜡。液体蜡的主要成分是聚乙烯乳液或聚硅氧烷类高分子化合物，并含有油脂成分，能提高涂膜的亮度，但是遇水容易分解、寿命短、没硬度、不耐摩擦。多次的打蜡、研磨又会使漆面磨损而无光泽。

c．新车保护蜡。这种蜡含有大量高分子聚合物成分，有很强的抗氧化、抗腐蚀功能，涂抹一次一般能保持一年之久。国外新车销售商在卖出一辆新车时总要问车主是否要做个一年的车身保护，指的就是新车保护蜡。这种蜡在正常洗车情况下是不会被洗掉的，一般可保持一年左右。它还含有紫外线吸收剂，可以吸收阳光中破坏涂膜的紫外线，保护涂膜不会褪色。

② 打蜡上光的步骤。

a．清洁。在给车身涂蜡时，一定要先进行表面清洗，确保表面清洁。因为如果车身表面有灰尘，涂蜡后在抛光时就会把灰尘挤进涂层去，或在车身表面起研磨作用，划伤或磨花表面涂膜。

b．打蜡。现在的车蜡多为液体蜡，使用前将其摇晃均匀，将少许倒入湿布或海绵上小面积旋转，再在车身涂层表面擦拭。

c．擦干。稍干后，再用软洁布反复擦干即可。

d．抛光。用抛光机及海绵垫对整个打蜡表面进行仔细抛光。

e．擦净。用软布将表面的抛光粉末擦拭干净。

③ 上光蜡时的注意事项。

a．必须采用质量优良、与表面涂层相适宜的车蜡。

b．多人给车身打蜡都习惯性地以圆圈方式进行，这是不正确的方法。正确的打蜡方式是以直线方式，横竖线交替进行，再按雨水流动的方向上最后一道，这样才能达到减少车身涂层表面产生同心圆状光环的效果。

c．不要在阳光的直接照射下打蜡，操作应在阴凉处进行。否则，车蜡会在阳光下发生变化，使车身出现斑点。

d．上蜡后，要等车蜡干燥一会儿后再进行抛光，不要刚打上蜡就抛光，要让车蜡能够在车身表面有一定的凝固时间，最少要在 30 min 左右。但有人认为等蜡完全干燥后再擦净比较好，这也是错误的。上蜡后要在蜡半干不干、尚未干燥白化时擦净。因此，上蜡的操作必须顺着车身板件一片一片地进行，切不可先将车身全部上好后再一次擦掉，这会使涂层表面的色泽深浅不一，非常难看。

e．没有抛光前，不要开车上路，否则空气中的灰尘就会依附在车蜡上，在抛光时划伤或磨花表面漆层。

f．如果车身表面上的涂膜已经褪色或氧化，必须在清除掉旧的和氧化了的涂膜后，才能打蜡。

g．涂蜡时尽量采用软质的、不起毛的绒布或棉絮进行均匀涂抹。

三、实践操作

1. 洗车

利用移动式汽车清洗机（高压水枪）及泡沫清洗机进行洗车作业。

车辆进入洗车工位后，拉紧驻车制动器操纵杆，检查并确认汽车门窗、玻璃关闭严密后，才开始进行洗车作业。洗车可分为冲车、擦洗、冲洗、擦车和吹干等 5 个步骤。洗车时一般由两人配合进行，这样不但速度快而且清洗质量好。

洗车

（1）冲车

① 接到服务车辆后，由 1 人负责驶入工作间，1 人在车前引导，适时提醒驾驶者控制好方向。

② 车辆停放平稳后，1 人用高压水冲去车身污物，顺序自上而下，整个过程中始终由一个方向往另一边的斜下方冲洗，尽量避免正向或反冲洗，以免将泥沙冲回已经冲洗干净的部位。

③ 冲洗车时不可忽视的部位是车身的下部及底部，因为大量的泥沙和污物一般都聚集在这些部位，如果稍不注意就会遗留下泥沙等物质。这样在进行下面的工序擦洗时就会划伤漆面。因此必须尽可能地冲洗掉车身下部及车底的大颗粒泥沙。

(2) 擦洗

① 将配制好的洗车液均匀喷洒在车身表面，如果有泡沫清洗机，可先将泡沫喷洒在车身表面，如图 7-1-10 所示。

② 两人手持海绵一左一右，按照从上到下的顺序擦洗车身。

③ 擦洗时应注意全车的每个角落都要细致认真地进行擦洗，同时注意车身表面有些冲洗不掉的附着物，不可用力猛擦，以免损坏车身漆面。对于那些像焦油、沥青等顽固污渍，应使用专用溶剂来清洗。

(3) 冲洗

擦洗完毕之后，开始冲洗车身，顺序同冲车一样，但这时以车顶、上部和中部为重点。因为冲车时已经将车身下部冲洗得比较干净并进行了一定的擦洗。这时的冲洗主要应为冲洗中部以上的部位，向下流动的水基本能够将下部及底部冲洗干净，所以下部和底部一带而过即可。

(4) 擦车

用半湿性大毛巾将整个车身从前至后先预擦一遍。待车身中部及下部大部分水分被吸干之后，用干毛巾细擦一遍，要求擦干所留下的水痕，如图 7-1-11 所示。这样经过"一湿一干"两遍抹擦之后车身应不留水痕而且十分干净。擦车时应注意检查洗车工序中容易遗漏的部位，如刮水器安装部位、车身底部等。

图 7-1-10 将泡沫喷洒在车身表面

图 7-1-11 擦车

(5) 吹干

完成前面 4 道工序后，车身表面基本洗干净。但是有些地方在擦车时不容易擦干，如发动机罩边沿及内侧、车门边沿内侧、车门把手内侧、行李舱边沿内侧、油箱盖内侧等凹进去的地方，这时要用压缩空气进行吹干。操作时可一手拿着压缩空气枪，一手拿着干净抹布，边吹边抹，直到吹干为止。

2. 清洁汽车玻璃

洗车工序完成后，车窗玻璃上附着的仅剩油膜了。玻璃上附着的油膜用普通的方法很难清除，必须使用除油膜专用的化学合成剂来擦拭。

① 使用玻璃除油膜清洁剂时，先在海绵上蘸上适量清洁剂，均匀地擦拭玻璃的内外表面，静置一段时间待已擦抹的表面像打蜡一样变白后，再用柔软的布将它拭去即可。

② 附着在玻璃表面的难以去除的顽固性污物，如意外黏上的油漆污点、鸟粪等，可就着肥皂水用 1 500#~2 000# 旧的水砂纸来细心研磨。但须切记，研磨面是旧砂纸的背面而不是带砂粒的磨削面。

抛光

3. 整车抛光

整车抛光一般采用二次抛光处理法效果较好。

(1) 第一次抛光

① 用半弹性垫块衬 1 500# 水砂纸将整车打磨一遍。

② 用 2 000# 海绵砂纸，轻轻地把流痕、凸点、粗粒、轻微划痕打磨平整。

③ 用 4 000# 海绵砂纸按顺序将整车打磨一遍，使漆面均匀无光。注意不要

磨穿漆膜层。

④ 清洗漆面并擦净、干燥。

⑤ 用布块将全能抛光剂均匀地涂于漆面。

⑥ 机械抛光应将抛光机的转速调至 1 000～1 500 r/min，将抛光机的羊毛平放在漆面上，然后均衡地向下施加压力。从车顶开始抛光，在漆面上有规律地沿水平方向来回研磨，研磨面积不宜过大，要一个块面一个块面地进行，每一块面长 60～80 cm，宽 40～50 cm 左右，至漆面逐渐变得平滑与光亮为止。

⑦ 用干净的抹布把漆面上的多余抛光剂擦净。若发现某部位漆面还不能达到质量要求时，可重复研磨直至使其达到质量要求。研磨时要特别注意折口、棱角及高出底材的造型漆面，这些部位涂膜相对较薄，研磨时触及机会较多，要特别注意不要磨穿涂膜，平面部位较圆弧面不易光泽，应适当增加研磨次数。

（2）第二次抛光

当整车漆面用全能抛光剂抛光完成后，漆面的流痕、粗粒、划痕、海绵砂纸磨痕迹会全部消除，但有时会有一些极其细小的丝痕或光环，为了确保漆面更平滑、光亮，需用釉质抛光剂进行第二次抛光。经釉质抛光剂抛光后，漆面亮度高、丰满度好，保持时间可达 1 年。具体步骤如下。

① 用干净的软布擦净前道抛光残留物。

② 摇匀釉质抛光剂，用软布或海绵将其均匀涂于漆膜表面。

③ 停留 60 s 以上，让抛光剂变干、发白。

④ 手工或机械方法抛光，机械抛光应将海绵盘转速保持在 1 000～1 500 r/min，抛光时应按一定方向有序进行。不要用羊毛盘进行第二抛光。手工抛光时应沿水平直线进行抛光，直到漆面擦亮为止。

⑤ 用干净的软布擦净漆面。

4. 打蜡

（1）上蜡

上蜡可分手工上蜡和打蜡机上蜡两种，手工上蜡简单易行，打蜡机上蜡效率高。无论是手工上蜡还是打蜡机上蜡，都要按一定的顺序进行，要保证车身漆面涂抹得均匀一致。上蜡时每次不要涂得太厚，上太多的蜡不但会造成成本的增加，而且会增加抛光的工作量，还容易黏上灰尘，使抛光摩擦时有可能产生划痕。

手工打蜡

① 手工上蜡。首先将适量的车蜡涂在海绵上，然后按一定顺序往复直线或环形均匀涂布，如图 7-1-12 所示。

② 打蜡机上蜡。将车蜡洒在车身表面上，用手控制好打蜡机，启动开关，注意涂布时的力度、方向性及均匀度。

（2）抛光

上蜡后一般停留几分钟，然后用手工抛光或用抛光机将其打亮。手工抛光时应先用手背感觉车蜡的干燥程度，以刚刚干燥而不黏手为度。手工抛光作业通常使用无纺棉布按一定的顺序作往复直线运动，适当用力挤压，以清除剩余车蜡，如图 7-1-13 所示。

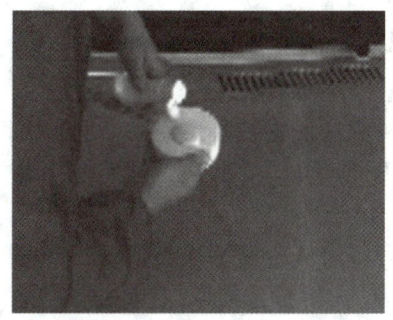

图 7-1-12　手工上蜡

图 7-1-13　手工抛光

5. 车身胶质装配、装饰件的清洁

汽车车身胶质装配、装饰件包括前后保险杠、转向灯、后视镜座、尾灯总成及车身装饰胶条、前风窗玻璃下方的塑胶板等。这些胶质的装配、装饰件，也是决定车辆外观形象的重要一项。至于前照灯总成，因其由玻璃制成，清洁护理工艺参照风窗玻璃的护理方法。

（1）车身胶质装配、装饰件的清洁护理工艺

车身胶质装配、装饰件与车身漆面的护理工艺有所不同，车身漆面应使用不含硅油的研磨抛光剂，以便车身漆面因意外操作时可以较快修补。含硅油的保护蜡只能使用于新车表面或干燥后的新车出厂时。涂上含硅油保护蜡后，按车身美容工艺的先后顺序，最终进行镜面釉处理。对于胶质件，可以大量使用专用化学合成剂清洁，要使它们看起来干净，必须连细微的部分都不能漏掉；然后使用含硅油的仪表喷蜡、胶质件润光剂等。

（2）施工方法

将胶质件护理剂取适量涂在干净抹布上，或将仪表喷蜡喷在抹布上，再用此抹布仔细擦拭胶质件表面，边打圈边擦拭，顽固污渍或凹凸表面可能重复几个来回，直至物质表面呈现光泽。不要将含硅油的清洁护理剂直接喷涂在胶质件上，一方面略嫌浪费，另一方面容易"超喷"，造成车身漆面与胶质件接触部分黏满含硅油的蜡剂，给以后的漆面修补造成诸多麻烦。

前风窗玻璃下方的塑胶板、转弯示灯、后视镜座、尾灯总成及中网（车栅）等胶质装配装饰件及其周围，有很多细小部分及缝隙，易存留上蜡残渣，应特别注意仔细清除，如果可以取下，将其取下擦去油污，必要时再打上保护蜡。

如果保险杠已经喷漆，可以用与车身漆面相同的清洁、上蜡方法进行打蜡抛光。

6. 轮胎、轮辋的清洁护理

轮胎、轮辋清洗

① 结合洗车工序，在喷洒洗车清洁香波后，用不太硬的刷子刷掉车轮胎上的沙土，尽量不要擦到轮辋上。

② 清洗轮辋时，改用柔软的毛刷或海绵来擦拭，注意轮辋的叶片、辐条之间不要有遗漏。附着的沥青、焦油可用专门清洁剂揩抹清除。

③ 将轮胎清洁护理上光剂直接喷涂在轮胎上，呈乳状泡沫状，附在轮胎上的脏污黏附物，最后随泡沫一起脱落、掉下，可任其自由晾干，不过为了将脏污彻底清除，最后在泡沫消失后再用水冲洗干净。

④ 轮辋若为喷漆表面，可参照车身打蜡上光工艺进行打磨抛光。

7. 汽车底盘的清洁维护

汽车底部通常看不到，由于其部位特殊，车底挡泥板及车身下边缘的弯曲部泥污、脏污极易堆积，堆积附着物的水分又不容易蒸发，时间稍长不作清理则容易生锈、腐蚀。所以，汽车底盘的清洁维护也很重要。

① 将汽车用举升机抬举至工作高度，或者将汽车开到地沟槽平台上。没有举升机又没有地沟槽设施时，禁止操作人员使用千斤顶升起车身后即钻入车底下进行冲洗作业。

② 用高压水全面冲洗底盘，最好使用高压热水冲洗机来冲刷去掉脏污，只用自来水很难冲洗干净。冲洗时对边缘部分、弯曲部位以及4个轮的挡泥板等部位更应仔细，有时还必须配合使用较软的钢丝刷或铲刀来除去顽固残留脏污，但操作要小心，不要损伤保护涂层。

③ 使用工作灯，仔细检查车身底部和底盘、悬架等各处有无生锈。如果生锈或有伤痕，用砂纸打磨去除浮渣、锈渍，然后涂上防锈涂料和底盘沥青涂料。

④ 有必要的话，还可对汽车底盘部位全面喷涂"粒粒胶"底盘喷涂保护剂。喷涂之前，应先拆下4只车轮，将轮毂、减震器、排气管及转向节等有相对运动的接合表面，以及其他不得喷涂的部分用防涂纸进行覆盖、遮护。只有待必要的防涂遮蔽工作完成后，才能开始进行"粒粒胶"等底盘喷涂作业。

8. 发动机和发动机舱的清洁维护

发动机是汽车的心脏，所以发动机和发动机舱的清洁维护非常重要。

① 对于熔断丝（配电）盒、发动机、汽车控制主电脑等，必须用塑胶薄膜覆盖、包裹，以免清洁作业时沾上水渍，造成电器损伤。

② 用发动机去污清洁剂喷涂整个发动机舱及发动机各部位总成，细小部位需使用刷子擦，使脏污浮起，停留3～5 min。

③ 当清洁剂的泡沫开始消失时，用水仔细冲洗，务必彻底冲洗，使清洁剂不残留。

④ 对于发动机上局部残留的顽固附着污物，可将化油器清洗剂喷涂在干净的抹布上，拿这块抹布去擦拭脏污处，揩抹干净后再喷涂发动机专用去污清洁剂，停留3～5 min后用水冲洗干净。

⑤ 连接处的运动部位，使用清洁除锈剂（如 WD—40）来清洁、除污。必要时拆下加速踏板拉线，将清洁除锈剂直接喷入拉线里面，然后来回拉动拉线进行清理，最后再注入发动机润滑油，并且也来回拉几次，确认运作自如时重新装上即可。

⑥ 发动机的电器部件，必要时可用电器元件专用清洁剂来清洁，作业中不需用水冲洗，只需擦干或任其自然干燥。清洁后再使用多功能防腐润滑剂喷涂一遍，使电器元件的接插头更具抗潮、避水及润滑等多项保护功能。

⑦ 发动机舱周围漆面清洗干净后，用抛光白蜡进行打蜡抛光。风窗玻璃下方发动机罩与两前翼子板接合处的流水槽，大部分很脏，需清洁干净后打上蜡，作业中亦必须注意观察流水槽是否疏通。此外，副冷水箱及刮水器水箱能简单地取下，这些部位也很脏，需做清洁后再打上蜡。

⑧ 发动机罩内表面也必须清洁、打上蜡。

⑨ 线束或塑胶物件，还必须喷涂胶质件润光剂加以保护。

⑩ 蓄电池接线柱变旧会引起接触不良，拧紧接线柱并涂上黄油可防止氧化。

9. 汽车内室的清洁维护

汽车内室的清洁维护主要包括车内顶棚的清洁、车侧立柱及车门内表面的清洁、仪表控制面板和清洁护理、车窗玻璃的清洁护理、座椅的清洁护理、安全带的清洁、地毯的清洗、转向盘的清洁、其他饰面的清洁（如离合器踏板、制动踏板、加速踏板等），还包括行李舱的清洁。施工时应根据不同部位及其所沾染的脏污附着物的情况，选用不同清洁护理用品和相应的辅助用具。

（1）整理杂物

整理车室内有碍清洁维护操作的各种物品。整理前需征得客户的同意，然后对车内存放的个人物品、文件资料、票据等进行仔细归类、整理，并妥善保管，以免发生缺失。

（2）除尘

取出车内活动地毯（脚垫）、扫除较大污物。首先用毛刷配合小垃圾铲将小石子、砂粒扫除，然后使用强力吸尘器将车内底部、座位、布质旁侧板、车尾箱托板架等各处的砂、尘、碎屑吸除干净，角落里若有小砂粒、碎屑聚积，轻敲吸尘器的吸入口可使之顺利吸除。

（3）清洗

① 地毯。取出车外后另行清洁。先用敲击法弹附在地毯内的砂粒、碎屑，然后用空气枪吹灰尘。很脏时，去掉灰尘后用高压水枪喷洗干净，用空气枪吹积水后在太阳下晒干，此外，还可用专用地毯清洗机配合专用地毯清洁剂来清洁地毯。

② 绒布座椅。清洗时应注意3个问题：清洁、保色及恢复绒毛即纤维材料本身的柔顺性。所以，绒布座椅必须使用专用的内饰清洁剂进行清洁维护。清洗分为机洗和手工操作两种。

③ 皮革座椅。人造革和真皮座椅的共同特点就是其表面都有许多细纹，这些细纹条内容易吸附许多脏污污垢，一般方法很难去除干净。而且，人造革和真皮亦不可用水清洗，否则不但影响其美观，而且会因水洗变硬产生裂缝而影响使用寿命。因此，清洁这类座椅必须使用专门的皮革清洁护理剂。

对于较脏的皮革座椅，首先使用内饰清洁剂进行处理，因为有些污垢可能形成硬结黏附在皮革表面，使用内饰清洁剂能有效润湿和预分解油污，使下一步工作更加彻底，方法是将内饰清洁剂喷洒到座椅表面，稍停片刻，用软布仔细擦拭，从四周向污块内间逐渐进行。然后再使用真皮清洁柔顺剂，用软布结合软毛刷，彻底清除细纹中的污垢，最后用真皮上光保护剂进行上光处理。如果皮革座椅不太脏时，可以直接用真皮上光保护剂进行清洁上光。

④ 车内顶篷。车内顶篷由于其位置特殊，基本上不会被其他脏污污染。由于车顶篷绒布具有吸附性，因此其污染多为吸附烟雾粒尘及人体的头部油脂。清洗时难以使用机器，只能人工操作。使用内饰清洁剂，方法与绒布座椅的清洁方法相同。处理干净后，用另一块干净的绒布（抹布）顺着车顶的布纹绒毛方向抹平，使其恢复本来面貌。

⑤ 车门、门柱、门框边缘部分。因其都是喷漆表面，可使用防静电清洁除油剂清除表面附着的油污，然后再打上幼蜡抛光处理。车门内衬（旁板）和拉扶手，因其材质的不同，按情形分别使用绒布清洁剂或真皮清洁护理剂进行清洁，然后抹干净渣滓、油污，最后涂上润滑油脂，以确保运转良好。此外，还应检查车门内侧底部的排水孔是否畅通，以避免积水。

⑥ 仪表控制台。仪表控制台多为塑胶制品，存在许多细条沟纹，其表面沾染污物成分简单，多为灰尘黏附，容易清除，直接使用塑胶清洁润光剂处理，只需轻轻擦拭，即可得到一个干净洁亮的表面。转向盘上方的仪表盘是监控车辆运行的关键部位，使用清洁剂擦拭时，动作应轻柔，避免刮花、损伤，并且应用绒布将沾有的清洁剂彻底抹除。清洁作业中，必要时可取下烟灰缸，用水冲洗，用硬毛刷将烟油焦刷掉，用空气枪吹干水分后再装回原位置。

⑦ 空调通风口。空调通风口的材料多为硬质塑料，沾染的污物成分简单，基本为粉尘沉降，沾染不很严重。清洁时使用塑料皮革清洁产品处理，因为空调通风口有栅格，建议使用海绵条蘸取塑胶清洁上光剂处理。也可用小的软毛刷配合清洗。由于其部位较细致，操作时应仔细。最后用苹果香型空气清新剂来进行清新杀菌处理。

⑧ 转向盘、变速器操纵杆、驻车制动器操纵杆等部位，只要用干净的抹布湿水后拧干，以此湿抹布擦拭就可以了。如果转向盘确实很脏，在清洁用水中加入几滴洗洁剂可增强去污效果，但要注意最后还需用清水漂洗过后的抹布擦洗干净。若使用仪表喷蜡等增亮剂，则会很滑，反而会影响使用安全。

⑨ 踏板。踏板包括制动踏板、离合器踏板和加速踏板。其中制动踏板尤为重要，若表面胶垫的凹槽内塞满砂石、泥土，下雨天很容易打滑、影响行车安全。清洁时，踏板胶槽内附着的泥土，应使用硬刷子刷掉或用尖细铲刀剔除。最后用抹布蘸上清洁剂水溶液进行擦抹，驾驶座下地板及其周围的脏污也一并擦拭干净。

(4) 消毒处理

① 臭氧消毒。臭氧的氧化能力很强，对细菌、病毒等微生物杀灭率高、速度快，对有机化合物等污染物质去除彻底而又不产生二次污染。使用时，应关闭好车门窗，保持车内良好密封效果，臭氧消毒机要求在相对湿度大于60%条件下使用，一次开机消毒时间以多于0.5 h为宜。

② 光触媒消毒。"光触媒"是以二氧化钛为代表的具有光催化功能的光半导体材料的总称。它比臭氧、负氧离子有着更强的氧化能力，可强力分解臭源，有极强的防污、杀菌和除臭功能。

四、考核评估

① 学生自检,同学互评,小组讨论,填写《考核评价表》(见附表1),并同《个人工作记录单》(见附表2)和《小组工作记录单》(见附表3)一起上交。

② 教师对学生整个任务的完成过程进行现场观察,并填写《考核评分表》对学生进行成绩评定,见表7-1-5。

表 7-1-5 车身护理单项技能评分标准

姓名:　　　　班级:　　　　学号:　　　　实训地点:　　　　日期:　　年　　月　　日

技能考核项目	指标分值	考核标准	成绩分档及权重				得分	考核方式
			A	B	C	D		
			1	0.8	0.6	0.4		
训前准备	20	能认真阅读有关实训文件、教材与参考书,积极做好训前各种准备工作。教师可根据具体情况酌情打分						现场提问 课后批阅
态度与 钻研精神	10	态度与钻研精神						观察
施工准备 现场操作	20	能正确选择清洁物品(5) 操作准确无误(5) 能正确选用车蜡与抛光设备(5) 工具维护保养方法得当(5)						现场考核
车身护理的 施工操作	40	能对车身进行清洗,质量好(5) 打蜡与抛光操作娴熟,无缺陷(10) 能合理选用材料,对汽车的内室进行清洁(5) 能够用正确的方法对汽车金属部件进行清洁维护(10) 能够用正确的方法对油漆进行修饰操作(10)						现场考核
现场管理	10	着装规范,符合要求(2) 安全防护到位(2) 工作场地保持干净(2) 与同学配合到位(2) 服从分配,遵守规章制度(2)						观察
得分								
实训教师签字								

五、知识与能力拓展

1. 常见的涂膜缺陷及其防治方法

在面漆的喷涂过程中,常见的涂膜缺陷及其防治方法见表7-1-6。

表 7-1-6 常见的涂膜缺陷及其防治方法

类别	现象	产生的原因	防治的方法
1. 起皱	起皱是指在干燥过程中涂膜表面出现的皱纹，常出现凹凸不平且平行的线状或无规则线状的现象	（1）桐油制的油性漆易发生起皱现象 （2）在涂料中添加了过多的含钴和锰的催干剂 （3）升温过急，表面干燥过快 （4）涂膜过厚或在浸涂时产生"肥厚的边缘" （5）氨基漆晾干过度，表面干燥后再烘干，易产生起皱现象	（1）控制桐油的使用量 （2）减少含钴和锰催干剂的用量 （3）控制升温速度，使涂膜表面干燥速度减慢 （4）每道漆控制在不产生起皱的厚度限值内，掌握浸涂技术，防止产生"肥厚的边缘" （5）采用防起皱剂，如改性的醇酸树脂漆稍涂厚，在烘干时易起皱，可添加少量（5%以下）氨基树脂作为防起皱剂执行干燥的工艺规范
2. 气泡	气泡是指在涂装过程中涂膜表面呈泡状鼓起，或在涂膜中有气泡的现象。烘干型涂料易产生这一缺陷。气泡通常有水气泡、溶剂气泡和空气泡3种	（1）溶剂挥发快，涂料黏度高 （2）加热过急，晾干时间过短 （3）底材、底涂层中残留有溶剂、水分或气体 （4）搅拌时混入涂料中的气体未释放尽就进行涂装，或在刷涂时刷子走动过急而混入空气 （5）在木质底材上涂氨基醇酸树脂涂料	（1）使用指定溶剂，黏度应按涂装方法选择，不宜偏高 （2）涂层烘干时升温不宜过急 （3）底材、底涂层或被涂面应干燥、清洁，不含有水分和溶剂 （4）添加醇类溶剂或消泡剂 （5）选择与木质底材配套的涂料
3. 针孔	针孔是指在涂膜上产生针状小孔或像皮革毛孔的现象。针孔的直径一般为100 μm左右	（1）涂料的流动性差，流平性差，释放气泡性差 （2）涂料在储运时变质，例如，沥青涂料在低温下储运时，漆基的互溶性和溶解性变差，局部析出，引起颗粒或针孔弊病 （3）涂料中混入不纯物，如溶剂型涂料中混入水分等 （4）涂装后晾干不充分，烘干时升温过急，表面干燥过快 （5）被涂物的温度过高和被涂物表面有污物和小孔 （6）环境空气湿度过高	（1）选用合适的涂料，对易产生针孔的涂料应加强进厂检验，避免不合格材料投入生产 （2）在储运过程中防止变质，涂料使用前应做好质检工作 （3）注意存漆容器与涂装工具的清洁以及溶剂的质量，防止不纯物混入涂料中 （4）涂装后应按规范晾干，添加挥发慢的溶剂使湿涂膜的表面干燥速度减慢 （5）改善涂装环境 （6）降低空气湿度
4. 鱼眼	鱼眼是指受被涂物表面存在（或混入涂料中）的异物（如油、水等）的影响，使涂料不能均匀附着，产生抽缩而露出被涂面的现象。这种缺陷产生在刚涂装完的湿漆上，有时在烘干后的干膜上才能发现	（1）所用涂料的表面张力偏高，流平性差，释放气泡性差，本身对缩孔的敏感性大 （2）调漆工具及设备不洁净，使有害异物混入涂料中 （3）被涂物表面不洁净，有水、油、灰尘、肥皂、硅酮、打磨灰等异物附着 （4）涂装环境空气不洁净，有灰尘、飞漆、硅酮、蜡雾等 （5）涂装工具、工作服、手套不干净 （6）旧涂膜表面打磨不充分	（1）在研制和选用涂料时，要注意涂料对缩孔的敏感性 （2）在涂装车间，无论是设备、工具还是生产用的辅助材料等，绝对不能带有对涂料有害的物质，尤其是硅酮类物质 （3）确保被涂物表面洁净 （4）应确保压缩空气清洁，无油、无水、无尘埃和油雾等 （5）严禁直接用手或用脏手套和脏抹布接触被涂物表面，确保涂面洁净 （6）在旧涂膜上喷漆时，应用砂纸充分打磨，并擦拭干净

表 7-1-6（续）

类别	现象	产生的原因	防治的方法
5. 拉丝	拉丝是在喷涂时涂料雾化不良，呈丝状喷出，使涂膜表面呈丝状	（1）涂料的黏度高，或制漆用的合成树脂（如氯化橡胶、丙烯酸树脂等）的分子量偏高 （2）选用的溶剂溶解力不足 （3）易拉丝的树脂含量超过无丝喷涂的含量	（1）通过试验选择涂料最适宜的施工黏度 （2）选用溶解力适当的（或较强的）溶剂 （3）使用分子量分布均匀的或分子量较低的树脂调整涂料配方，减少易拉丝树脂的含量
6. 发白	发白是指涂装过程中和刚涂装完毕的涂膜表面呈乳白色，产生云样的变白失光现象。多发生在涂装挥发性涂料的场合，严重时完全失光，涂层上出现微孔且力学性能下降	（1）施工场所的空气湿度太高（80%以上） （2）所用有机溶剂的沸点低，而且挥发太快 （3）被涂物的温度低于室温 （4）涂料和稀释剂含水，或压缩空气带入水分 （5）溶剂和稀释剂的选用及配比不恰当，造成树脂在涂层中析出而变白 前 3 种原因使空气中的水分在被涂物表面上凝露，渗入涂层而发生白化	（1）涂装场地的环境温度最好为 15~25℃，相对湿度不高于 70% （2）选用沸点高和挥发速度较慢的有机溶剂，如添加防潮剂 （3）涂装前先将被涂物加热，使其比环境温度高 10℃ 左右 （4）防止通过溶剂和压缩空气带入水分 （5）防止树脂在成膜过程中析出
7. 咬底	喷涂面漆后，底涂层或中间涂层过分变软，产生皱纹、胀起、起泡等咬起现象。面漆（如硝基漆）中含强溶剂时易产生这种现象	（1）涂层未干透就涂下一道漆 （2）涂料不配套，底涂层的耐溶剂差或面漆含有能溶解底涂层的强溶剂 （3）涂得过厚	（1）底涂层干透后再涂面漆 （2）改变涂料体系，另选用合适的底漆 （3）在易产生咬底现象的配套涂层场合，应先在底涂层上薄薄涂一层面漆，等稍干后再喷涂
8. 露底	由于漏涂、涂得薄或涂料遮盖力差未盖住底面（底色）而产生显露底材的现象称为露底	（1）所用涂料的遮盖力差或涂料在使用前未搅拌均匀 （2）涂料的施工黏度（或施工固体分）偏低，涂得过薄 （3）喷涂不仔细或被涂物外形复杂，发生漏涂现象 （4）底漆、面漆的色差过大，如在深色涂面上涂亮度高的浅色漆	（1）选用遮盖力强的涂料，增加涂层厚度或增加喷涂道数，涂料在使用时应充分搅拌 （2）适当提高涂料的施工黏度或选用施工固体分高的涂料，每道漆应达到规定的喷涂厚度 （3）提高喷涂操作的熟练程度，谨慎操作 （4）底涂层的颜色应尽可能与面漆的颜色相近
9. 起粒	起粒是指涂膜中的凸起物呈颗粒状分布在整个或局部表面上的现象。由混入涂料中的异物或涂料变质而引起的称为涂料颗粒；在涂装时或刚涂装完毕的湿涂膜上附着的灰尘或异物称为尘埃	（1）涂装环境的空气清洁度差，调漆室、喷涂室、晾干室和烘干室内有灰尘 （2）被涂物表面不洁净 （3）操作人员的工作服、手套及涂装前擦拭用材料掉纤维 （4）易沉淀的涂料未充分搅拌或过滤 （5）涂料变质，如漆基析出或返粗，颜料分散不佳或产生凝聚，有机颜料析出，闪光色漆的漆基中铝粉分散不良等	（1）送给调漆室、喷涂室、晾干或烘干室的空气除尘要充分，确保涂装环境洁净 （2）被涂物表面应洁净，如用黏尘布擦净或用离子化空气吹净被涂物表面上因静电而吸附的灰尘 （3）操作人员要穿戴不掉纤维的工作服及手套 （4）供漆管路上要安装过滤器 （5）选用质量合格的涂料进行施工

表 7-1-6（续）

类别	现象	产生的原因	防治的方法
10. 流挂	喷涂在垂直面上的涂料向下流动，使涂膜产生不均一的条纹和流痕的现象称为流挂。根据流痕的形状不同可分为下沉和流淌等	(1) 所用溶剂挥发过慢或与涂料不配套 (2) 一次涂得过厚，喷涂操作不当 (3) 涂料黏度偏低 (4) 环境温度过低或周围空气的溶剂蒸气含量过高 (5) 涂料中含有密度大的颜料（如硫酸钡等） (6) 在光滑的涂膜上涂布新漆时也易发生流挂现象	(1) 正确选择溶剂，注意溶剂的溶解能力和挥发速度 (2) 提高喷涂操作的熟练程度，喷涂均匀，一次不宜喷涂过厚，一般以控制在 20 μm 左右为宜 (3) 严格控制涂料的施工黏度和温度 (4) 加强换气，施工场所的环境温度保持在 15℃ 以上 (5) 调整涂料配方或加阻流剂 (6) 在旧涂膜上涂新漆时要预先打磨
11. 发花	发花是指涂膜的颜色局部不均匀，出现斑痕、条纹和色相杂乱的现象。一般是由于涂料涂装不当以及涂料组分变质等引起的	(1) 涂料中的颜料分散不良或两种以上的色漆相互混合不充分 (2) 所用溶剂的溶解力不足或施工黏度不适当 (3) 涂得太厚，使涂膜中的颜料产生里表"对流" (4) 在涂装场所有与涂膜发生作用的气体（如氨、二氧化硫等）	(1) 选用分散性和互溶性良好的颜料 (2) 选择适当的溶剂，采用符合工艺要求的涂装黏度及涂膜厚度 (3) 调配复色漆时应使用同类型的涂料，最好用同一厂家生产的同一类型涂料，喷涂时注意控制涂膜厚度 (4) 改善涂装环境
12. 浮色	由于涂料中各种颜料的粒度大小、形状、密度、分散性、内聚性等的不同，使涂膜表面和下层的颜料分布不均匀，各断面的色调有差异的现象称为浮色	(1) 在涂装含两种以上颜料的复色涂料时，由于溶剂在涂层的里表发挥不一，易出现对流而产生浮色现象 (2) 涂料中颜料的密度相差悬殊 (3) 涂装方法及设备选用不合适	(1) 改进涂料配方及制漆工艺，如选用不易浮色的、易分散的颜料，改进颜料的分散工艺等 (2) 添加防浮色剂，如硅油对防止浮色有显著效果 (3) 选用合适的涂装方法及设备
13. 渗色	渗色是指在一种涂膜上涂另一种颜色的涂料，底层涂膜部分渗入面层涂膜中而使面层涂膜变色的现象	(1) 底层涂膜中含有的有机颜料或溶剂能溶解的色素渗入面涂涂层中 (2) 底材（如木材等）含有有色物质或底层上附有着色物 (3) 面漆含有溶解力强的溶剂（如脂类、酮类等）或底层涂膜未完全干透就涂面漆 (4) 底涂层上有着色物质	(1) 在含有机颜料的涂层上不宜涂含异种颜料的涂料 (2) 为防止渗色，需增涂一层封底涂料 (3) 面漆选用挥发快、对底层涂膜溶解力差的调配溶剂 (4) 清除掉底涂层上的着色物质后再涂漆
14. 色差	色差是指修补部位涂膜的色调、明度和饱和度与标准色板有差异，或在补涂漆时与原漆色有差异	(1) 所用涂料各批之间有较大的色差 (2) 在更换颜色时输漆管路未洗净 (3) 干燥规范不一致，尤其是在烘干的场合 (4) 补漆造成的斑印	(1) 加强涂料进厂检验 (2) 换色时输漆管路要洗净 (3) 烘干规范（烘干时间、温度）应严格控制在工艺规定内 (4) 力争少补漆，如需补漆则应整个部件或有明确分界线的表面补漆
15. 掉色	掉色是指在用蜡和抹布擦拭漆面时，抹布上黏着有涂层颜色的现象	主要是涂料中所含的颜料（尤其是有机颜料）渗透到涂膜表面所致	(1) 改进涂料配方，选用不掉色的涂料 (2) 在所选用的涂料中添加漆基或进行罩光

表 7-1-6（续）

类别	现象	产生的原因	防治的方法
16. 沾污	沾污是指由于铁粉、水泥粉、沙尘和飞漆等异物的附着，使漆面变得粗糙，或是不同色素的沾污，使涂膜表面产生异色斑点等现象	（1）在涂层干燥过程中，周围环境中的铁粉、水泥粉、沙尘、干飞漆等异物的侵入和附着 （2）涂层未干透就包装被涂物 （3）涂层接触沥青、焦油、酸性物质、树脂、昆虫、鸟粪、化学物质和有色素的物质等 （4）涂层在使用过程中发霉	（1）确保涂层干燥场所清洁，消除污染物 （2）包装被涂物时涂层应完全干透 （3）防止涂层与污染介质接触，选用耐沾污性好的涂料 （4）选用防霉性强的涂料或向涂料中添加防霉剂
17. 吸收	吸收是指在涂装时涂料被底材过度吸收，出现无光或像未涂漆的现象。如在纤维板上涂漆时，刚涂完尚见涂膜，很快就消失	被涂物为多孔材质，如松木板、纤维板和涂刮的原子灰层疏松等，把涂在其表面上的涂料吸入孔内，使涂层无光或不完整	（1）多孔材质的被涂物在涂装前应进行堵孔的涂前处理 （2）对于刮过原子灰的表面，在打磨后应补涂底漆或中间涂料，以消除原子灰层对面层涂料的吸收 （3）增加涂层的道数，此措施仅适用于面层涂料较便宜的场合
18. 橘皮	橘皮是指在喷涂时不能形成平滑的干涂膜面而呈橘皮状的凹凸现象。凹凸度约为 3 μm	（1）涂料的黏度高，流平性差 （2）压缩空气压力低，出漆量过大，导致雾化不良 （3）被涂物和空气的温度偏高，喷涂室内风速过大，溶剂挥发过快 （4）晾干时间短，喷涂量不足 （5）喷涂距离不适当，太远	（1）选用合适的溶剂，添加流平剂或挥发较慢的高沸点有机溶剂，以改善涂料的流平性 （2）选择合适的喷涂压力，选择出漆量和雾化性能良好的喷涂工具，使涂料得到良好的雾化 （3）被涂物和喷漆室内气温应维持在20℃左右 （4）一次喷涂到规定厚度，适当延长晾干时间，不宜过早进入烘干程序 （5）调整喷涂距离
19. "出汗"	出汗是指在涂膜表面析出一种或几种组分的现象。如普通硝基漆在 60℃以上烘干时，增塑剂呈汗珠状析出	（1）增塑剂与漆基的混溶性差，如硝基漆采用蓖麻油、樟脑增塑剂 （2）涂膜在打磨前未完全干透（溶剂未完全挥发） （3）涂膜中含有蜡、矿物油时，可能逐渐渗到涂膜表面	（1）选用与漆基混溶性好的增塑剂，降低增塑剂的黏度以及减少非溶剂型增塑剂的用量 （2）涂膜打磨前应干透 （3）喷涂前将涂膜上的蜡、矿物油清除干净
20. 缩边	缩边是指在涂装和烘干过程中涂膜收缩，使被涂物的边缘、角等部位的涂膜变薄的现象。在水性涂料施工时常出现这一缺陷	（1）漆基的内聚力大 （2）涂料黏度偏低，所用溶剂挥发慢	（1）添加阻流剂，降低内聚力 （2）在设计涂料配方时就应注意消除缩边缺陷

表 7-1-6（续）

类别	现象	产生的原因	防治的方法
21. 失光	失光是指光泽涂层干燥后没有达到应有的光泽或涂装后不久涂层出现光泽下降、雾状朦胧的现象	（1）颜料的选择、分散和混合比不适当，树脂混溶性差，溶剂选配不当 （2）被涂面对涂料的吸收量大且不均匀 （3）被涂面粗糙且不均匀 （4）过度烘干或烘干时换气不充分 （5）喷涂虚雾附着或由补漆造成 （6）涂层未干透就进行抛光 （7）在高温、高湿或极低温的环境下涂装	（1）选择涂料厂指定的溶剂 （2）涂装相应的封底涂料，以消除被涂面对面漆的吸收 （3）细心打磨，降低被涂面的粗糙度 （4）严格遵守规定的烘干条件，烘干室换气要适当 （5）注意喷涂程度，确保厚度均匀，减少喷涂虚雾附着 （6）在涂层干透后再进行抛光 （7）控制涂装环境
22. 银粉不均匀	银粉不均匀是指在喷涂金属闪光面漆时，因喷涂的厚度不均匀，流挂和所用溶剂与涂料不配套而引起铝粉分布不均匀、定向排列不均匀，导致涂膜外观颜色不均匀的现象	（1）涂料配方不当，如铝粉含量偏低，溶剂密度大，树脂分子量低，树脂的干燥速度慢等 （2）喷涂黏度选择不当（过低或过高） （3）涂层过厚或涂膜厚度不均匀，雾化差，喷涂操作不熟练 （4）涂底色漆与罩光清漆采用"湿碰湿"工艺时，中间晾干时间过短 （5）环境温度低	（1）改进涂料配方，使用涂料指定的溶剂 （2）选择合适的涂料黏度 （3）提高喷涂操作的熟练程度，采用专用喷涂工具 （4）延长"湿碰湿"工艺的晾干时间，采用 60～80℃ 热风工序 （5）将喷涂时的环境温度调节到合适的范围
23. 丰满度差	丰满度差是指涂膜虽然涂得很厚，但从外表看仍然很薄，而且显得干瘪的现象	（1）使用高聚合度的漆基涂料，其本身丰满度差 （2）颜料含量少且涂料过稀 （3）被涂面不平滑且吸收涂料	（1）选用丰满度高的涂料 （2）选用固体分含量较高的涂料 （3）打磨以后消除被涂面的粗糙度，涂封底涂料以消除底材对面层涂料的吸收
24. 落上飞漆	喷涂过程中飞漆飞溅或落在被涂面或涂膜上形成虚雾状，影响涂膜光泽度和外观装饰性	（1）喷涂操作不正确，如空气喷枪与被涂面的距离太远、喷流与被涂面不垂直等 （2）被涂件之间距离太近 （3）喷漆室气流混乱，风速太低（小于 0.3 m/s） （4）不需涂漆的表面未遮盖	（1）纠正不正确的喷涂操作 （2）被涂件之间应留足距离，以防止飞溅 （3）喷漆室的气流应有一定的方向，风速在手工喷涂场合应在 0.5 m/s 以上 （4）不需涂漆的表面应遮盖
25. 原子灰残痕	原子灰残痕是指涂层表面刮过原子灰的部位产生断痕印或失光的现象	（1）刮原子灰部位打磨不足 （2）刮原子灰部位未涂封底漆，原子灰层的吸漆量大，或颜色与底漆层不同 （3）所用原子灰的收缩性大，固化后变形	（1）对刮原子灰部位充分打磨 （2）在刮原子灰部位涂封底漆 （3）选用收缩性小的原子灰，硝基原子灰收缩性大，只适用于填平砂眼类缺陷
26. 打磨缺陷	打磨缺陷是指由于打磨不彻底，有漏磨表面以及打磨工具和砂纸所引起的涂膜缺陷	（1）打磨工具的技术状态不良或操作不认真 （2）砂纸质量差，有掉砂现象 （3）在打磨平面时未采用磨块，局部用力过猛 （4）打磨后未检查被打磨面的质量	（1）确保打磨工具的技术状态良好，认真操作 （2）选用优质砂纸 （3）在打磨平面时应采用磨块，并注意打磨方向 （4）打磨后应进行打磨质量的检查，如在湿打磨后浇水，借助水膜反光检查打磨质量

表 7-1-6（续）

类别	现象	产生的原因	防治的方法
27. 气体裂纹	气体裂纹是指在涂层干燥时受酸性气体的影响，涂膜表面产生皱纹、浅裂纹的现象	（1）涂层干燥场所的空气中含有酸性气体（如二氧化硫、二氧化碳和一氧化碳等），在采用烟道气直接烘干的场合易产生这一缺陷 （2）所用涂料的耐酸性差	（1）查清原因，消除干燥场所的酸性气体或降低其浓度；采用烟道气直接烘干的场合应试验后再纳入工艺 （2）选用耐酸性好的涂料
28. 修补斑痕	修补部位的新涂膜与其周围的旧涂膜光泽、色相有差别的现象称为修补斑痕	（1）修补涂料与原涂料的光泽和颜色不同，或修补涂料比原涂料耐老化性（如耐候性）差 （2）被修补部位打磨不良而导致光泽不均匀 （3）由局部修补造成	（1）修补涂料的颜色、光泽和耐老化性应与原涂料尽可能接近，最好仍采用原工艺和原涂料 （2）被修补部位应仔细打磨 （3）修补面应扩大到明显的几何分界线

2. 常见的涂膜破坏状态及其防治方法

涂膜的破坏状态是指涂膜在腐蚀介质的作用下或在特定的使用条件下产生的综合性能变化的外观表现，常见的涂膜破坏状态及其防治方法见表 7-1-7。

表 7-1-7　常见的涂膜破坏状态及其防治方法

类别	现象	产生的原因	防治的方法
1. 起泡	起泡是指涂膜的一部分从被涂面或底涂层上浮起，且其内部充满着液体或气体，其直径为 1～5 mm，或呈大块浮起	（1）被涂面有油、汗、盐碱、打磨灰等残存物质 （2）清洗被涂物的最后一道用水的纯度差，有杂质 （3）使用环境高温、高湿，如在梅雨季节涂膜易起泡 （4）所用涂料的涂膜耐水性或耐潮湿性差 （5）涂层干燥固化不充分	（1）被涂物表面应清洁，不允许有亲水物质，尤其是水溶性的盐、碱残存 （2）喷涂前最后一道水洗程序应该用去离子水清洗 （3）改善使用环境 （4）根据施工件使用环境选用耐水性优良的涂料 （5）涂膜应干透
2. 斑点	斑点是指在涂膜表面发生与大部分表面颜色不相同的色斑或黏附着尘埃和脏物等异物的现象	（1）涂膜在使用过程中受软化或回黏，从涂膜中析出异物 （2）受环境空气中污物（如灰尘、水泥灰、焦油、煤烟、酸性物质、昆虫和鸟类的粪便等）的侵入和沾污 （3）所用颜料不耐碱或发霉所致	（1）选用在使用过程中不受热回黏、不软化、不析出异物的涂料 （2）选用耐沾污性好的涂料，不把待涂物放置在污染源附近或使喷涂场所与污染源隔离 （3）合理选用涂料，严格控制涂料的质量
3. 黏结不牢	黏结不牢是指由于喷涂底材和涂层或涂层与涂层之间附着力不良，所产生的漆面剥落现象	（1）待涂物表面处理不当，有一些影响黏结的物质残留在待涂物表面上（如硅酮、油、脂肪、蜡、锈、抛光残留物等） （2）选用的底漆不合适 （3）待涂物表面打磨不充分或未进行打磨 （4）喷涂底漆或面漆使用干喷方式或面漆喷涂得太厚 （5）喷涂银粉漆时，涂层间的相隔时间太短或涂料黏度高 （6）喷涂底材表面温度太高或太低	（1）打磨时要充分，彻底清洁待喷涂的区域，在有可能发生黏结不牢的待涂物上，应遵照制造商的指示正确使用底漆，喷涂时保证涂膜厚度 （2）选用合适的底漆 （3）喷涂前充分打磨 （4）避免喷涂时使用干喷方式，涂层不要喷得太厚 （5）按推荐的黏度喷涂，在喷涂每道涂层之间要有充足的闪干挥发时间 （6）合理控制喷涂的温度

表 7-1-7（续）

类别	现象	产生的原因	防治的方法
4. 褪色	褪色是指在使用过程中涂膜的颜色变浅的现象	（1）受日光、化学品、大气污染等作用，使涂膜表面的颜色减退 （2）受热、紫外线的作用使树脂变质 （3）所选用涂料中所含颜料的耐候性差	（1）及时对车身涂膜进行保养和维护 （2）根据使用环境选用合适的涂料 （3）涂料中选用耐候性好的颜料
5. 返铜光	返铜光是指局部或整个涂膜表面在阳光照射下呈现忽绿忽紫的色彩（铜色彩），这是涂膜耐候性差的现象之一	（1）受日光、紫外线的照射或受高温影响 （2）由于红色、蓝色等颜料的迁移造成，尤其是在所用颜料颗粒在约 0.1 μm 以下的情况 （3）喷涂用的压缩空气中有油	（1）选用耐候性好的涂料 （2）在配色时应注意所用颜料的品种 （3）除净压缩空气中的油分
6. 涂膜开裂	涂膜开裂是指在涂膜表面上出现有向不同方向扩展的不同长度和宽度的裂纹的现象。根据裂缝的形态（大小、深度、宽度）不同，可分为发状裂纹、浅裂纹、龟裂、鳄皮裂纹和玻璃裂纹几种	（1）涂层经受不住冷热、干湿或侵蚀液体的交替变化 （2）涂料在使用前未搅拌均匀 （3）涂层配套不适当，如底涂层涂膜比面涂层涂膜软 （4）面漆层涂得过厚，耐寒性或耐湿性不佳 （5）中涂层未干透就喷面漆 （6）涂层老化	（1）选用耐候性、耐湿性优良的涂料 （2）涂料在使用前应充分搅拌 （3）选择合适的涂层配套涂料 （4）涂料不能涂得过厚，应严格按工艺要求施工 （5）中涂层干透后再喷面漆 （6）及时进行涂膜的维护和保养，防止涂层老化
7. 锈蚀	锈蚀是指金属表面产生氧化物和氢氧化物，在涂膜下面出现红丝或穿透涂膜的锈点的现象。涂膜下面出现红丝称为丝状腐蚀，涂膜下面出现锈点称为疤形腐蚀	（1）喷涂物的表面质量差，有锈蚀未除净就涂漆 （2）涂漆前表面处理质量差，磷化处理不完全或磷化膜与涂层配套不佳 （3）涂层不完整，有针孔、漏涂等缺陷，如点焊缝中未涂到漆的部分易产生黄锈 （4）所用涂料的耐腐蚀性差 （5）使用环境差，如高温、高潮湿或有腐蚀介质（酸，碱、盐等）的侵蚀	（1）涂漆前被涂面一定要清洁，绝不允许带锈涂漆 （2）黑色金属件在涂底漆前应进行磷化处理，并应与所用涂层有良好的配套性 （3）喷涂物的所有表面（包括焊缝）都应涂到；焊缝和搭接缝应涂密封剂 （4）根据被涂物的使用环境选用合适的涂料 （5）及时进行涂膜的保养
8. 粉化	粉化是指涂膜表面受大气中的光、氧气和水分的作用，涂膜老化呈粉状脱离的现象	（1）涂膜在使用过程中受紫外线、氧气和水分的作用发生老化，漆基被破坏，露出颜料 （2）所用涂料的耐候性差	（1）根据被涂物的使用环境，选用合适的涂料，切勿将内用涂料用于户外 （2）加强涂膜的维护
9. 变脆	变脆是指涂膜弹性变差的现象，这是涂膜开裂或剥落的前兆	（1）因涂膜过度烘干造成 （2）涂层配套不合理 （3）附着力不好的涂膜易变脆 （4）涂膜过厚或使用环境温度过低	（1）选择合适的烘干规范 （2）选择配套性良好的涂层 （3）选择合适的喷涂前表面处理方法，提高涂膜的附着力 （4）根据使用条件和涂料的特性选择合适的涂膜厚度

表 7-1-7（续）

类别	现象	产生的原因	防治的方法
10. 变色	变色是指在使用过程中涂膜的颜色发生变化，其色调、明度和饱和度明显偏离标准色板的现象	（1）受阳光照射、高温、潮湿空气中的腐蚀性气体（如二氧化硫）等作用所致 （2）所用涂料的耐候性差 （3）在涂膜老化、增塑剂析出等过程中有机颜料通过涂膜迁移	（1）定期对车身涂膜进行维护和保养 （2）选用耐候性优良的涂料 （3）根据被涂物的使用条件选用合适的涂料，在涂料配制时注意添加剂的使用
11. 失光	使用过程中涂膜表面出现光泽度减少的现象称为失光。这种失光是可逆的，可以借助抛光来消除	（1）涂装不良，未按工艺要求施工，喷涂过薄，过烘干和被涂面粗糙等 （2）所选用涂料的耐候性差 （3）涂膜干燥收缩所致 （4）阳光照射，水汽（高温、高湿）作用和腐蚀气体的沾污	（1）严格按工艺要求或制造商推荐的施工条件进行涂装 （2）根据被涂物的使用条件选用耐候性优良的涂料 （3）如果所用涂料有抛光性，则通过抛光即可恢复光泽 （4）及时进行保养和维护
12. 风化	风化是指涂膜破坏现象，伴随涂膜厚度的减薄甚至露出底材，是比粉化更严重的涂膜破坏状态	（1）所用涂料的耐候性差 （2）被涂物使用时间长和使用环境条件恶劣	（1）根据被涂物使用条件选用耐候性优良的涂料 （2）根据涂膜破坏状态及时重新涂装
13. 溶解	溶解是指涂层在使用过程中受侵蚀性液态介质溶解而产生的涂膜破坏状态，伴随着涂膜厚度的减薄直至露出底材	（1）所用涂料不适应使用环境 （2）在使用过程中接触到某种有侵蚀性的液体或气体	（1）根据被涂物的使用条件，选用耐某种侵蚀介质性能强的涂料 （2）预防涂层与侵蚀性介质接触，避免侵蚀
14. 雨水痕迹	雨水痕迹是指由于下雨或清洗被涂物时，在涂膜上残留的水滴使涂膜表面产生白色痕迹	（1）所用涂料耐水、耐潮湿性差 （2）涂膜未经表面保护	（1）根据被涂物的使用条件，选用耐水、耐潮湿性的涂料 （2）加强涂膜保护，涂一些防水性的保护剂
15. 膨胀	膨胀是指被涂物在使用过程中与溶剂、油和黏结剂等接触后，涂膜产生膨胀的现象	（1）所采用涂料耐溶剂、油和黏结剂等的沾污性差 （2）涂膜未及时清理	（1）根据被涂物的使用条件选用耐油污的涂料 （2）经常清理被涂物表面，消除沾染的异物
16. 划伤	划伤是指被涂物在运输、装配和使用过程中受外力作用而产生涂膜伤痕，其中点伤痕称为啄伤，线伤痕称为划伤	（1）被涂物包装不好，受外力或相互冲击，损坏涂膜 （2）装配和运输过程中不注意涂膜的保护，发生划伤事故 （3）使用过程中受风沙和外物冲击 （4）涂层耐崩裂性差	（1）妥善包装被涂物 （2）在运输、装配被涂物过程中，加强涂膜的保护，轻拿轻放，注意吊装安全 （3）及时进行涂膜的保养 （4）根据被涂物使用条件选用耐崩裂和耐划性好的涂料

3. 漆膜的劣化度等级评价法

(1) 失光

对漆膜的失光，常用 DEH-66 型光电光泽仪来测定评价，即用优、良、中、差、劣五个等级评定，其五级评价方法见表 7-1-8。

表 7-1-8　漆膜失光等级评价

等级	失光程度	失光百分率
优	无失光	失光小于 5%
良	轻微失光	失光 6~30%
中	明显失光	失光 31~60%
差	严重失光	失光 61~90%
劣	完全失光	失光 91%以上

注：表中的漆膜失光评价主要指漆膜在使用中，经长期室外暴露，涂膜缓慢的氧化而造成光泽晦暗、减退、以至无光的现象。

(2) 变色

涂膜在大气中逐渐老化而产生颜色减退或变化的现象称变色。常用与标准色板对照法或用光电色差仪来评定等级，见表 7-1-9。

表 7-1-9　漆膜变色等级评价

等级	变色程度	变色状况（试样与标准极对比）
优	无变化	颜色相同
良	轻微变化	颜色稍有差异
中	明显变化	差异较大
差	严重变化	颜色有很大差异
劣	完全变化	颜色有特大差异

(3) 粉化

涂膜经长期的天然暴晒后，其最外层的成膜被分解破坏，使表层颜色不能牢固地继续留在涂膜内，而从涂膜表面脱落形成粉末层的现象称粉化。目前常用手指法来评定涂膜粉化的等级。其五级评价办法见表 7-1-10。

表 7-1-10　涂膜粉化等级评价

等级	粉化程度	粉化状况
优	无粉化	手指擦后漆膜无脱落掉色现象，光泽无变化
良	轻微粉化	手指擦后黏有少量颜色，擦痕处颜色或光泽有轻微变化
中	显著粉化	手指擦后黏有较多颜料，擦痕处颜色或光泽有较大差异
差	较强粉化	手指擦后黏有很多颜料，擦痕处颜色或光泽差异很大
劣	严重粉化	擦后粉化严重

(4) 裂纹

裂纹是指涂膜在天然暴晒中不断老化，丧失了原有的机械强度而产生的开裂现象。其五级评价办法见表 7-1-11。

表 7-1-11 涂膜裂纹等级评价

等级	裂纹程度	检验状况
优	无裂痕	用四倍放大镜观察,无裂纹
良	轻度裂纹	用四倍放大镜观察,有明显的可见裂纹
中	中度裂纹	用肉眼可见到裂纹,但不太明显
差	深度裂纹	用肉眼看有明显裂纹,且裂纹较多
劣	严重裂纹	裂纹多而稠密,深至底层或基材

（5）气泡

气泡是指涂膜中由于含有气体或液体而产生的泡状物。其五级评价办法见表 7-1-12。

表 7-1-12 涂膜起泡等级评价

等级	气泡程度	检验状况
优	无起泡	无起泡
良	起泡稀疏	稀疏几个小泡
中	起泡中密	起泡较多
差	起泡较密	起泡多而密
劣	起泡稠密	起泡稠密且泡大

（6）返锈

返锈是指金属基材表面上的涂膜在潮气、氧和化学介质的作用下,使涂膜遭受破坏而导致涂膜外观出现锈蚀的现象。其五级评价办法见表 7-1-13。

表 7-1-13 涂膜返锈等级评价

等级	返锈程度	检查状况
优	无锈蚀	无锈蚀
良	轻度锈蚀	全涂膜只有几个锈点
中	中度锈蚀	锈点较多
差	重度锈蚀	锈点多,且锈点较大
劣	严重锈蚀	锈点密集,且锈蚀严重

（7）脱落

脱落是指涂膜在长期使用中,发生开裂而失去附着力,使膜层脱离物面或底漆已经分离的现象。其五级评价办法见表 7-1-14。

表 7-1-14 涂膜脱落等级评价

等级	脱落程度	检查状况
优	无脱落	无脱落
良	轻度脱落	小片脱落,面积不大于1%
中	中度脱落	小片脱落,面积不大于3%
差	脱落较重	小片或大片脱落,面积不大于5%
劣	严重脱落	小片或大片脱落,面积不大于10%

(8) 斑点

斑点是指涂膜在长期使用中由于金属氧化物或其盐类的存在,使涂膜表面出现许多水洗不掉的白色至褐色或其他大小不等的色斑现象。其五级评价办法见表 7-1-15。

表 7-1-15 涂膜斑点等级评价

等级	斑点程度	检查状况
优	无斑点	无斑点
良	轻微斑点	斑点小而稀疏,对外影响不大
中	中量斑点	斑点虽稀疏,但影响涂膜外观
差	斑点很多	斑点较多,对外观影响大
劣	斑点稠密	斑点稠密,严重影响外观

(9) 泛金

泛金是指深色涂膜在粉化过程中表面出现一种带有金属光泽斑点的一种现象。其五级评价办法见表 7-1-16。

表 7-1-16 涂膜泛金等级评价

等级	泛金程度	检查状况
优	无泛金	无泛金
良	轻度泛金	有少量泛金斑点,对涂膜影响不大
中	中度泛金	泛金斑点稀疏,影响外观质量
差	重度泛金	泛金斑点较多,对涂膜外观影响大
劣	严重泛金	泛金斑点密集,严重影响涂膜外观

(10) 长霉

长霉是指涂膜在适宜的温度下和湿度下表面产生有带黑、黄或绿等绒絮状菌体斑点的现象。其五级评价办法见表 7-1-17。

表 7-1-17 涂膜长霉等级评价

等级	长霉程度	检查状况
优	无长霉	在四倍放大镜下看不到霉丝现象
良	轻度长霉	在四倍放大镜下看个别地方有可见霉点
中	中度长霉	表面有可见稀疏霉点
差	重度长霉	表面有较多霉点或局部有霉类
劣	严重长霉	表面有很多密集的霉类

(11) 沾污

沾污是指涂膜在长时间的使用过程中表面出现微小空隙,容易被灰尘污垢所污染且有不宜被水洗掉和擦掉的灰尘及污垢现象。其五级评价方法见表 7-1-18。

表 7-1-18 涂膜沾污等级评价

等级	沾污程度	检查状况
优	无沾污	无污点
良	轻度沾污	表面有几个污点

表 7-1-18（续）

等级	沾污程度	检查状况
中	中度沾污	表面污点稀疏
差	重度沾污	表面污点较多
劣	严重沾污	污点多而密集

注：上述各等级评价均参照国家标准有关规定。

思考与练习

一、选择题

1. 面漆喷涂结束，对于强制干燥方式，最佳揭去胶带纸的时机是（　　）。
   A．喷涂结束时　　　　　　　　　　B．喷涂结束后 10～15 min
   C．强制干燥结束后，车身还未冷却时　D．强制干燥结束后，车身完全冷却时
2. 对硝基面漆，喷涂结束后揭去胶带最佳时机是（　　）。
   A．喷涂结束时　　　　　　　　　　B．喷涂结束后 10～15 min
   C．涂膜干燥到可用手触摸的程度　　　D．涂膜完全干燥后
3. 面漆抛光，不能实现的项目是（　　）。
   A．调整光泽　　　B．除去灰尘　　　C．修整微小缺陷　　　D．修正颜色
4. 抛光用的毡垫最好选用（　　）。
   A．毛巾毡垫　　　B．羊毛毡垫　　　C．海绵毡垫　　　D．三者均可
5. 面漆强制干燥时常产生"起泡"现象，可能的原因是（　　）。
   A．溶剂加入量过多　　　　　　　　B．强制干燥升温过快
   C．喷涂时表面淋水　　　　　　　　D．水分进入漆膜并积存于内部

二、判断题

1. 不同车身材料的防腐方法是相同的。（　　）
2. 无论是原厂涂装，还是修补涂装，防腐蚀都是重要环节。（　　）
3. 车辆经钣金修理和防腐处理后，还需要用清洗剂对车身外饰板清洗。（　　）
4. 当汽车因为碰撞要进行修理时，要同时修复受损部件的防腐层。（　　）
5. 影响车身壳体锈蚀速度的因素包括酸雨、工业大气、空气压力。（　　）

三、简答题

1. 汽车漆面抛光的作用是什么？打蜡的作用是什么？
2. 如何进行刮伤而未刮透的面漆层的修复？
3. 汽车玻璃清洁维护中要注意什么事项？
4. 在汽车喷涂过程中流挂产生的原因和防止方法分别是什么？
5. 在汽车使用过程中起泡产生的原因和防止方法分别是什么？

附 表

附表1 考核评价表

学习任务					
评价类别	□自评 □互评 □课程组				签名
序号	评价项目			分值	得分	原因说明
1	职业素养好,工作主动、认真负责 ||	5		
2	能对实际任务制定项目实施方案,且合理、可行 ||	10		
3	项目完成过程中讨论积极、善于协作、会沟通 ||	5		
4	勤于实践,技能操作熟练 ||	10		
5	能正确进行工作准备 ||	10		
6	能正确进行操作 ||	10		
7	能运用涂装方法、操作正确 ||	10		
8	会设计工艺报告,报告规范 ||	10		
9	能对结果正确评定与分析判断 ||	5		
10	爱惜仪器设备 ||	5		
11	能及时完成清理清扫工作 ||	5		
12	项目答辩表现好,思路清晰 ||	5		
13	课后积极参加课外实训,能按时完成任务 ||	10		
合计	||			

附表2 个人工作记录

学习任务				
姓名：		指导教师：		班级：
时间	内容	参考材料	完成结果	组长检查
月　日 星期				
月　日 星期				
月　日 星期				
月　日 星期				
月　日 星期				

补充说明：

周小结：

教师审阅：

年　月　日

附表3　小组工作记录

学习任务				
学习小组（组长）：		指导教师：		参考学时：
步骤	内容	参考材料	完成结果	完成时间
资讯				
计划				
决策				
实施				
检查				
评估				
补充说明				
老师检查	次序	评语		时间
	1			
	2			
	3			

附表 4　汽车零部件涂装工艺卡

（公司名称）	零部件涂装一览表	零件号	零件名称	涂层代号	涂装车型	共　页	
						第　页	

序号	工序名称	操作规程	材料	工具设备	工艺参数	技术要求	检验方法		备注
							仪器	方法	
	各部门负责人确认后签名		编制人	审核人	主管部门	批准车间	车间主任		厂长

附表5　车身涂装工艺卡

(公司名称)	车身涂装一览表	车型	涂层代号	普通	高档	共　页		
						第　页		
序号	工序名称	操作规程	材料	工具设备	工艺参数	技术要求	检验方法		备注
							仪器	方法	
各部分负责人认可后签名		编制	审核	主管部门	批准部门	车间主任	厂长		

附表 6　修补涂装工艺卡

（公司名称）	涂装工艺卡	工艺卡组号	涂层代号	更改	更改依据	共　页
					标记数目	第　页
					签名日期	
工序	工序名称及工作内容	使用材料及工具设备	工艺要求	管理项目	负责人	措施	检验方式	备注
各部门负责人		编制	校对	工艺处长	质检处长	车间主任	技术处长	批准

附表7　各种汽车涂装质量标准制定和区域划分

汽车种类	区域划分	部位名称	质量标准
轿车	A区	① 驾驶室外侧面到车身下部装饰下棱线（含车身和顶盖） ② 发动机盖罩及行李舱盖上平面 ③ 前后外面向下到保险杠以上 ④ 翼子板高于装饰棱线或保险杠以上	漆膜丰满光亮、平整光滑，无可见杂质、麻点、皱皮、流淌、流痕、针孔、气泡、橘纹、粗面及浮色等不良现象
轿车	B区	① 车身外侧装饰件或棱线以下部位 ② 门柜、立柱及开门可见部位 ③ 车身里部任何能看见的各裸露部位	漆膜丰满平整光滑，颜色均匀一致，附着力强。无杂色、流淌、流痕及明显的颗粒杂质、橘纹等不良现象
轿车	C区	各门下边表面	漆膜平整光滑无漏喷、露底等不良现象
轿车	D区	① 发动机罩和行李舱里部面 ② 各装饰盖面	漆膜平整较光滑、颜色一致。无杂色及残缺等不良
轿车	E区	轮罩及挡泥板里外面等	漆膜均匀、颜色一致。无漏喷、露底等不良现象
普通大中型客车	A区	① 车身外车表面至底边300 mm以上至车窗上框沿（含车门）部位 ② 前后围外侧面至保险杠以上的部位	漆膜平整光滑，丰满度好，光泽高，不得有流淌，流痕、粗粒、砂痕及明显橘纹等不良现象
普通大中型客车	B区	① 车身外侧面下部300 mm以下部位 ② 前后围外面保险杠以下部位 ③ 车身门框，立柱等可见外表面 ④ 保险杠和车内任何座位上可见的裸露部位	漆膜平整光滑，光亮，有丰满度，各边棱整齐、整洁。不得有流漆、杂漆雾、明显橘纹及杂质等不良现象
普通大中型客车	C区	① 车顶外部面 ② 各门框口和立柱开门可见的各边面等	漆膜平均平整，颜色一致，整齐，整洁。不得有漏漆、露底及明显的可见杂质
普通大中型客车	D区	① 各舱体里部面 ② 各舱门的背面 ③ 各舱体口边和各舱门的边棱	漆膜平均平整，颜色一致，一般光滑，附着力强。不得有漏喷、露底及明显流漆等不良现象
普通大中型客车	E区	① 轮罩和挡泥板内外面 ② 前后围和车门板内表面	漆膜平均平整，附着力强，不得有脱漆、漏喷等不良现象
豪华大客车	A区	① 车身外侧面至底边200 mm以上部位 ② 前后围外侧面至保险杠以上部位 ③ 各车门外部面	漆膜丰满、平滑光亮，光泽能清晰照出人影，装饰性能好。不得有流淌、流痕、橘皮、气泡、杂质等不良现象
豪华大客车	B区	① 车身外侧面下部200 mm以下部位 ② 前后围保险杠外部面 ③ 车身门框口立柱面 ④ 车身内在座位上可见的各裸露面	漆膜平整光亮，丰满度好。不得有麻眼、气泡、流漆、橘纹、颗粒杂质等可见不良现象
豪华大客车	C区	① 大顶外面部 ② 车身门框口立柱可见各面 ③ 各门边四周面	漆膜丰满平整光滑，颜色均匀一致，附着力强。各边棱面整齐、整洁。不得有漏喷、露底、流漆及明显可见杂质等不良现象

续附表 7

汽车种类	区域划分	部位名称	质量标准
豪华大客车	D区	① 各舱体口面和里部面 ② 各舱门的背面与四周边面 ③ 各门的下表面 ④ 各零件或装饰件的覆盖表面	漆膜均匀平整，一般光滑，附着力强。不得有明显的杂质、流漆、漏喷、露底、脱皮等不良现象
	E区	① 底板上下表面 ② 轮罩和挡泥板内，外面 ③ 前后围和车门板内面 ④ 其他各可见裸露面	漆膜均匀平整，颜色符合工艺要求。不得有残漆雾、明显杂质颗粒、流漆、皱纹、麻眼等不良现象
货车驾驶室	A区	① 车身外侧表面（含门）底边以上 300 mm 至流水槽下沿区域 ② 车外面保险杠至前风挡上框沿部位 ③ 前翼子板各外面	漆膜光滑平整，光泽好，有丰满度颜色符合要求。不得有流漆、橘纹、皱纹、针孔、麻眼、色差、气泡、颗粒、杂质等不良现象
	B区	① 车身外侧面离底边 300 mm 以下部位 ② 前风挡上框沿和顶盖四周外侧面 ③ 后围外侧面 ④ 室内座位上任何可见的各裸露面 ⑤ 前面罩和灯框面	漆膜均匀平整，平滑光亮，颜色符合规定。附着力强。不得有颗粒杂质、流漆、针孔、气泡、麻眼、皱纹及明显橘纹等不良现象
	C区	① 顶盖上表面 ② 开门可见的门框口如立柱面 ③ 保险杠面 ④ 各门边的四周面	漆膜均匀平整，附着力强。不得有明显的流漆、漏喷、皱皮、橘纹等不良现象
	D区	① 发动机罩内面 ② 零件或装饰件盖面 ③ 脚踏板面	漆膜平均平整，附着力强。不得有漏喷、露底及明显流漆等不良现象
	E区	① 底版上下面 ② 轮罩和挡泥板内，外面	涂层均匀平整，附着力强。无漏涂、露底等不良现象
货车车厢	A区	① 车厢各侧板面的外表面及上平面 ② 护栏左右立柱外侧面	漆膜平均平整，光滑，光亮。无明显流漆、橘纹等不良现象
	B区	① 车厢各侧板面的内面 ② 前板的各边面	漆膜平均平整，一般光滑，无明显流漆、杂质等不良现象
	C区	底板的上下面	涂层均匀平整，附着力强。无漏喷、露底等不良现象
	D区	轮罩和挡泥板的内外面等	涂层均匀平整，附着力强。无漏喷、露底等不良现象

附表 8 汽车涂装常参照的国家检测标准

类别	参照标准名称	参照标准号
涂料性能检测标准	① 清漆、清油及稀释剂外观和透明度测定法	GB/T 1721—2008
	② 涂料黏度测定法	GB/T 1723—1993
	③ 涂料的细度测定法	GB/T 1724—1979
	④ 涂料遮盖力测定法	GB/T 1726—1979
	⑤ 稀释剂、防潮剂水分测定法	HG/T 3858—2006
	⑥ 稀释剂、防潮剂胶凝数测定法	HG/T 3861—2006
	⑦ 涂料贮存稳定性实验方法	GB/T 6753.3—1986
涂料施工性能检测标准	① 漆层、腻子层干燥时间测定法	GB/T 1728—1979
	② 稀释剂、防潮剂白化性测定法	HG/T 3859—2006
	③ 稀释剂、防潮剂挥发性测定法	HG/T 3860—2006
	④ 色漆、清漆和塑料 不挥发物含量的测定	GB/T 1725—2007
	⑤ 涂料试样状态调节和试验的温湿度	GB/T 9278—2008
涂膜性能检测标准	① 漆膜附着力测定法	GB 1720—1979
	② 漆膜硬度测定法 摆杆阻尼试验	GB/T 1730—1993
	③ 漆膜柔韧性测定法	GB/T 1731—1993
	④ 漆膜耐冲击测定法	GB/T 1732—1993
	⑤ 色漆和清漆 耐磨性的测定 旋转橡胶砂轮法	GB/T 1768—2006
	⑥ 涂层自然气候曝露试验方法	GB/T 9276—1996
	⑦ 色漆和清漆 耐热性的测定	GB/T 1735—2009
	⑧ 漆膜耐湿热测定法	GB/T 1740—2007
	⑨ 漆膜耐水性测定法	GB/T 1733—1993
	⑩ 漆膜耐霉菌性测定法	GB/T 1741—2007
	⑪ 色漆和清漆 耐中性盐雾性能的测定	GB/T 1771—2007
	⑫ 色漆和清漆 人工气候老化和人工辐射曝露 滤过的氙弧辐射	GB/T 1865—2009
	⑬ 色漆和清漆 涂层老化的评级方法	GB/T 1766—2008
	⑭ 色漆和清漆 铅笔法测定漆膜硬度	GB/T 6739—2006
	⑮ 色漆和清漆 漆膜的划格试验	GB/T 9286—1998
	⑯ 色漆和清漆 色漆的目视比色	GB/T 9761—2008
	⑰ 色漆和清漆 不含金属颜料的色漆漆膜的 20°、60°和 85°镜面光泽的测定	GB/T 9754—2007

注：表中标准会根据发展和涂膜质量的提高不断进行修订，在参照标准时，应尽量采用最新版本的国家标准或行业标准。

参考文献

[1] 程玉光. 汽车涂装技术 [M]. 北京：人民交通出版社，2005.
[2] 陈纪民. 汽车涂装技术 [M]. 北京：人民交通出版社，2009.
[3] 吴兴敏、马志宝. 汽车涂装技术 [M]. 北京：人民邮电出版社，2009.
[4] 吴兴敏. 汽车钣金与涂装修复技术 [M]. 北京：国防工业出版社，2005.
[5] 周长庚、李珍芳. 汽车涂装技术 [M]. 北京：科学出版社，2007.
[6] 徐华东. 汽车喷涂与装饰工艺 [M]. 北京：人民交通出版社，2007.
[7] 王锡春. 汽车涂装工艺技术 [M]. 北京：化学工业出版社，2005.
[8] 祖国海. 汽车美容 [M]. 北京：机械工业出版社，2006.
[9] 王玉东. 汽车喷漆技术培训教程 [M]. 北京：国防工业出版社，2005.
[10] 周长庚. 汽车涂装工艺 [M]. 内蒙古：内蒙古人民出版社，2006.
[11] 焦建民. 汽车车身修复技术 [M]. 北京：北京理工大学出版社，2006.
[12] 曾鑫. 汽车车身修复 [M]. 北京：化学工业出版社，2010.
[13] 冯立明、牛玉超、张殿平. 涂装工艺与设备 [M]. 北京：化学工业出版社，2003.
[14] 杨智勇. 汽车涂装技术 [M]. 北京：北京理工大学出版社，2005.
[15] 张志刚. 木制品表面装饰技术 [M]. 北京：中国林业出版社，2007.